U1009066

国家出版基金项目
NATIONAL PUBLICATION FOUNDATION

上海市“十三五”重点出版物出版规划项目
国家与社会治理现代化译丛

治理和社会责任

古勒·阿拉斯（Güler Aras）　戴维·克劳瑟（David Crowther）　著
王莉娜　彭秀芬　译

上海财经大学出版社

本书为上海市新闻出版专项资金资助项目

图书在版编目(CIP)数据

治理和社会责任/(土)古勒·阿拉斯(Güler Aras),(英)戴维·克劳瑟(David Crowther)著;王莉娜,彭秀芬译. —上海:上海财经大学出版社,2021.12
(国家与社会治理现代化译丛)
书名原文:Governance and Social Responsibility
ISBN 978-7-5642-3814-8/F·3814

Ⅰ.①治… Ⅱ.①古…②戴…③王…④彭… Ⅲ.①企业管理-研究②企业责任-社会责任-研究 Ⅳ.①F272②F272-05

中国版本图书馆 CIP 数据核字(2021)第 115728 号

□ 策　　划　陈　佶
□ 责任编辑　胡　芸
□ 封面设计　张克瑶

治理和社会责任

古勒·阿拉斯
(Güler Aras)
戴维·克劳瑟
(David Crowther)
著

王莉娜　彭秀芬　译

上海财经大学出版社出版发行
(上海市中山北一路 369 号　邮编 200083)
网　　址:http://www.sufep.com
电子邮箱:webmaster@sufep.com
全国新华书店经销
上海华业装璜印刷厂印刷装订
2021 年 12 月第 1 版　2021 年 12 月第 1 次印刷

710mm×1000mm　1/16　20.25 印张(插页:2)　353 千字
定价:98.00 元

图字:09-2021-0963 号

Governance and Social Responsibility

© Güler Aras and David Crowther 2012

All rights reserved. No reproduction, copy or transmission of this publication may be made without written permission.

First published in English by Palgrave Macmillan, a division of Macmillan Publishers Limited under the title Governance and Social Responsibility by Güler Aras, David Crowther. This edition has been translated and published under license from Palgrave Macmillan. The author has asserted their right to be identified as the author of this Work.

CHINESE SIMPLIFIED language edition published by SHANGHAI UNIVERSITY OF FINANCE AND ECONOMICS PRESS, copyright © 2021.

2021 年中文版专有出版权属上海财经大学出版社

版权所有 翻版必究

前　言

企业治理(corporate governance,CG)和企业社会责任(corporate social responsibility,CSR)是现代商界面临的重要课题,同时也对日常生活产生了重要的影响。企业治理和企业社会责任不仅是理论课题,也是影响生活在世界各地普通人的问题。因此,在本书中,我们特地采用国际视角,把理论与对企业和整个社会的实际影响联系起来。这些问题影响着我们每个人。所以,我们的研究方法兼顾理论与实践,将本书以一种独特的面貌呈现给读者。

显而易见的是,当今社会企业治理和企业社会责任的概念不管是在学术界、商界还是在日常生活中,都变得越来越重要。很多人关注企业对客户、员工和环境所做出的不正当商业行为,使得公众对企业治理和企业社会责任产生了极大的兴趣。特别是过去十年出现的各种公司丑闻,自然而然地引起了公众对治理程序的兴趣。此后,其他一些问题也同样在公众意识中占据突出地位。尤其是气候变化问题,人们开始关注温室气体特别是二氧化碳的排放,开始对企业社会责任忧心忡忡。三年前,大多数人还不清楚碳足迹为何物;而今天,碳足迹的概念已被人们所熟知,人们经常谈论自己的碳足迹的大小。

另外一个突出的问题是,人们对于企业供应链的关注。人们尤其关注发展中国家人民的受剥削情况,特别是童工使用的问题。除了关注普遍的剥削性管理之外,还关注血汗工厂和奴隶劳工的问题。所以,现在企业再也不能以供应商的经营条件超出其控制范围为托词而宣称对供应商的经营条件概不负责了。客户不能接受企业如此推诿责任的做法,要求企业对此负起责任来。最近,一些知名零售公司已经主动宣称“对此负有责任”,并采取公开的措施来改变这种局面。有趣的是,在这些企业承认出现问题并采取措施纠正问题之后,它们反而更受到人们的欢迎。这表明诚实是最佳的处世之道,客户是理性的。证据表明，企业客户通情达理，他们并不期望企业能够做到完美，而是期望企业能够对客户开诚布公，企业的管理公开透明。此外，他们还期望企业做出努力去改变其行为，并解决其企业社会责任问题。这也提高了企业治理的形象，特别是在企业组织内部，因为只有通过强有力的治理体系，企业才能对这些问题进行管控。

企业本身也在发生变化。它们不再只是热心于“漂绿”——表面上大张旗鼓地宣传环保，假装做出对社会负责任的行为。现在企业更加认真地对待企业的社会责任，不仅因为它们明白企业社会责任是企业成功的关键并能给予它们战略上的优势，而且因为企业的内部人员真正关心社会责任。因此，我们可以说，企业社会责任日益增长的重要性是由那些富有社会责任感的个人所推动的，这些个人除了客户之外，还包括企业职员、企业管理者、企业所有人和企业投资人。企业一方面对外部压力做出反应，另一方面也主动采取负责任的行为并向社会和公众通报。所以，作为企业社会责任核心原则之一的问责制（accountability）已经越来越被认可，企业管理的透明度也由此得到提高，而透明（transparency）正是企业社会责任的另一个原则。当然这绝非偶然，问责原则和透明原则也是企业治理的核心原则，是在制定治理制度和程序方面需要注意的方面。

另一个突出的问题是“可持续性”（sustainability），“可持续性”这个术语突然变得如此流行，无论是在商业还是在社会发展各方面，“可持续性”无处不在。每个组织都提到可持续性，大多数组织声称它们已经制定并实施了很多可持续性的做法。但是，有些人并不是真正想面对处理可持续性问题时所遇到的各种困难，“可持续性”只不过是他们嘴上喊的口号罢了。因此，“可持续性”替代“企业社会责任”成为有些公司“漂绿”的目标。尽管人们对企业与社会之间的关系一直存在很多争议，经常对两者之间的关系持批判性态度，但越来越多的证据表明，那些优秀的企业对环境产生积极的影响；而且，越来越多的证据表明，无论是从伦理角度还是从财务角度来说，对社会负责任的行为都是对企业有益的。换句话说，企业社会责任无论是对利益相关者还是对企业来说，都是有益的。因此，道德行为以及对人与环境的关注与企业效益之间呈正相关，这一点已经被证明。事实上，有越来越多的证据表明，对社会负责任的行为对企业发展有益这一点不再受到企业管理者的质疑，因此，企业社会责任的性质成为企业和学术界关注的焦点。毋庸置疑，有证据表明，企业治理有益于企业发展，所以是可持续发展的必要平台。人们普遍认为，强有力的治理程序会使企业在市场上占据优势，因为企业从中获取的益处良多。

一开始，大多数人认为他们知道什么是企业社会责任，以及如何做出对社会负责任的行为，而且每个人都声称自己能够辨别出什么是对社会负责任的行为，什么是对社会不负责任的行为，而不必对“企业社会责任”进行界定。所以，人们对什么是“企业社会责任”达成了共识。欧盟委员会认为，企业社会责任是企业采取表现出对利益相关者关注的自愿的行为。但正是在这一点上，企业遇到了各种棘手的问题：如何平衡不同利益相关者群体之间互相冲突的需求与期待，但同时仍然关注股东的利益？如何实现可持续性发展，以及如何将企业维持可持续性发展的活动汇报给那些对此感兴趣的人？如何判断两种行为中哪一种行为对社会更负责任？现实情况复杂且矛盾。

许多人可能会说，企业治理的情况就简单多了，因为它更直接，只关注企业在开展业务时如何行事。这种看法把问题过于简单化了，我们在书中试图表明，企业治理和企业社会责任是相互关联的，两者之间有重叠交叉之处。这正是本书的特色之一。本书的另一个特色是，我们讨论了与企业社会责任相关的一系列问题，而不仅仅局限于讨论与企业社会责任相关的话题与理论。而且我们认识到，对于这一领域有很多争论，所以我们在书中也对这些争论进行了着重叙述。相关网站使我们能够及时将最新的信息纳入探讨范围，并与本书的理论基础联系起来。最重要的是，本书可读性强，适用的读者类型较广。本书可作为课程教材使用，为读者详细介绍企业治理和企业社会责任，使读者在这两方面奠定坚实的知识基础，为日后进入商界发展提供必要的知识储备。

古勒·阿拉斯　戴维·克劳瑟

目　录

第一章

企业社会责任概论

本章学习目标：

- 概述企业社会责任的特征
- 描述盖亚理论及其与组织理论之间的关系
- 列举公司目标
- 描述全球契约的原则
- 探讨人口、人口控制与企业社会责任之间的关系
- 概述什么是社会契约

当前人们对企业社会责任的关注

不久之前，企业社会责任还是一个全新的概念，很少有人理解其含义。企业对此概念很陌生，只有为数不多的几家企业尝试将企业社会责任付诸实践。事实上，企业社会责任被认为是企业需要额外承担的成本，人们需要花大气力去说服企业涉入其中。但是，情况很快发生了改变。如今，企业社会责任的概念几乎尽人皆知，几乎所有的企业都制定与企业社会责任相关的政策并付诸实施，因为企业家们清楚，他们从中获取的商业利益也是巨大的。世界各地皆是如此。本书中，我们将考察企业社会责任现象的历史发展及其所带来的利益；我们将引用世界各地的例子来说明企业社会责任是一个全球性的概念。我们

将结合企业社会责任在企业及社会语境中的运用来阐释我们对于企业社会责任的理解，并探讨企业社会责任的理论基础。

一开始，大多数人自认为知道什么是企业社会责任以及如何做出负责任的行为。每个人都声称自己能够辨别哪些是对社会负责任的行为，哪些是对社会不负责任的行为，但并不是每个人都能对企业社会责任的范围进行界定。如今人们达成共识，企业社会责任涉及企业对参与社区事务的关注，企业对所生产的产品及其生产过程是否对社会负责任的关注，企业对环境的关注以及企业与员工之间的关系是否对社会负责任的关注。根据欧盟委员会的表述，企业社会责任指的是企业采取的自愿行为表现出对利益相关者的关注。但是，正是在这一点上，企业会面临各种问题：如何平衡不同利益相关者群体之间互相冲突的需求与期待，同时仍然关注股东的利益？如何实现可持续性发展，以及如何将企业维持可持续性发展的活动汇报给那些对此感兴趣的人？如何判断两种行为中哪种行为对社会更负责任？现实情况复杂且矛盾。本书中，我们关注的是企业社会责任的各个不同方面，既关注企业社会责任的理论层面，又关注如何将企业社会责任付诸实践。

企业社会责任的历史演变

大多数人根据企业所采取的行动来追溯企业社会责任的历史。有些人将企业社会责任追溯至 20 世纪 50 年代，有些人将其追溯至工业革命，甚至还有人将其追溯至中世纪的行会制度。对企业社会责任进行历史性考察的目的有两个：一个是为了证明企业社会责任并不是一种新兴的行为，而是从历史上一直延续下来的传统；另一个是为了证明因为它确实是一种全新的概念而不得不将其包装为企业活动。究竟是出于何种目的，那就要取决于研究者的偏好了。我们不想参与这场争辩，因为无论我们站在何种立场，反映的只不过是我们的阐释视角及优先选择罢了。因此，我们希望本书在这一点上能够标新立异，我们关注的是人们对企业社会责任所做的研究而不再是企业社会责任本身。长期以来，学界对企业社会责任行为的研究由最初的英美学者主导开始逐渐向其他国家传播，而现在它已经成为全球学者的共同关注点和兴趣点。学者们长期关注的焦点是如何辨别企业所做出的行为中，哪些是负责任的社会行为，并突出强调那些不良行为，最常见的解释是，企业为了改善其形象而有意做出的“漂绿”行为。所谓“漂绿”，指的是企业通过虚假宣传宣称自己是环境友好型企业，因而自己采取的行为是对社会负责任的。如今学者们普遍认为，企业大多致力于承担企业社会责任并认识到承担企业社会责任对企业是有利的，有助于企业提高经济效益。

一些与企业社会责任相关的问题开始在民众意识中凸显。其中最突出的便是气候变化问题，人们开始关注温室气体特别是二氧化碳的排放，从而影响专家学者对于企业社会责任的关注点。如今人们明白了什么是碳足迹并经常谈论自己的碳足迹，而几年前人们普遍都不知道什么是碳足迹。人们对气候变化的关注开始影响所有企业的运营，无论这些企业的规模大小。

另一个突出的问题就是人们开始关注企业的供应链，尤其关注发展中国家劳动力剥削的问题，特别是童工使用的问题，当然还有血汗工厂。如今，如果一家企业狡辩说其供应商的经营环境不受其控制，因而拒绝对此承担责任，那么人们不会再接受这种托词。顾客不能接受这种托词，并要求企业对此负责。最近几家零售企业公开承认自身经营出现问题，并采取补救措施来改变状况。有意思的是，这些企业在承认自身经营存在问题并公布补救措施之后反而更受到公众的欢迎。这种现象表明，诚实守信是企业应该采取的最佳措施，同时也表明顾客的诉求是合理的。个体消费者是善解人意的，他们并不奢求企业的一切行为尽善尽美，而是期待企业能够做到诚实守信、公开透明；并且，他们希望企业能够努力改善经营行为并解决在企业社会责任方面存在的问题。或许，腐败和治理是当今企业面临的两大重要问题，我们在以后的章节里还会继续对此进行探讨。

企业自身也发生了转变。企业不再关注如何将自己“漂绿”。如今，企业更加严肃对待企业社会责任问题，不只是因为它们清楚企业社会责任是企业能够获得成功的关键因素，承担企业社会责任会使它们取得战略上的优势，而且还因为企业工作人员本身就在意社会责任。因此，我们可以负责任地讲，企业社会责任变得越来越重要是由那些在意社会责任的个人所推动的，这些个人不仅有消费者，也有企业雇员、企业管理者、企业所有者和投资者。企业承担社会责任既是为了应对外界压力，也是因为自身愿意采取负责任的行为并进行负责任的企业宣传。因此，企业社会责任的一个核心原则——问责原则，越来越得到公众的认可，从而使企业的经营管理变得越来越透明，而透明原则则是企业社会责任的另一个原则。[①]

另外一个关注点是可持续性和可持续发展，这两个术语突然之间流行起来，无论是在企业还是在社会，谈论这两个话题的人无处不在。如今，人们的争

---

① 企业社会责任的原则见本书第四章。

论点聚焦在“持久性”上，而“持久性”是可持续性的一种更为强烈和更为完美的形式（Aras and Crowther，2009）。每个企业都会提到可持续性，而且大多数企业宣称自己已经制定了一系列可持续性的措施。但是，对于那些不愿意面对可持续发展过程中所面临的各种难题的人来说，可持续性只是他们空喊的口号而已。可持续性有可能会替代企业社会责任成为那些企图“漂绿”自己的企业的目标，我们不得不做好准备来应对这种风险。然而，尽管人们对企业和社会应该保持什么样的关系争论不休，但有越来越多的证据证明那些优秀的企业对其周围的环境产生了积极的影响；也有越来越多的证据表明，无论是从道德意义上来讲，还是从经济效益上来讲，企业采取对社会负责任的行为将有利于其发展。换句话说，企业社会责任对企业有利，也对利益相关者有利，从而形成真正的双赢局面。证据表明，企业采取道德的行为，关心周围的人和环境，与企业绩效形成正相关。事实上，有越来越多的证据表明，对社会负责的行为将使企业受益；与此同时，企业管理者也不再质疑企业是否真的从中获益。因此，企业社会责任的性质无论是对企业还是对学者而言，都是一个值得探讨的重要问题。

本书在撰写期间，人们极为关注的一个话题是 2008—2010 年的金融危机，以及这场金融危机如何演变为影响全球人民和全球经济的经济危机。问题最初只是美国的金融机构在次贷市场不负责任放贷的问题，后来逐渐发展为全球范围内一些只顾寻求巨额利润而不顾风险的银行不负责任地进行放贷的问题。这既反映了监管的失败，也反映了治理的失败，而这种治理问题也是企业社会责任的核心问题之一。最近我们看到，企业犯罪并没有止于安然公司（Enron）的破产事件。安然事件之后，还发生了麦道夫（Madoff）金融诈骗案，涉及其中的受害者坦然接受不正常的高额收益却没有停下来思考一个问题：如果不冒非正常的高风险，这种非正常的高额收益又如何能够长期维持下去？这场金融危机导致许多银行破产，政府为了挽救银行，出资买下了毫无价值的不良贷款并买入银行股票。这导致了冰岛经济的破产，之后拉脱维亚经济破产，同时对英国经济造成了重创，英镑价格大幅度下跌。随后，希腊和爱尔兰出现债务危机，葡萄牙的经济也危在旦夕，整个欧元区面临债务危机。银行在不负责任地轻率放贷之后，又做出了过度反应，开始不负责任地收紧贷款，从而导致经济衰退，使一些本来能够正常运营下去的企业破产，特别是一些中小企业的破产。经济危机是世界性的，影响到了所有的经济行业，因此也与“企业社会责任”相关，与本书探讨的主题有关。接下来的一些章节将会探讨这一话题。

企业的社会目的性

几十年来，许多经济学著作的作者认识到企业的行为会对其外部环境产生影响，因此提出企业不仅应对股东负责，而且还要对广大的利益相关者负责。这一提议最早出现在20世纪70年代，一些作者提出应该从更广泛的角度看待企业绩效(company performance)，因此他们开始关注企业作为社会成员所产生的社会绩效(social performance)。这一点首先是由阿克曼(Ackerman)提出的。阿克曼(1975)认为，大型企业意识到有必要调整自身以适应社区问责制的新的社会风气，然而企业对财务业绩的导向性却抑制了企业对社会的回应能力。麦克唐纳和普克斯特(McDonald and Puxty，1979)认为，企业不再是股东实现利益的工具，而是社会的一分子，因此应该对社会负有责任。从这种意义上来讲，企业应该从对股东负责转变为对所有社会成员负有更大的责任。

因此，认识到所有利益相关者的权利以及企业应该对整个社会负责，这是近些年才出现的一种现象。[①] 经济学上那种认为企业只对企业所有者负责的看法直到近些年才在一定范围内受到争议。然而，也有些企业所有者早就认识到企业应该对其他相关利益者负责，这一点从工业革命早期就可以明显看出。在19世纪，罗伯特·欧文(Robert Owen，1816；1991)对企业只需关注成本最小化和利润最大化的看法表达了不满。欧文在苏格兰新拉纳克的工厂为工人建造了模范住宅区，并将其信念付诸实践。自此之后，诸如此类对社会负责任的行为持续存在。事实表明，那种认为企业活动只需对其股东负责的以自我为中心的看法并不被普遍接受，无法为人类活动赖以存在的基础做出满意的解释。

关注企业行为对其外部环境的影响，意味着人们认识到不是只有企业所有者才关心企业活动，还有各种其他利益相关者也有理由关心企业活动并受到企业活动的影响。其他利益相关者不仅对企业活动感兴趣，而且还对企业活动的决策产生一定程度的影响。这些利益相关者的权利及其产生的影响是相当大的，几乎算得上是拥有企业的准所有权。事实上，格瑞、欧文和蒙德斯(Gray，Owen and Maunders，1987)质疑绩效报告审计的传统作用，认为应该将众多的利益相关者纳入考察范围，应该从利益相关者的角度而不是仅仅从所有权的角

---

① 马修斯(Mathews，1997)将人们的这种关注追溯到20世纪70年代，然而有学者争论说早在工业革命时期人们就开始关注利益相关者的权利和企业对社会的责任了(Crowther，2002)。

度考察责任。[①]

考虑企业社会绩效并不总是被认为是可取的，而且一直也是引起人们广泛争论的话题。因此，海瑟林顿（Hetherington，1973：37）指出："没有理由认为股东愿意容忍那些明显降低企业股票红利或股票市场绩效的非营利活动。"

相反，达尔（Dahl，1972：18）几乎同时指出："每家大企业都应该被看作一个社会企业；这是一个实体，只要其存在和决策能够服务于公共或社会目的，就被认为是合理的。"

然而，企业在股市之外的其他领域的表现以及企业对股东的价值受到越来越多的关注。在许多方面，这可以被认为是对社会契约（social contract）概念的一种回归。社会契约是一个重要的概念，我们将会在第五章和第七章中涉及。

社会契约理论经常与霍布斯（Hobbes，1651）和卢梭（Rousseau，1762）的著作联系在一起。契约通常被认为是隐含的或假设的，契约是公民们为了便于社会的管理而制定的，是一个社会的政治和法律权力的基础。法律和政治制度合法化的前提是，社会成员必须理性地将之视作契约并遵守。同样地，通过考虑"企业必须满足什么条件，社会成员才会同意其成立"这个问题，经济学家将社会契约理论应用到社会商业领域（Smith and Hasnas，1999）。这些理论学家们得出的结论包括：社会成员要求利大于弊，这就意味着要给社会带来更大的福利，而与此同时其行为必须"受一般法律规范的束缚"（Donaldson，1982）。我们可以将其总结为与社会福利和法律有关的三个基本条件。哈斯纳斯（Hasnas，1998）认为，具体来讲，社会契约的社会福利条款要求企业的行为必须：（1）通过提高经济效益、稳定产出水平和分配渠道、增加责任资源，使消费者受益；（2）通过提高员工的潜在收入、分散员工的个人责任、促进员工的收入分配，使员工受益；（3）将污染、自然资源的枯竭、个人责任的削弱、政治权力的滥用、工人的异化、对工作条件的缺乏控制以及非人性化降到最低限度。

同意社会契约的法律条款的学者相对较少，但哈斯纳斯认为，企业最起码应该做到不要"系统性地恶化某一社会群体的状况"。这显然与利益相关者的研究路径有很大的相似之处。社会契约理论受到批评通常是因为如前所述的原因，契约被认为是隐含的或假设的。事实上，真正的契约并不存在（Kultgen，1987），社会成员也没有对这样的契约表示过任何正式的许可，如果真的告知他们有这样一份契约，他们会感到惊讶。唐纳森（Donaldson，1989）坦承，契约只

---

① 将利益相关者纳入绩效衡量的益处一直受到学者们的广泛批评。对这一话题持续探讨的细节详见 Freedman and Reed（1983），Sternberg（1997，1998），Hutton（1997）。

是一个虚构的概念，但他补充说，然而这并不会削弱其隐含的道德理论。

沃尔玛和社会责任

沃尔玛(Walmart)已经成为世界上最大的零售商。沃尔玛在其发展过程中，遭到了很多人的抵制，他们声称沃尔玛的成长发展是建立在剥削基础之上的，而不是以对社会负责的态度行事为基础。那么，就让我们一起来探讨一下吧。

首先，沃尔玛公司由山姆·沃尔顿(Sam Walton)创立，其明确的目的就是采购便宜货物，为客户节约成本。此外，沃尔玛商店建立在顾客集中的郊区，这样选址是为了降低运营成本，但也满足了顾客的需求，这与当时其他商店的做法相反。许多人会说，这本身就代表着一种社会责任。

山姆·沃尔顿对其商店员工责任感很强。山姆·沃尔顿之后，时代发生了变化。现在人们对于沃尔玛的主要不满是其对待员工的苛刻方式。许多沃尔玛员工声称，他们的薪酬过低，沃尔玛反对任何形式的工会组织，却期望员工能对其完全忠诚、尽职尽责。还有人声称，沃尔玛对员工的工作要求不合理。例如，堆放货物的货架过高，却没有任何防护措施；晚上员工在清洁整理货架时，被反锁在商店里。由于这些做法被认为非常极端，因此沃尔玛被评为“年度血汗工厂零售商”。

对沃尔玛的另外一个投诉是，沃尔玛有计划地全面破坏竞争。当沃尔玛在一个新的地点开设商店之后，随即便会与当地现有的商店展开最不平等和残酷的竞争。无论是折扣店还是传统的家庭商店，沃尔玛都会以掠夺性定价的方式将商品以低于竞争对手的价格出售，在广告宣传攻势上超过对手，直到最后逼迫竞争对手关门大吉。

据说，沃尔玛对其供应商也采取独断专行的手段，利用其庞大的规模和购买力将价格压低到不可持续的水平。

应该指出的是，其他成功的零售商也接到过以上的这些投诉。乐购(Tesco)就是其中一个例子。事实上，乐购因其类似的行为招来众怒，甚至还被写进了书里。①

沃尔玛公司本身对企业社会责任或可持续发展并未做过任何声明。在其宣传资料和网站上找不到任何与此相关的字眼。这是沃尔玛与其他大公司的不同之处。其他大公司都对企业社会责任或可持续发展做出声明，并制定了相

---

① 参见安德鲁·西姆斯(Andrew Sims)所著的《乐购霸权：一家超市的成功启示录》(*Tescopoly: how one shop came out on top and why it matters*)。同时参见与其相关的反对超市垄断的宣传活动网站 www.tescopoly.org。有意思的是，这本书在乐购超市里以比定价便宜 20%的价格出售。

关政策。

沃尔玛到底对社会负责吗？你要自己进行判断。如同其他企业，它不是百分之百好，也不是百分之百差。两者之间的平衡最重要，有不足就要采取行动去改善。

企业的目标

企业管理者不仅要关心企业的内部运营，还要关注企业运营的外部环境，即关注客户、供应商、竞争对手及其供应的产品或服务的市场。企业管理者的这些关注点构成了其工作的战略要素，他/她必须熟悉管理的这一方面以及企业社会责任对管理所产生的影响。只有这样，我们才能就沃尔玛等企业是否对社会负责发表我们的意见。对企业的这种评估必须基于事实和分析，本书将在这方面给您提供必要的帮助。

首先，我们需要考虑企业可能制定的各种目标；其次，我们还需要考虑企业管理者的个人目标是否有助于实现其所在企业的目标。虽然大多数企业的目标是营利，但并不是所有的商业组织都以营利为目的。经济中的非营利性领域的重要性日益增长，营利并非大多数企业的唯一目标。

然而，企业确实有其目标，以下是企业可能会追求的各种目标(如图 1.1 所示)：

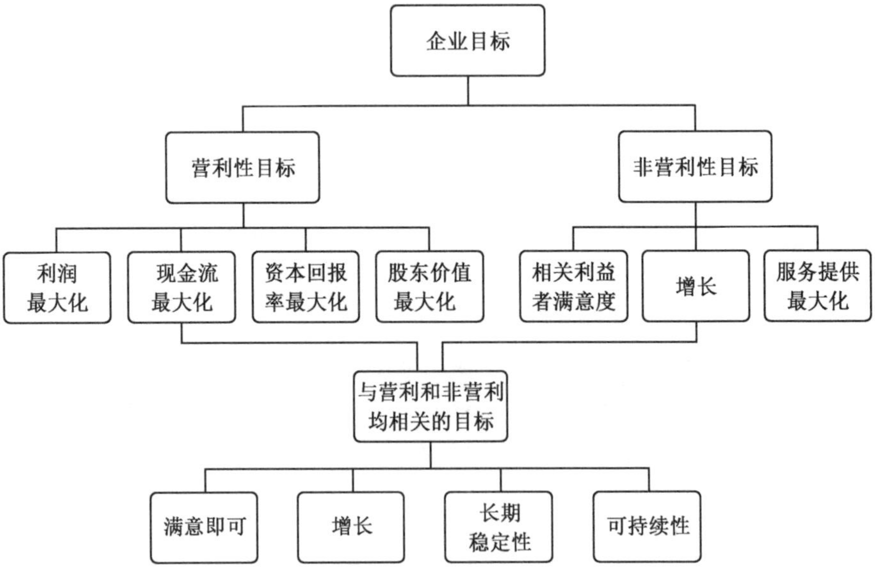

图 1.1 企业目标分类

利润最大化

对于以营利为目的的企业来说，似乎企业应该追求尽可能大的利润。然而，人们并不总是清楚应该采取什么样的行动会使利润最大化。人们也不清楚短期内的利润最大化是否符合企业的最佳利益，是否能带来长期的利润最大化。因此，利润最大化可能并不符合企业的最佳利益，并且也可能会与企业的其他目标相互冲突。

现金流最大化

现金流与利润不同，企业需要现金才能生存。在某些情况下，这种现金流可能比利润更重要，因为现金匮乏可能会给企业的生存带来威胁。

已动用资本回报率的最大化

已动用资本回报率(return on capital employed)可以衡量企业在运营效率方面的表现，衡量企业在一段时期内的绩效。已动用资本回报率有助于企业的所有者及管理者判断采取何种行动会对企业有利。

服务提供最大化

与已动用资本回报率的最大化不同，服务提供最大化并非以营利为目的，但两者都是评估决策的手段。

股东价值最大化

企业的价值一部分取决于其产生的利润，一部分取决于其拥有的资产的价值。这些资产既包括有形资产(如工厂和机械、土地和建筑物)，也包括无形资产(如品牌名称)。可口可乐的品牌价值要远远超过其固定资产的价值，因为其品牌名称在全世界范围内都得到了广泛的认可。因此，股东价值最大化涉及的不仅仅是将企业产生的利润最大化。

增长

通过扩大业务(在资产和收益方面)以及通过企业所持有的市场份额的增加所实现的增长，对企业所有者和管理者来说都具有很强的吸引力。如果增长是企业的目标，那么它将导致企业做出与利润最大化不同的各种决策。

长期稳定性

企业所有者和管理者都极为关注企业的生存，这可能导致他们做出不同的行为并不愿意承担风险。然而，所有决策都有风险，为了长期稳定性而刻意降低风险可能会导致企业的绩效并不太令人满意。

可持续性

可持续性是企业目前最重要的目标之一，可持续性要求企业要始终检验其提供的产品、服务及运营流程。本书第六章将详细探讨可持续性问题。

满意即可

我们必须认识到，企业的所有目标都取决于目标的设定者，我们在考察企业行为时不能忽视这一点。“满意即可”是通过制定多方可以接受的决策而并不一定是满足某一特定目标的最佳决策，来降低风险并将企业的多种目标考虑在内。

任何企业都有可能在任何时候追求这些目标。不同的企业可能会有不同的追求目标，一个企业在不同时期也会有不同的追求目标，企业到底追求哪些具体目标要视企业当时的具体情况而定。然而，企业并不会将所有这些目标一视同仁，而是会追求当前它认为最重要的目标。因此，我们可以将这些目标看作一个层级结构，各个目标的重要性程度会根据时间的不同而发生变化。

这些目标都与负责任的社会行为不冲突。越来越多的证据表明，社会责任实际上提高了实现所有这些目标的能力。

我们还可以结合沃尔玛追求其目标的背景重新阐释所有那些针对沃尔玛的指责。这就提出了一个问题，企业在追求其目标时采取什么样的行为到底重不重要。这也是企业社会责任的一个重要方面，我们在本书里会多次谈到这个问题。

盖亚理论

盖亚理论(Gaia theory)①是詹姆斯·洛夫洛克(James Lovelock)在 1979 年

① 最初这只是一个被普遍拒绝接受的假说，现在已经得到广泛的认可，被称为盖亚理论。

提出的假说，以希腊神话中大地女神盖亚命名。詹姆斯·洛夫洛克提出了一个独特的地球模型。洛夫洛克提出，地球上的整个生态圈以及生活在其中的一切生物都与生态圈各个方面互相依赖，形成了一个完整的系统。这个完整的系统及其所有组成部分之间是相互依赖的，是地球维持生命、持续生存与发展的同等必要条件。盖亚理论与古典自由主义理论[①]大相径庭。古典自由主义理论坚持认为地球上的每个实体都是独立的，各个实体都只顾追求自己的所需而不考虑其他实体。古典自由主义的世界观构成了经济组织的基础，为作为经济活动实体的企业的存在提供了正当理由，并为社会所采纳的会计模型(the model of accounting)提供了理论基础。然而，盖亚理论意味着社会各成员之间相互依赖，并因此认识到在生活中一个人的行为必然会对他人产生影响。因此，有必要从个人和组织行为、活动和报告的角度对问责制进行不同的阐释。盖亚假说最初被人嘲笑，后来其真实性逐渐被人们所接受，现在被称为盖亚理论。

目前，世界经济活动的主体是追求利润型企业，每一个企业独立行事，只关心利润最大化。在古典自由主义者看来，这是合理的。根据古典自由主义的看法，企业的战略规划和决策制定的重心必然集中于企业组织的内部而不是其外部环境[②]，企业只评估、报告并决定企业自身的活动，因为这些活动影响企业本身。企业的行为总是会以这样或那样的方式对企业的外部环境产生影响，而企业对外部环境产生的影响却被认为不是企业应该关注的对象。古典自由主义认为，个人有决定自己行为方式的自由。古典自由主义还认为，这些有行为自由的个人之间会产生互动，而自由市场的运作机制会在这些个人之间进行调停，以便在他们之间能达成一种平衡，而这种平衡正是这种互动的必然结果。[③]所以，企业是否关注其行为对外部环境造成的影响被认为是无关紧要的，因此这并不是企业制定管理决策时应该关注的对象。

盖亚理论声称，所有生物体之间是相互依赖的[④]，人们有必要认识到一种生物体的行为会对其他生物体产生影响并且不可避免地会以不一定与其行为直接相关的方式影响自身。换句话说，所有的行为都有可能产生意想不到

① 参见本书后面有关功利主义的章节内容，了解古典自由主义理论的细节。

② 鉴于此问题对于理解什么是企业社会责任非常重要，我们还会在本书后面章节进行讨论。

③ 这种假设忽略了通过市场实现交易的各方之间的权力不平衡。这个问题我们将在本书后面章节进行探讨。

④ 事实上，洛夫洛克在其假说中声称，地球及其组成部分是互相依赖的。人类活动(不管是否通过组织开展)涉及人与人之间的相互关系，这一声称是对洛夫洛克假说的拓展。

的后果。[1] 因此，生物体对其环境和外部因素的作用对每一种生物来说都是重要的，因为世界万物都是相互依存的。对人类而言，对地球上的任何其他生物而言，均是如此。我们可以将这种比喻用于考虑现代社会经济活动的组织，并考虑该活动对其组织及其会计所产生的影响。因此，就以营利为目的的组织而言，我们可以得出这样一个逻辑上的结论，企业活动对外部因素的影响应该是其关注的对象，因此从企业活动方面来讲，也应该是其会计的一个适宜话题。

声称盖亚理论的发展对企业行为产生了重大影响是不现实的，但似乎两者之间确实存在一些联系，尽管是间接的联系。企业管理者似乎开始关注社会与盖亚理论被提出的时间几乎是一致的。也许这两者都是导致重新审视社会结构和组织的其他因素的表现。然而，从 20 世纪 70 年代起，组织理论越来越关注企业组织的所有利益相关者，无论这些利益相关者对该组织来说是否具有法律地位。同时，在会计的话语和实践中，人们越来越关注对外部性的解释以及企业对这些外部因素的影响的解释。人们特别关注的外部因素就是环境问题。在这种语境下，环境被定义为包括完整的生态圈，而不仅仅是生态圈中的人类。这些概念构成了人们对可持续性关注的部分基础，我们将在后面的章节中对此进行详细的介绍。

洛夫洛克的最初观点是，地球作为一个盖亚系统具有自我修复的功能，无论人类对地球采取何种行为，地球都可以得到修复。从那时起，人类给地球及其组成部分带来的变化引起了很大的关注。在洛夫洛克 2006 年出版的一本书中，他提出了一个稍微不同的观点。他指出，气候变化是不可避免的，气候变化对环境造成的影响、对人类生活和经济活动产生的影响同样也是不可避免的。然而，洛夫洛克仍然持有一种乐观的态度，认为地球可以去适应人类给其带来

---

① 这可以认为与混沌理论(chaos theory)的思想有关。格雷克(Gleick)声称，西方科学是建立在微小的影响可以被忽视的观点之上的，这种观点还认为相对准确的输入会导致大致准确的输出，这是因为这些微小的影响一直会保持微小的状态，不会升级为大的影响。然而，从 20 世纪 60 年代起，这一理论基础受到了质疑。人们意识到，在某些状态下，情况并非如此。混沌理论的基础正是在这种认识基础之上建立的。混沌理论发现，系统对初始条件表现出敏感的依赖性。在某些情况下，这种依赖性变得如此重要，以至于找不到两者之间的因果关系。混沌理论的发起人洛伦兹(Lorenz)提出了"蝴蝶效应"(the butterfly effect)。根据格雷克的解释，"今天北京的一只蝴蝶扇动了一下翅膀，将会在下个月引起佛罗里达州的一场风暴"(1988:35)。

人们通常将混沌理论和复杂性理论(complexity theory)当作同义词来使用，两者都可以用来描述现代组织运营所处的环境。鉴于理论的预测性，两者都关注如何从环境中剔除不确定因素以及如何描绘一个确定性的未来。从这个层面上来讲，两种理论与会计理论有相似性。两者都关注如何在预测未来时剔除不确定性，尽管它们各自的理论基础不同，各自有一套不同的理论假设。

的变化。就此而言，洛夫洛克比其他评论家更为乐观。[①]

人口

据美国人口调查局宣称，2006 年 1 月 25 日，世界人口达到 65 亿。而就在几年前，联合国人口基金(United Nations Population Fund)将 1999 年 10 月 12 日指定为世界人口将达到 60 亿的大概日期。再往前推 12 年，也就是 1987 年，世界人口达到 50 亿(见图 1.2)。

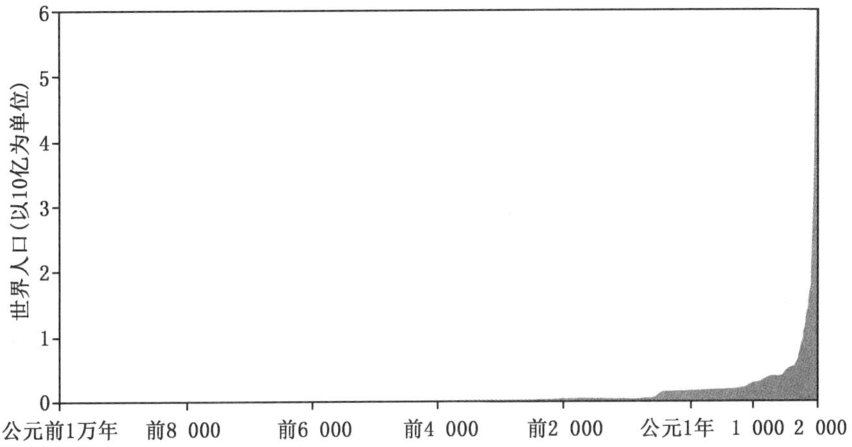

图 1.2　人口增长

但必须指出的是，一些国家(如尼日利亚和巴西)的人口统计数字无法精确到五位数。所以，人口统计存在着相当大的误差。然而，世界人口确实在持续增长，增长速度和现在一样快。联合国人口司(United Nations Population Divison)曾预计，到 2050 年，世界人口有可能会超过 90 亿。21 世纪人口增长如此迅速的原因有很多。当然，其中一个因素便是医学界在预防儿童夭折和延长老年人寿命方面取得了进步；另一个因素是经济的繁荣，加上农业生产力的大幅度提高，从而使人们的生活更加健康高效。

人口增长当然会增加人们对消费品的需求，这就涉及可持续性的问题。就农业生产需要提供的食物量日益增加而言，更是与可持续性相关。气候变化以及气候变化对农业造成的破坏，长期以来都受到很多人的关注，特别是

① 例如，参见 Reay(2005)。在下一章里将详细探讨这一点。

在可持续发展的背景下。这使得学者们从与可持续发展的相关性角度重新审视马尔萨斯(Malthus)及其理论。马尔萨斯是18世纪的一位经济学家,他的观点主要是针对其父亲及父亲的同事们(最知名的便是卢梭)的乐观态度而提出的。[①] 马尔萨斯在其最初发表于1798年的《人口论》(*An Essay on the Principle of Populations*)中做出了知名的预测,即:如果人口的增长速度超过食物供应的增长速度,就会发生食物短缺,导致大规模的饥荒。马尔萨斯宣称:"人口增加的能力远远大于土地生产人类生活资料的能力,因而人类必然会在这种或那种情况下过早地死亡。人类的各种罪恶积极而有力地起着减少人口的作用。它们是破坏大军的先锋,往往自行完成这种可怕的行为。如果它们在消灭人口的战争中失败了,季节性疾病、流行病、传染病和黑死病就会以吓人的队形进击,杀死无数的人。如果仍不能完全成功,严重而不可避免的饥荒就会从背后潜步逼近,以强有力的一击,使世界的人口与食物得到平衡。"

马尔萨斯的论据是以他的人口原理为基础的。马尔萨斯的人口原理声称,如果不受诸如战争或瘟疫等因素的影响,人口将以几何速度增长,而粮食生产只会以算术速度增长。在形势乐观的20世纪中叶,马尔萨斯的这种观点被认为是古怪的、过时的。近年来,马尔萨斯的观点又重新流行起来,人们开始思考马尔萨斯的人口观点是否具有现实意义。

与此同时,很多人在考虑是否可以实行人口控制。例如,中国制定了"一对夫妻生育一个子女"的计划生育政策。在大多数国家,人口控制在政治上是不可能实现的。在不少国家,民众的风气是增加人口而不是限制或减少人口。事实上,许多宗教[②]提倡多生多育,这使得人口增长无法避免。因此,人口是人们目前关注可持续性和企业社会责任的一个原因。图1.3显示,人口增长率正在下降。

---

① 可以将马尔萨斯的文章看作对孔多塞侯爵(the Marquis de Condorcet,1743—1794)的观点的回应。

② 例如,罗马天主教禁止教徒进行生育控制,提倡不管生活条件如何,都应该多生多育。

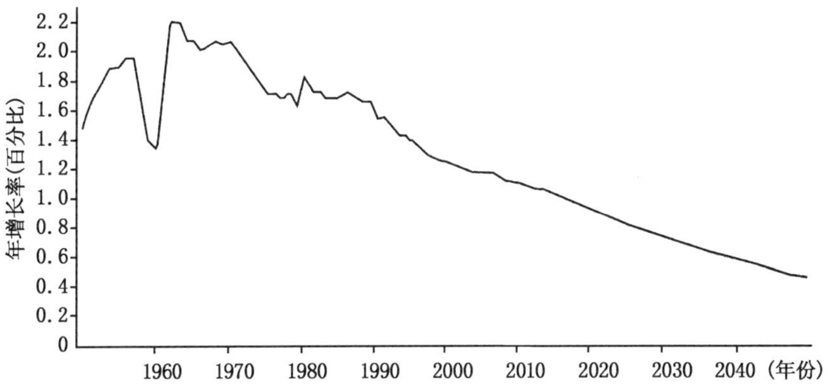

图 1.3　世界人口增长历史

《全球契约》

《全球契约》(The Global Compact)是联合国制定的一项倡议,旨在鼓励全球企业采纳有关可持续性和对社会负责任的行为的政策,并为这些行为报告提供一个共同框架(见图 1.4)。1999 年 1 月 31 日,联合国秘书长科菲·安南(Kofi Annan)在世界经济论坛发表的演讲中首次宣布了《全球契约》。《全球契约》于 2000 年 7 月 26 日在纽约联合国总部正式启动。《全球契约》并不是一种管制手段,而是政府、企业和劳工之间的论坛及沟通网络,《全球契约》正是要对他们的行为产生影响。非政府组织和民间社会组织则代表其利益相关方。

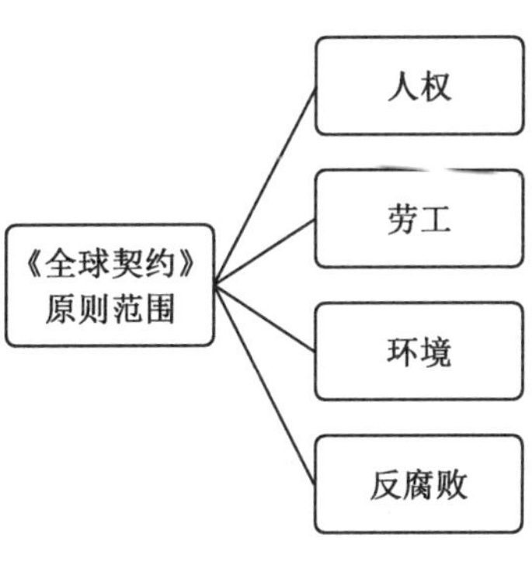

图 1.4　《全球契约》

《全球契约》宣称,一旦企业被纳入该契约,"并不意味着《全球契约》认可或证明这些企业已经实现了契约的原则”。《全球契约》的目标刻意制定得灵活而模糊，它通过政策对话、学习、地方网络和项目等渠道为企业提供便利和鼓励对话。该契约有十项原则。[①]

《全球契约》在人权、劳工、环境和反腐败方面的十项原则享有全球共识，这些原则来源于：

- 《世界人权宣言》
- 《国际劳工组织关于工作中的基本原则和权利宣言》
- 《关于环境与发展的里约宣言》
- 《联合国反腐败公约》

《全球契约》要求企业在其影响范围内欢迎、支持并实施一系列与人权、劳工标准、环境和反腐败等领域有关的核心价值观。

人权

原则 1：企业应在其影响力范围内对保护国际人权给予支持和尊重。
原则 2：企业应保证不与践踏人权者同流合污。

劳工

原则 3：企业界应支持结社自由及切实承认集体谈判权。
原则 4：消除一切形式的强迫和强制劳动。
原则 5：切实废除童工现象。
原则 6：消除就业和职业方面的歧视。

环境

原则 7：企业应支持采用预防性方法来应对环境挑战。
原则 8：采取主动行动，促进在环境方面采取更负责任的做法。
原则 9：鼓励开发和推广不损害环境的技术。

反腐败

原则 10：企业应反对各种形式的贪污，包括敲诈勒索和行贿受贿。

《全球契约》为全球范围内的企业制定了对社会负责任的行为标准，这有助于形成可比性以及企业社会责任议程。然而，《全球契约》是否提高了公众对社

---

① http://www.unglobalcompact.org/AboutTheGC/TheTenPrinciples/index.

会责任议程的认识，是否有助于唤起公众对社会责任议程的关注，或者说，《全球契约》只不过是反映了早已存在的公众关注，我们对此并不太确定。当然，在科菲·安南宣布《全球契约》之前，很多人都是关心这些问题的。所以说，《全球契约》的公布只不过是提高了公众对社会责任的认识罢了。

增长、福利和可持续发展

经济合理性提供了大多数增长模型的理论依据，其隐含的假设是经济方面的增长必然会反映福利方面的增长。增加股东价值是以企业增长为基础的，这意味着经济增长的必要性。某个企业的增长可以通过竞争和增加市场份额以牺牲竞争对手的利益来实现，但持股、风险回报率和企业回报率的整体概念是以全球经济持续增长为前提的。我们的假设是，增长对于经济整体和企业个体来说都是可持续的，我们会在本书第八章继续探讨可持续性。

促进增长的一种方法是创造需求，即创造新的市场和替代市场。西欧耐用消费品市场基本上是通过创造替代市场、通过创新增加产值和融入时尚元素来实现的。然而，由于需要不断投入研发和营销费用，这将不可避免地改变企业的成本函数。市场的全球化为增长提供了短期的机会，但从长期来看也会增加竞争并产生可持续发展和创造需求的问题。经济学和增值技术假定财富最大化会促使福利最大化，因此并不对经济财富和福利进行区分。例如，机动车行业假设财富的增加会提高人们对汽车的消费需求，从而增加福利。然而，事实证据表明，财富增加而福利却随之减少（Mishan，1993）。因此，财富最大化会促使福利最大化的论断是站不住脚的。

结语

企业社会责任是一个重要课题，它影响着企业行为的各个方面。企业社会责任也对社会的各个方面产生影响，对我们每个人产生重要影响。企业社会责任涉及很多方面的内容，本章谈论了其中的一部分内容，我们将在本书的后续章节中介绍更多有关企业社会责任方面的内容。本章还探讨了有关企业社会责任的一些理论。这些知识有助于我们了解企业社会责任这一现象，帮助我们制定企业社会责任战略并分析制定出来的企业社会责任战略。我们也将在整本书中训练这方面的技能。

正如我们所看到的，企业社会责任已成为所有企业战略规划的核心。今天，几乎每家企业（和许多其他组织）都制定了企业社会责任战略和计划。此外，企业社会责任已成为一种全球现象。本章我们探讨了企业社会责任的一些方面并认识到了企业社会责任这一课题的重要性，这为后面章节内容的学习奠定了基础。

要点总结

- 企业社会责任作为一个全球性概念，已被几乎所有企业（包括非营利性企业）所采纳。
- 企业认识到履行企业社会责任有其商业必要性，尽管这只是近几年才发生的事情。
- 企业有社会目的，我们可以将其看作一种社会契约。
- 企业有许多目标，在某一时间段内会同时追求几个目标，但是这几个目标的重要性有优先次序。
- 盖亚理论描述了地球及其所有的生物构成了一个完全相互依存的系统。这一理论对人类行为也有影响。
- 世界人口的增长是当前人们关注可持续性和企业社会责任的一个原因。
- 《全球契约》是联合国制定的一项倡议，旨在鼓励全球企业采取有关可持续性政策和对社会负责任的行为的政策，并为这些行为报告提供一个共同框架。《全球契约》由十项原则组成。

关键术语及理论定义

盖亚理论（Gaia theory）：该理论认为，整个生态圈及生态圈中的一切生物都依赖于其各个方面，并形成了一个完整的体系。

《全球契约》（The Global Compact）：旨在鼓励全球企业采取有关可持续性和对社会负责任行为的政策，并采用共同框架来报告这些行为。

社会契约理论（social contract theory）：是一个社会的公民为了社会的协作而制定的一项契约，这项契约是该社会的法律和政治权力的基础。

理解题

1. 欧盟是如何描述企业社会责任的？
2. 列出引起人们关注的企业社会责任的四个因素。
3. 《全球契约》的原则是什么？
4. 什么是盖亚理论？
5. 列出除利益最大化之外，企业追求的另外三个目标。
6. 人口原则是什么？人口原则与企业社会责任的相关性是什么？
7. 从哪些方面可以将公司视作社会企业？

补充阅读材料

Davis, K. 1973. 'The Case for and against Business Assumption of Social Responsibilities', *Academy of Management Journal*, 16: 312–22.

Friedman, M. 1970. 'The Social Responsibility of Business is to Increase Profits', *New York Times*, 13 September.

Mintzberg, H. 1983. 'The Case for Corporate Social Responsibility', *Journal of Business Strategy*, 4, 2: S. 3–15.

参考文献

Ackerman, R. W. 1975. *The Social Challenge to Business.* Cambridge, MA: Harvard University Press.

Aras, G. and Crowther, D. 2008. 'The Social Obligation of Corporations', *Journal of Knowledge Globalisation*, 1, 1: 43–59.

Aras, G. and Crowther, D. 2009. *The Durable Corporation: Strategies for Sustainable Development*. Aldershot: Gower.

Crowther, D. 2002. *A Social Critique of Corporate Reporting.* Aldershot: Ashgate.

Dahl, R. A. 1972. 'A Prelude to Corporate Reform', *Business and Society Review*, Spring: 17–23.

Donaldson, T. (1982) *Corporations and Morality*, Englewood Cliffs, NJ: Prentice Hall.

Donaldson, T. 1989. *The Ethics of International Business.* New York: Oxford University Press.

Freedman, R. E. and Reed, D. L. 1983. 'Stockholders and Stakeholders: A New Perspective on Corporate Governance', *California Management Review*, 25, 3: 88–106.

Gleick, J. 1988. *Chaos: Making a New Science*. London: Heinemann.

Gray, R., Owen, D. and Maunders, K. 1987. *Corporate Social Reporting: Accounting and Accountability*. London: Prentice Hall.

Hasnas, J. 1998. 'The Normative Theories of Business Ethics: A Guide for the Perplexed', *Business Ethics Quarterly*, January: 19–42.

Hayles, N. 1991. *Chaos and Order: Complex Dynamics in Literature and Science.* Chicago: University of Chicago Press.

Hetherington, J. A. C. 1973. *Corporate Social Responsibility Audit: A Management Tool for Survival.* London: The Foundation for Business Responsibilities.

Hobbes, T. 1651. *Leviathan*; many editions.

Hutton, W. 1997. *Stakeholding and its Critics.* London: IEA Health and Welfare Unit.

Kultgen, J. 1987. 'Donaldson's Social Contract for Business', *Business and Professional Ethics Journal*, 5: 28–39.

Lovelock, J. 1979. *Gaia*. Oxford: Oxford University Press.

Lovelock, J. 2006. *The Revenge of Gaia*. Harmondsworth: Penguin.

McDonald, D. and Puxty, A. G. 1979. 'An Inducement – Contribution

Approach to Corporate Financial Reporting', *Accounting, Organizations and Society*, 4, 1/2: 53–65.

Mathews, M. R. 1997. 'Twenty-five Years of Social and Environmental Accounting Research: Is there a Silver Jubilee to Celebrate?' *Accounting, Auditing and Accountability Journal*, 10, 4: 481–531.

Mishan, E. J. 1993. *The Costs of Economic Growth*. London: Weidenfeld & Nicolson.

Owen, R. 1816; 1991. *A New View of Society and Other Writings*. Harmondsworth: Penguin.

Reay, D. 2005. *Climate Change Begins at Home*. Basingstoke: Palgrave Macmillan.

Rousseau, J.-J. 1762. *Du Contrat Social* (trans. as *The Social Contract*); many editions.

Smith, H. J. and Hasnas, J. 1999. 'Ethics and Information Systems: The Corporate Domain', *MIS Quarterly*, March, 23, 1: 109–27.

Sternberg, E. 1997. 'The Defects of Stakeholder Theory', *Corporate Governance: An International Review*, 6, 3: 151–63.

Sternberg, E. 1998. *Corporate Governance: Accountability in the Marketplace*. London: IEA.

第二章

争议地带——企业社会责任的定义

本章学习目标：

- 用不同的方法给企业社会责任下定义
- 描述企业社会责任的三个原则
- 评价布伦特兰的可持续发展方法
- 概述企业社会责任的发展阶段
- 探讨企业社会责任与财务绩效之间的关系

“不过，在钱财的处理上，股份公司的董事为他人尽力，而私人合伙公司的合伙人，则是为自己打算。所以，要想股份公司董事们监视钱财用途像私人合伙公司合伙人那样用意周到，那是很难做到的。犹如富家管事一样，他们往往设想，着意小节，殊非主人的光荣，一切小的计算，因此就抛置不顾了。”（亚当·斯密：《国富论》）

亚当·斯密以描述资本主义制度著称。不太为人所知的是，他也看到了该制度所存在的问题以及由此引发的道德沦丧。由此，亚当·斯密帮助解释了什么是企业社会责任以及为何企业社会责任在现代商业环境中是必要的。

企业社会责任是在企业报告中占主导地位的概念。每个企业都制定了有关企业社会责任的政策，并且每年都会发布一份详细的报告。当然，我们每个人都自称能够辨别出哪些企业活动是对社会负责的、哪些不是。但是有意思的是,我们在什么行为是对社会负责上并不一定能够达成一致的意见。尽管我们声称自己能够辨别出什么是对社会负责的行为、什么不是,但是一旦要求我们对"社会责任"进行定义时,就会发现这是一件十分棘手的事情。学界有许多关于企业社会责任的定义,在本章中我们将研究其中的一些定义。

企业社会责任的定义

广义的企业社会责任是指全球企业与国家政府以及公民个体之间的关系;狭义的企业社会责任则是指企业与其所在地或经营地社会之间的关系。另外,企业社会责任还关注企业与其利益相关者之间的关系。

在我们看来,以上定义都是切题的,每个定义都代表了看待这一问题的一个维度。同时,一场伦理学领域的辩论正在进行——是否应该通过加强监管对企业进行控制?公民的道德基础是否已经沦丧?是否只有旧的公民道德基础被取代,企业社会责任才会产生?无论这场辩论意味着什么,它似乎都与企业和社会之间的某种契约关系有关。

这种社会契约意味着某种形式的利他主义行为,与自私相对立。而利己主义则意味着自私。利己主义是以边沁(Bentham)、洛克(Locke)和约翰·斯图亚特·穆勒(J. S. Mill)为代表的功利主义者的核心观点。人们通常认为约翰·斯图亚特·穆勒宣扬追求最大多数人的最大幸福在道德上是正确的行为,尽管功利主义哲学实际上更多是建立在自私的基础之上。对于这一点,我们将在后面的章节中再做讨论。亚当·斯密的自由市场经济学也是以自身利益的竞争为基础的。

这些影响深远的思想将个人利益置于集体利益之上。然而社会责任的核心原则是利益相关者与社会之间的社会契约,这是市民社会的本质要求,它也被称作公民权。但是对于以上任何一个术语来说,重要的是谨记,社会责任不仅需要对现有的社会成员负责,也需要对未来以及未来的社会成员负责。当然,除此之外,还有对环境的责任(我们稍后也会讨论),因为这对现在以及未来的社会成员都会产生影响。

然而,企业社会责任并没有固定的定义,因此就产生了这样一个问题:究竟什么才是企业社会责任?根据欧盟委员会的描述,"企业社会责任的概念是指公司将社会和环境问题纳入其经营活动之中,以及在自愿的基础上与利益相关者进行的互动之中"(2002:347 final:5)。

我们可以通过多种方式来探讨企业社会责任以及企业与社会之间的关系。

企业是社会的组成部分

越来越多的学者开始认识到企业活动对外部环境的影响，并且建议会计的一个作用应该是报告企业对外部环境的影响。这一建议是在 20 世纪 70 年代首次提出的。一些学者将企业看作社会的组成部分，关注企业的社会绩效，号召公众从更广泛的意义上关注企业绩效。

卡罗尔(Carroll)很早就开始研究企业社会责任理论。他在 1979 年就指出："企业社会责任指的是社会在某一特定时期对企业在经济、法律、伦理及其他方面的期望。"(1979：501)

后来，巴拉班尼斯、菲利普斯和莱尔(Balabanis，Philips and Lyall)也表达了相同的观点。他们认为："在现代商业领域，企业及其管理者承受了来自外界的很大压力，在促进社会福利方面发挥着日益积极的作用。"(1998：31)

利润至上

一些学者，譬如米尔顿·弗里德曼(Milton Friedman)认为，企业不应考虑社会责任。弗里德曼在 1970 年表示："企业的社会责任只有一个——在不违反游戏规则的情况下，运用资源并从事旨在提高利润的活动；也就是说，在不发生欺骗或欺诈的情况下，进行自由公开的竞争。"

弗里德曼认为，公司必须盈利才能生存。这一点是正确的，这只不过是基本的常识罢了。然而，他认为社会责任与利润互不相容的观点是错误的，这也是许多人经常犯的错误。在本书中，我们将表明我们的立场，企业只有承担社会责任才能盈利——事实上，这是企业可持续发展的唯一途径。所以对于弗里德曼以及上述引用弗里德曼的话，我们想说的是，这段话发表在 40 年前的一份报纸上，而且他的话也只是人们唯一能够找到的反对企业社会责任的引言！

不过，有些人对企业活动的看法更为愤世嫉俗。德鲁克(Drucker)指出："企业将社会问题转化为经济机会和经济效益，转化为生产能力、人的能力、高薪工作以及财富。"(1984：12)

企业社会责任是有条件的

罗伯逊和尼科尔森(Robertson and Nicholson)在 1996 年指出："在社会责任方面，企业难免会有一定的说辞。管理者甚至会认为，通过发表有关社会责任的声明，企业就可以免于采取对社会负责任的行动。"(1996：1011)

而莫伊尔(Moir)所持的态度则更为含糊："企业是否应当承担社会责任，应

当承担什么样的责任，取决于企业所采用的经济视角。”(2011:118)

因此，我们可以看出，企业社会责任是一个具有争议性的话题，并不是每个人都认为企业社会责任很重要或者认为企业社会责任与现代商业相关。

壳牌集团与布兰特史帕尔储油平台

布兰特油田(Brent oilfield)位于英国沿岸的北海，由壳牌集团(Shell)自1975年开始运营。起初，从海底抽出来的石油被储存在浮动的平台——布兰特史帕尔储油平台(Brent Spar Oil Platform)上，然后装上油轮被运到陆地。之后，壳牌集团在此铺设了一条通往设得兰群岛(Shetland)的管道，使得布兰特史帕尔的石油储备和油轮运输能力过剩。管道建好后，储油设备继续使用到1991年。

布兰特史帕尔储油平台在1995年引起了大众的关注。当年，英国政府宣布批准壳牌集团在大西洋海域深处的北芬尼脊(North Fenni Ridge，位于距苏格兰西海岸约250公里，约2.5公里深海底处)的排污申请。绿色和平组织(Greenpeace)发起了一场全球性的、广受关注的媒体宣传活动，反对该计划。尽管绿色和平组织从未号召抵制壳牌集团下属的加油站，还是有成千上万的西欧人，尤其是德国人不再从壳牌集团加油站购买汽油。壳牌集团在德国的一些加油站销售额下降了50%。时任德国总理科尔(Kohl)在一次G7会议上向英国政府提及了此问题。然而，尽管英国政府并不允许布兰特史帕尔储油平台直接排污，壳牌集团还是难以承受来自公众的压力。最终，绿色和平组织在这场保护海洋环境的活动中赢得了戏剧性的胜利，壳牌集团改变了其决定，并同意在陆地上拆除并回收史帕尔平台。

绿色和平组织活动分子占领布伦特史帕尔储油平台长达三个多星期。面对北欧的公众和政治反对力量(包括身体上的攻击，比如发生在德国加油站的一次纵火袭击)，壳牌集团放弃了在海上处理布兰特史帕尔储油平台的计划，但同时却依然坚持认为，无论是从环境还是从工业的卫生和安全角度来看，这都是最安全的选择。绿色环保组织称之为其最成功的运动之一，我们在其官方网站上仍然能够看到这方面的宣传，然而绿色环保组织却试图对其在这场活动中所犯的错误避重就轻(参见 http://www.greenpeace.org/international/about/history/the brent-spar)。

不过，在这场运动中，绿色和平组织的声誉也受到了影响。该组织不得不承认，抽样误差导致其对遗留在布兰特史帕尔的储油罐中的石油高估了数百倍。正如绿色和平组织及其支持者所期望的，壳牌集团最后采用了岸上处置方案。布兰特史帕尔储油平台被拖到挪威海湾临时停泊，尔后被拆除。后续的其他计算表明，就该平台来说，在海上处置排污是最环保的选择，尽管在其他情况下并不适用。

这被认为是直接行动成功地改变商业政策的重要案例。但该案例也表明，在双方论证都有理有据的情况下，评估不同行为对环境所造成的影响从来都不是一件简单的事情。

企业行为的影响

当然，很明显，企业所开展的任何行动都会对自身及所处的外部环境产生影响。考虑到企业对其外部环境的影响，必须要认识到这里所指的环境包括企业运营的商业环境、企业所在地的社会环境以及全球环境。企业的这种影响表现为多种形式，例如：

- 生产过程中对自然资源的利用。
- 同一市场中，企业自身与其他企业的竞争所产生的影响。
- 通过创造就业机会来造福当地社区。
- 原材料的开采或废弃物的存储导致的地形景观的变化。
- 企业内部产生的财富在所有者（通过股利）和员工（通过工资）之间的分配，以及对个人福利的影响。
- 最近人们对气候变化和温室气体排放方式的关注也使得问题有所加剧。

因此，由这些例子可见，企业会对其外部环境产生举足轻重的影响，并且可以通过自身行为来改变环境。我们还可以看到，这些不同的影响在有些情况下是对环境有益的，而在另一些情况下则是对环境不利的。事实上，相同的行为，一些人认为是有益的，而另一些人则会认为是有害的。

《布伦特兰报告》与可持续发展

1983年，联合国成立了世界环境与发展委员会(World Commission on Environment and Development，WCED)，由格罗·哈莱姆·布伦特兰(Gro Harlem Brundtland)担任主席。这后来被称为布伦特兰委员会，该委员会的报告——《我们共同的未来》(WCED，1987)，通常被称作《布伦特兰报告》。该委员会的设立旨在解决日益受到关注的“关于人类环境和自然资源加速恶化而造成经济和社会发展的后果”。联合国大会在设立委员会时认识到环境问题是全球性的，并确定制定可持续发展政策以符合所有国家的利益。该委员会在1987

年发表了报告。如前所述，虽然这份报告被命名为《我们共同的未来》，但它被人们普遍称为《布伦特兰报告》，以世界环境与发展委员会主席的名字命名。

严格地说，《布伦特兰报告》关注的是可持续发展，世界环境与发展委员会坚持认为可持续发展既是可能的，也是可行的。“可持续性”的前提是如果资源现在被挥霍一空，那么将来便不可再用。这也引出了“可持续发展”的标准定义：“既能满足当代人的需求，又不对后代人满足其自身需求的能力构成危害的发展。”

这一原则已列入欧盟的《马斯特里赫特条约》和《阿姆斯特丹条约》。1992年6月3日至14日，在里约热内卢举行的联合国环境与发展会议(United Nations Conference on Environment and Development，UNCED)上通过的《里约热内卢宣言》和《21世纪议程》也采纳了该原则。欧洲共同体及其成员国支持《里约热内卢宣言》与《21世纪议程》，并决定尽快落实联合国环境与发展会议上商定的主要举措。

《布伦特兰报告》对于解决可持续性问题十分重要。该报告描述了可持续发展的七大战略要求：

- 恢复增长。
- 改变增长质量。
- 满足工作、食品、能源、水和卫生方面的基本需求。
- 确保人口持续稳定。
- 保护和加强资源基础。
- 重新定位技术和管理风险。
- 在决策过程中将环境和经济合并。

报告还强调，我们的技术与社会组织现状，尤其缺乏综合的社会规划，限制了世界满足现在和将来人类需求的能力。

为应对常见的全球性问题，报告还从体制和法律两方面提出了改革的建议。越来越多的人认为，企业和政府应当共同承担促进社会福祉的道德责任，提高个人对经济交易的兴趣。

然而，更重要的是，《布伦特兰报告》提出了一个被广为接受的假设，即可持续发展是可以实现的。自此之后，人们的争论开始聚焦在如何实现这一点上。因此，自《布伦特兰报告》在1987年世界环境与发展委员会会议上发表以来，人们对可持续发展的争论持续不断。同样，讨论的重点放在了诸如协作、伙伴关系和利益相关方的参与等方面。发展是可取的，可持续发展是可行的，这一观点已被广泛接受。同时，人们也关注如何实现可持续发展。然而，对于何谓可持续发展，人们的态度并未明确。因此，任何评估都要从考虑这些术语的含义开始。我们将在第八章对其进行详细深入的探讨。

对《布伦特兰报告》的批评

多年来，关于企业可持续行为的讨论都是以《布伦特兰报告》为起点的。该报告预测了目前从事的活动对未来选择的影响。这直接促使两种假设的产生：(1)可持续发展既是可取的又是可行的；(2)企业只要能够存活到未来，便能实现可持续性。甚至2009年召开的哥本哈根峰会也是以第二种假设为基础的。

这种假设还使得人们接受了对可持续性的两种错误假设：

● "可持续性"(sustainability)是"可持续发展"(sustainable development)的代名词。

● 企业只有通过认识到环境和社会问题并将其纳入战略规划，才能实现可持续发展。

以上两点都是学者们无条件接受市场经济学建立在增长的需求之上这一前提以及《布伦特兰报告》的错误假设才得出的结论。对于后者，我们稍后将会继续讨论。一个毫无疑问的假设是，只要继续增长存在可能性，那么"可持续性"与"可持续发展"就是同义词。事实上，经济学观点认为，增长不仅是可能的，而且是可取的。由此，发展经济学是唯一需要解决的问题。而市场通过明确区分三个基本经济目标——有效配置、公平分配和可持续规模来解决这个问题。

同样，企业对自身的可持续性以及可持续性的意义越发重视。这种可持续性不仅仅意味着环境的可持续性。就企业可持续性而言，由于在过去30年里管理学文献中一直使用"可持续性"一词来表示"连续性"，人们对于何谓"可持续性"一直困惑不解。因此，斯维兹洛特(Zwetsloot，2003)才会把企业社会责任与持续改进的创新技术混为一谈，从而暗示只有这样做，才能保证实现可持续发展。

《布伦特兰报告》衍生出来的概念有很多，其中最著名的是"三重底线"(the Triple Bottom Line)概念。这一概念又促使了另外一种假设的诞生，即只要解决经济、社会和环境三个方面的问题，就不仅能够实现可持续性，而且还能实现可持续发展。几乎所有的企业都在暗示它们已经认识到并解决了这些问题，从而确保了可持续发展。

让我们从三重底线——企业在三个方面的表现开始：

- 经济
- 社会
- 环境

这三个方面经常会被表示为人、地球、利润(见图 2.1),在后面的章节中,这三个方面会被多次提及。

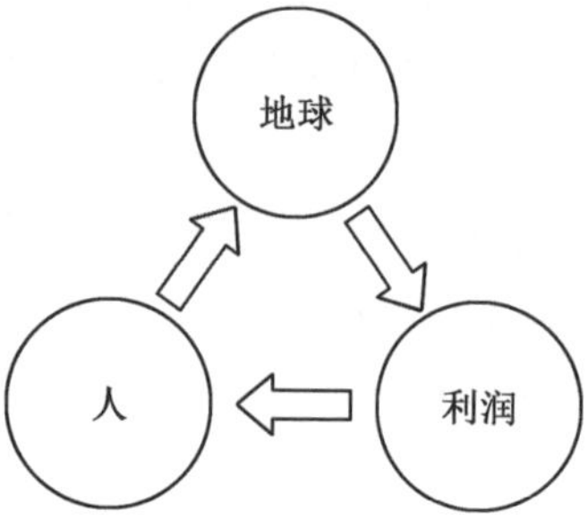

图 2.1 三重底线

尽管过于简单化,但图 2.1 所示的三重底线还是被企业在报告中广泛采用。不过,该图值得详细分析,因此在后面的章节中我们将会继续对其进行探讨。

互联网的繁荣与萧条

1998 年,互联网相对来说还算新兴事物,仍在迅速发展。而互联网交易的想法更是新颖。不知何故,人们居然产生了这样一个想法——不管在互联网上做什么交易,都会成功。于是,大概在 1998 年,互联网经济便繁荣起来。大量的互联网新公司应运而生,风险资本家争前恐后地贷款给这些公司,坚信(幻想)互联网交易一定会成功。

在那个时期,股价迅速飙升,人们过分相信互联网公司未来能够盈利,而并不关心互联网公司的产品、商业计划以及个人的股票分红。在那个时期,丰富的风险资本创造了一种新环境,许多投资者对技术进步特别有信心,而忽视了市盈率、资本回报率等传统指标。商业的蓬勃发展也使得投机行为不断增加。因此,2000 年 3 月,纳斯达克指数达到 5 048 点,在过去的 12 个月里翻了一番,达到了峰值。随后,纳斯达克指数在次月下跌了 10%,次年跌了一半。

这些互联网公司的主要营销策略是“烧钱”——钱花得越快越好。它们的目标是为企业做宣传,尽快建立自己的客户群。这些互联网公司的收益甚微,而利润也被人耻笑。即使规模最大并在之后获得极大成功的公司(如谷歌、亚马逊)，在公司成立的最初几年里也几乎看不到什么利润。亚马逊当时致力于扩大客户群，让客户知晓公司的存在。与此同时，谷歌也忙于制造容量更大的机器来满足其日益扩大的搜索引擎。当时流行的信念是“要么变大，要么迷失”。在鼎盛时期，即使从未盈利或从未获得任何收入，有前途的互联网公司也可以进行首次公开募股，筹集大量资金。在 2000 年 5 月破产之前，Boo.com 试图创建一家全球性的网络时装商店，仅 6 个月时间就花掉了 1.88 亿美元。

从很多方面来说，互联网热潮是早期投机狂潮和超常利润在等待每个人去赚取这一想法的历史重演。但这并不是最后一次狂潮。几年后，2008 年的金融危机就是由相似的想法引发的。从企业社会责任的角度来看，一个最主要的教训是：不要贪婪，永远也不要忽视财务收入——它将永远是企业成功的基石。想要成为投资者，必须牢记一点：财务透明至关重要，如果你不制定商业计划，财务透明便不可能实现。

企业社会责任的分类

人们似乎对企业活动的真实性高度怀疑。有关“漂绿”的指控比比皆是。我们认为，当这类针对许多企业的指控合理的时候，就可能是企业之前活动所造成的历史遗留问题。企业社会责任是一个发展过程，它随着企业在自身行为、对待利益相关者的态度以及自身有关社会责任的想法上的成熟而发生变化。当然，我们也承认，有越来越多的证据表明，社会责任行为与企业的财务绩效正相关，从而为企业行为的改变提供了财务方面的必要性。此外，我们认为，企业社会责任有不同的发展阶段，这些不同的发展阶段可以在企业行为中体现出来。我们可以将此视作企业不断成熟的过程。

为研究企业社会责任的影响因素，克劳瑟(Crowther，2006)提出了分类标准，为研究企业社会责任提供了便利。正如克劳瑟所说，根据企业如何对待各利益相关者来建立企业社会责任的分类标准，相对容易。但是，库珀(Cooper)及其同事在 2001 年所做的研究表明，所有的企业都注重它们重要的利益相关者，并设法满足这些人的期望。因此，对员工和客户的关注在所有企业里都是显而易见的，这仅仅反映了利益相关者群体的力量，而不是企业出于社会责任的考虑。同样，一些企业对环境的关注并不是出于社会责任，而是避免被法律惩罚或者出于对客户关怀的需要。这些因素在对本地社区和全社会的关注中同样适用。所以，根据企业如何对待各利益相关者来制定企业社会责任的分类标准是不恰当的，因为这往往不是建立在对社会责任关注的基础上，而是以权力关系为基础，而对这些动机进行区分并不现实。

因此，学界提出了一个不同的分类标准。这个标准以上文提到的社会责任的三大原则为基础。并且，该标准展示了随着企业经验的不断丰富，企业更加坚信致力于这种形式的企业活动能够为企业带来好处，企业社会责任也在不断发展的过程。该分类标准建立在对众多大公司的企业社会责任主管及相关管理人员的研究和采访的基础之上，其中很多公司都致力于承担更多的社会责任。这表明了企业社会责任的日益成熟（见表 2.1）。

表 2.1　企业社会责任的不同发展阶段

发展阶段	显著特征	典型表现	案　例
1	窗饰	重新设计企业报告	改变措辞，修改企业章程，在语言上反映企业对社会责任的关注（Crowther，2004）
2	成本控制	重新设计业务流程	能源效率项目
3	利益相关方参与	采用平衡计分卡	客户/员工满意度调查（Cooper et al.，2001）
4	计量与报告	复杂的针对性措施	企业社会责任报告
5	可持续性	定义可持续性：重新调整生产流程	可持续性报告
6	透明度	关注供应链：要求供应商承担企业社会责任	维护人权，例如禁用童工
7	问责	价值链的重构	把高附加值活动转移到发展中国家

资料来源：Crowther（2006）。

这可以理解为反映企业社会责任日益成熟的不同发展阶段，各个阶段详述如下：

阶段一：窗饰

企业最初做出的企业社会责任行为是修饰企业报告的措辞以表明对企业社会责任的关注，然而企业行为并未做出实质性的改变。在这一阶段，企业可能会被公众指控有“漂绿”的嫌疑。企业行为观察者会对企业进行持续观察，而实际上企业这时可能已经进入一个更为成熟的发展阶段。

阶段二：成本控制

企业总是会检查生产流程，以便更高效率地运营、降低成本。企业已经认识到，其中一些诸如能源效率和水资源利用效率等生产流程可被视为企业社会责任活动。这些行为有其双重必要性，既可以改善企业的财务状况，又可以树立企业的社会责任形象。因此，企业从第一阶段迅速过渡到这一阶段并不稀奇。因为在这一阶段，即使企业并不一定受到社会责任意识的驱动，但在实际上也采取了相应的行动。

此类活动大多容易开展，而且对资本投资方面的要求也较少。此类活动都是最先开展的。那些需要资本投资的活动往往回报周期较长，企业通常都会对之更为谨慎，需要通过监管来督促其开展。所有的企业都经历过成本控制这一阶段，但是我们必须认识到，这一阶段可能采取的活动大多数企业并未能完全落实。在简单的目标实现之后，这种成本控制仍会在后续阶段继续进行。

阶段三：利益相关方参与

如前所述，企业都重视其重要利益相关方，并设法满足他们的期望。因此，对员工和客户的关注在所有企业里都是显而易见的，这仅仅反映了利益相关方群体的力量，而不是出于社会责任的考虑。同样，一些企业对环境的关注并不是出于社会责任，而是出于守法或者是出于对客户关怀的需要。这些因素在对本地社区和全社会的关注中同样适用。然而，对于企业社会责任来说，这样的关注已经通过采用平衡计分卡以及客户或员工满意度调查而正式化了。大多数企业都经历过这个阶段，此类行为已经融入日常的商业实践中。

阶段四：计量与报告

有些企业已经坚持践行社会和环境报告长达 15 年，但也有很多公司才刚刚开始行动。现在大多数企业（当然大多是大公司）以报告的形式提供此类信息。随着时间的推移，报告变得愈加详细，内容更加全面，包含的社会和环境绩效措施也更加广泛。大部分企业已经发展到了这个成熟阶段。不过，这一阶段存在的问题是，目前对于报告的内容还没有统一标准，所以不同的企业报告的内容也不尽相同，从而使得这些报告不具有可比性。一些组织，比如推出了 AA1000 标准的全球非营利组织 AccountAbility 以及联合国《全球契约》（UN Global Compact）已经通过制定标准来纠正这个问题。然而，没有任何一个标准被广泛接受。因此，可以说，大多数企业处于这个发展阶段。

阶段五：可持续性

“可持续性”话语已经像“企业社会责任”话语一样无处不在。阿拉斯和克劳瑟(Aras and Crowther,2008)在报告中指出,英国富时100指数(FTSE 100)中的每家公司都提到了可持续性,其中有70%的公司特别重视可持续性。然而,对这些公司所做的可持续性论述进行分析,就会很快发现到底什么是可持续性有很大的不确定性。显然,绝大多数公司提到的可持续性与阿拉斯和克劳瑟(2000a)以及《布伦特兰报告》中所定义的"可持续性"并不一样。通常,这些企业所谓的可持续性似乎指的仅仅是企业将会在未来继续存在。如果全面理解何谓可持续性,就会明白"可持续性"意味着经营方式的彻底改革以及大量的流程改造。然而,这些事情没有任何要发生的迹象。所以我们认为,大多数企业只是刚刚步入这个成熟阶段,并在努力解决相关问题。

阶段六:透明度

当前欧洲面临的最大问题是企业要对其供应链过程中出现的问题承担责任。供应链中出现的问题之所以被提及,主要是因为来自客户的压力以及供应链中所披露出来的雇佣童工和使用奴隶以及其他侵犯人权的行为。企业如果辩解说,是它们的供应商或是它们的供应商的供应商出现了问题,与本企业无关,这种说辞不会再被公众接受了。人们现在普遍认为,企业不仅要对社会负责,也要保证其供应商对社会负责。我们期待更多的企业变得足够成熟,步入这一阶段。一些大型公司,诸如盖璞(Gap)、耐克(Nike),做出了典范,它们承认自己的责任并采取适当的行动做出改变。

透明度的问题变得日益重要,一些成熟的公司(从企业社会责任的角度来讲)正在着力解决透明度问题。据称,一些公司正处于这一成熟阶段,但这些公司仍是少数。

阶段七:问责

最后这个阶段仅代表了我们的愿望,尚未实现,至少目前还没有。它以跨国企业可以自主决定其运营地以及所有高附加值的业务都设立在发达国家这些事实为基础。对一些企业来说,将业务转移到欠发达国家相对更为容易,这样做意味着企业在为实现变革做出切实的贡献。而且我们认为,这并不会增加成本。

我们所提出的论点是,企业社会责任必须被视为每个企业必须经历的发展过程,而这一过程仍然在持续进行(Aras and Crowther,2007b)。此外,每个企业都按同一时间顺序经历相同的阶段。企业社会责任的领先者目前才开始解决第六阶段的问题,并可能在考虑第七阶段。不发达的企业正处于较低的发展阶段。然而，重要的一点是，我们认为只有当企业发展到第五阶段后，才会开始承认可持续性。更为重要的是，第六阶段和第七阶段对于真正的可持续发展至关重要，只有发展到了这两个阶段，企业才会认识到可持续性是价值链的一个组成部分，可持续性取决于整个价值链的活动过程，企业才会依照这种认识行事。换句话说，如果没有供应商和顾客，企业无法实现可持续发展。目前，对于企业是否认识到这一点以及企业是否真正做到了可持续发展，人们还持怀疑态度。然而，有人提议，所有的企业都会按照同一顺序经历这七个阶段并最终到达第七阶段，如图 2.2 所示。

第一阶段	窗饰
第二阶段	重新设计业务流程
第三阶段	利益相关方参与
第四阶段	计量与报告
第五阶段	可持续性
第六阶段	透明度
第七阶段	问责

图 2.2　不同的成熟阶段

企业社会责任与企业成功的关系

通常，跨国企业的力量及其利益相关者的权力越大，涉及的企业社会责任也就越多。几年前，企业社会责任还是一个奢侈的概念，如今已成为公众舆论的首要议题。在企业发展、环境和人类价值上采取的一些举措以及所产生的相应的后果，可能是企业社会责任风尚形成的原因。企业成立之初，规模较小，并没有对所有者和管理者进行区分。随着后来经济的发展，有必要投入更多的资金成立大企业。于是，就出现了所有者和管理者的区分。前者提供资金，并花钱聘请后者来管理公司。代理理论确认了委托人与代理人之间的关系，股东是委托人，而管理者是代理人，股东的目标必须通过代理人的管理才能实现。但是，股东的目标是什么？人们通常认为是通过利润最大化来增加企业价值。但我们在第一章中讨论了更为广泛的目标，其中一些也适用于股东。

但如今，企业结构比以前更复杂了，出现了其他人，他们虽然不是所有者，却直接或间接地参与企业运营，这些人被称为利益相关方。这种复杂性也增加了对治理程序的需求。有时候跨国企业比政府更有影响力，而利益相关方为了要求企业采取某种特定的行为则可以通过媒体或舆论获得更多的权力。用最简单的方式来解读，在这个新的环境中，企业的主要目标已经变得更为宽泛。一般来说，可以假设，第一个目标是要实现企业的财务绩效，下一步是遵守其他社会责任政策。这是因为关注社会目标或迎合多个利益相关方群体的需求可能被认为是奢侈的，这意味着企业的另外一个基本目标已经实现。这个论点是第一个论断的基础："更好的绩效会引起对多方利益相关方群体更多的关注"(Greenley and Foxall，1997：264)；而其他人则持相反的观点，"关注多个利益相关方群体会影响绩效"(Greenley and Foxall，1997：264)，这意味着能更好地执行社会政策。

这种双重关系增加了试图凭经验证明任何关系的难度。直观上看，企业的成功与企业社会责任之间似乎有明确的关系，尽管通过不同的经济和金融工具(如比率)衡量企业是否成功可能很容易，但衡量企业遵守社会政策的程度有很大的难度。我们可以考虑一些指标，比如捐赠的公益款。不过就算企业花费大量的资金做慈善，也会因工作条件恶劣或薪资水平低而与工会闹矛盾。而有些企业早已将慈善目标纳入企业的发展规划。这些可以被理解为初始价值，后来的市场和资本主义迫使企业做出改变，以便在金融危机的风暴中生存下来。然而，这种双重关系依旧持续，因为关心社会的人们仍然牢记这些初始价值，企业在他们心目中的形象因此也得到了提升，从而对经济效益产生直接的影响。这个例子可以用来证明市场的低效率[①]，说明人类的价值观和伦理道德虽然在市场经济社会被人遗忘，但我们依然有将其重拾的必要性。

然而，良好的治理与企业绩效之间的关系更为明确。由于预期的可持续绩效能够得到提高，从而在将来的股息流中得到体现，因此投资者越来越愿意为企业良好的治理支付额外的费用。如前所述(Aras and Crowther，2007c；2008)，社会责任与治理之间的关系同样明确。在满足利益相关方的需求过程中，利益相关方中的不同群体可能会出现利益冲突。有时，针对这种利益冲突以及企业的具体特点，企业会试图建立利益相关方群体等级，更为关注那些最有实力的群体。但是，是否有些目标要比其他目标对社会更为负责呢？最终，这个等级将取决于企业的其他目标，它将会给那些可能威胁到企业经济目标实

① 参见 Baumol & Batey，1993.

现的利益相关方一个交代。

衡量企业社会绩效之所以困难，与所有权的概念也有关系。这是因为企业社会责任这个概念十分广泛。有些企业开展的活动可能的确与众不同，但是所有的企业都必须牢记其承担的社会责任；不只是企业，任何人无论从事何种活动也都要牢记这一点。无论是政治家还是教师，都要铭记道德、行为准则、人类价值、对环境的保护以及对少数团体的尊重等价值观，并将这些价值观纳入社会责任概念中。对社会责任这一概念的看法因国家或地区而异，有些与人类基本价值观相关的重要问题在一些国家会比在其他国家更为明显。这些社会问题不是孤立的，它们与国家的发展程度有着重要的关联，因此，最终是经济在推动世界发展。资本主义允许人与人之间存在差异，但不公平的是，这些差异不仅是由人们的努力程度或工作能力造成的，还可以通过剥削别人的劳动成果来获得。以跨国企业为例，一方面，跨国企业有时会滥用权力，关闭在发达国家的工厂，将工厂转移到工资水平较低、对安全和卫生条件要求并不那么严格的发展中国家，以降低企业的运营成本；另一方面，这些企业在获得巨额利润之后，可能会以做慈善的方式回报社会。

区域的普遍发展程度决定了治理与企业成功之间的关系。在一些发展中国家，允许对环境造成破坏，或者没有成立适当的工会等。由于缺乏管理规定或政府的关注，全球性企业还是会利用这些条件来取得更好的绩效，即使意识到它们所制定的政策的破坏性。但是发展程度不仅与治理和社会责任有关，国家和地区也与通过当地教育和文化传播的人类价值观有着密切的关系。这些价值观在我们内心根深蒂固。甚至有人说，来自不同地区的人即使接受同一种教育，比如在大学里选修同一门伦理课，也会拥有不同的价值观，因为他们的价值观烙上了出生地的印记。大学里的伦理学课程可能会被认为是无用的，因为人们最终还是会像以前那样根据自己的原始文化的价值观来思考。然而，一切并不那么简单。有证据表明，价值观可以从一种文化引入另一种文化，并被当作第二文化本身的价值观被人们所接受。这一切都表明，与企业社会责任相关的问题实际上要比看起来复杂得多。

谈及为企业社会责任行为制定全球标准时，这种复杂性是我们需要考虑的一个不利因素。情况错综复杂，要制定一个普遍性原则或标准或许太困难了。但同样地，可以认为正是由于有如此多的不同举措——这些举措大多是私人自发的行为——使早先的复杂情况更加多样化，而这种多样化更需要大家共同努力来制定的普遍性标准或原则。近几年的金融丑闻表明，仅仅有企业准则和人类价值观是不够的，还需要在全球运营的跨国企业之间达成协议，建立一个更广泛的统一规则。

要点总结

- 根据定义的目的不同，企业社会责任的定义有很多种。但每种定义都与企业和利益相关者之间的关系有关。
- 企业社会责任与财务绩效相关，但两者之间的关系不易理解。当然，企业社会责任不是企业要额外支出的成本。
- 企业对外部环境的影响有多种，这些影响都与企业社会责任有关。
- 《布伦特兰报告》概述了对企业行为产生重要影响的可持续发展的条件，促使三重底线报告的产生。
- 企业社会责任行为趋于成熟要经历七个阶段。

关键术语及理论定义

问责(accountability)：企业的行为以多种方式影响外部环境，问责意味着企业要对其自身行为所产生的影响负责。

《布伦特兰报告》(Brundtland Report)：1987年，世界环境与发展委员会(WCED)发布了《我们共同的未来》报告，该报告通常被称作《布伦特兰报告》。

可持续性(sustainability)：指当前行为对未来选择产生的影响。(详见第六章)

透明度(transparency)：意味着企业行为的外部影响可以从该企业的报告中得到确认，相关事实在报告中不会被掩盖。

三重底线(triple bottom line)：是一种报告形式，它承认企业绩效所产生的社会影响、环境影响以及经济(财务)影响。

理解题

1. 企业社会责任的原则有哪些？
2. 企业社会责任是一种自愿行为吗？
3. 企业社会责任与利润之间有什么关系？
4. 企业社会责任需要经历哪些发展阶段？
5. 列出企业活动的四个影响。
6. 欧洲共同体对企业社会责任采取什么态度？
7. 什么是三重底线？三重底线包括哪些方面？

补充阅读材料

Aras, G. and Crowther, D. 2009. 'Corporate Governance and Corporate Social Responsibility in Context', in G. Aras and D. Crowther (eds), *Global Perspectives on Corporate Governance and Corporate Social Responsibility*. Aldershot: Gower, pp. 1–41.

Carroll, A. B. 1979. 'A Three-Dimensional Conceptual Model of Corporate Performance', *Academy of Management Review*, 4, 4: 497–505.

Crowther, D. and Ortiz Martinez, E. 2004. 'Corporate Social Responsibility: History and Principles', *Social Responsibility World*, Penang: Ansted University Press, pp. 102–07.

参考文献

Aras, G. and Crowther, D. 2008. 'Corporate Sustainability Reporting: A Study in Disingenuity?' *Journal of Business Ethics*, 87, supp 1: 279–88.

Aras, G. and Crowther, D. 2007a. 'What Level of Trust is Needed for Sustainability?' *Social Responsibility Journal*, 3, 3: 60–8.

Aras, G. and Crowther, D. 2007b. 'The Development of Corporate Social Responsibility', *Effective Executive*, September 2007, 10, 9: 18–21.

Aras, G. and Crowther, D. 2007c. 'Is the Global Economy Sustainable?, in S. Barber (ed.), *The Geopolitics of the City*. London: Forum Press, pp. 165–94.

Balabanis, G., Phillips, H. C. and Lyall, J. 1998. 'Corporate Social Responsibility and Economic Performance in the Top British Companies: Are they Linked?', *European Business Review*, 98, 1: 25–44.

Baumol, W. J. and Batey Blackman, S. A. 1993. *Mercados perfectos y virtud natural. La ética en los negocios y la mano invisible.* Madrid: Colegio de Economistas de Madrid, Celeste Ediciones.

Carroll, A. B. 1979. 'A Three-Dimensional Conceptual Model of Corporate Performance', *Academy of Management Review*, 4, 4: 497–505.

Cooper, S., Crowther, D., Davies, M. and Davis, E. W. 2001. *Shareholder or Stakeholder Value? The Development of Indicators for the Control and Measurement of Performance*. London: CIMA.

Crowther, D. 2006. 'Standards of Corporate Social Responsibility: Covergence within the European Union', in D. Njavro and K. Krkac (eds), *Business Ethics and Corporate Social Responsibility*. Zagreb: MATE, 17–34.

Drucker, P. 1984. 'The New Meaning of Corporate Social Responsibility', *California Management Review* 40, 2: 8–17.

European Commission (EC) 2002. *Corporate Social Responsibility: A Business Contribution to Sustainable Development*, COM (2002) 347 final, Brussels: Official publications of the European Commission, 2 July.

Friedman, M. 1970. 'The Social Responsibility of Business is to Increase its Profits', *New York Times*, 13 September.

Greenley, G. E. and Foxall, G. R. 1997. 'Multiple Stakeholders Orientation in UK Companies and the Implications for Company Performance', *Journal of Management Studies*, March, 34, 2: 259–84.

Moir, L. 2001. 'What Do we Mean by Corporate Social Responsibility?', *Corporate Governance*, 1, 2: 16–22.

Robertson, D. C. and Nicholson, N. 1996. 'Expressions of Corporate Social Responsibility in U.K. Firms', *Journal of Business Ethics*, 15, 10: 1095–106.

WCED (World Commission on Environment and Development) 1987. *Our Common Future* (The Brundtland Report). Oxford: Oxford University Press.

Zwetsloot, G. I. J. M. 2003. 'From Management Systems to Corporate Social Responsibility', *Journal of Business Ethics*, 44,2/3: 201–07.

第三章

背景——
企业破产以及对企业社会责任的需求

本章学习目标：

- 描述促使人们对企业社会责任感兴趣的环境因素
- 概述碳足迹，并对这一方法论做出评价
- 概述生命周期分析
- 描述地球村的本质
- 解释互联网如何改变企业及其利益相关者之间的关系
- 探讨如何分析社会效益及其存在的问题

导论

对于很多人，尤其是西方人来说，2002 年是企业不端行为被揭露的一年，这一年许多大型企业纷纷倒闭。安然公司(Enron)破产，给金融界带来了不小的动荡；亚瑟·安达信(Arthur Andersen)在 1913 年独自创办的公司也在这场动荡中倒闭了。这将会给人们留下不可磨灭的印象，即企业界问题重重，诸多难题亟待解决。对于那些受到企业破产不利影响的人来说尤其如此，尤其是破产企业的员工，他们丢掉了工作，失去了毕生的积蓄以及未来的养老金。自此之后，我们见证了数家企业因行为不端而倒闭，见证了 2008—2010 年间因银行不计后果地放贷行为而引发的金融危机，也见证了诸如麦道夫庞氏骗局等欺诈行为。因此,21 世纪的头十年里,种种迹象表明金融界存在许多问题。

麦道夫庞氏骗局

庞氏骗局是指诈骗者从新的投资者手中骗取资金并使用这些资金向其他投资者偿付高额利润的诈骗行为。只要卷入其中的人持续增多并且没有太多的人想把投入的资金拿回,骗局就能够一直持续下去。反之,这个骗局就会破产,诈骗行为也会败露。该骗局以骗子查尔斯·庞氏(Charles Ponzi)的名字命名。20 世纪 20 年代,庞氏曾向新英格兰的投资者承诺,投资 90 天就可获得 40%的投资回报率,而储蓄账户的回报率只有 5%。

伯纳德·麦道夫(Bernard Madoff)的骗局开始于 20 世纪 90 年代早期,直到 2008 年才败露。2008 年,他已经致使 650 亿美元的客户资金受损。骗局败露后,曾经生活奢靡的"成功"投资基金经理麦道夫锒铛入狱,在监狱里开启了另一种生活方式。

耐人寻味的是,20 年来投资者对他的成功深信不疑。那些年里,这些投资者获得的投资收益远远超出正常标准。这是贪婪使人们丧失理智的又一实例!

2009 年是印度博帕尔镇的联合碳化物公司毒气泄漏事件发生后的第 25 年。这是世界历史上最严重的污染事件,这场灾难造成数千人死亡、数千人受伤,更多的人被迫在工厂旧址周围过着凄惨的生活。这次事件是因缺乏安全预防措施而引发的,事故的受害者迄今仍未得到任何赔偿。如果这家化工厂是在西方国家建造的,法律会强制工厂采取安全预防措施,并且任何具有社会责任感的企业都会想当然地去贯彻执行。与此同时,也有许多其他的环境因素引起了人们的关注,正如在同年 12 月哥本哈根峰会上所阐述的那样。当然,其中最主要的是气候变化。各种迹象表明,全球环境同样存在着诸多问题。

博帕尔联合碳化物公司毒气泄漏事件

博帕尔是印度的一个小镇,联合碳化物公司(美国)(Union Carbide Corporation)于 1969 年在此同多方印度投资人合资开设了化工厂。该工厂主要通过多种涉及危险化学品的工艺流程生产杀虫剂。1984 年,工厂发生意外,导致大量危险气体泄漏,排放到大气中,造成博帕尔数千人死亡,更多的人致残。毒气污染了水和植物,在随后的几年里,造成了更多的人死亡。该事件共计 2 万人死亡、15 万人受伤。

联合碳化物公司向印度政府支付了赔偿金,但博帕尔事件的受害者却没能拿到一分钱。

关于此次疏忽有多种解释。最常提及的一种说法是：企业向行业标准不严格的发展中国家出口涉及有毒物质的生产工艺是缺乏社会责任的不道德行为；而联合碳化物公司给出的说法是：这肯定是有人蓄意而为；还有一种解释是：印方经理为节约成本而停用了安全设备。

众说纷纭，并无定论。相信哪种说辞，还要由你自己来决定！

在这些因素的背景下，企业社会责任被提上日程，并成为企业和公民共同关心的问题。在本章中，我们将研究其中的一些因素。

环境问题

全球变暖

全球气象系统发生的变化已显而易见。这些变化表现为过多的雨雪、干旱、酷热以及飓风等极端天气，给全球多地带来了影响。其实，我们多数人都对这些极端天气记忆深刻，比如曾经摧毁了新奥尔良的卡特里娜飓风。全球都在讨论全球变暖以及全球变暖带来的最显著变化，即气候变化。人们普遍认为，随着全球变暖，气候也会随之发生变化，尽管并非所有人都接受这种观点。在有关气候变化是否可逆转这个问题上，人们存在意见分歧。有些人认为气候变化无法逆转。洛夫洛克（2006）认为，气候变化是不可避免的，它会对环境造成影响，进而影响人类的生活和经济活动。

尽管造成全球变暖的因素有很多，但商业和经济活动明显在其中起到了重要的作用。事实上，很多人都在谈论“温室气体”，认为“温室气体”，特别是二氧化碳，是经济活动产生的直接后果。许多人认为，减少二氧化碳的排放可以从根本上应对气候变化。当然，这需要个人和企业在行为上做出改变。对这种改变的显著需求是导致当前可持续性备受关注的原因之一。

足 迹

人们普遍关注的另一个问题是生态足迹（ecological footprint）——地球上需要为每个人提供的生活面积。生态足迹分析利用现有的技术，评估生产人口消耗资源和吸收相应废物所需的生物生产性土地和海洋面积，将人类对自然的需求与生物圈再生资源和提供服务的能力进行对比。这种方法同样适用于产品制造及汽车驾驶的分析。不过，目前更流行的叫法是碳足迹（carbon footprint）。

碳足迹是指产品或服务的整个生命周期内所排放的二氧化碳及其他温室气体的总量。一般来说，碳足迹通常用二氧化碳当量（通常是千克或吨）来表示。据英国议会科技办公室（UK Parliamentary Office of Science and Technology, POST, 2006）表示，二氧化碳当量可以阐释多种温室气体对全球变暖带来的影响。对个人来说，有许多可以测量碳足迹的方法，网上也可以找到许多辅助资源。而对于企业来说，碳足迹测量更为复杂，因为测量不仅涉及生命周期分析，还涉及供应链各环节的细节分析。

生命周期分析

生命周期分析（life cycle analysis）涉及某一活动在整个生命周期所产生的所有影响。它主张，任何活动都既包括为该活动奠定基础所产生的消耗，还包括从事该活动对未来所产生的影响。能够认识到这一点，并将产生的消耗与运营成本一起纳入评估，非常重要。例如，生产成本高但运营成本低的产品，可能比生产成本低但运营成本高的产品更具生态效益。如果仅对运营成本进行评估，就会忽略这一点，从而无法做出最有效的决策。产品整个生命周期内所产生的成本如下：

- 生产或制造成本，包括研发、资源消耗、能源消耗等。
- 运营成本，例如维护、能源、备件、培训等。
- 持续资本成本，例如设备的升级、改进等。
- 处置成本，例如有毒废弃物的处理、收集、储存、回收等。

生命周期分析的目标是衡量产品和服务所产生的全部环境影响，以便能够做出对环境影响最小的选择。“生命周期”这个术语是指公平完整的评估需要对原材料、生产、制造、分配、使用和处置做出评估，也包括产品存在所必须的或由其引起的所有中间运输环节。这些环节或阶段组成了产品的生命周期。该概念还可用于优化某一产品的环境性能或提升公司的环境绩效。如上文所述，这种测量和比较是从成本角度进行的。

对于个人来说，碳足迹是指一年内个人行为（主要是使用能源）所产生的二氧化碳总量。现在人们广泛使用的碳足迹计算器正是以该定义作为依据的。碳足迹的概念源于足迹，足迹是个人行走所留下的痕迹。碳足迹既可以只考虑直接排放（通常来自家庭和运输中所使用的能源，包括乘坐汽车、飞机、火车和其他交通工具），也可以包括间接排放（包括消费产品和服务时所产生的二氧化碳）。自下而上的计算方法将测量出的个人排放量相加，得出总量；自上而下的计算方式则取一个国家（或其他高级别的实体）的排放总量，将这些排放量除以居民(或该实体的其他组成人员)的人数。许多研究计算出了一些国家或企业的碳足迹。其中有基于支出和消费量而对不同年龄人群进行的碳排放的研究。研究发现,平均年龄在50—65岁之间的人的碳足迹比其他任何年龄段的人都要高。50—65岁的人每年人均碳足迹约为13.5吨,而英国的平均水平仅为12吨。

基本上,人们产生的碳足迹与发展水平有关。如图3.1所示,发展水平越高,人们产生的碳足迹越多。这一点,在图3.2所示的碳排放中也可以看出来。

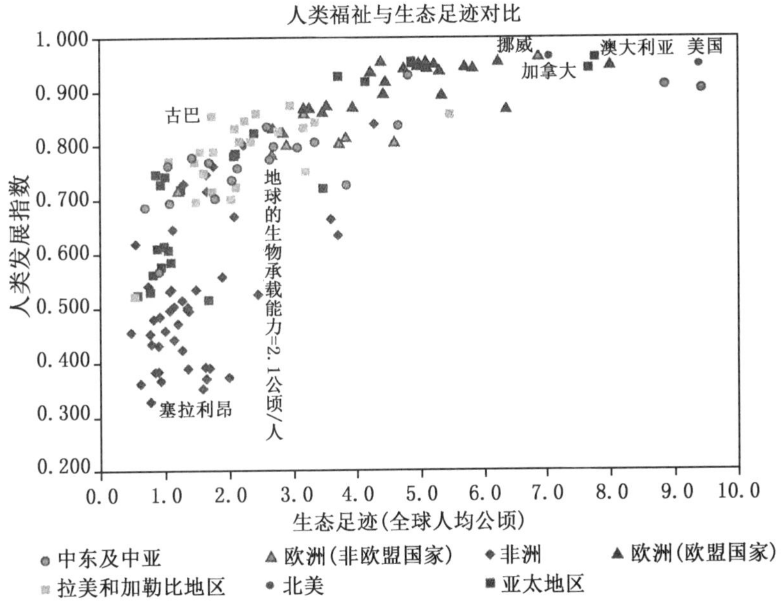

资料来源:《全球足迹网络2008报告》(2005年数据),联合国人类发展指数2007/2008。

图3.1 不同国家的生态足迹与人类发展指数对比

人们普遍认为,二氧化碳(以及其他温室气体)的排放几乎完全与燃木、天然气、煤和油这些能量载体的转化方式有关。能源转化释放到大气中的含碳物质被认为会导致全球变暖,进而引起气候变化。① 不过,气候变化已经引起了全球的关注,从而催生了《京都议定书》(Kyoto Protocol)②的签署。《京都议定书》

① 当然,如果这算不上完全错误的话,也是过于简单化的。人和动物呼吸时产生二氧化碳,牛和其他反刍动物呼吸时产生甲烷。植物产生、获取并随后释放二氧化碳的过程也是复杂的,我们尚不能完全理解(参见Lomborg,2001)。

② 《京都议定书》于1997年达成,2005年开始实施。

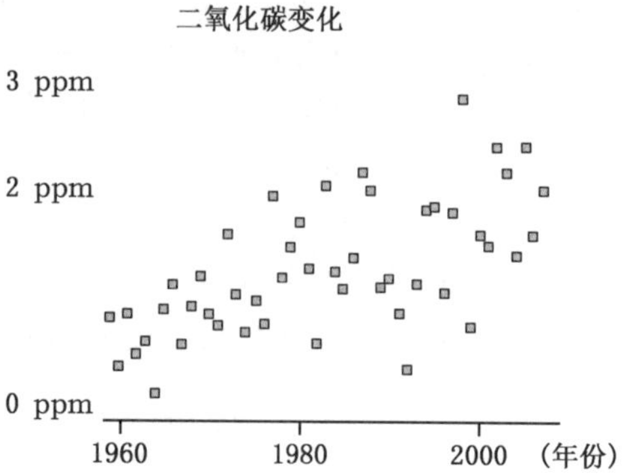

资料来源:Tans(2008),经 GNU 自由文档许可证发布。

图 3.2 年人均二氧化碳排放量

制定了具有法律约束力的目标和时间表,来减少签署协定的工业国家[①]的温室气体排放量。

碳足迹的概念招致了相当多的批评。所有批评都是针对碳足迹计算的基础假设所产生的分歧,这些假设包括:

- 碳排放是全球变暖的重要原因。
- 人类活动是碳排放的重要原因。
- 将所有或多数的排放量归咎于特定的个人。
- 由于市场作用和立法不够及时有效,个人有必要采取主动。
- 每个人都应该计算并尝试减少自身的碳排放量。
- 有时,每个人都应该被分配等量的排放份额或等量的其他影响因素作为目标。

对这些假设的质疑主要包括:

- 诸如甲烷等其他一些气体比二氧化碳对环境影响更大。
- 人类活动的影响不如火山活动等自然过程的影响更大。[②]
- 将许多排放量归结到个人身上是不合理的。通勤产生的排放量到底该归结到通勤族身上,还是归结到通勤族所生产的最终产品或消费的服务上,这一点依然存在争议。

① 澳大利亚于 2007 年年底批准了该议定书,之后,只剩下美国这一个大型发达国家没有批准该协定书。然而,美国很有可能是温室气体排放量最大的国家。

② 这是低成本航空运输业在欧洲提出的论点之一。有证据显示,奶牛,甚至整个乳制品行业,对温室气体的产生有着更为显著的影响。

- 经过长时间的市场调节和政府干预，人类活动会发生改变。
- 人口的增长会使计算结果无效。
- 无法做到每个人排放等量的温室气体。比如，在城市化水平高的社会，一些温室气体的排放可能无法避免；而在欠发达国家，也没有技术能够减少温室气体的排放。

尽管科学观点或多或少地达成了一个共识，即全球正在变暖，气候正在发生改变，但仍有相当多的人质疑和否定这一事实。[①] 还有一些人认为，人类对全球变暖的影响微不足道。这些人认为，过于关注个人对减排所做出的贡献是无用的，甚至是有害的。

尼日尔三角洲的壳牌公司

尼日利亚约有1.4亿人口，其中3 000万人分布在尼日尔三角洲地区。此地是该国的主要石油产区。然而，石油开采与当地人的需求产生了冲突，因为当地人主要以农业和渔业为生。这是该地区冲突的根源之一。石油在尼日利亚经济中起着举足轻重的作用，尼日利亚供应了全球约3%的原油。尼日利亚95%的出口收入和80%的政府收入都依赖于石油和天然气行业。合资企业成了尼日利亚的主要收入来源，在过去3年里向政府贡献了250多亿美元的收入。合资伙伴包括：尼日利亚国家石油公司(Nigerian National Petroleum Corporation)占55%，壳牌(Shell)占30%，道达尔(Total)占10%，阿吉普(Agip)占5%。2007年，壳牌集团旗下的企业平均每天生产93.4万桶石油，占该国石油和天然气总产量的一半。

另一个例子是肯·萨洛维瓦(Ken Saro Wiwa，1941—1995)参与的著名事件。肯·萨洛维瓦是尼日利亚作家、电视制片人、环保人士。萨洛维瓦领导了一场宣传运动，反对石油公司尤其是壳牌集团给奥戈尼兰(Ogoniland)带来的陆地和水域环境的恶化。萨洛维瓦还直言不讳地批评尼日利亚政府。他认为，尼日利亚政府不愿对在该地运营的外国石油公司执行环保法规。在领导的非暴力运动巅峰时期，萨洛维瓦被捕，特别军事法庭对其匆忙审判，萨尼·阿巴查(Sani Abacha)军政府将其处以绞刑。人们普遍认为，对萨洛维瓦的指控完全是出于政治动机，毫无根据。

因为在尼日尔三角洲奥戈尼兰地区的环境记录，壳牌公司非常不受尼日利亚人欢迎。根据尼日利亚法院做出的一项重要判决，该公司被责令向奥戈尼人

---

① 就这一点来说，欧洲的共识绝不是全球性的。

支付约20亿英镑的补偿金。尽管当时人们对判决结果欢呼雀跃，但判决结果似乎不太可能执行。正如尼日利亚媒体所报道的那样，政府腐败、不公正和野蛮的行为是阻碍补偿金发放的主要障碍。随着尼日尔三角洲传奇不断上演(甚至在肯・萨洛维瓦去世后依旧如此)，壳牌在全球其他地区也变得不受欢迎，例如，在罗斯波特、爱尔兰、加拿大不列颠哥伦比亚省以及一些其他地区。

石油公司在尼日尔三角洲地区的行为大多受到了谴责。而作为该地区最大的石油企业，壳牌更成了众矢之的。的确，尼日尔三角洲地区的人们目睹了周围环境的恶化，发现自己却没能从出售石油中得到多少好处。如果你询问居住在三角洲石油主要产地的奥戈尼人，他们主要指责的是政府，认为是政府的部落偏见使他们无法从中受益。另一方面，壳牌公司却对此十分坦诚，在其公司网站上公布了尼日利亚石油冲突的大部分相关信息。通过完整地披露冲突事件做到公开透明，正是企业社会责任的一个基本特征。

社会责任和自由市场

1968年，马歇尔・麦克卢汉(Marshall McLuhan)宣称，我们现在生活在地球村，技术将所有人联系在了一起(McLuhan and Fiore，1968)。从那时起，技术方面已经发生了许多变化。现在，我们每个人都能够上网，真正地生活在一个地球村中，任何人都可以与居住在其他任何地方、任何时区的人联系。互联网彻底改变了世界，对世界各地的人都产生了深远的影响。

马歇尔・麦克卢汉还做出了其他一些预言。在谈到地球村时，他还指出，战争将仍然是世界的一个主题，但人们将越来越重视经济战争而不是物理战争。尽管物理战争依然会存在，但目前战争的主要诱因除了帝国主义或意识形态方面的原因之外，还有经济原因，至少在政府和国家层面是这样的。然而，作为国家的象征，政府正变得不那么重要。我们可以看到，欧洲有许多新国家诞生，同时也有许多国家分裂。但这无关紧要，因为在全球运营的跨国公司变得比政府和国家更为重要。一些跨国公司规模确实非常大，比许多国家规模更大、实力更强。可以说，这正是地球村经济战的战场。

世界上许多国家的政府都表现得好像认识到了这一点，为了不让跨国企业撤离本国，许多政府答应跨国企业提出的各种条件。即使是美国政府，也被迫如此。然而，对美国人来说，问题在于美国政客受这些跨国企业的资助，因此必须像领薪水的员工一样，按照跨国企业的要求去做。毋庸置疑，这些在美国的跨国企业关心的是自身利益，而非公众利益。美国的内政和外交政策都是为了满足跨国企业的需求制定的。美国一带头，别国必然效仿，否则就不得不承担经济或物质后果。

跨国企业对政府施加影响的后果是，自由市场可以使所有人受益变成了一个神话。人们普遍认为，自由市场将会带来更快的经济增长，人人都将从经济增长中获益，这毋庸置疑。世界各地的人们都在争论，通过市场调节来限制全球经济活动是否会对人类福祉产生不利影响。肯定的观点已经占了上风。在一个又一个国家，政府都在妥协，放宽了对一个又一个市场的规定，以使经济活动完全自由。所以，即使目前的世界还没能成为地球村，但它却正在迅速成为跨国企业的全球市场。

我们已经见证了一些跨国企业的行为所带来的影响。最近也见证了跨国企业的行为对美国所产生的影响。我们见证了全球会计师事务所安达信的破产，见证了一些大公司的倒闭，也见证了次贷丑闻，可以说，是自由市场导致这些事件的发生。自由市场神话是建立在古典自由经济理论基础上的。古典自由经济理论在 19 世纪由约翰·斯图亚特·穆勒(John Stuart Mill，1848)等人提出，该理论的主张可以简单地概括为：任何事情都是可行的，只要其后果能被人们接受。没有别的选择，至少很多人都这么说。的确，弗朗西斯·福山(Francis Fukuyama，1992)认为，随着“柏林墙”的倒塌，自由民主胜利了，一个历史时代就此结束。一些人都很熟悉福山的这一论断，也对其提出了质疑。但是，多数人并不清楚，福山是在哀叹这个历史时代的结束。

但我们认为，历史并没有结束，企业社会责任提供了一种社会前进的方式，这种方式可以抵消缺乏监管的全球自由市场所带来的负面影响。所有人都有权利去追求自己的目标、去改善自己的生活，无论他们如何定义“改善”一词。享受权利，就要承担相应的义务和责任。对于许多公司来说，尤其是对于企业管理者来说，权利和责任的关系已经不复存在，他们抛弃了责任，只保留了权利。

为什么会这样呢？克劳瑟(Crowther，2004)认为，在 19 世纪早期英国引入“有限责任”(limited liability)这一概念时，问题就开始出现了。引入有限责任的原则是保护投资人(即股东)避免承受其投资的企业的行为会造成的不利的后果。然而，其中一个问题一定与会计及记录企业行为时会计的使用有关。[①]

---

① 这种认识促成了会计诚信协会(Association for Integrity in Accounting)的成立。该协会的使命是提供一个独立论坛，探讨有关会计和审计的诸多关键问题，影响会计职业的问责和诚信的标准与规定，以及公众对维护会计信任和信心的兴趣。欲了解会计诚信协会的更多详细信息，请访问网站 http://www. citizcnworks. org。

就企业而言,传统的会计观念是,企业应该关注企业内部的行为,或是在企业与企业之间发生的行为,抑或企业与供应商及客户之间的行为。从本质上讲,传统会计的唯一目的就是记录各种活动对企业自身所产生的影响。这实质上是一种封闭保守的观念。人们认为这是会计存在的唯一职能,并由此产生了会计的基本辩证法:某些行为的影响是显著的,需要记录下来;而另外一些无关紧要的行为则可以忽略不计。这种会计观念将企业置于其内部世界的中心,唯有在其价值链的起始和末端才与外部世界有联系。

企业可以对其外部环境产生非常重要的影响,并且可以通过自身活动来改变外部环境。我们也可以看到,这些不同的影响在一些情形下是有益的,在另一些情形下则对环境不利。事实上,对于同样的行为,一些人会认为是有益的,而另一些人则会认为是有害的。

地球村

可以说,自麦克卢汉的地球村观点以及企业管理的社会契约研究路径提出以来,几十年已经过去了,其间并未发生多少变化。对社会责任的需求仍未被普遍接受,否则我们提到的一些事情也就不会发生了。但我们有理由保持乐观。首先,许多大企业正顺利地履行道德和社会责任,而且此类企业的数量也在不断增加。其次,有证据表明,不管是企业主动还是被动地履行社会责任,都会有助于企业提高自身的经济绩效,为所有相关者带来更好的福利和更多的财富,至少从长远来看的确如此。

让我们再回到马歇尔·麦克卢汉的地球村观点上来。科技使地球村发生的改变,是我们有理由保持乐观的一个依据。人们广泛讨论互联网的日益普及以及互联网对企业和社会个体成员的影响(Rushkoff,1997)。企业大肆宣扬如何通过自身能力创造更多的机会来吸引全球客户,开展电子零售业务,但对互联网媒介所引起的责任的变化对企业的影响却很少谈及。人们期待互联网和万维网将会对社会的运转方式产生有利的影响,许多说法正是建立在这一期待之上(参见 Holmes and Grieco,1999)。

索布切克(Sobchack,1996)认为,互联网技术将比以前的文化形式更具有解放性、参与性和互动性;而埃克斯福特(Axford,1995)则认为,网络将会导致政治、文化和社会制度的全球化。这些话语大多是从社会层面关注互联网技术对社会产生的影响,而对互联网技术对社会个体的影响却不怎么关注。然而,只有在个人层面上这些变化才会发生。事实上,不受时间地点限制,通过互联网技术来同他人交流的能力，可以被称作一次革命性的权力再分配(Russell，1975)，这种再分配使我们所有的个体都受益。此外，如果沟通者之间由于缺乏空间邻近性(参见 Carter and Grieco，2000；有关新兴电子的本体论)而使用网络联系，社会的规训实践(Foucault，1977)将会被打破。并且，网络匿名沟通会使得正常的社会监督机制(Clegg，1989)无法进行。因此，互联网为抵制煽动提供了空间(Robins，1995)。

不过，令人感兴趣的是，互联网技术的应用可以重新定义企业格局(Crowther，2000；2002)，改变大型企业与个人之间的权力关系。在这方面，权力关系的变化可以说是深远的，甚至是革命性的，产生了新的、具有争议性的管控和问责领域。一方面，互联网技术提供的自由和直接交流为合法性带来了潜在挑战，使个人有能力去对抗大型企业，并在网络空间里享有同样的话语权。从这个方面来说，权力的不平衡正在改善，我们正由全球市场转移到真正的地球村。

另一方面，随着数据通信(主要是互联网)和计算技术的结合，旧的伦理问题又以新的形式重新出现了。其中一个问题就是关于个人信息的收集。自社会组织诞生以来，企业、政府及其代理人就一直在收集人们的信息。20 世纪的最后 25 年里，计算机的使用使得信息收集强度显著提高，许多人将此视为将民主社会推向了奥威尔式的噩梦。有些人认为企业有必要收集信息，但是他们担心如何平衡这种需求与个人隐私能够得到保护之间的关系(Johnson and Nissenbaum，1995)。随着 21 世纪的发展，现代化地球村的一个重要特征是在信息收集领域取得了巨大突破。

信息和通信技术的应用使全球企业内部以及全球企业之间的信息传输更快，也涉及更多的参与方(买方、卖方、信息经纪人、政府)以及多样化的信息收集方式。收集和存储这些信息的成本通常是收集信息的企业的边际成本。例如，我们在访问某一网站的时候，主机可以在访问该网站的计算机终端上自动安装“cookies”，记录我们的兴趣爱好以及浏览习惯。鉴于如此大规模的信息收集，我们需要评估各种新形势所产生的道德影响。比如，作为网络消费者，我们想接收符合我们偏好的定制信息，但同时又不愿意泄漏个人隐私(Rayman-Bacchus and Molina，2001)。我们发现自己陷入了一种两难境地：可以体验更高水平的个人服务，但是不得不以牺牲个人隐私为代价。此外，提供个人信息能够有助于提升定制服务，但这么做又会招致垃圾邮件和其他可能的信息滥用。

壳牌集团和治理失灵

2004 年 1 月 9 日星期五，与大量的关于企业行为及其对企业绩效和股价可能产生影响的新闻同时发布的还有一则小新闻。这是那天一个典型的小公告，公告最后提到，将会在当天召开一场电话会议，会议将由集团投资者关系部主管西蒙·亨利(Simon Henry)、集团对外关系部副总裁玛丽·乔·雅可比(Mary Jo Jacobi)，以及产品开发与技术总监约翰·达利(John Darley)主持。公告内容如下：

荷兰皇家壳牌集团公司("壳牌")今天宣布，经过内部审查，一些探明的碳氢化合物储量将被重新评估。相对于2002年12月31日的探明储量，这次临时评估得出的总量为3.9亿桶石油当量，为当时已探明储量的20%。

公告还提道：

受到影响的主要是在1996年至2002年间登记的储备。重新评估的很大一部分与目前项目的成熟程度有关。重新评估将把全球基础储备提高到共同的定义标准，与新的勘探开发商业模式下的流程全球化相符合。

当然，作为典型的壳牌集团新闻发布，公告也试图使投资人放心。它指出：

截至2003年，任何一年的财务报表都没有受到实质性的影响。对探明储量的重新认定并没有实质性改变碳氢化合物的预计总量，也不会影响最终开采的总量。预计这些储量大部分将会随着时间的推移以及各领域的成熟而在新的类别中重新登记；预计这些储备中的大部分将在实地开发成熟的情况下重新登记备案。

公告发布不到一个月，该公司公布了上一年度(2003年)的业绩。董事长主要强调了以下几方面的表现：①

- 2003年的净收入为127亿美元，比2002年增长了35%。
- 基于预计的当前供应成本(CCS)的集团年收益为130亿美元(比上一年度高46%)，创历史新高。
- 最终股息为荷兰皇家壳牌股票每股1.02欧元，壳牌运输股票每股9.65美元，增长率高于通货膨胀率。按现行汇率，用美元计算增值超过10%，而过去三年的增幅为28%。

关于储量及其重新评估，公告声明如下：

集团正在与证券交易委员会工作人员讨论重新评估储量的相关事宜。工作人员建议，应修订2002年的20-F表，将先前报告的储量信息改正过来。至于财务报表，正如之前所说，集团并不认为重新评估储量将会对任何一年有实质性的影响，因为只有一小部分会影响探明的开发储量。

---

① 参见2004年2月5日的新闻简报。

这则小公告发布不到短短三个月的时间[①]，集团前四年的税后总收入被重新核算，新的核算结果比原来减少了将近4.5亿美元，集团董事长菲利普·沃茨爵士(Sir Philip Watts)提出辞职。自此之后，重新评估或重新核算的案例时有发生，但没有再像最初事件发生时那样引起媒体的轰动。

据《投资者警告》(*Cautionary Note to Investors*)指出，壳牌集团官网上有相关的所有文件：

美国证券交易委员会允许石油和天然气公司在提交的备案文件中，只透露公司实际生产中所证明的已探明储量或者决定性的地层测试结果，以确保在现有经济条件和运营条件下，能够经济、合法地投入生产。

显然，这一要求并没有得到重视。壳牌集团在相当长的时期内夸大了其石油储量。据美国证券交易委员会透露，壳牌集团在2002年的20－F年报中虚报了44.7亿桶石油当量的已探明石油储量，约虚报23%。该文件还披露，按未来现金流标准计量，他们还虚报了约66亿美元。壳牌集团于2004年7月2日在修正的报表中更正了这些虚报数字，反映出壳牌集团在1997—2002年间存在严重虚报情况。这些更正在表3.1中可以看到。值得一提的是，从这些数字中可以看出，以16%—25%的比例调整数十亿桶石油当量，修改变动非常大。

表3.1　壳牌集团的虚报情况

年份	已探明储量		标准化计量	
	虚报量	虚报百分比	虚报	虚报百分比
1997	3.13桶石油当量	16%	无数据	无数据
1998	3.78桶石油当量	18%	无数据	无数据
1999	4.58桶石油当量	23%	0亿美元	11%
2000	4.84桶石油当量	25%	72亿美元	10%
2001	4.53桶石油当量	24%	65亿美元	13%
2002	4.47桶石油当量	23%	66亿美元	9%

壳牌集团也承认，集团该时期内的储量替代率出现了实质性错误，而储量替代率是石油和天然气行业的关键绩效指标。如果壳牌集团正确上报已探明储量，1998年至2002年这5年的储量替代率应该是80%，而不是100%。[②] 初

① 参见2004年4月19日发布的壳牌集团审计委员会报告和关于储量重新评估的评论。

② 100%的储量替代率意味着该公司发现了与正在开采的油量相当的新石油储量，比例低于100%会使人对长期可持续性产生怀疑。

始储量替代率与更正后的储量替代率差异对比见表3.2。在这种情况下，储量替代率的差异甚至比石油储量的差异还要大。

表3.2　　壳牌集团的储量替代率

年份	1年储量替代率		3年储量替代率	
	原始数据	订正数据	原始数据	订正数据
1998	182%	134%	无数据	无数据
1999	56%	−5%	无数据	无数据
2000	69%	50%	102%	60%
2001	74%	97%	66%	48%
2002	117%	121%	87%	90%
2003	无数据	63%	无数据	94%

美国证交会的指令强调，壳牌集团之所以夸大已探明储量并推迟修正，是由于渴望制造和维持强劲的储量替代率表象，集团内部不能对储量正确评估，提交的报告指南不符合美国证交会的要求，同时集团内部又缺乏对储量评估和上报过程的有效监督。这些错误导致了壳牌集团记录并坚持与实际不符的探明储量，并在一定时期内虚报了过高的储量替代率指标。

如果不知道这些上报的数据是不正确的，就无法做到数据的正确使用。这些数据本应在集团内部和董事会上就受到质疑。壳牌集团没能这样做，是由于其内部治理不善。治理环节的薄弱部分是由集团的结构所导致的。然而，还有部分原因与企业文化有关，而壳牌集团的企业文化被认为是傲慢的。因此，我们需要考虑的问题是，企业文化又是怎样阻碍健全的治理体系的建立的。当然，这就引出了问责这一议题。

技术创新与社会变革

我们生活在技术变革普遍被视为进步的时代，技术的开拓性开发被认为有助于促进经济增长和提高社会福祉。如今的现代化时代，以众多我们习以为常的科技成果，诸如汽车、飞机、卫星、基因治疗、胚胎受精等为标志。现代化也摒弃了迷信和传统，取而代之的是逻辑和理性以及西方发达国家建立的文化和伦理霸权。在地球村的背景下，当今许多关于社会责任的争议都是围绕着文化和伦理霸权的合法性展开的。例如，摩托罗拉等企业认为自己的全球战略是先进的，但是在面对国家或地区的身份时，发现这些战略有其局限性。

如果公众对会计报告诚信的信心动摇了，那么这些报告便失去了价值。为维持报告的可信度，会计师必须在判断和行动时保持绝对的独立，保持这种独立地位的必要性体现了某些行为准则。(Arthur Andersen，1932：转引自 Toffler，2003)

社会责任的历史关注

对企业社会责任的关注当然不是一个新的现象。实际上，这是 20 世纪 70 年代的突出特征。当时，企业在股票市场之外的表现以及企业的股东价值引起越来越多的人关注。费迪欧(Fetyko，1975)认为社会会计是汇报企业行为的一种方式。费迪欧强调，有必要确定社会相关行为，有必要确定企业要向哪些人解释其社会绩效，并制定相应的措施、研究报告技巧。克莱因(Klein，1977)也对社会会计进行了研究。克莱因认识到，不同股东群体对企业绩效的不同方面感兴趣。克莱因认为，对于投资者来说，社区关系和慈善事业都是会计应该关注的领域。克莱因还对多种衡量指标进行了研究，其中包括消费者剩余、租金、环境影响和非货币价值。尽管这些学者都含蓄地表达了衡量社会绩效的重要性，但都没有给出令人信服的理由。而所罗门斯(Solomons，1974)则给出了衡量企业社会绩效的客观原因。他认为，其中一个原因是为了帮助企业做出理性的决策，另一个原因则是为了使企业能够对其行为做出辩护。

对此，格雷、欧文和蒙德斯(Gray，Owen and Maunders，1987)从责任和问责两方面对社会报告进行了研究，并且对企业内部需求和外部需求进行了区分。管理会计迎合的是企业的内部需求，而企业外部需求则是通过财务报告来为股东解决的，但是股东的其他利益大多被忽视了。社会会计试图修复这种平衡。社会会计认识到，企业行为会对外部环境产生影响(包括积极的和消极的影响)，因而企业应该把这些影响作为整体核算的一部分。

对一家企业业绩的评估，一部分涉及绩效评估，另一部分涉及对该绩效的报告。而且，随着对社会责任的重视，企业的报告需求也在不断变化。因此，伯恩伯格(Birnbeg，1980)指出，会计正试图满足多种不同群体多样化的信息需求，这就需要利用几种不同类型的会计来执行这些功能。同样，格雷(Gray，

1992)认为会计的传统经济基础具有局限性,并对一些前提提出质疑。[①] 鲁本斯坦(Rubenstein,1992)进一步指出,企业和利益相关者之间需要建立一种新的社会契约,企业要对其利益相关者负责。企业还需要明确企业使命,认识到某些事情是超出会计范畴的。另外,奥格登和鲍根(Ogden and Bougen,1985)则主张将会计信息向工会公开。他们强调,在劳资关系谈判中披露会计信息时,对管理层与员工之间的关系不同的认知会导致得出不同的结论。[②]

企业社会责任的未来

20 世纪 70 年代末,随着撒切尔夫人和里根新右翼政治的兴起,以及随之而来的利己行为和贪婪获取财富的合法化,对社会责任的关注逐渐淡化。这在个人层面受到了鼓励,并随着政府推动以自由市场为导向来提供商品和服务,这种情况渗透到了企业界。因此,在时代精神和"涓滴理论"(trickle down theory)信念(自由市场将会使全社会受益)[③]的影响下,市场逐渐对竞争开放,政府减轻了企业税,并放宽了对企业的监管。直到最近,企业社会责任才受到了人们的重新关注。因此,我们不禁提出一个疑问:人们对企业社会责任的关注程度是否为一种周期性的现象?是否当经济繁荣时人们就会开始关注企业社会责任,而当经济萧条时人们就会对企业社会责任不再关注?人们对企业社会责任的关注程度是否会呈周期性的重复?

人们总是很容易认为当前的时期与以往不同,任何可喜的变化都可以持续下去,即使没有丝毫证据证明这一点。然而,这一次有证据表明,对企业社会责任的关注可能有所不同,因为它被认为与世界各地发生的运动有关。越来越多的公民活跃起来,关注全球企业领域的动向。因此,一些诸如美国的"会计诚信

---

① 格雷特别指出,需要建立一个新的范式,将环境视为企业的组成部分而非外部因素,并且应该对可持续性和主要资源的使用给予更多重视。

② 他们认为,信息披露的增加可以减少员工的反对,使员工对企业更忠诚、更恪尽职守,并使企业想要采取的行动更具合法性。因此,这一证据似乎表明信息披露的增加的确可以给企业和利益相关者带来好处。这与社会和环境会计的理念是一致的。社会和环境会计同样关注企业行为信息的披露,强调企业行为的披露及其对外部环境的影响。

③ 有人会反驳说,政府在颁布很多政策时漠视社会上大多数人的利益。事实上,撒切尔夫人也曾经说过,所谓的社会是不存在的。

协会”[①]、英国的“会计与商务协会”[②]、“税收正义联盟”[③]等组织成立了，给会计行业带来了压力。这些证据表明，企业霸权活动受到了挑战。

还有来自诸如女权运动之类的证据；更确切地说，是来自这场运动前线的和平主义者和反战主义者的证据（Liddington，1989）。尽管“格林汉姆公地”（Greenham Common）和平理念最初是为抗议核武器而出现的，但后来被大批女性接纳，她们当中许多是普通市民和消费者，对其中一些女性来说，打破传统社会道德的理念是非常卓越的。这最初促使格林汉姆公地及其他地区和平营的建立，但后来却演变成一场宣扬暴力、寻求建立多样化生活方式的运动。进一步的证据来自当前举行的各种抗议活动，这些抗议涉及环境污染、动物实验、道路使用以及转基因作物等。施压的团体包括社会各界人士，他们不仅通过加入团队，还通过对商品和服务的选择性消费来表达自己对这些问题的关注。因此，许多超市都因人们拒绝购买含转基因成分的商品而受到影响，有些超市甚至下架了这些产品。超市同样也受其他运动的影响，比如人们认为海豚的生存环境受到威胁时，抵制垂钓行为。与此类似，壳牌集团处理布兰特史帕尔储油平台的方式也遭到了社会舆论的批评。

其他的活动更加激进，甚至违反法律，并试图影响整个社会。这一点在一些组织的行为中可以体现出来。动物解放阵线（Animal Liberation Front）等组织发起暴力和破坏性行动，生态抗议者反对道路建设项目、阻挠道路建设，街道收复运动（Reclaim the Streets）为最大限度地获得媒体报道而在某些时段开展封闭伦敦主要街道的非暴力运动，其开展的运动还影响了 1998 年伯明翰八国首脑会议的召开。其他反全球化的行动就不那么温和了，比如我们现在所称的“西雅图之战”（the battle of Seattle）。这些行动同样表明了人们对跨国企业的日益关注。围绕环境恐怖主义展开的论述之一是它的不合法性，环境恐怖主义到底是合法还是不合法，主要取决于你是否认为人们可以为达目的而不择手段。这些运动对合法组织产生的影响，就是导致其所针对的企业的交易成本或整个社会的交易成本增加，而不会对绩效评估或报告产生任何长期影响。沙利昂（Chaliand，1987）认为，一个恐怖组织需要组织成员以外的社会基础，需要有民众支持才能存在。因此，我们可以看出，这些活动都具备民众支持的基础，并且在个人的普遍消费行为中体现出来。这种民众支持在生态抗议者的行为中

---

① 欲了解会计诚信协会的相关信息，请访问网站 http://www. citizcnworks. org。

② 参见网站 http://visar. csustan. cdu/aaba/aaba. htm。

③ 参见网站 http://www. taxjustice. net。该组织得到了“对抗贫穷”（War on Want）等组织的支持。

可以看出(Crowther and Cooper,2001),他们的行为可视为这场涉及众多人员的民众运动的直接行动的组成部分。

就企业而言,更重要的活动或许是日益增加的以社区为基础的经济活动(Brass and Koziell,1987)。这种活动表现在经济交换和经济活动的替代方式上,例如,越来越多的当地经济贸易计划,越来越多的经济活跃组织(如工人合作社)以及社区银行的活动。这种活动反映了社会个体对社会组织形式产生了幻灭,开始寻找替代方式。目前这种活动规模虽然相对较小,但其规模还在不断扩大,预计会对企业产生重大影响,需要企业寻求对策。

从“新世纪旅行者运动”(New Age Traveller Movement)中,我们可以找到更多社会道德发生变化的证据(Earle et al., 1994)。旅行者们有详细的战略目标,虽然没有明确地表述出来,也没有通过任何公开的决策来体现,但悄无声息地随着时间的推移而推进。尽管如此,这些战略目标却被新世纪旅行者们明确地定义并公开地表达出来(Crowther and Cooper,2002)。旅行者们将这些目标诠释为寻求实现两个不同的目标:学会以不同的方式生活,培养社区精神和身份。

学会以不同的方式生活,这些人想要表达的意思是,不仅他们与自然的关系是不同的,而且他们和平生存的能力也一定不会被经济消耗和创造财富这些常规的社会动机所驱动。为此,他们否定主流社会将所有权作为资源利用的基础。他们的这一看法对土地尤其适用,因为土地被认为是共同使用的公共资源,而非个人所有。当然,这种对土地及其使用的看法,是旅行者运动经常与传统社会发生冲突的原因,也是主流媒体一致不看好它的原因。正如17世纪的“平均派运动”(Leveller Movement),他们的存在被认为是对社会存在的经济基础的一种威胁。旅行者们却乐意被这么看待,因为这为他们理念的存在提供了一定的支持。旅行者们另一个重要的哲学思想是关注环境及其发展所造成的恶化,这一点可以从他们的生活方式以及对生态抗议运动的普遍参与中体现出来。如果拟订的发展规划以牺牲自然为代价来满足日益增加的道路运输或航空运输需求,那么这一点尤其正确。

这一切都表明,对企业社会责任的关注是更广泛的社会运动的一部分。公民们正试图通过这些运动从全球企业界手中夺回权力,并要求分享文明带来的福利。本书提供的例证表明,企业正在缓慢地应对这种压力。因此,只有在公民和利益相关者持续施压的情况下,我们才有保持乐观的理由。

要点总结

- 财务不端行为导致对企业社会责任的关注。不端行为包括不计后果的行为、欺诈、盗窃。
- 近年来，环境问题越来越突出。其中包括气候变化和资源枯竭。
- 自由市场是问题产生的根源之一。
- 全球化创造了一个全球市场，加剧了经济竞争。
- 互联网赋予利益相关者以更大的权力。
- 从历史的角度看，对企业社会责任的关注不是一个新现象。

关键术语及理论定义

地球村(global village)：是麦克卢汉对现代环境的定义。在地球村里，经济战争取代了物理战争。

全球变暖(global warming)：是指人类活动造成的气候变化。它带来了不稳定因素，产生了各种后果。

温室气体(greenhouse gas)：通常被认为是二氧化碳，但实际上指的是能够导致气候变化的多种气体。

资源枯竭(resource depletion)：是描述各种自然资源日益稀少的一个术语。由于资源枯竭，获取资源越来越难，资源也更加昂贵。

理解题

1. 什么是《京都议定书》？
2. 什么是碳足迹？
3. 全球市场如何改变了国家之间的竞争？
4. 互联网是否改变了企业与其利益相关者之间的关系？如果是，请解释一下是怎样改变的。
5. 企业对其外部环境会产生怎样的影响？
6. 说出 21 世纪的 3 件丑闻。
7. 技术如何改变了个体与企业之间的关系？

补充阅读材料

Aras, G. and Crowther, D. 2007. 'Is the Global Economy Sustainable?' in S. Barber (ed.), *The Geopolitics of the City*. London: Forum Press, pp. 165–94.

Aras, G. and Crowther, D. 2008. 'The Social Obligation of Corporations', *Journal of Knowledge Globalisation*, 1, 1: 43–59.

Aras, G. and Crowther, D. 2010. 'Developing Durability: A Re-examination of Sustainable Corporate Social Responsibility', in J. D. Rendtorff (ed.), *Ethics in the Economy: Power and Principle in the Market Place*. Aldershot: Ashgate.

参考文献

Axford, B. 1995. *The Global System*. Cambridge: Polity Press.

Birnbeg, J. G. 1980. 'The Role of Accounting in Financial Disclosure', *Accounting, Organizations and Society*, 5, 1:, 71–80.

Brass, E. and Koziell, S. P. 1997. *Gathering Force*. London: The Big Issue Writers.

Carter, C. and Grieco, M. 2000. 'New Deals, No Wheels: Social Exclusion. Tele-options and Electronic Ontology', *Urban Studies*, 37, 10: 1735–48.

Chaliand, G. 1987. *Terrorism – From Popular Struggle to Media Spectacle*. London: Saqi.

Clegg, S. R. 1989. *Frameworks of Power*. London: Sage.

Crowther, D. 2000. 'Corporate Reporting, Stakeholders and the Internet: Mapping the New Corporate Landscape', *Urban Studies*, 37, 10: 1837–48.

Crowther, D. 2002. 'The Psychoanalysis of On-line Reporting', in L. Holmes, M. Grieco and D. Hosking (eds), *Organising in the Information Age: Distributed Technology, Distributed Leadership, Distributed Identity, Distributed Discourse*. Aldershot: Ashgate, pp. 130–48.

Crowther, D. 2004. 'Limited Liability or Limited Responsibility?', in D. Crowther and L. Rayman Bacchus (eds), *Perspectives on Corporate Social Responsibility*. Aldershot: Ashgate, pp. 42–58.

Crowther, D. and Cooper, S. 2001. 'Innovation through Postmodern Networks: The Case of Ecoprotestors', in O. Jones and S. Conway (eds), *Networks and Innovation*. London: Imperial College Press, pp. 321–47.

Crowther, D. and Cooper, S. 2002. 'Rekindling Community Spirit and Identity: The Case of Ecoprotestors', *Management Decision*, 40, 4: 343–53.

Earle, F., Dearling, A., Whittle, H., Glasse, R. and Earle, G. 1994. *A Time to Travel*? Lyme Regis: Enabler Publications.

Fetyko, D. F. 1975. 'The Company Social Audit', *Management Accounting*, 56, 10.

Foucault, M. 1977. *Discipline and Punish*, trans. A. Sheridan, Harmondsworth: Penguin.

Fukuyama, F. 1992. *The End of History and the Last Man*. New York: The Free Press.

Gray, R. 1992. 'Accounting and Environmentalism: An Exploration of the Challenge of Gently Accounting for Accountability, Transparency and Sustainability', *Accounting, Organizations and Society*, 17, 5: 399–425.

Gray, R., Owen, D. and Maunders, K. 1987. *Corporate Social Reporting: Accounting and Accountability*. London: Prentice Hall.

Holmes, L. and Grieco, M. 1999. 'The Power of Transparency: the Internet, E-mail and the Malaysian Political Crisis', paper presented to the Asian Management in Crisis Conference, Association of South East Asian Studies, University of North London, June 1999.

Johnson, D.G. and Nissenbaum, H.F. (eds) 1995. *Computers, Ethics, and Social Values*. Englewood Cliffs, NJ: Prentice Hall.

Klein, T. A. 1977. *Social Costs and Benefits of Business*. Englewood Cliffs, NJ: Prentice Hall.

Liddington, J. 1989. *The Road to Greenham Common.* New York: Syracuse University Press.
Lomborg, B. 2001. *The Skeptical Environmentalist.* Cambridge: Cambridge University Press.
Lovelock, J. 2006. *The Revenge of Gaia.* Harmondsworth: Penguin.
McLuhan, M. and Fiore, Q. 1968. *War and Peace in the Global Village.* San Francisco: Hardwired.
Mill, J. S. 1848. *Principles of Political Economy.* London.
Ogden, S. and Bougen, P. 1985. 'A Radical Perspective on the Disclosure of Accounting Information to Trade Unions', *Accounting, Organizations and Society*, 10, 2: 211–24.
Rayman-Bacchus, L. and Molina, A. 2001. 'Internet-Based Tourism Services: Business Issues and Trends', *Futures*, 33: 589–605.
Robins, K. 1995. 'Cyberspace and the World we Live in', in M. Featherstone and R. Burrows (eds), *Cyberspace / Cyberbodies / Cyberpunk.* London: Sage.
Rubenstein, D. B. 1992. 'Bridging the Gap between Green Accounting and Black Ink', *Accounting Organizations and Society*, 17, 5: 501–08.
Rushkoff, D. 1997. *Children of Chaos.* London: HarperCollins.
Russell, B. 1975. *Power.* London: Routledge.
Sobchack, V. 1996. 'Democratic Franchise and the Electronic Frontier', in Z. Sardar and J. R. Ravetz (eds), *Cyberfutures.* London: Pluto Press.
Solomons, D. 1974. 'Corporate Social Performance: A New Dimension in Accounting Reports?, in H. Edey and B. S. Yamey (eds), *Debits, Credits, Finance and Profits.* London: Sweet & Maxwell, pp. 131–41.
Tans. 2008. en.wikipedia.org/wiki/File:C02_increase_rate.png.
Toffler, B. L. 2003. *Financial Accounting: Ambition, Greed and the Fall of Arthur Anderson.* New York: Broadway Books.

第四章

企业社会责任的原则

本章学习目标：

- 确定企业社会责任的原则并解释其运作
- 理解并解释企业社会责任的合法性理论和政治经济学理论
- 概述企业社会责任的风险因素
- 探讨信息披露与利益相关者之间的关系
- 解释企业责任与环境和人权问题之间的关系

导 论

在本书开头，我们已经讨论过，已经披露的和影响众多人员的企业过失引起了人们对企业反社会行为的关注。这就是企业社会责任问题成为企业格局的一个显著特征的原因。一些其他的因素促使这个问题变得更加突出。托帕尔和克劳瑟(Topal and Crowther，2004)指出，人们对生物工程和基因改造对自然的影响的担忧已经成为普遍关注的问题。克劳瑟(Crowther，2000a)认为，从不同层面分析，互联网的运用促进了信息的传播，并使各利益相关者向企业施加更大的压力。

这些行为使得企业社会责任问题变得尤为突出。学术界有几种理论对企业社会责任以及企业社会责任的基础原则进行了阐释。在本章中，我们将对这些理论及企业社会责任的基础原则展开探讨。

企业社会责任的突出地位

企业社会责任已经变得相当明显，不仅在学术和商业领域，在日常生活中亦是如此。导致人们对企业社会责任产生兴趣的因素有：

- 消费者体验不佳；
- 员工受到的不公正待遇；
- 忽视环境和企业行为产生的后果。

此外，在民众的意识里，另外一些问题也十分突出。其中一个便是气候变化问题，它引起了人们对企业社会责任的关注，特别是对温室气体，尤其是二氧化碳排放的关注。如今，人们了解并讨论自己的碳足迹大小。而仅仅在几年前，人们甚至还不知道碳足迹为何物。

另一个令人担忧的突出问题是企业的供应链；换句话说，人们关注的是与企业有业务往来的其他企业，即企业与其供应商以及供应商的供应商之间所发生的事情。人们尤其关注发展中国家的剥削问题，尤其是雇佣童工和“血汗工厂”之类的问题。

因此，如果企业声称供应商的经营条件不受其控制以及企业对此不承担任何责任，那么这种说辞已不再被接受。消费者们表示，他们不能接受这种说辞，并要求企业承担相应的责任。最近，一些知名的零售企业公开承认它们的供应链存在问题，并且已经采取了解决措施。

有趣的是，在这些企业承认出现问题并采取措施改正问题之后，它们反而更受人们的欢迎。企业的这些做法表明诚实是最佳的处世之道，客户是理性的。证据表明，个人客户通情达理，他们并不期望企业能够做到完美，但是期望企业能够对客户开诚布公，企业的管理公开透明。此外，他们还期望企业做出努力去改变其行为，并解决其企业社会责任问题。

企业重心的变化

企业本身也在发生变化。它们不再只是热心于“漂绿”——表面上大张旗鼓地宣传环保，假装做出对社会负责任的行为。现在企业更加认真地对待企业社会责任，不仅是因为它们明白企业社会责任是企业成功的关键并可以赋予其战略上的优势，而且还因为企业的内部人员真正关心社会责任。因此，我们可以合理地说，企业社会责任日益提升的重要性是由那些富有社会责任感的个人所推动的，这些个人不仅包括客户，还包括企业职员、企业管理者、企业所有者和企业投资人。企业一方面对外部压力做出反应，另一方面也在主动采取负责任的行为并向社会和公众通报。所以，作为企业社会责任的核心原则之一的问责原则已经越来越被认可，而且企业管理的透明度也由此得到提高，而透明原则正是企业社会责任的另一项原则，我们将随后对其进行讨论。

企业社会责任的基本理论

人们针对企业社会责任的基础提出了各种理论，我们不妨将这些理论简化为两个相互支持和补充的理论。它们是：

合法性理论(legitimacy theory)

合法性理论也被称作社会契约论，因为它以社会契约的概念为基础。

社会契约论(social contract)

世界上迄今存在的一些政府，要不是用彻底破坏一切神圣和道德的原则的手段，就不能建立。(潘恩:《人权论》,1792)

1762年，让-雅克·卢梭(Jean-Jacques Rousseau)出版了《社会契约论》，旨在解释个人与社会及政府之间的关系，并使之合法化。卢梭在书中提到，为了使政府能够让更多的民众获取更大的利益，个人会自愿放弃某些权利。当然，这与汤姆·潘恩(Tom Paine)上述愤怒的言辞形成了鲜明对比。然而，社会契约的观念已经被人们普遍接受。

最近，社会契约论又重新引起了学者们的关注，被用于解释企业与社会之间的关系。按照这种观点，企业(或其他组织)对社会其他成员负责，并以此来换取它在社会中的地位。如图4.1所示。

这反过来又促使利益相关者理论的产生，我们将在本书第七章对其进行研究。

政治经济学理论(political economic theory)

实证政治经济学(positive political economy)理论研究可观测到的制度差异在不同的经济、社会和政治制度下是如何影响经济和政治结果的，这些制度差异可能出现在各个经济政体或体制中的任何其他结构性差异中。政治经济

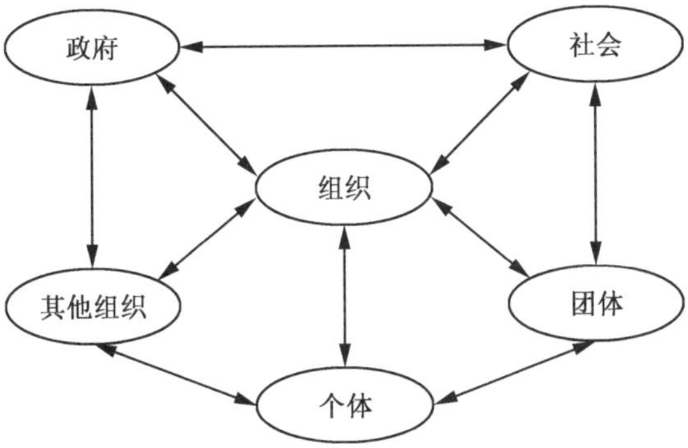

图 4.1 社会契约论

学以下列经典著作为基础：

- 亚当·斯密(Adam Smith):《国民财富的性质和原因的研究》(*An Inquiry into Nature and Causes of the Wealth of Nations*),1776 年。
- 大卫·李嘉图(David Ricardo):《政治经济学及赋税原理》(*On the Principles of Political Economy and Taxation*),1817 年。
- 约翰·斯图亚特·穆勒(John Stuart Mill):《政治经济学原理》(*Principles of Political Economy with Some of the Applications to Social Philosophy*),1848 年。

目前,政治经济学理论涵盖了人类学、历史学、心理学、人文地理学、法律、生态学等多种学科。国际政治经济学理论如果运用得当,便能够推动解决移民、环境恶化、艾滋病控制及其他使发展中国家陷入低水平均衡陷阱(low-level equilibrium trap)的发展问题。这个理论还可以快速有效地处理全球化世界的知识产权和贸易自由化问题。

政治经济学理论被认为是世界上涵盖最广的理论之一,它可以被当作一种有效工具,解决可能会破坏自由化和全球化成果的复杂问题。

企业社会责任的原则

企业社会责任将以下三项原则作为基础：

- 问责原则
- 透明原则
- 可持续原则

这三项原则是相互联系的,如图 4.2 所示。我们将依次对其进行研究。

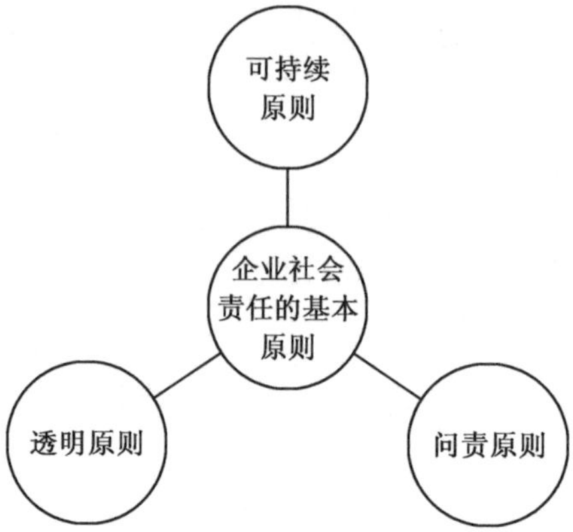

图 4.2 企业社会责任的基本原则

问责原则

问责原则涉及一个企业对其行为会影响外部环境的认识,并因此对其行为的影响承担责任。所以,这一概念意味着要对企业行为产生的影响进行量化,这些影响既包括对企业内部的影响,也包括对企业外部的影响。具体地说,这一概念意味着将量化结果向受影响的各方进行汇报;也就是说,要向外部利益相关者报告企业行为的影响以及企业行为是如何影响这些利益相关者的。这一概念意味着企业认识到:企业是更广泛的社会网络的一部分,要对整个社会网络负责,而不仅仅是对该企业的所有者负责。除了承担责任之外,企业还要认识到,这些外部利益相关者有权力影响企业采取行为的方式,并且可以参与决定这些行为是否正当,如果是正当的话,企业和其他利益相关者要付出什么代价。

因此,问责原则要求制定适当的环境绩效措施以及报告企业行为。这就需要企业必须拨出研发、记录、报告环境绩效的成本,并且收益要大于成本,这样做才有价值。收益必须由决策过程中筛选出的有效措施以及这些措施促进企业内部及企业与其他利益相关者资源分配的方式来决定。这样的报告需要有以下特点:

- 对相关各方的了解;
- 提供的信息与用户相关;
- 在测量的准确性、影响的呈现以及避免偏见方面可靠;
- 可比性,意味着在不同时间、不同企业之间具有一致性。

然而,这样的报告不可避免地涉及定性的事实、主观的判断以及各种量化措施。随着时间的推移,这种定性将会影响可比性,并且往往意味着不同的信息使用者会对影响的结果做出不同的评估,而这些不同的评估结果反映了用户的个人价值观以及优先考虑的事项。对企业行为影响缺乏准确的理解以及对相关影响的判断必定带有的主观性,意味着评估标准的匮乏,这本身就限制了不同企业之间信息的比较。尽管这种局限性对环境审计的开展来说,是有问题的,但实际上这对于企业管理者是有用的,因为这种可比性的局限性使得企业没有必要展示其良好的绩效,所谓的绩效展示只不过是做做表面文章罢了。

透明原则

透明原则意味着企业行为的外部影响可以从该企业的报告中得到确认,并且相关事实在报告中不会被掩盖。因此,企业行为的所有影响,包括外部影响,都应该通过企业报告机制所提供的信息向所有信息使用者展示出来。对这些信息的外部使用者来说,信息透明尤其重要,因为他们对这些信息的详细背景及知识缺乏了解,而这些只有内部使用者才能接触得到。因此,可以看出,透明原则是在其他两个原则基础之上产生的,遵守透明原则意味着企业认识到自身应该对其行为的外部影响承担责任,同时也意味着要将其权力转让给外部利益相关者。

可持续原则

可持续原则涉及当下行为对未来选择产生的影响。如果现在就把资源用完了,那么将来便无资源可用,并且如果资源数量有限,就会令人特别担忧。采掘类的原材料,比如煤、铁或石油,在数量上是有限的,一旦用完,将来就无法使用了。所以,在将来的某一时刻,需要利用替代资源来实现目前这些资源所发挥的作用。

这可能会发生在相对遥远的未来。但更迫切的担忧是,随着资源枯竭,获取资源的成本将会随之增加,因此企业的运营成本也会增加。同样地,一旦某种动物或植物物种灭绝,那么该物种对环境的益处将不复存在。鉴于目前许多药物正从被发现的植物中提取出来,未来这一点将会很重要。

因此,可持续性意味着社会使用的资源数量不要超出资源可再生的数量,这可以用生态系统的承载能力来定义(Hawken,1993),也可以用资源消耗的投入产出模型来描述。例如,造纸行业就有一项政策,砍伐了树木之后再种上新树,这样就可以达到维持成本的效果,避免将其暂时外化。同样地,像大众汽车这样的汽车制造商制定了政策，其生产的汽车几乎能够完全回收。将企业视为更广泛的社会和经济体系的一部分，意味着必须要考虑这些影响，而不应该仅衡量当前的成本和创造的价值，还应考虑企业自身的未来。

可持续性措施必须考虑企业资源消耗速度与可再生速度之间的关系。不可持续经营可以通过采用可持续经营或者对缺乏目前所需资源的未来进行规划这两种方式来改善。事实上，企业大多倾向于通过提高资源利用方式的效率来提高可持续性。能源效率项目就是一个例子。

每个企业都提及可持续性，大多数企业声称它们已经制定实施了许多可持续性的做法。但是，有些人并不真正想面对处理可持续性问题时所遇到的各种困难，“可持续性”只不过是他们空喊的口号罢了。因此，“可持续发展”代替“企业社会责任”成了有些企业“漂绿”的目标。尽管人们对企业与社会之间的关系一直有很多争议，经常对两者之间的关系持批判性态度，但越来越多的证据表明，好的企业会对环境产生积极的影响。

而且，有越来越多的证据表明，无论是从伦理角度还是从财务的角度来说，对社会负责任的行为都是对企业发展有益的。换句话说，企业社会责任无论是对股东还是对企业的发展都是有益的。因此，道德行为以及对人与环境的关注与企业效益之间呈正相关，这一点已被证明。事实上，还有越来越多的证据表明，对社会负责任的行为对企业发展有益这一点不再受到企业管理者的质疑。因此，企业社会责任的性质是企业界和学术界的关注焦点。

目前，可持续性已经成为商业界乃至整个社会的重要话题之一。我们将在本书第八章对其进行详细阐述。

企业报告中的披露

这些原则不仅影响企业的行为，还影响其行为的报告。因此，信息披露也很重要，而且随着企业社会责任活动参与的增多，信息披露的内容有望增加。如果仔细审查企业的外部报告，就会发现越来越多的人认识到有必要将社会和环境信息纳入其中，这就是本书在多个章节中提到的“三重底线报告”。越来越多的企业的年报开始涵盖这方面的信息。随着越来越多的企业意识到向外部利益相关者提供此类信息的重要性，这种趋势将会保持迅猛的发展势头。不过，有人（Till and Symes，1999）提议，企业在报告中涉及此类信息并不能反映企业对环境的日益关注，而是反映了企业对自身利益的关注。[①] 还有一种明显的趋势就是，企业会根据不同的情况编制不同的环境报告。在这样的背景下，这些报告通常被称为环境报告，但实际上这些报告既包括环境影响也包括社会影响。因此，在企业报告实践中，“社会会计”和“环境会计”这两个术语通常被视为同义。进行绩效评估以及报告组织行为对外部环境的影响时，这两个术语可以替换使用。

这些报告包含的环境信息往往比年度报告中的更详细。这一趋势的含义是，某一利益相关者群体需要的信息是这些报告中包含的信息而不是年度报告中所包含的信息。这给人一种印象，企业所有者和投资方并不需要环境信息，需要环境信息的是其他利益相关者。正因如此，有学者提出，企业把环境问题和企业的经济绩效看作两回事，而不是将环境问题看作企业经济绩效的一个组成部分。这凸显了环境会计本身所存在的问题以及与环境影响评估相关的一些问题。

会计与问责

企业界除了认识到企业应当对利益相关者负责，还制定了建立问责制的基本原则。不可避免地，会计作为衡量和报告此类行为的机制是这些原则得以制定的基础。通常，这被称作社会会计或环境会计[②]，抑或是三重底线会计。环境会计的目标是衡量企业行为对环境的影响，并向公众报告。换句话说，环境会计的目标是将企业行为的影响与外部环境结合起来，将企业视为一个既包括内部环境又包括外部环境的网络型组织结构（Crowther，2000b；2000）。

按照这种关于企业的观点，企业的会计事务不再仅限于企业内部，而是延伸到企业运营的商业环境，乃至整个社会环境。所以，由于环境会计强调对企业行为外部影响的核算，使人们得以用一种新的视角来观察会计在企业中所起到的作用。这样一来，就让人们认识到，企业是社会的组成部分，而不是一个与整个社会只有间接关系的自我封闭的实体。就企业与整个社会的关系而言，企

---

① 蒂尔和赛姆斯（Till and Symes）考虑的是澳大利亚的企业。在澳大利亚，企业如果采取保护环境的行为，政府将会给予相应的税收减免。企业信息公开得越多，享受的优惠就越多。每个国家的文化和法律环境不尽相同，在英国，就没有这样的优惠政策。因此，当我们探讨环境报告的增加时，应当考虑到企业并非出于利他的目的，企业还缺乏对利益相关者的关注。

② 虽然在学术界，社会会计和环境会计代表了责任会计的不同方面，但从业人员往往将两者视为同义词，通常称其为环境会计。本章采纳的就是这种叫法。

业普遍采纳的是这种传统观点，将企业自身看作一个封闭的实体，企业与社会的互动仅限于资源的采购以及成品或服务的销售。认识到企业与社会之间存在着相互依赖、密不可分的关系，并将这种认识反映到企业的会计事务中，将会有助于企业与社会建立更紧密或许也更为和谐的关系。鉴于企业的管理者与员工在社会上还扮演其他角色，例如消费者、公民、居民等，他们同时也是企业的利益相关者，这加强了企业与社会之间的相互依赖关系。

环境会计也使人们清晰地认识到，除了企业的法定所有人之外，其他利益相关者也有权力对企业施加影响，并有权扩大他们的影响力，影响企业的活动。[①] 这其中包括企业的管理者和员工，他们同时也是拥有其他身份的利益相关者。因此，环境会计提供了一种企业将其部分权力转让给利益相关者的机制，企业主动出让权力实际上也会使企业受益。企业从增加披露和采用环境会计中获得的利益不仅可以加强企业与社会之间的关系，还可以进一步提高企业的经营业绩。这些益处包括：

- 改善企业形象，提高销售业绩；
- 开发环境友好型和可持续型经营模式，开拓新市场；
- 通过预测未来的调控来减少未来的运营成本，从而比竞争对手更具有成本优势；
- 通过暂时的外化来减少未来的负债；
- 改善与供应商和客户之间的关系，降低运营成本，增加销售额；
- 更容易招聘劳动力，降低员工流动成本。

然而，需要认识到，建立环境会计制度会增加成本，并且可能获得的收益必须扣除增加的额外成本。增加的成本涉及适当的环境绩效措施的制定，以及为了将这些措施纳入报告系统而对管理信息和会计信息系统所做的必要更改。企业在为其行为作辩护时，可能很难说得通。因为成本的增加容易量化，但其所获得的益处却难以量化。

通过社会和环境会计来核算外在因素的主要问题之一，就是企业如何去量化计算其活动对外部环境所产生的影响。这种量化主要围绕四个方面展开：

- 确定企业活动对外部环境所产生的影响；
- 为这些影响制定适当的措施；
- 对影响进行量化，以便为评估替代行动方案提供一个比较标准，特别是在以会计为基础的量化方面；

---

① 争论的详情参见鲁本斯坦(Rubenstein，1992)。

● 确定这些量化结果披露的形式和内容，以便最大限度提高披露的收益，同时使披露成本降到最低，最大限度降低竞争对手了解企业运营活动的可能性。

社会和环境会计的支持者已经开始着手解决这些问题。但客观地说，他们主要是认识到了这些问题的存在，而并非已经将其完满解决。那些主张增加环境会计披露范围的人，往往是从外部利益相关者的角度而非从企业自身的角度来考虑披露的优点。事实上，关注企业、企业所有者和管理者的人，与关注环境和特定外部利益相关者的人持有截然不同的观点，这是环境会计话语的特征之一。对利益相关者的管理以及对代表全体利益相关者的企业的管理，是强化企业边界的一种机制。在社会会计视角下，这个边界变得不那么重要。实际上，有人争论说，观点呈两极分化正是企业绩效报告的重要组成部分。因此，越来越明显的是，企业开始意识到这些环境问题的重要性，不断扩大其环境报告的范围，而且似乎在未来还有望进一步扩大。①

在考虑制定适当的对策之前，企业首先有必要了解其行为对外部环境的影响。因此，第一步就是进行环境审计（environmental audit）。环境审计是对企业行为的调查和记录，以形成这种理解（Kinnersley，1994）。事实上，BS7750 关注的就是在环境管理体系发展背景下的这类审计。除此之外，环境审计还关注以下问题：

● 对法律法规和未来规章的遵守程度；

● 污染控制程序的范围及有效性；

● 能源使用的程度，以及提高能源效率的可能性；

● 生产过程中产生废弃物的程度，以及减少废弃物或找到废弃物再利用的可能性；

● 可持续资源的使用程度，以及开发可再生资源的可能性；

● 可回收材料的使用程度，以及增加回收利用率的可能性；

● 产品和生产流程的生命周期分析；

● 增加资本投资来影响这些问题的可能性；

● 环境管理程序是否开展以及实施的可能性。

一旦完成环境审计，就可以考虑制定适当的措施和报告机制，从而为内部和外部消费提供必要的信息。这些措施应当以下文所概述的环境会计原则为基础。然而，重点是要认识到，尽管环境审计是制定会计和报告的基本出发点，

---

① 欲了解当前环境报告的不足，参见迪根和兰金（Deegan and Rankin，1999）。

但环境审计不应该被看作制定过程中的一个孤立事件。

环境审计需要经常进行，就像财务或系统审计一样，以便通过比较分析来审查进展情况，并根据进展情况和改变运作程序确定需要进一步改进的地方。

墨西哥湾石油泄漏事故

美国陆地石油很久之前就已经达到哈伯特峰值(Hubbert's peak)，而且其他已探明的石油资源都位于与美国关系不稳定或是对美国不是特别友好的国家。因此，美国对石油的探寻欲望越来越强烈，于是美国将注意力转向了墨西哥湾，其底部据说蕴藏着大量的石油。2008 年 3 月，美国政府将马孔多油井(Macondo well)的开采权卖给了全球第三大石油生产公司——英国石油公司(BP)。该油井坐落于美国墨西哥湾密西西比河谷 252 探区，离路易斯安那海岸约 41 英里(66 千米)。2009 年 2 月，英国石油公司向美国矿产管理局(MMS)提交了一份 52 页的油井勘探和环境影响计划。计划提道："拟定的活动过程不太可能发生意外的地面或地下石油泄漏事故。"计划还指出，万一发生事故，由于离海岸仅 77 千米，并且可以实施应急措施，预计不会产生重大的不良后果。在得出不太可能发生大规模石油泄漏事故的结论之后，美国内政部同意英国石油公司在墨西哥湾进行石油勘探作业，并免除对其做详细的环境影响调查。

2010 年 2 月，英国石油公司租用越洋钻探公司(Transocean)的"深水地平线"(Deepwater Horizon)钻井平台，开始对马孔多勘探点(Maconda Prospect)进行勘探。按计划，该油井要钻探到海平面下 5 500 米的深度。4 月，英国石油公司完成了最后一步钻探作业，当时钻探的深度达 5 600 米，但最后的 360 米需要套管。哈里伯顿公司(Halliburton)建议使用衬管/回接套管，以提供四个冗余的流量阻挡层，但英国石油公司选择了一个阻隔更少、安装速度更快、成本更低的单层衬管。此前，有人向英国石油公司提出多条关于最佳操作方案及其面临的潜在危险的提议，但英国石油公司都置之不理，而且还得到了美国矿产管理局的充分许可。也许有必要指出，英国石油公司为追求股东收益，曾有因削减成本而造成安全事故的记录，并造成了灾难性的后果，例如阿拉斯加石油泄漏事故。还应指出的是，在过去十年，美国的监管体制逐渐弱化，这也是为了节约成本、增加股东收益。

2010 年 4 月 20 日，"深水地平线"海上钻井平台发生爆炸事故，造成了 11 人死亡，致使石油从钻孔中喷涌而出。据估计，石油以每日 8 000 桶的速度泄漏，而估计的数值逐渐增加到了每天 7 万桶，这也使得人们指责英国石油公司在事故报告中存在弄虚作假的行为。英国石油公司首席执行官托尼·海沃德

(Tony Hayward)表示,与浩瀚的海洋相比,此次泄漏的规模相对较小。但他同时承诺,公司将支付一切清除油污费用。为阻止石油泄漏,英国石油公司尝试了各种办法,但均以失败告终。直到4个月后,钻探出另一个钻孔,才成功阻止了石油泄漏。

此次事件表明,英国石油公司违反了所有合理的安全防范措施以及企业社会责任的全部原则。然而,该事件同样也给美国政府带来了负面影响。美国政府为了提高利润走捷径,置安全隐患于不顾,同样应对此次安全事故负责任。

认识企业社会责任

一开始,大多数人认为他们知道什么是企业社会责任,以及如何做出对社会负责任的行为。每个人都声称自己能够辨别出什么是对社会负责任的行为,什么是对社会不负责任的行为,而不必对企业社会责任进行界定。人们普遍认为,企业社会责任关注企业对社区事务的参与,关注其产品和生产流程如何对社会负责,关注环境,并且关注如何与员工建立对社会负责任的关系(Ortiz-Martinez and Crowther,2006)。

当然,社会责任行为并不是新问题,全球都可以找到这方面的案例。企业社会责任行为从工业革命早期开始,后来出现了大型企业实体(Crowther,2002),所有权与经营权分离或者风险与收益分离(Crowther,2004)。欧盟委员会认为,企业社会责任是企业采取表现出对利益相关者关注的自愿行为。

但正是在这一点上,企业遇到了一个棘手的问题,即如何平衡各利益相关群体之间互相冲突的需求和期望,同时仍然关注股东的利益;如何实践可持续性发展,如何向关注企业发展的人汇报企业所采取的社会责任行为;如何判断一项活动是否比另一项活动更对社会负责任。情况是复杂和矛盾的。在本书中,作者关注的是企业社会责任的不同方面,既关注企业社会责任的理论,又关注如何在实践中践行企业社会责任。

环境问题、影响及启示

当企业开展一项活动,会对外部环境造成影响,而这种对外部环境的影响并不会反映在该企业的传统会计核算中。企业对环境造成的影响,既可以是积极的(例如景观项目),也可能是消极的(例如因采矿作业而产生大量的废物)。

企业的这些行为都将成本和收益强加在了外部环境上,并未与外界协商,实际上，这些成本与收益成了企业经营活动的一部分。然而，这些行为被排除在了传统会计核算之外[①]，也就意味着被排除在了其责任范围之外。可以说，这些成本和收益被外部化了。因此，“外部性”(externality)这一概念关注的是成本和收益如何被企业外部化并强加给其他方。

传统观点认为，被外部化的成本和收益不是企业及其管理者所应该关心的问题，因此被排除在企业会计核算之外。但是，必须认识到量化这种外部化的影响，特别是从会计角度来看，是有问题的，而且也不容易衡量。[②] 这也许是将这些影响排除在企业会计核算之外的一个原因。然而，公平地说，成本的外部化超过了收益的外部化。

因此，典型的企业便从这种外部化中获益。由于企业没有将全部成本和收益列入会计核算，实际上在报告中夸大了它所创造的价值。这是因为将企业的会计评估限制于内部影响造成的。事实上，企业通过会计核算来报告所创造的价值的一种方式就是将成本外部化，也就是把成本排除在对企业行为的会计核算之外。成本的外部化可分为空间外部化和时间外部化。

空间外部化(spatial externalisation)

空间外部化关注的是在当前时期内成本如何转移到其他实体的情况。空间外部化的例子包括：

- 环境的恶化。例如：河流污染，变成死河；交通压力增加将成本强加给当地社区，降低了生活质量。
- 环境污染，给全社会增添了成本。
- 废弃物处理问题，给负责废弃物处理的人员增添了成本。
- 商店裁员，从而给必须排长队才能享受服务的消费者增添了成本。
- 即时生产(just-in-time manufacturing)通过将库存成本转嫁给供应商，从而给供应商增添了成本。

在日益全球化的市场中，企业将其成本外部化的一种最常见的方式就是将成本转嫁给发展中国家。企业可以把经营活动，或者至少是对环境产生影响的那一部分经营活动转移到监管制度不太严格的国家。应当注意的是，企业转移经营活动时通常使用的托词是为了减少劳动力成本。另外，不太严格的监管制度确实也是存在的。

---

① 这些影响环境的活动被纳入企业的活动成本和会计核算，但这些行为产生的所有成本和收益并没有被传统会计充分认可。

② 我们将在本书第十一章对这一点进行详细介绍。

时间外部化(temporal externalisation)

成本的时间外部化描述的是成本从一个时期转移到另一个时期(未来)的方式,从而使得当前汇报的价值创造通过会计核算被记录下来。时间外部化的例子包括:

- 将投资推迟到未来的某个时段,以此来提高目前报告的价值。
- 未能将资产处置成本算入资本投资评估,从而将此类费用转嫁给未来的企业所有人。
- 未能将产生的废弃物及时处理掉,把废物处理问题推迟到未来解决。
- 造成一些未来必须清理的污染。
- 耗尽有限自然资源,或无法提供可再生的原材料来源,从而影响企业未来的活力。
- 研发以及产品开发的不足将会影响企业未来的活力。
- 取消员工培训可以节省目前的成本,但会损害企业未来的竞争力。

可以看出,这些行为只不过是将问题推迟到未来解决,却不能将问题化解。对此必须要认识到,目前这些成本的暂时外部化并不明显,因为人们还意识不到这些问题的存在。比如,在 20 世纪 30 年代到 60 年代,人们认为石棉的广泛使用是有益的,只是在后来才发现有问题。

因此,通过将清理事宜和成本推迟到将来的某个时间段,无意中造成了成本在时间上的外部化。同样,企业当前采取的一些行为是为了将成本转嫁到未来,而没有意识到其行为会在未来产生意想不到的后果。我们有理由认为,企业采取这些行为是为了节省成本,并没有考虑到将来可能会产生的成本。

例如,就核能发电行业而言,当前普遍接受的观点是,如果最初将发电的全部成本(包括核废料的处理成本以及核发电机废弃后的处理成本)都考虑进来,那么这种发电方式将永远不会投入使用。然而,许多国家仍然认为核能发电是解决全球变暖问题的唯一方法。核能发电站释放出的温室气体很少,因而具有吸引力。当然,核能发电的未来成本被人所忽视,因而这些未来成本被暂时外部化了。

因此,我们可以看到,如果企业将这些外部性考虑在内,有可能企业会做出不同的决策、采取不同的行动。我们同样可以看出,企业如果认识到其所采取的行动将会对这些外部性产生影响,那么对外部性产生的影响将会对企业的活动产生重要影响。并且,企业是选择将成本内部化还是外部化,也将会对其经营绩效产生重大影响。

环境问题及影响

可以看出,许多企业在制定环境绩效改进议程方面变得更加积极主动,因为它们感受到了改进环境绩效给其带来的益处。然而,环保组织和学术界对环境绩效的内在驱动因素提出了许多批评。常见的批评与以下内容有关:

- 许多企业都是受遵守现有或预期法规的需要所驱使的,并非真正关心环境。
- 企业环保行动大多与企业形象宣传有关,而非关注实际环境,因此只不过是公关活动而已。
- 企业有改善环境的内部动机,但欲采取重要行动时,却往往受预算或其他商业因素的限制而不得不取消该项行动或削弱该项行动的执行力度。因此,为了促使企业能够采取有效行动,有必要通过法律法规对企业进行外部强制。
- 环境绩效的衡量标准往往是有选择地挑选出来的,目的是用来展示环境绩效的改善,并不能全面客观地衡量企业的环境绩效情况。
- 对评估和量化的关注,本身就是管理主义话语的表现,它试图将自身的限制转移到环境辩论上,并以此来有效压制不同意见。

尽管企业的任何行为都可以这样解读,而且这样的解读也有一定的道理,但有充分的证据表明,企业在很大程度上确实关注其环境绩效。这不仅仅是因为企业认识到其作为企业公民的社会责任,而且也是因为认识到,环境绩效的改善可以带来商业效益。这些商业效益不可避免地体现在了企业的三重底线绩效中。

结 语

在本章中,我们研究了与企业社会责任相关的多个重要问题。我们探讨了企业社会责任的理论及原则,并主要从环境影响的角度思考给人们带来的启示。在考虑企业行为及绩效时,这一点非常重要。其中的一些问题,我们会在后面的章节继续探讨。

风险管理(risk management)也是现代企业一个非常重要的话题。企业社会责任可以对风险的识别、管理和控制产生重大影响。这些都是战略管理和企业社会责任领域的重要议题。

关键术语及理论定义

问责(accountability):是企业社会责任的核心原则,指企业对其行为产生的一切影响负责。

合法性理论(legitimacy theory):是企业社会责任的核心理论之一,它以社会契约为基础。

政治经济学理论(political economy theory):是企业社会责任的核心理论之一,以亚当·斯密和约翰·斯图亚特·穆勒的学说为基础。

风险管理(risk management):已成为企业管理的重要内容,而企业社会责任也在其中发挥了作用。

社会契约(the social contract):是对社会全体公民之间关系的一种阐释。

空间外部化(spatial externalisation):描述的是在当前时期内,成本转移到其他实体的方式。

可持续性(sustainability):是当今商业最重要的概念之一,也是企业社会责任的一个核心原则。

时间外部化(temporal externalisation):描述了成本从当前时期转移到另一个时期的状况。

透明(transparency):是企业社会责任的原则之一,它要求企业提供与其行为有关的充分信息,以满足利益相关者的需求。

理解题

1. 为什么当前人们对企业社会责任如此感兴趣?
2. 什么是“漂绿”?
3. 什么是成本外部化?为什么会出现成本外部化?
4. 什么是社会契约?为什么社会契约在企业社会责任中非常重要?
5. 描述人们对风险可能会表现出的各种态度。
6. 什么是政治经济学理论?政治经济学理论为什么与企业社会责任相关?
7. 问责原则与透明原则之间有什么关系?

补充阅读材料

Aras, G. and Crowther, D. 2009. *The Durable Corporation: Strategies for Sustainable Development*. Farnham: Gower.

Carroll, A. B. 1979. ‘A Three-Dimensional Conceptual Model of Corporate performance’, *Academy of Management Review*, 4, 4: 497–505.

Crowther, D. and Ortiz-Martinez, E. 2004. ‘Corporate Social Responsibility: History and Principles’, in *Social Responsibility World*, Penang: Ansted University Press, pp. 102–7.

参考文献

Crowther, D. 2000a. 'Corporate Reporting, Stakeholders and the Internet: Mapping the New Corporate Landscape', *Urban Studies*, 37, 10: 1837–48.

Crowther, D. 2000b. *Social and Environmental Accounting*. London: Financial Times/Prentice Hall.

Crowther, D. 2002. *A Social Critique of Corporate Reporting*. Aldershot: Ashgate.

Crowther, D. 2004. 'Limited Liability or Limited Responsibility', in D. Crowther and L. Rayman-Bacchus (eds), *Perspectives on Corporate Social Responsibility*. Aldershot: Ashgate, pp. 42–58.

Deegan, C. and Rankin, M. 1999. 'The Environmental Reporting Expectations Gap: Australian Evidence', *British Accounting Review*, 31, 3: 313–46.

Hawken, P. 1993. *The Ecology of Commerce*. London: Weidenfeld & Nicolson.

Kinnersley, D. 1994. *Coming Clean: The Politics of Water and the Environment*. London: Penguin.

Ortiz-Martinez, E. and Crowther, D. 2006. '¿Son compatibles la responsabilidad económica y la responsabilidad social corporativa?', *Harvard Deusto Finanzas y Contabilidad*, No. 71: 2–12.

Paine, T. 1792. *The Rights of Man* (many editions).

Rousseau, J.-J. 1762. *The Social Contract, Or Principles of Political Right* (many editions).

Rubenstein, D. B. 1992. 'Bridging the Gap between Green Accounting and Black Ink', *Accounting, Organizations and Society*, 17, 5: 501–08.

Till, C. A. and Symes, C. F. 1999. 'Environmental Disclosure by Australian Mining Companies: Environmental Conscience or Commercial Reality?' *Accounting Forum*, 28, 3: 137–54.

Topal, R. S. and Crowther, D. 2004. 'Bioengineering and Corporate Social Responsibility', in D. Crowther and L. Rayman Bacchus (eds), *Perspectives on Corporate Social Responsibility*. Aldershot: Ashgate, pp. 186–202.

第五章

社会契约
——是道德义务还是监管？

本章学习目标：

- 定义并解释功利主义和古典自由主义
- 解释与代理有关的基础知识
- 评价自由市场体系及其基本理论
- 描述“历史终结论”
- 区分财富和福利
- 解释组织失败框架

导 论

正如我们之前所述，社会契约是企业社会责任的一个合法理论。它描述了人与企业为使社会更好地运转而放弃权力的程度。对于企业社会责任，一个长期存在的争论是，何时需要伦理原则的参与以及何时需要政府参与监管。也就是说，对于伦理与监管各自的优缺点存在争议，这一点在近几次的金融危机中表现得更加明显。在这场争辩中，所有的论点都集中在自由市场体制及其优缺点上。因此，我们必须先审视自由市场体制及其哲学基础。这要从古典自由主义理论着手，然后是由其发展而来的功利主义。

古典自由主义

古典自由主义理论发源于17世纪，由约翰·洛克(John Locke)等人提出，是一种用来解释社会如何运行与应当怎样运行的理论。在那个时代，“君权神授”，君主统治管理社会并为统治者阶级利益服务的观念受到了挑战，并被认为不再适合当时的社会。古典自由主义理论以理性与合理性这两个原则为基础。理性在于一切事物皆有逻辑，并且这种理论能够被人们所理解和认可；合理性则在于所有的决定都是由个人因判断出自身能够获得最大利益而做出。因此，古典自由主义是以个人为中心的，个人是理性的，并且能够做出理性的决定。古典自由主义以给予个人追求自身利益的自由为基础，所以，它是关于追求自身利益的哲学。只要社会存在并被需要，那么它就只是这些个人利益的集合。这种集合被认为是对社会的充分诠释。实际上，洛克认为，社会的唯一目的就是保护所有个体的权利并维护这些私人权利。

然而，如果给予所有个体追求个人目标并实现个体利益最大化的自由，还存在着一个问题，即在一些情况下，这种利益只能以牺牲他人利益为代价。正是个体利益与自由之间的冲突，才导致了社会问题的出现。由此，托克维尔(Tocqueville)提出了政府的社会职能。他认为，政府的职能就是调节个体交易，以尽可能地捍卫所有人的个人权利。

尽管这种个人自由哲学后来发展为自由主义哲学，但显而易见，这一理念已被世界上以19世纪80年代英国政府为首的保守政府所采纳。这一哲学导致了国家对社会参与的逐渐减少，给予个人充分的追求个人利益的自由，并在必要时提供调节机制。但是，自由主义显然还存在一个问题，那就是只有当个人之间的权利大致相当时，对不同个体权利的调节才能使人满意。很显然，这种情况不可能在所有人身上都出现，这也就是社会问题产生的原因之一。

自由主义哲学是为了解释人的社会地位、政府存在的必要性以及社会监管的必要性而发展起来的，它同样适用于企业。事实上，自由主义主张，企业在社会中的存在是一种机制，在这种机制中，个体可以比孤军奋战更有效地追求自身利益。由此，企业之所以存在，是因为它是一种更为有效的方式，通过合作，而不是孤军奋战，个体可以实现利益最大化。该论点为企业理论提供了基础。该理论认为，通过个体之间的合作，能够减少个体交易的成本。

功利主义

功利主义的概念是由自由主义延伸而来的，用以解释在个体独立追求权益方面进行社会管理的必要性。该理论由边沁（1789）和约翰·斯图亚特·穆勒（1863）等人提出。他们认为，使最多的人获得最大受益是社会的最佳定位，政府应扮演协调者的角色来确保这一社会目标的实现。在功利主义看来，行为没有好坏之别，只有结果才有好坏之分。因此，任何能够达到预期效果的方法都是可以接受的，并且如果产生的结果相同，那么这些方法在价值上没有区别。所以，行为是无法进行价值判断的，结果才是重要的。但是，当涉及企业行为时，这套说辞便行不通了，因为企业仅从其自身角度来考量结果。实际上，众所周知，只有在企业行为影响到企业自身时，才会引起会计的关注，并且会计往往会忽略企业行为对企业以外的影响。按照功利主义的观点，如果企业效益可观，那么任何一种实现效益的方式都可以接受，这是 19 世纪及 20 世纪早期企业的管理方式。企业行为产生的一切结果都是重要的，一切结果都需加以考虑，这一观点在近些年来才被人们接受。

功利主义的发展导致了诠释企业行为的经济理论的诞生。事实上，“完全竞争”（perfect competition）的概念是以古典自由主义理论为基础的，而放任自由市场的论点则建立在这种“完全竞争”的基础之上。[①] 当然，就经济理论来说，金融理论和会计学都是用来促进经济理论中所假定的理性决策的一种手段。这也是一个问题，因为它鼓励自私和剥削行为。由此，我们可以认为，市场会以最佳方式进行调节，但其实这种调节是无稽之谈；或者我们可以提出用道德理解来弥补，但这也是无稽之谈；又或者我们应该另寻出路。

1762 年，让-雅克·卢梭出版了《社会契约论》一书，旨在解释并使个体与社会及政府之间的关系合法化。在书中，卢梭主张个人主动放弃某些权利，以便政府在管理时能够使所有公民获得最大收益。这样，“社会契约”的概念被普遍接受。最近，“社会契约”被用来表述企业与社会之间的关系，其地位变得更为显著。按照社会契约论的观点，企业（或其他组织）应对社会其他成员承担责任以换取其在社会中的地位。大多数人会认为，将“社会契约论”沿用到企业，能够为企业提供一条出路。企业通过自愿出让部分自主权以换取更大的利益并

---

① 尽管“完全竞争”这个概念是基础经济学中的一个基本假设，但它被认为是不存在的。而且在高等经济学中，这个假设极度不严谨。

服从监管。

将与企业社会责任有关的争论置于社会契约论和全球化现象的话语背景之下，古典自由主义哲学起到了非常重要的作用。作为哲学理念，古典自由主义强调合理性与理性，社会是个体利益集合在一起人为创造出来的，企业则是出于商业目的将这些个体利益集合在一起而产生的必然产物。因此，洛克(1690)认为，社会是为保护天生的自然权利而存在的。边沁(1789)与穆勒(1863)则强调对人类需求的追求。对所有人来说，最重要的是其追求自身目标的自由。这是一种心照不宣的假设，即个体利益最大化会带来企业以及社会利益的最大化。也就是说，社会利益可以是所有个体利益的简单相加。古典自由主义经济理论将这个理念拓展到企业，把企业当作自主追求自身利益的实体。该理论认为，无须对企业行为进行过多监管，因为市场在完全不受监管的情况下会发挥其调节机制，企业只要满足这些自由市场的需求，所有利益相关者的权益就能得到保障。然而，当集体需求和个人自由之间存在不可调和的矛盾时，这种观点便陷入了两难的境地。托克维尔(1840)调和了这种矛盾，他提出，作为管理机构，为使个体获得自由并保护个体自由，政府的存在是不可避免的，但也是必要的。

因此，古典自由主义承认在没有监管的情况下，企业的自由是有限度的。同样，福山(1992)提出了“历史终结论”。他认为，自由主义本身并不足以保持连续性，个人的利益集中在一起，传统的组织最初才得以创立，然而如果每个人都只追求自身的个人利益，传统的组织便会分化。因此，福山主张，自由经济原则不支持传统意义上组织作为利益共同体的概念，只有当该共同体内部的个体放弃一部分个人权利、接受一定程度的监管时，组织才能长久地持续下去。另一方面，福山引用东欧集团解体的事例[①]来证明古典自由主义的胜利，说明自由主义的胜利将是历史的最终状态。

自由市场体制

尽管这种企业的经典自由主义/经济理性观可以被看作代表企业结构与行为的一种范式，但这绝不是唯一的范式。从利益相关者的视角以及企业内部的动态失衡来看，各种利益相关者的利益冲突带来了另外一个多元化的范式。[②]

---

① 福山将这些论点作为历史的终结，而他并未感到庆幸。事实上，对古典自由主义的批判是他的作品最重要的贡献。为支撑他的“历史终结”的论点，福山的作品在这一方面的贡献往往被忽视了。

② 多元主义(pluralism)是19世纪后期自由主义话语中，古典自由主义的一个分支。

这种范式不再将企业看作一种为实现特定目的而存在的实体，而是将企业视作各种利益群体组成的联盟，通过调和它们的利益，这些利益群体在特定时间为某一特定目的而一致行动。随着时间的推移，各方利益相关者之间的力量发生变化，更多利益相关方加入并影响主导联盟，而另外一些利益相关方则脱离这一联盟，所有这些都会对这一目的产生影响。

对客户、员工和环境的不良商业行为以及一些其他的因素促使当前对企业社会责任的关注。此外，许多其他的事情也在人们的意识中占据了重要地位。其一是日益突出的气候变化问题。由于人们对温室气体尤其是二氧化碳排放量的关注，进而也对企业社会责任的关注度产生了影响。另外一件突出的事情便是对企业供应链的关注，特别是人们对发展中国家受剥削人民的关心，尤其是童工和奴隶制问题。

可持续性是企业社会责任的一项重要原则。这已经是一个非常常见的术语，在商业和社会中无处不在。每个企业都提及可持续性而不管其是否恰当，可持续性的概念几乎被媒体用在一切事物上。然而，它却是企业以及与企业相关的学者们所关注的主要问题，因此对企业社会责任的研究具有重要意义。尤其鉴于 2008 年至 2010 年经济危机期间发生的众多事件，以及关于个人、企业及国家行为(或者更准确地说是不当行为)的各种言论，治理和企业行为也变得相当有意义和重要。这些都是企业社会责任领域值得研究的问题。

我们所经历的金融危机以及随后发生的经济危机是超前消费的直接后果。这次危机经常被拿来讨论，并被当作市场体系的体制性失灵及图 5.1 中所描述的治理与监管松懈的典例。所以，许多人主张通过改良体制来解决这一问题。一些人往往根据自身喜好，把责任归咎于银行、金融市场、监管机构和政府；还有一些人则会说这是贪婪、无知、不负责任的后果。

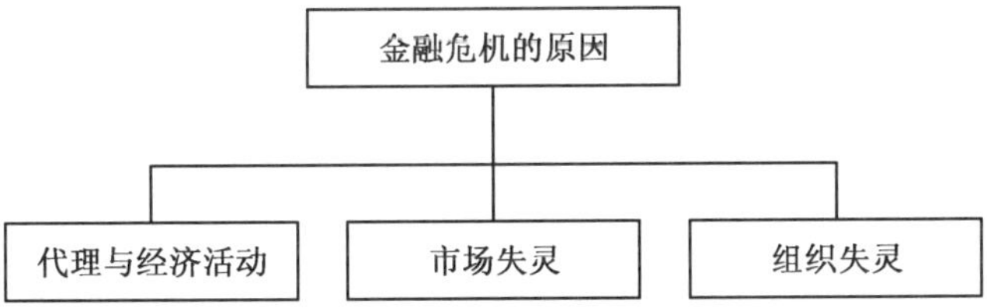

图 5.1　金融危机的原因

然而，与多数人不同，我们认为贪婪、无知和不负责任的不是银行家、监管者或政府代表，或者至少不仅仅是他们，而是整个社会，影响着我们每一个人。

证据显示,多数人一厢情愿地相信,他们个人在不需要承担非正常风险的情况下就能获得非正常的高额回报,而且这种情况还有可能会一直持续下去。证据还表明,只要我们个人能够像这样受益,我们就不会提出质疑,而是心甘情愿地接受监管宽松这一事实,毕竟监管是针对他人而非我们自己。

这个教训虽未被真正提及,但是显而易见的:在我们自身难辞其咎时,仅责怪他人是不够的;仅仅要求企业承担社会责任也是不够的。在提出要求前,我们必须承认,我们自身应当先达到要求;也就是说,社会责任要求个人承担责任。

布雷顿森林体系

1944 年 7 月,第二次世界大战的胜负已经显而易见,人们把注意力逐渐转移到战后。因此,在 7 月份,44 个国家的 400 多名代表在美国新罕布什尔州布雷顿森林的华盛顿山酒店(Mount Washington Hotel)进行了会晤,共同制定计划,确保类似的战争不再发生。凯恩斯(J. M. Keynes)将此次会晤称为"多年来最恐怖的猴子屋般的集会"。

人们认为,在资本主义和市场机制下,稳定的国际政治环境为这次会议提供了条件。美国国务卿科德尔·赫尔(Cordell Hull)坚信,两次世界大战的根本原因是经济歧视与贸易战争。更具体地说,赫尔指的是纳粹德国的贸易和外汇管制(双边协议)以及英国实行的帝国特惠制,即大英帝国的成员国与前成员国享有特殊的贸易地位,这项制度是受德国、法国和美国的保护主义政策启发而产生的。因此,美国总统哈里·杜鲁门(Harry Truman)提出了一个美好的未来愿景。该愿景以促进资本投资、为爱好和平的人们提供美国人掌握的技术知识,并帮助他们实现美好生活的渴望为基础。

会议促成了一系列经济组织的建立:

- 国际货币基金组织(IMF);
- 国际复兴开发银行,即如今的世界银行;
- 国际贸易组织,1995 年更名为世界贸易组织(WTO);
- 固定的贸易汇率机制,不久后即被废止。

创始人的利他主义和理想主义在战后重建中发挥了很大的作用,直到 1981 年的"大背叛"。当时,美国总统里根称这些组织"……国际援助机构及所谓的第三世界发展,全部充满了错误"。随后,美国在 1982 年的一项调查中指出,"世界银行通常是为美国的政治和战略利益服务",但是这种里根式的厌恶情绪延续下来,并在乔治·布什的行动中达到高潮。

国际货币基金组织为正处在困境中的国家提供了一种重建模式。人们坚信该模式是万能的，于是所有国家都进行了推广。尽管有明显的证据表明其不可行性，但该模式依然被推行。通常来说，贷款依赖于结构性调整和经济改革。这就涉及紧缩计划、削减公共服务、私有化和贬值。这一计划的失败引发了以下言论：

我们都知道，国际货币基金组织和世界银行极大地加剧了贫困，损害了南部国家人民决定自身命运的基本人权和民主权利。（南非债务特赦促进会，1999年）

当今，赞比亚的三大死亡原因包括艾滋病、营养不良和疟疾。其中每一种疾病都与赞比亚政府对国际货币基金组织强加的结构性调整计划的曲意逢迎有关。（非洲信仰和正义网）

我们谴责并抵制新自由主义模式的全球化，我们认为它是排他的、不民主的、剥削和掠夺的以及种族灭绝的……（《南北交流宣言》，墨西哥恰帕斯州，2000年10月）

这些说法得到了许多发达国家人士的支持。

我们可以得出结论，善意不一定会有善果，除非善意不断地与时俱进。

亟须解决办法

最近出现的最重要的问题之一是金融危机，它已演变为全球范围的经济大萧条。随着危机的蔓延，无论是在发达国家还是在发展中国家，很多人都受到严重影响，尽管他们从未参与金融市场的活动。当然，即使他们想参与，也没有经济实力。正如亚马逊热带雨林中的一只蝴蝶轻轻扇动翅膀会引起华尔街的一场飓风（引用混沌理论的基本原理，Gleick，1988），强大的金融力量产生的牵连效应足以毁灭千里之外人们的生活。虽然人们普遍认为危机是由一次次贷危机引发的（美国金融经济去监管化的特征之一），但全球金融危机的影响已经波及世界各地。

金融和经济危机表明，治理和市场体系存在问题，主要表现为市场体系的系统性失灵以及治理和监管体系的松散。因此，很多人提出通过完善体系来抵御危机。当然，很多人就政策失灵及其引发的后果进行探讨，并且这种探讨还会一直持续下去。这当然不是第一次出现这样的危机，市场经济在过去的几十年里反复进行繁荣与萧条的循环，这与20世纪六七十年代的情况并无二致，当时新保守派声称是他们结束了这场危机。但两者之间的主要区别在于，最近的几次循环是由金融市场所驱动的，全球化时代意味着没有哪个国家能够免受他国的影响。

全球化将会驳斥关于危机的一个争论，即通过引入强化的监管制度来预防未来危机事件的发生。监管机构受其条款和参照范围的限制，然而金融与贸易的边界却变得越来越模糊。因此，全球监管体系是唯一有效的监管形式（Aras and Crowther，2009a）。然而，目前由于其他监管形式存在既得利益，因此全球监管体系的模式似乎并不可行。

但是，对于各种形式的企业以及政府领导人、非政府组织、金融机构而言，至关重要的是可持续发展以及实现可持续发展的条件。尽管环境影响是企业可持续发展的重要组成部分，而且也是通过市场进行调节的经济或金融活动的重要组成部分，但可持续性实际上比这更复杂，需要平衡各种不同因素（Aras and Crowther，2009a）。尽管如此，可持续经济活动依赖于可持续发展的企业，而可持续发展的企业也依赖于稳定和可持续的市场。同样地，国家经济的可持续性既依赖于可持续发展的企业，也依赖于稳定和可持续的市场。全球经济也是如此。这真是一种复杂的共生关系！如果对这些相互关系的监管控制存在问题，那么就意味着治理也存在问题，或许这正是导致当前危机的原因之一。

金融危机爆发的原因

由于有着强大的影响力，金融危机自然是一个极具新闻价值的话题。当然我们应当尽可能了解产生金融危机的原因，以便制定相应的机制来减轻金融危机的影响；更重要的是，防止金融危机的再次发生。当然，我们首先应当认识到金融危机并不是第一次出现，金融危机发生的间隔也越来越短。因此，在金融市场进行交易的人们似乎记忆力差，没有吸取上一次金融危机的教训。这一点可以用金融市场人员的流动性大来解释，再加上受到巨额回报的诱惑，使得他们做决策时非常短视。当然，这是造成危机的一个重要因素，大多数人也意识到了，但没有人落实到行动上。

很多人对当前的金融危机及其原因和影响进行了评论，并且试图从市场失灵或治理失败的角度进行理论研究。一些人甚至认为这是资本主义的失败，这些人往往基于个人喜好的不同主张在体制上做出某种改变；另外一些人则将责任归咎于银行、金融市场、监管机构或政府，同样也是基于他们的个人偏见；还有人说这是贪婪、无知和不负责任所造成的必然后果。人们提出的这些解决方案似乎都涉及政府救助，有时还会涉及对那些被认为导致金融危机发生的相关金融行业人员进行处罚；而且似乎焦点集中在了判断责任归属的问题上，而不是考虑未来的补救措施。

不过，显而易见的是，与之前一样，当前的金融危机凸显了治理的失败和监管的失灵。事实上，一些学者旨在寻找替罪羊，他们认为监管者比始作俑者更有罪，更应受到制裁。当然，这一论断存在缺陷，并且在防范金融危机上存在一个漏洞，那就是要认识到有必要建立一个真正全球化的金融市场并对其进行监管。华盛顿共识下建立的金融市场自由化使得金融生活中资金的自由流动成为现实，也促使一些可疑债务被秘密打包推销到全球各地；而且，金融市场的操纵者们迅速做出回应，因为他们总是乐于赌上一把，希望获得更为丰厚的利润与回报。因此，我们需要深入探究金融危机的原因。

托马斯·霍布斯（Thomas Hobbes，1651）以讨论社会契约的概念而闻名。霍布斯在其著作中提出，公民同意赋予主权国家绝对权力，这是避免出现无政府状态的唯一方式。公民为此放弃了个人权利，包括对自由和财产甚至是生命的控制权。霍布斯认为，人类为了自我利益而不惜宣战，却最终换来两败俱伤。这一传统符合功利主义的立场：追求最大限度的福利，这可以被看作为资本主义制度及其对市场和个人努力的依赖提供依据。因此，它可以用来检验企业行为是否符合道德标准。功利主义认为，企业行为如果能够最大限度地提高人类福祉，便是符合道德的；功利主义还认为，集体福祉应该置于个人福祉之上。

然而，关于功利主义，还有一些问题需要考虑。第一个问题是，功利主义哲学强调重要的是结果而非得出结果的过程。功利主义认为，如果结果总体上是有益的，那么不道德的行为也是可以接受的。对此，许多人无法苟同。第二个问题是，功利主义主张，净结果可以由所有单项成果简单相加得出；如果总和是正值，那便是有益的。这就有可能会出现下面这种情况：某个人（或企业）极大受益，而成千上万人被置于极度不利的地位，共同分享极少的利益。即使出现这样的情况，功利主义也会认为这是有益的、可取的。因此，功利主义实质上使得剥削与权力的滥用合法化。这样的理论无疑是有问题的，但它是我们自由市场体系的基本理论。因此，我们需要考虑用其他理论来替代。

在个人主义盛行的20世纪80年代，一个替代理论在美国诞生了，这就是后来被称作社群主义（Communitarianism）的理论，尽管这一概念可以追溯到早些时候托尼斯（Tonnies，1957）和普兰特（Plant，1974）等人的著作中。社群主义基于这样一个论断：我们的价值体系的基础不是个人，也不是国家。因此，生命的社会性以及公众利益和公众服务都得到了强调。一切个体，包括企业，都有义务为公共生活做出贡献，而不是一味追求自身利益。社群主义理论的基本假设是:道德行为必须从理解社区传统和文化出发。该理论的倡导者认为,一味追求私人利益会损害我们所赖以生存的社会环境网络,并给我们在民主自治方面共同做出的尝试带来毁灭性的破坏。社群主义既承认个人人格尊严,也承认人类存在的社会层面。社群主义认为,个人自由的维护依赖于公民社会对各项制度的积极维护。在公民社会里,公民学会尊重自己、尊重他人。这样,我们在学会欣赏自身权利和他人权利的同时,获得了个人责任感和公民责任感。

21世纪,越来越多的人开始关注作为开展商业手段的企业社会责任。企业社会责任以透明度和问责制的概念为基础,将这些概念引入商业实践使得信息披露程度显著提高,为企业治理提供了更为坚实的理论基础。因此,如同企业社会责任概念一样,企业治理的概念在商业实践和学术研究中无处不在。早期著作关注的是对商业实践的批评,但最近则开始关注如何找到支撑当前关注点的理论基础。已被采纳的理论主要包括利益相关者理论、社会契约论和政治经济学理论。其他一些被采纳的理论也为人们提供了有价值的见解。然而,企业社会责任话语的一个显著特征是其在企业行为应用中所产生的相对同质性。人们最初的焦点是大企业,尤其是跨国企业,直到最近才将焦点转移到中小企业,尽管中小企业实际上占全球全部商业活动的99%。

代理与经济活动

经济活动的基本假设是,它应该被组织成追求利益的企业,每个企业都独立行事,只关心利润最大化,并以古典自由主义和穆勒的功利主义哲学作为辩护。这不可避免地导致以企业为中心的管理模式,只衡量和报告企业行为对其自身的影响。任何对企业之外产生影响的企业行为都不是企业所关注的对象(Aras and Crowther,2009b;2009c)。实际上,古典自由主义除了宣扬个人有权利追求自己的行为方式之外,还宣扬这样一种观念,即自由市场机制的运作将在这些个体之间进行调解,以使得自由行动的个体之间的互动能够实现平衡,而这种平衡是互动产生的必然结果。[①] 因此,企业没有必要关注自身行为对外部环境产生的影响,其自身行为对外部环境产生的影响也不是其管理的关注点。

与所有企业相关的一个问题是由代理问题引发的治理问题(Becker and Westbrook,1998)。对于金融组织来说,这一问题尤为深刻。一般的代理问题

---

① 当然,这种假设忽略了各方之间寻求通过市场进行交易的权利失衡。

可以表述为一个（或一群）委托人，为一个（或一群）代理人建立激励机制，该代理人做出影响委托人的决策，促使委托人最大限度地实现其自身目标。在商业中，这意味着企业所有者和其他投资者与企业管理者之间是委托人与代理人的关系。建立这种激励机制的难点在于委托人与代理人之间有可能存在分歧或双方之间存在信息不对称的情况（Vickers and Yarrow，1988），并且通常这两种因素同时存在。

当涉及金融企业时，代理问题会产生重大影响。首先是金融企业的利益相关者要比普通企业多得多。每个借款人或贷款人都是企业的利益相关者，与企业长期保持关系。由于双方之间做出长期的金融承诺，这种关系要比普通企业与其消费者之间的关系牢固得多。其次是信息的不对称。因为金融交易的风险通常要高得多，更重要的是，金融企业的利益相关者无法对这种风险进行评估，尽管金融企业的管理者有成熟的评估方法。因此，利益相关者需要依赖评估机构来消除或者尽可能降低这种信息不对称。然而，值得注意的是，目前的危机表明，金融组织的方法是存在缺陷的[①]，评估机构未能表现出解决信息不对称的能力。

市场失灵

根据自身要求，监管机构不可避免地专注于当地市场，而金融市场则因其有能力在世界各地迁移而逃脱监管。实际上，这意味着任何现实的监管形式都不存在，也不可能存在。当然，监管失灵造成的一个后果就是传染效应，在一个金融市场中产生的不良做法会传播到其他市场上并成为常态。当危机不可避免地出现时，也会从一个国家传播到另外一个国家，因为所有的经济实体都受到不良借贷行为以及随之而来的信贷危机的影响。

国家法规的监管是金融交易的唯一障碍（Tobin，2000）。然而，很显然，监管并不足以对发展中国家以及转型中的经济实体的跨国交易和资本流动进行监管和控制，或者说对全球金融企业进行有效监管。长期以来，风险实际上都被忽略了，企业治理原则（Aras and Crowther，2008；2009d）也遭到了忽视。治理原则和可持续原则密不可分。对治理原则的忽视表明这些企业对可持续性不重视；事实上，从金融机构的行为中可以看出，它们仍未对自身、国家经济以及全球经济体系的可持续性表现出关注。它们似乎并没有从西方经济体系中

---

① 或者，可能在追求更多利润时被忽略了。

定期发生的金融危机中吸取教训，没有从时常出现的危机中学到什么。这次危机唯一的不同之处在于，美国本土的原因带来的全球性影响。毫无疑问，金融危机已经演变成一场经济危机，在这样的大背景下，许多优秀的企业渐渐消亡。然而，另外一些企业却蓬勃发展。我们认为，在当前经济衰败的大环境下，企业存亡与否的关键很大一部分在于对风险的正确认识和评估，而这种认识和评估以可持续原则为基础（Aras and Crowther，2009e）。随着危机的不断蔓延，有越来越多的证据支持这一论点。

组织失败

通常，人们用两个特征来描述当今世界——全球化和自由市场。自由市场将带来更大幅度的经济增长，人们都将从经济增长中受益，这一点几乎毫无疑问地被人们广泛接受。世界各地的人，尤其是政界人士和商业领袖，大部分认为通过调控市场来限制世界经济活动不利于促进人类的福祉。在一个又一个国家、一个又一个市场，政府在政策上做出妥协，放松了监管，以使经济活动获得完全自由。因此，世界正迅速成为跨国企业的全球市场，越来越不受监管的限制。虽然这一论点并没有受到质疑，但我们已经看到这些企业的行为给美国本土所带来的影响。我们已经见证了全球会计师事务所安达信的倒闭，也目睹了安然与世通公司（WorldCom）这样的大企业破产，成千上万的人因此失业，许多人失去了辛勤工作多年才积攒下来的养老金。近来，我们还目睹了不受约束与监管的自由市场行为所带来的破坏性影响。这些自由市场行为用“贪婪”“腐败”和“海盗式掠夺”来形容再恰当不过了。这些行为的直接后果是导致了经济崩溃，并引起了人们的反思，或许自由市场模式将有所收敛。

在思考这种情况出现的原因时，我们必须认识到，会计、审计以及人们的期望都从根本上存在问题。我们必须记住，自由市场的神话是建立在古典自由主义经济理论（后来发展成为功利主义和资本主义制度的基础）的基础之上的。正如穆勒（1863）等人在19世纪提出的，简要来说，任何事情只要其后果可以被接受就是可行的。随着时间的推移，会计监管制度不断发生变化以更好地服务于企业的利益而不是服务于企业所有者或社会的利益。因此，人们不再期望企业会计能够保守地开展，将未来可能的负债计算在内，同时又将未来的利润排除在外。与此相反，企业现在通常的做法是，在没有盈利之前就把利润提前计算在内，而负债（如老化的配电网络）可以被忽略——如果负债会降低当前收益的话。一项关于多年来会计标准变更的研究（Aras and Crowther，2009a）表明，这些标准的变更，使得企业当前的利润显示出增加，对会计稳健性的要求逐渐放宽。当然，这使得强化治理程序的必要性变得更为重要。

企业的管理往往被视为独立的实体[①]，但重要的是，这个实体实际上是由一群有着自身需求、动机和欲望的个体组成的。每个个体都渴望自身的需求能够得到满足，其中一个需求就是自我实现（Maslow，1954）。自我实现是马斯洛需求层次理论中的最高层次需要，因此也很可能是被考虑得最多的一个动机。接下来的两个重要的需求——对尊重的需求（反映为自尊和对他人的尊重）以及对爱和归属感的需求（希望成为社区一分子的需求），对于理解企业内主要管理成员的行为更为重要。这两种需求有助于解释为何管理者与其他人一样，需要感受到自身的存在对于企业业绩的重要性及必要性。

虽然企业理论解释了企业成立的原因以及为何企业将会计作为理性决策的辅助工具，但它并未充分解释企业是如何运作的。因此，如果不把企业的每位员工考虑进来（因为毫无疑问，每个企业都是由许许多多的相关人员组成的），那么企业内部会计就没有意义。参与企业事务的人员受该企业会计体系的影响，同时也会对企业会计体系产生影响。我们将在之后的章节中对此进行深入探讨。参与企业管理的主要人员当然都是管理人员，威廉姆森（Williamson，1970）认为，在大型企业中，企业的管理权通常是与所有权分离的，这是阻碍对企业进行管理和决策的一个因素。这导致了企业内部会存在一些缺陷，也会导致企业内部存在各种利益冲突，意味着企业不能有效地运转，以实现交易成本的最小化和价值创造的最大化。根据这一分析，威廉姆森建立了众所周知的组织失败框架。

威廉姆森建立了这种分析模式，认为企业的复杂性是由其规模造成的，企业的规模导致了不确定性、有限理性以及信息压缩。他指出，这些因素的程度决定了企业（作为资源分配和决策的主要手段）的组织失败的可能性。威廉姆森认为，规模不经济、沟通失实以及官僚化隔绝等因素导致了企业规模存在组织上的限制。此外，威廉姆森还提出，作为调解机制的市场本身无法完全克服这些将生产活动组织起来融入企业所带来的效率低下问题。威廉姆森指出，将企业拆分成多个部门是解决这一问题的一种方法，但由于沟通、资源分配、缺乏创业机会等方面存在困难，企业的规模仍然存在限制。因此，他认为，超出一定规模的有机增长会导致失败，从而使企业的规模受到限制。虽然这一理论有一定的逻辑性，但还缺乏实证，而且世界上似乎也的确存在着一些超大规模的企

---

① 更确切地说，是行动一致的联合体。

业。然而,当前企业精简以及回归核心业务目标的趋势或许可以证明该理论的有效性,但还需要实证检验,而这恰恰不在本章的讨论范围之内。这些因素合起来被称作"组织失败框架",用来描述企业如何因扩大规模而破产。当前一些处于困境的主要金融机构恰恰面临的正是这一方面的问题。

谁来负责?

当前的危机并不是影响经济和金融领域的第一次危机。至少自 20 世纪开始,甚至自从穆勒通过发展他的功利主义哲学而使市场制度合法化以来,此类危机便周期性地发生。穆勒的功利主义哲学已经成为自由市场经济活动方式的正当性原则。结果是,风险被忽视,实用主义在商业行为中的应用导致了责任被藐视,这并非巧合。无论是作为一种哲学,还是作为经济活动的基础,功利主义都存在许多问题,这些在别的文献中也都有记载。我们要关注的是它的非道德性,并将其视为金融危机的根源之一。尤其是当它与这样一个假设相结合时,即通过自由(但从经济学角度来看,并不完全自由)市场的不平等权力关系来解决福利问题。功利主义哲学的本质是允许剥削的存在,因为只有结果才是重要的。

因此,风险基本上被忽视了,信息不对称也基本上被接受了。也许这表明了金融机构的先见之明(或傲慢),因为这些破产的金融机构刚刚得到个体公民的支持(通过政府贷款),从而证明了风险对于代理人来说至少是不存在的。事实上,美国的银行管理家们对此沾沾自喜,给自己发了巨额奖金,这曾令奥巴马总统十分反感。

与此同时,金融公司获得了丰厚的利润①:例如,汇丰银行在 2008 年上半年通过借贷赚取了 114%的利润,并在这一过程中提高了手续费。而汇丰银行 2007 年的盈利率是 102%。这是此类机构的一个典型例子。这种(异常)水平的回报,再加上风险较低,金融机构的投资人很乐意将其业务管理权交给代理人并支付巨额报酬,就不足为奇了。没有人想起来去质疑这种操作,没有人愿意冒杀鸡取卵的风险,甚至连政府也出于能够在全球市场竞争中获胜的目的而逐渐放松了监管体制。只有当危机爆发、这些金融交易瓦解时,才有人开始质疑金融机构及其管理者的行为(Spence,2008)。

多数人认为,金融危机是由美国房地产金融市场不可持续的活动所引发

① 许多人会把利润描述得过高,并且不合理地大肆利用他们的寡头垄断地位。

的，通常我们将这种不可持续的活动称为次级贷款。然而，很快就显而易见的是，全球银行业一直在从事的只不过是一场赌博。各种资产被打包，即使是最复杂的模型也无法计算出所涉及的风险。人们天真地认为，这些被打包好的资产是安全的投资，从而忽视了其中的风险。后来人们发现这些投资是毫无价值的，便把它们重新标为不良资产，并说服政府从银行手中把它们收购下来。令人惊讶的是，美国政府真这么做了。对一些人来说，例如兜售对冲基金的麦道夫，并不满足于这种赌博，他们需要的是强取豪夺。

风险与责任

随着经济萧条的加剧，不正当金融交易的曝光有增无减，而且这些金融实例的可信度越来越高。在麦道夫事件发生之后，很明显，还有许多人为了维持他们日益萧条的金融业务而实施诈骗，用别人的钱来掩盖其投机的失败。艾伦·斯坦福爵士（Sir Allen Stanford）被指控犯诈骗罪，并违反美国证券法。此前他因对板球运动员妻子行为不当而被迫道歉，名誉已受损。无疑，之后将会有更多的爆料。

在英国，一些揭发者，例如苏格兰哈里法克斯银行（HBOS）的保罗·摩尔（Paul Moore），因为宣称金融领域存在的这种风险是不可持续的而被辞退了，尽管随后的披露导致了一些政府部长级官员被迫辞职。在美国，时任总统巴拉克·奥巴马（Barack Obama）也见证了自己所选的助手被爆料不愿意支付所欠税费后被迫辞职。同样，财政部第一副大臣兼内阁大臣大卫·劳斯（David Laws）的辞职是 2010 年英国联合政府发生的大事之一。尽管有大批议员从上届议会中辞职，还有一些刑事诉讼案件即将审理，但大卫·劳斯似乎仍不理解开支规则对他也是适用的。在任何一个地方，我们都可以看到，银行家和其他一些违规者都未表现出悔悟，甚至不承认是他们的鲁莽行为导致了当前全球存在的一些经济问题。

当前要解决的并不是谁要为目前存在的问题负责——显然，许多人都有责任。相反，更重要的是一个仍未解决的问题，即是否有一个潜在的痼疾导致所有这些问题的发生呢？如果有，那么这个痼疾又是什么呢？

对我们来说，答案很简单：这关系到对风险以及承担风险所带来的回报缺乏理解。基础财务理论告诉我们，回报作为一种酬劳，与所承担风险的水平相关联。这意味着，为了获得高于平均水平的回报，必须接受高于平均水平的风险。这项基本原则被忽视了。人们承担低于正常水平的风险，也能够获得高于平均水平的回报,而且这种情形将会无限期持续下去,这一观点已被广泛接受。实际上,人们普遍认为,这样美好的时光将会永驻,保护投资者免受不当行为影响的规定得以放宽,甚至普遍没有施行。这些都使得欺诈行为在很长一段时期内得以持续。

不断使人大跌眼镜的是,风险与回报的关系这个简单的教训,虽然多次出现,却很快被遗忘,甚至被忽视。2001 年,安然公司倒闭。安然公司以诈骗为生,忽悠大众,让人们普遍相信这家电力供应公司可以获得异常利润,实现非正常发展。而这恰恰是在互联网泡沫破裂之后。互联网泡沫表明,通过互联网交易实现经济的大幅度增长、获取大量利润是不可行的。早在 1995 年,巴林银行的倒闭就表明,在金融市场内,通过投机来持续获取异常利润是不可能的。这次危机也凸显了确保令人满意的监管的必要性。自 1991 年同样也是建立在欺诈与不当行为基础上的国际商业信贷银行(BCCI)倒闭后,不断有企业重蹈覆辙也说明,从长远来看,非正常的利润和回报是不可能的,监管需要始终坚定地执行。类似的案例可以追溯到 18 世纪早期的"英国南海公司泡沫事件"和 17 世纪早期的"荷兰郁金香投机事件"。

从此类事件的不断重演可以看出,人们并没有从这些事件中汲取任何教训。我们还可以看出,人们容易健忘,总是好了伤疤忘了痛。而且,当事人总是会给各种失败案例寻找理由,试图说服人们相信,他们不会像别人那样犯同样的错误(尽管所有证据都表明并非如此)。

自此以后,人们采取了进一步的行动以减轻企业(及其股东)的投资风险。巴克敏斯特·富勒(Buckminster Fuller,1981)清晰地描述了 20 世纪美国历届政府的行为,它们通过征税、减少监管、采取行动挽救濒临破产企业等措施,将所有风险转嫁给社会。其他大多数政府也采取了类似的行动。因此,在无需承担风险的情况下,企业越来越随心所欲地做自己想做的事情;在不用承担责任的情况下,于是一切皆有可能,企业甚至开始信口雌黄欺骗民众,因为只要经济持续增长、不断盈利,就没有人需要为自身行为负责。因此,才出现了目前这种极端状态。权利与责任之间的联系也被人们割裂和遗忘了。

结 语

又到了我们总结本章论点的时候了。这些论点既解释了危机形成的原因,也表明了我们相信危机是当前经济制度的必然产物,就像功利主义哲学所预言的那样。特别是,我们竭力试图证明,尽管监管存在问题,但监管并非是引发经济危机的主要原因。相反，我们认为，通过允许异常回报的出现以及把异常回报视为正常的现象，将责任与风险割裂，这种想法显然是不切实际的。

风险与责任实际上是两个密不可分的概念。基础财务理论告诉我们，套利交易会迅速消除异常回报。同样，基础财务理论还告诉我们，完美的竞争是不可能存在的，这摧毁了自由市场合法化得以建立的基础。因此，有必要将这些基本知识与我们对经济体制的理解重新联系起来，并且有必要提醒所有接触过这一基础理论的人。他们一定学过，只不过随后就将其置于脑后。这就需要重新在风险与责任之间建立起联系。最后，有必要将道德引入市场与经济体制。只有这样，我们才能确保我们见证过的危机以后不再发生。

要点总结

- 金融不端行为引起了人们对企业社会责任的关注。不端行为包括冒险行为、欺诈行为和巧取豪夺行为。
- 功利主义以古典自由主义为基础，是市场体制的基本哲学。
- 自由市场是问题的根源之一。
- 全球化限制了监管者监控金融市场的能力。
- 代理问题指的是潜在的投资者并不能获知全部信息。
- 组织失败框架解释了企业行为所存在的问题。

关键术语及理论定义

代理问题(the agency problem)：指的是信息不对称导致投资者没能获取完整信息。

古典自由主义理论(classical liberal theory)：该理论指出，个体是理性的，并寻求自身利益，最终使每个人都能受益。

社群主义(communitarianism)：社群主义的前提是，公共利益是社会生活的中心。

组织失败框架(organisation failure framework)：解释了为什么规模会导致企业出现各种问题。

功利主义(utilitarianism)：一种将“善”定义为利益最大化的哲学。

理解题

1. 自由市场体制的哲学基础是什么？
2. 在保护个人的问题上，政府的角色是什么？
3. 全球市场监管存在什么问题？
4. 全球市场是如何改变国家之间的竞争的？
5. 什么是金融市场污染？
6. 企业管理与其外部环境有着怎样的关系？

补充阅读材料

Aras, G. and Crowther, D. 2010. 'Developing Durability: A Re-examination of Sustainable Corporate Social Responsibility', in J. D. Rendtorff (ed.), *Ethics in the Economy: Power and Principle in the Market Place*. Farnham: Ashgate.

Cassidy, J. 2009. *How Markets Fail*. Harmondsworth: Penguin.

Crowther, D. 2008. 'Stakeholder Perspectives on Social Responsibility', in D. Crowther and N. Capaldi (eds), *Research Companion to Corporate Social Responsibility*. Aldershot: Ashgate, pp. 47–64.

Crowther, D. and Davila Gomez, A.-M. 2011. 'Governance, Dignity and Responsibility: Towards a Symbiosis', in A.-M. Davila Gomez and D. Crowther (eds), *Human Dignity and Managerial Responsibility: A Sustainability Perspective*. Farnham: Gower.

参考文献

Aras, G. and Crowther, D. 2008. 'Exploring Frameworks of Corporate Governance', in G. Aras and D. Crowther (eds), *Culture and Corporate Governance*. Leicester: SRRNet, pp. 3–16.

Aras, G. and Crowther, D. 2009a. *The Durable Corporation: Strategies for Sustainable Development*. Aldershot: Gower.

Aras, G. and Crowther, D. 2009b. 'Towards Truly Global Markets', SRRNet Discussion Papers in Social Responsibility 0901: www.socialresponsibility.biz/discuss1.pdf.

Aras, G. and Crowther, D. 2009c. 'Corporate Governance and Corporate Social Responsibility in Context', in G. Aras and D. Crowther (eds), *Global Perspectives on Corporate Governance and Social Responsibility* (forthcoming). Aldershot: Gower.

Aras, G. and Crowther, D. 2009d. 'Corporate Sustainability Reporting: A Study in Disingenuity?' *Journal of Business Ethics*, 87 (supp 1): 279–88.

Aras, G. and Crowther, D. 2010. 'Analysing Social Responsibility in Financial Companies', *International Journal of Banking Accounting and Finance*, 2(3): 295–308.

Becker, B. and Westbrook, D. A. 1998. 'Confronting Asymmetry: Global Financial Markets and National Regulation', *International Finance*, 1, 2: 339–55.

Bentham, J. 1789. *An Introduction to the Principles of Morals and Legislation*. many editions.

Buckminster Fuller, R. 1981. *Critical Path*. New York: St Martin's Press.

Fukuyama, F. 1992. *The End of History and the Last Man*. New York: The Free Press.

Gleick, J. 1988. *Chaos: Making a New Science*. London: Heinemann.

Hobbes, T. 1651. *Leviathan*. many editions.

Locke, J. 1690. *Two Treatises of Government*. many editions.

Mill, J. S. 1863. *Utilitarianism, Liberty and Representative Government*. many editions.

Maslow, A. H. 1954. *Motivation and Personality*. New York: Harper & Row.

Plant, R. 1974. *Community and Ideology*; London: Routledge & Kegan Paul.

Rousseau, J.-J. 1762. *Du Contrat Social*. Trans. 'The Social Contract'. many editions.

Spence, M. 2008. 'Agenda for the Next Few Months', in B. Eichengreen and R. Baldwin (eds), *What G20 Leaders Must Do to Stabilise our Economy and Fix the Financial System*. London: CEPR, pp. 11–14.

Tobin, J. 2000. 'Financial Globalisation', *World Development*, 28, 6: 1101–04.

Tocqueville, A. de 1840. *Democracy in America*;. many editions.

Tonnies, F. 1957. *Community and Society*. Trans. C. P. Loomis. New York: Harper & Row.

Vickers, J. S. and Yarrow, G. K. 1988. *Privatization*. Cambridge, MA.: MIT Press.

Williamson, O. E. 1970. *Corporate Control and Business Behavior*. New York: Prentice Hall.

Williamson, O. E. 1975. *Markets and Hierarchies: Analysis and Anti-trust Implications*. New York: The Free Press.

第六章

伦理、企业责任与企业行为

本章学习目标：

- 描述不同的伦理哲学
- 区分法律责任与伦理责任
- 描述价值创造的替代性方法
- 解释价值创造过程中利益相关者所起到的作用
- 解释“股东价值”这一概念
- 探讨企业使命与价值创造之间的关系

导 论

伦理对于经商人士来说并不陌生。商界对于如何开展商业活动制定了一些规则、标准和规范。然而，这些规则、标准和规范通常会根据其社会文化基础发生变化，而每个国家的社会文化基础是不同的，尽管我们期待有普遍性规则的存在。如果企业将这些标准或规范作为其责任的一部分运用到实际之中，我们就将其称为“商业行为伦理规范”。伦理不可避免地成为企业责任的一部分。企业行为应该是负责任的、合乎伦理规范的。正因如此，企业才向股东及利益相关者承诺其行为会公平公正、合乎道德。

什么是伦理？商业伦理的必要性

伦理指导企业如何在所有的商业交易及经营中正确行事。然而，利益冲突恰恰是商业伦理的一个特征。一方面，企业试图将利益最大化作为其目标；另一方面，企业面临着承担社会责任和提供社会服务的问题。伦理是规定什么是善与恶、对与错的一套规则。换言之，伦理是构成人类关系基础的价值观，在道德上涉及善与恶、对与错的品质和本质。商业伦理意味着在任何情况下都要诚实、自信、互尊互敬、做事公平。然而，诚实、尊重和自信等价值观是一般概念，没有明确的界定。伦理也可以被定义为提高人类福祉水平的总的基本原则和实践。

伦理是按照道德判断、标准和规则行事的自然和结构性过程。商业伦理是一个具体的主观概念，在不同的领域其重要性不同，可以用不同的方法进行探讨。事实上，很难对伦理进行定义并确定其局限性及标准。伦理在商业生活中和人类生活中都普遍存在，因此很难对这一概念进行文献上的梳理。什么是伦理？伦理原则如何制定？伦理涉及哪些内容？伦理为哪些人服务？这些都是非常重要的问题。找到这些问题的答案并不总是那么容易(Aras，2006)。

企业不尊重道德标准、不试图改善道德标准的话，其完整性及统一性将受到损害；也就是说，企业将没有能力去完成企业目标。这必将会引起内部或外部冲突。商业伦理涉及企业及其代表在处理所有关系时诚实经营、尊重顾客、买卖公平(Aras，2006)。如果有人问，伦理在商业中起到什么作用？这就涉及一个重要问题，即为什么企业的活动必须而且确实符合道德规范？一些学者，特别是米尔顿·弗里德曼(Milton Friedman，1962)，强烈否认企业对股东之外的任何团体负有受托责任。

例如，在弗里德曼看来，发起企业捐赠将违反受托管理原则：委托人的代理人在法律上和道德上都不被允许放弃或“浪费”委托人的资本(Joyner and Payne，2002)。弗里德曼还认为，“企业只有一种社会责任，即利用其资源，从事旨在增加其利润的活动，只要企业参与开放的自由竞争，就没有欺骗和欺诈行为”(Friedman，1962)。

然而，符合伦理的商业行为不仅对利益相关者和股东产生影响，也会对整个经济产生影响。我们相信，如果我们在商业决策过程中采取合乎道德的行动，将能够确保更有效地利用经济资源。

伦理哲学

人们对于社会责任的关注发生了变化，意识到了伦理在企业活动和行为中的重要性。一方面是因为人们认识到当前社会环境的变化，另一方面是因为人们认识到企业活动因不考虑任何伦理后果所带来的问题。许多环境污染的例子就是因为企业没有进行伦理方面的考量，例如，联合碳化物公司（Union Carbide）在印度博帕尔镇造成的氰化物泄漏事件、埃克森美孚公司（Exxon）的“瓦尔迪兹号”（Valdiz）油轮石油泄漏事件。另外，企业因为贪婪也会做出不合乎伦理道德的行为，例如安然事件。这些事件使人们重新开始思考伦理在组织理论中所起到的作用。

然而，对于什么是道德行为、什么是非道德行为，人们不能达成统一的意见。因此，伦理是一个存在问题的领域。我们每个人有必要将我们的道德立场作为出发点，因为这将影响我们对于何谓道德行为的看法。义务论伦理观与目的论伦理观之间的对立（两者就行动与结果之间的关系看法不同）以及道德相对主义与道德客观主义之间的对立（两者就给定的一套伦理原则的普遍性看法不同）构成了道德哲学的主要争论领域。而这两种对立恰是我们探讨商业伦理的出发点。

义务论伦理观（deontological ethics）

义务论者认为，某些行为本身就是正确的或错误的，因此人们需要坚守一些绝对的伦理标准。这一立场的问题在于，如何确认哪些行为是错误的，如何区分错误的行为和不作为。托马斯·内格尔（Thomas Nagel）等哲学家认为，这的确是一个制约我们行为的深层次的观念，尽管在某些情形下这一观念会被推翻。因此，尽管伤害他人从道德上来讲是绝对不允许的，但是在战争期间这一道德规则可以不必遵守。

目的论伦理观（teleological ethics）

目的论伦理观对“正当”与“善”进行区分，认为“正当”包含所有将“善”最大化的行为。因此，就伦理标准来说，决定什么是“正当”的是结果，而不是我们做了什么（即我们的行为）。这正是约翰·罗尔斯（John Bordley Rawls）在《正义论》（*A Theory of Justice*）里所倡导的观点。按照这种观点来看，人们的义务就是推动某些目的的实现，正当与不当的原则引导我们做出努力去实现这些目的。

功利主义伦理观(utilitarianism)

我们曾经在前面的第五章里详细地探讨过这种伦理观。或许大家还记得我们讲过,功利主义伦理观的前提是决定“善”与“不善”的是行为的结果,一个社会通过每个人追求自我利益来实现其至善。功利主义主张,个人的自我利益聚集在一起会形成整个社会最大的善。一些功利主义者对此理论进行了修改,提议考虑到有些需求得到共同满足是最好的,政府有必要出面协调个人之间的行为。

道德相对主义(ethical relativism)

相对主义否定普遍真理的存在。因此,道德相对主义主张并不存在普遍适用的道德原则。道德相对主义可以进一步分为传统主义(conventionalism)和主观主义(subjectivism)。传统主义认为,一套伦理或道德原则只在特定时期的特定文化中适用;主观主义则认为,个人选择是决定道德原则是否适用的主要决定因素。

传统主义主张,一个社会的道德规范和标准决定了什么是有道德的行为,道德标准不是绝对的,而是由特定时期的特定社会的规则决定的。因此,如果我们的行为符合社会的标准,那么就是合乎道德的。然而我们可以看到,一个社会的道德标准会随着时间的推移而发生变化,并且不同的社会推崇不同的道德标准。因此,19 世纪人们的态度和做法与当下我们的态度和做法大不相同。同样,其他国家的道德标准也不同于我们国家的道德标准。

这种伦理观存在着另外一个问题:如何决定我们应该遵循什么样的社会伦理规范,是遵循整个社会的规范、某一职业规范,还是我们所属的某一团体的规范?例如,整个社会的道德规范通常被纳入该社会的法律体系之中。但是,举例来说,我们当中又有多少人真正遵守我们国家的限速法规呢?

一个社会的不同群体倾向于遵守不同的道德规范,对何谓可接受的行为有不同的认识。同样,我们倾向于在不同的时间段或和不同群体的人相处时有不同的行为举止。同样,我们去国外旅游时通常在下意识中遵循我们自己国家的道德规范,而不是做出自我改变有意识地去遵守所到访国家的道德规范。由于难以判断我们应该遵守哪一个群体的道德规范,因此我们很难坚守道德相对主义的立场。

道德客观主义(ethical objectivism)

道德客观主义与道德相对主义直接对立,它声称,尽管不同文化奉行不同的道德原则,但一些道德原则具有普遍适用性,无论这些道德原则是否被人们普遍认可。道德客观主义主要分为强式客观主义和弱式客观主义。强式客观主义或绝对主义强调,只存在一个正确的道德体系;弱式客观主义则认为,普遍适用的道德原则构成了社会的"核心道德",但同时也认为存在着可以接纳相对主义的不确定领域。

伦理学理论并不是只有一种,正如对于什么是合乎道德的行为,人们也并不是只有一种观点。我们每个人都能辨别什么是有道德的行为,什么是不道德的行为。但是只能以我们的信念为依据,具体情况具体分析。因此,我们可以看到,每一种伦理理论都是有缺陷的,并不存在一种可以判定什么是道德的、什么是不道德的总的原则。尽管如此,近年来,对道德的关注已经明确地引入组织理论和策略,这使得人们对企业责任产生越来越大的兴趣。

企业行为

无论是从经济角度还是从企业利益与商业利益(利益相关者)之间的关系而言,企业行为对于企业的成功都至关重要。如果没有道德和企业社会责任的基础,我们就无法对企业行为进行判断。企业行为涉及法律规则、道德行为准则和社会责任原则(见图 6.1)。换句话说,企业行为涉及法律、道德和企业社会

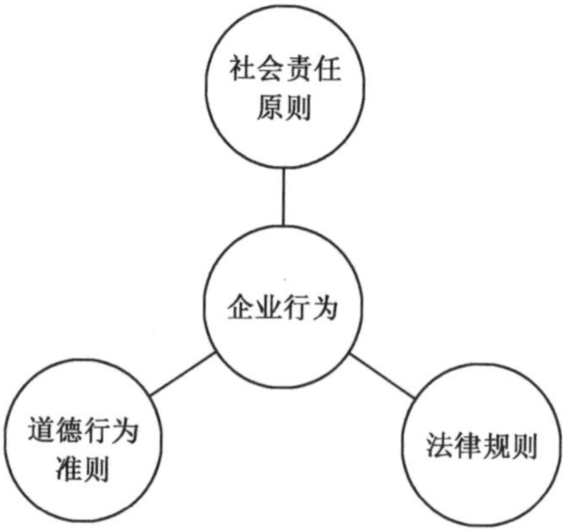

图 6.1　企业行为的组成部分

责任，三者构成了企业行为的基础。重要的是，我们必须认识到，企业行为必须是道德的，而且企业的道德行为还必须被人们看到，人们对企业行为的看法是非常重要的。

企业行为不仅对利益相关者和股东产生影响，也对整个经济产生影响。如果企业在进行商业决策和战略规划时采取的行动合乎道德规范并且担负起对社会的责任，那么该企业将更具有可持续性。正如我们所看到的那样，人们越来越认识到，对社会负责的企业行为对企业的长期生存而言至关重要。

企业社会责任、伦理及企业行为

卡罗尔(Carrol，1979：500)对企业社会责任做出了这样的描述："企业社会责任包含了在特定时期，社会对经济组织在经济上的、法律上的、伦理上的和自行裁量的期望。"2002 年，惠顿等人将企业社会责任定义为："社会所期望的企业的行为，企业利益相关者认为该行为是社会对企业的期望或道德要求，是对企业的正当要求。"(Whetten，2002：374)与第一个定义相比，第二个定义包含的范围更广，涵盖了更多企业行为和利益相关者的期待。另一方面，一些宽泛的术语(特别是"社会")被限定为利益相关者。

学者在对企业社会责任进行定义时，越来越认识到企业对待利益相关者的行为是一个非常重要的概念。企业行为必须符合伦理规范、法律规范，同时又必须对企业、利益相关者和社会承担责任。这样的企业行为更有益于社会，正因如此，它才与伦理和企业社会责任紧密相关。我们在前面章节里谈到过利益相关者，这是企业社会责任中越来越重要的一个方面。一家对社会负责的企业不仅仅是一个合乎道德规范的法人。虽然企业社会责任在法律上并不是必须的，但是它越来越成为一项义务。企业必须对社会负责，尽管这并不是企业应尽的法律义务，但却是企业社会责任的一个重要特征(Aras and Crowther，2008)。这些因素为企业社会责任的建立提供了一个平台(见图 6.2)。

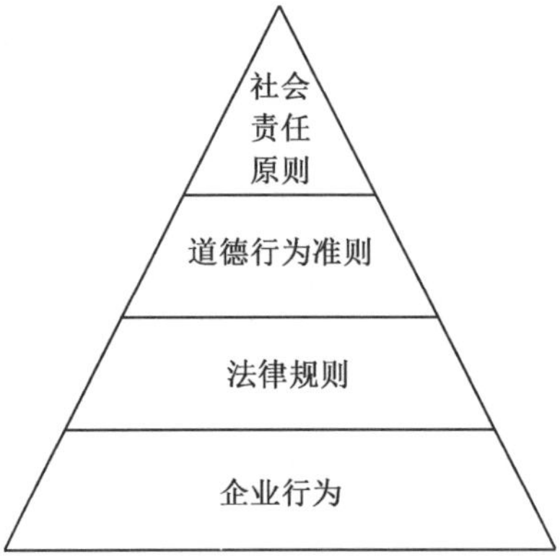

图 6.2 企业行为“金字塔”

企业信誉

企业信誉是企业管理中一个非常重要的概念。挖掘并发挥企业品牌的潜力是 21 世纪企业面临的一个新挑战。当今的市场环境变化日新月异，企业为了凸显产品/服务的特点，提高产品/服务的竞争力，开始重视一些无形因素。为了取得竞争优势，获得商业上的成功，在社会上获得认可，企业必须重视自身的声誉。

企业认识到，拥有诸如“强生”(Johnson & Johnson)这样的知名商标可以帮助其在市场上占据优势地位。企业不仅要面对世故成熟且消息灵通的利益相关者，而且要接受严格的管理，适应不断更新变化的标准。除此之外，还要接受那些保护公众利益的独立组织机构的监督。

拥有良好的企业声誉会给企业带来诸多益处。其中一个主要益处就是可以提高股东价值。良好的企业声誉可以增强投资者的信心，从而使企业的股票增值；还可以提高顾客对企业产品的忠诚度，积极正面的企业形象会使顾客对其产品更加信赖。同样，A 企业在考虑是否与 B 企业建立合作关系和战略联盟关系时，将会重点考察 B 企业是否具有良好的声誉。通过与 B 企业合作，A 企业也会提高自身的声誉。另外，声誉良好的企业在政府制定法律和监管决策方面会有更大的影响力。

企业声誉越好，员工士气越高，就会对企业越忠诚。遇到危机时，企业的良好信誉可以使企业免受外界的批评指责，帮助企业将其观点更容易地传达给那些愿意倾听的顾客。例如，百事可乐公司曾处理过一次谣言事件。据谣传，有人在百事可乐的罐子里发现皮下注射器的注射针。百事可乐公司对此开展了一场公关运动，强调其整个生产流程是密闭的、公司的信誉是可靠的，从而消除了公众的恐慌，有效地化解了危机。

玛莎百货收购案引发的伦理问题

在 20 世纪 80 年代和 90 年代初的英国，玛莎百货（Marks & Spencer）或许是最成功的零售商，它将业务拓展到了世界上的许多国家。然而在此之后，玛莎百货的经营出现了问题。经过一阵时好时坏的经营之后，事情出现了转机，玛莎百货开始呈现出良好的发展势头。2004 年春，拥有 Bhs 和 Arcadia 两家公司的菲利普·格林（Philip Green）欲收购玛莎百货，并提出收购报价，从而引发了那几年最有戏剧性的商战。格林提出以每股 400 便士的价格收购玛莎百货的股票。2004 年春季，从格林的计划首次披露的那一刻开始，玛莎百货董事会便陷入混乱，管理层出现了重大变化，时任首席执行官和董事长被罢免，斯图尔特·罗斯（Stuart Rose）被任命。董事会发起了一场轰轰烈烈的反收购运动，声称这一报价大大低估了玛莎百货的价值及其发展前景。绝大多数的股东对此表示支持，收购要约被拒绝。

然而，3 个月之后，董事会宣布以每股 350 便士的价格回购其股票。这一价格显然低于每股 400 便士的价格。股票价值怎么会在这么短的时间内大大缩水呢？

玛莎百货董事长保罗·迈纳斯（Paul Myners）坚持认为菲利普·格林早先提出的报价大大低估了公司的价值。迈纳斯说此番话的目的是为了说服股东对公司的 23 亿英镑股票回购计划进行投票，该回购旨在返还玛莎金融（M&S Money）业务的销售收益，玛莎金融业务是新首席执行官斯图尔特·罗斯实施的举措之一。

99.56%的玛莎百货股东投票赞同回购计划。但是投票赞同并不表示他们承诺卖掉部分或全部股票，一些分析师期待会有更多的股东接受玛莎百货提出的回购价格，而小型投资者则更有可能持观望态度，等罗斯的策略奏效之后再把股票抛出。最终接受回购率将决定股票的回购价格。

外界批评说，玛莎百货将回购价格定在 350 便士，远远低于 Bhs 和 Arcadia 老板菲利普·格林最终提出的 400 便士的价格。针对这种批评，迈纳斯回应说：“收购公司全部的股票是一回事；回购公司相当一部分的股权，将公司的决策权完全掌握在自己手中则是另外一回事。”就收购出价而言，每股 400 便士的价格大大低估了玛莎百货公司的价值。迈纳斯还说，拒绝格林的收购提案“并不等于承诺在几个月的时间之内将股票价格恢复到每股 400 便士。任何一个负责任的董事会都不可能做出这样的承诺。拒绝收购是出于长远投资价值的考虑，我们的计划开始取得成效了。”

这一案例提出了一个经常会出现的问题：董事会到底应该为哪一个群体的利益服务？在这个案例中，董事会为该群体的利益服务了吗？证据表明，董事会并没有为公司所有者的最大利益服务。这就涉及问责制的问题。当然，有可能有更多的证据我们并没有掌握，这就涉及管理透明的问题。所有的这些都涉及与董事会行为有关的伦理问题。

创造价值

大多数企业管理者认识到，他们的职责就是为企业所有者——股东的利益服务。因此，企业界广泛认为，企业要实现的一个目标就是创造股东价值。事实上，创造股东价值经常被视作企业的目标之一，并被写进企业的年度计划。然而，企业年度计划却较少谈及企业管理者如何去创造股东价值。在实践中，很少使用技术手段对股东价值的创造进行量化评估。

当然，管理企业的目的就是为企业的股东创造价值，这并不是一个新的想法。人们已经普遍接受代理理论的观点，对此毫不置疑。代理理论认为，企业的管理是代表企业所有者进行的；换句话说，是代表企业的股东进行的。因此，人们对于企业内部价值创造的唯一关注的问题就是创造的价值应该归属于该企业的股东，企业管理者的目的是否就是想方设法增加股东价值。因此，企业管理者就要代表股东对企业进行管理，以便为了股东的利益增加企业价值。当然，作为回报，企业管理者也可以通过高管人员奖酬计划从增加的企业价值中获益。这种企业管理观暗示着，整个社会以及企业的所有其他利益相关者也将通过这种企业绩效管理方式而受益。从这个角度而言，人们的关注点集中在如何为了股东而管理企业绩效以及如何对企业绩效进行汇报。

然而，这种组织观在过去几十年中受到了许多学者的广泛质疑。他们认为，最大限度地为全社会提高绩效的方式是代表所有利益相关者对企业进行管理，并确保由此创造的价值不被股东占用，而是分配给所有利益相关者。与此同时，其他一些学者认为，这种争论毫无意义。企业并不是通过关注股东或利益相关者而将价值创造最大化。企业通过关注自己的经营目标，并假设价值创造和公平分配会随之而来，从而实现价值创造的最大化。

就如何管理企业确保价值创造的最大化而言，存在着许多相互矛盾的思想。持有不同思想的人倾向于对管理和绩效评估持有不同的观点。因此，某种管理和决定优先处理事项的方式对一个流派的人来说是正确的，但对另外一个流派的人来说却是错误的。对于那些关注代表股东进行管理的人而言，实现此目标的最重要的技术手段就是基于价值的管理（value-based management，VBM）。

为股东创造价值

近年来，人们对通过利用经济附加值作为衡量股东价值的经济手段重新燃起了兴趣。这种手段以经济价值等同于总价值的概念为基础，建立在古典自由经济理论的假设之上。无论是从为了使手段奏效而对公布的账目进行调整的水平角度来看，还是从在有意义的背景下实际衡量价值的有效性角度来看，这种手段都受到了批评。在本章中，我们将这种管理价值创造的方法与传统的衡量创造的价值的方法进行了对比。我们考虑的是各种手段在解释股东和管理行为方面的优点，以及考虑更宽泛的利益相关者的价值观念时使用这些手段会遇到的问题。

近年来，随着不同视角的采用，关于企业绩效衡量和评估的辩论的性质有所扩大，这体现在企业报告性质的变化上。人们开始从衡量企业绩效的经济视角转变为信息视角，并承认企业活动对社会产生的影响。这导致人们从将财务数据作为衡量企业绩效的基础转变为将其视为更广泛的措施的一部分。与此同时，有人认为，企业不再仅仅是股东的工具，而且作为社会性的存在，企业应该对社会承担责任。

因此，人们不再仅仅关注企业的股东以及会计的经济理论基础，而是考虑更广泛的利益相关者所处的环境。与此同时，这些关注点却不容人们忽视，人们在争论时又开始回归到企业绩效的经济价值上来。人们已经认识到了会计中存在的一些问题，例如，如何在做分析时排除风险和投资政策，如何创造并维持股东价值的问题也得到了解决。拉巴波特（Rappaport，1986）提出了一套股东价值方法论，他认为股东价值方法是衡量企业替代性战略的正确方法。他指出，最终检验企业计划的方法是看它是否为股东创造价值，这是衡量企业绩效的唯一方法。拉巴波特（Rappaport，1986：85）还指出，实现竞争优势与创造股东价值之间存在着矛盾："企业正在分化成两个阵营，一部分人认为股东价值是企业管理的关键，另一部分人则认为获得竞争优势是企业管理的关键。"但是，拉巴波特还指出，无论是创造股东价值还是获得竞争优势，都要以长期的生产力为基础。

重新考虑经济价值对企业理论的重要性建立在这样一个假设之上，即将企业对股东的价值最大化意味着将企业对整个社会的价值最大化。在这场争论中，股东价值这一概念经常被提及，并且人们认为有必要在从业者群体中解释股东价值。事实上，企业的年度报告中经常显示股东价值的创造，股东价值经常作为企业目标被提及。然而，如果仔细审视企业年度报告，就会发现股东价值的创造到底意味着什么并不明确，"股东价值创造"这个词语使用得模糊不清，仅用来表示某个人想要实现却又未明确的目标。

这是因为企业管理者关注于其他更容易估量的目标，例如，规模增长、营业额、市场占有率以及会计收益等。这些目标的实现经常与管理奖励联系在一起，而不常与股东价值的增长联系在一起。事实上，我们可以用代理理论来证明，追求管理者的利益可以使企业管理者获得更高额的奖励，但付出的代价却是企业价值的减少。

基于价值的管理

近几年，兴起了另外一种企业管理方法——基于价值的管理(VBM)。与利益相关者管理相比，基于价值的管理方法利用单一衡量标准来衡量绩效，并设定目标和奖励管理者，因此看起来更简单、更具吸引力。然而，简单并不是用基于价值的管理方法来管理企业的唯一优势。尽管近年来人们似乎不再关注企业股东的担忧和会计的经济理论基础，而是转向考虑更广泛的利益相关者环境，但这并不普遍。与此同时，人们认识到，股东的担忧并不容忽视。并且，在衡量企业绩效的时候，人们的关注点又回归到了经济价值上来。广义上讲，这种方法就是基于价值的管理，或者叫作股东价值管理(shareholder value management)。这种方法有一个简单的前提，即检验企业计划的最终方法是看这一计划是否为股东创造价值，这是评估企业绩效的唯一方法。

这种管理企业的方法建立在这样一个假设之上，即将企业对股东的价值最大化意味着将企业对整个社会的价值最大化。在会计界，股东价值作为目标这一概念似乎被人们广泛接受。但是在实践中，人们却很少将其作为一个可量化的衡量标准使用。这一核心论断是基于传统会计和财务信息的不足，传统会计和财务信息不能为企业决策提供充分的信息。

因此，有人认为，使用会计核算作为评估企业绩效的手段存在问题。很多人认为,使用每股收益未必能实现这一目标,因为有可能采用不同的会计计量;即使采用同一种会计计量,也有可能使用不同的计算方法。同样,其他人认为投资回报率(ROI)、资产收益率(ROA)和股本回报率(ROE)也存在同样的问题。据称,基于价值的管理技术可以通过将财务信息用于战略决策的不同方法来解决这些问题。

如果确实如此的话,我们就有必要了解究竟什么是基于价值的管理技术。或许科普兰、罗勒和穆林(Copeland,Roller and Murrin,1996:12)给基于价值的管理下的定义是最为简洁明了的:"作为一种管理方法,VBM将公司的总体愿望、分析技术和管理流程协调一致,通过关注价值的关键驱动因素来帮助企业实现价值最大化。"这一定义表明,这是一种不同的管理方法,在使用会计信息方面也与以往的管理方法不同。因此,VBM不仅仅在使用会计信息方面与其他管理方法不同,还要求使用合适的价值衡量标准为所有关键的内部规划和控制系统提供"股东价值"视角,这些内部规划和控制系统包括:战略决策、资源分配、绩效评估控制以及管理者薪酬。这是VBM与其他企业管理方法最重要的区别,这一区别以及由此所引发的后果需要人们清楚地理解。VBM方法的一个重要(如果不是基本的)特征就是将目标、计量和薪酬协调一致,以便促进企业在各个层面上进行股东价值的创造。

此外,从理论上来讲,VBM不再使用传统的会计计量方法(如每股收益和净利润)。VBM的倡导者认为,这些传统的会计计量手段在指导"股东价值创造"方面是不可靠的。VBM提出了一些替代性的计量方法,旨在提供一种"符合经济收益原则的计算器"。使用VBM技术并不是不让人们关注计量方法,而是让人们不再使用每股收益等计量方法,转而去关注如何将企业的净现值最大化。这可以通过提高现有资产的经济回报和寻求可以带来正净现值的投资方式来实现。最近人们在寻找衡量股东价值工具上取得了新进展,斯图尔特(Stewart)提出了经济附加值(economic value added)的概念。① 斯图尔特认为,经济附加值在评估企业绩效和创造股东价值方面比传统会计计量方法更有效。事实上,斯图尔特宣称:"经济附加值能够简单准确地评估一家企业真正的经济利润。"(Stewart,1995:73)

与传统的会计计量方法相比,经济附加值有许多重要的优势。主要优势在于对企业所用资本进行风险调整后再去评估企业的经济绩效。然而,批评者认

---

① "经济附加值"(EVA)这一术语已被美国思腾思特咨询公司(Stern Stewart & Co.)注册为该公司的知识产权。

为，虽然这在理论上是可行的，但为了将技术付诸实践，需要对标准会计数字进行任意调整，这使得人们对技术的有效性产生了怀疑。

AA1000 报告标准

社会和伦理责任研究院（或许人们更熟悉它的简称 AccountAbility）于1995年在伦敦成立，其目标是“开发新的工具、思维和联系模式，使个人、机构和联盟能够更好地应对全球挑战”。该组织发展迅速，目前在北京、伦敦、圣保罗和华盛顿特区设有办事处，并在巴西、加拿大、中国、约旦、西班牙、瑞典和美国设有代表处。AccountAbility 的工作与企业社会责任密切相关，但并不仅限于此。该组织经常被贴上全球智囊团的标签，并在责任竞争力、合作有效性、合作治理、利益相关者参与以及可持续性保证和报告等方面开展工作。

AccountAbility 是一个由领先的企业、公共和民间机构“通过思想领导和咨询服务来构建和展示未来全球市场和治理的可能性的全球网络”。它的工作目的包括：

- 研究公开、公平和有效的方法来促进利益相关方的参与。
- 在企业、部门、地区和国家开发责任竞争力战略及奖励策略。
- 为提供创新和价值的伙伴关系及多边组织制定有效的合作治理战略。
- 制定并影响可持续性标准。

1999年，AccountAbility 发布了 AA1000 保证标准，旨在提高企业报告的透明度。作为一家国际性非营利性专业机构，AccountAbility 为社会和可持续发展报告推出了世界上第一个保证标准。AA1000 框架（http://www.accountability.org.uk）旨在通过利益相关者的参与学习以便促进企业承担责任并提高绩效。制定这一框架的目的旨在解决企业将其利益相关者参与过程整合到日常活动中的需求。全球领先企业、非营利组织和公共机构都在广泛使用这一框架。

该框架旨在帮助用户建立系统的利益相关方参与流程，制定确保其企业总绩效有效性所需的指标、目标和报告系统。AA1000 的基本原则是包容性。程序框架的组成部分是计划、会计和审计以及报告。框架并没有规定应该报告什么，而是规定如何去报告。

根据 AccountAbility 的描述，AA1000 保证标准是第一个提供非专有、开放性的保证标准的倡议活动，涵盖了企业组织的全部披露和相关绩效活动（即可持续发展报告和绩效）。它借鉴了主流财务、环境和质量相关的保证标准并以这些标准为基础,将关键学习与可持续发展管理和责任制的新兴实践以及相关的报告和保证实践相结合。

AA1000 提供了一套工具来帮助企业管理、评估和交流其整体可持续发展绩效,包括社会绩效、环境绩效以及经济绩效。这些工具从一系列的利益相关者及利益获得借鉴来加强决策的合法性并提高绩效。每个倡议都支持另一个倡议的应用,至少这是两个相关企业的主张;AA1000 为支持可持续发展提供了利益相关者参与的严格流程。

利益相关者管理

管理企业绩效的竞争基础是建立在利益相关者管理理论基础之上的。管理企业绩效的利益相关者方法是基于这样一种观点,即所有利益相关者都是重要的,他们的目标都需要加以考虑。正如我们在前面讨论过的那样,许多人都对利益相关者进行了定义。

如果企业管理层在做出决定之前考虑企业运营对其利益相关者的影响,那么可以认为管理企业的利益相关者方法是存在的。由于相关利益相关者的多样性和相互矛盾的需求,这种类型的管理有必要涉及某种形式的权衡。这意味着企业在做出任何决定之前都会考虑所有的利益相关者。但实际上,当利益相关者理论被用作管理工具时,它特别关注的是哪些利益相关者更为重要,因此应该占用企业管理层更多的考虑时间。

有人认为利益相关者理论之所以重要是因为以下三个原因:

第一,它准确描述了企业管理是如何运作的。这意味着所有管理都是利益相关者管理形式,因为不同利益相关者的利益都需要加以考虑。

第二,从道德和伦理角度来讲,企业应该考虑更广泛的需求,而不是仅仅关注某一群体的需求,通常是股东们的需求。因此,通过采用利益相关者方法,企业的目标是成为一个更加道德、更具社会责任感的组织。

第三,管理利益相关者的目的是为了创造股东财富。这种观点表明,通过对其他利益相关者的正确管理可以创造股东财富。从这个意义上来讲,它被认为具有工具权势。

有多种原因可以证明利益相关者绩效与财务绩效之间的逻辑关联及其工具权势是存在的。一些人认为,不同利益相关者群体的利益的平衡对于确保企业持续发展并实现其他绩效目标来说是至关重要的。也有人认为,利益相关者管理是竞争优势的一个来源,因为企业和利益相关者之间的合同将以信任与合作为基础,因此在监督和执行此类合同时将需要更少的费用。同样,学者们为了找到企业社会责任和财务绩效之间的逻辑关联进行了大量的实证研究。

有一个基本假设,尽管这一假设并不总是被人们明确承认:企业应该为股东运营,也就是说,应该将股东财富最大化。因此,利益相关者管理或企业社会责任本身并不是目的,而只是被视为改善经济绩效的手段。利益相关者理论的一个基本方面就是它试图找出企业可能需要对其承担一定责任的许多不同社会群体。有人对这一理论进行了批评,认为尽管已经做出了一些尝试,但未能令人满意地确定有哪些群体需要企业对其承担责任。事实上,利益相关者理论者已经尝试提供确定企业相关利益者的理论框架。有人提议,如果利益相关者对企业进行了投资并且企业的活动会对其造成一定的风险,那么该利益相关者是相关的。这些利益相关者可以分为两类:选择与企业打交道的自愿利益相关者,以及不愿意参与但不能退出与企业之间的关系的非自愿利益相关者。

不管采用哪种模式,无可非议的是,一些常见的利益相关者团体与大多数企业组织相关。大多数人会认识到,自愿利益相关者包括股东、投资者、雇员、经理、客户和供应商。每个人都要求增加一些附加值,否则他们就会撤回其股份并选择不再对该企业进行投资。

同样,大多数人也会认识到,像个人、社区、生态环境或后代这样的非自愿利益相关者并不与企业直接打交道,因此可能需要某种形式的保护,例如政府对此进行立法或制定相关的法律规章制度。

为了满足各种利益相关者的需求,利益相关者管理要求提供复杂的信息,这样才能满足各种利益相关者的需求。如果不去衡量企业如何为这些利益相关者服务,那么代表各种利益相关者对企业进行管理则是非常困难的。因此,对于每一类利益相关者而言,有必要制定绩效衡量标准,衡量企业的利益相关者绩效。由于利益相关者的性质及其与企业之间的关系,衡量企业的利益相关者绩效并不一定容易,而且也不一定能够将其折合成金钱。因此制定非财务指标非常重要,但人们通常认为非财务指标比财务指标更为主观。因此,客户满意度的衡量指标有时以调查为基础,有时以统计性的绩效衡量指标为依据,例如投诉量、收益、市场占有率及客户维系率。最近出现了一些多维度绩效评估框架,可以说这些框架有一定程度的利益相关者导向。

多维度绩效管理(Multidimensional Performance Management)

最有名的多维度绩效评估框架有两个:一个是平衡计分卡(balanced scorecard)(见图 6.3),另一个是服务利润链(service profit chain)。服务利润链主要考虑三种利益相关者,即员工、客户和股东。服务利润链与平衡计分卡同样将前两类利益相关者视为实现卓越财务绩效的手段。因此,如果企业想为顾客提供高质量的服务,让顾客满意,就必须让其员工获得满足从而激发员工的积极性。满意的客户是取得卓越财务绩效的基础。这两种模式都承认利益相关者群体的需求,因此认为有必要衡量企业在满足这些群体的需求上所取得的绩效,但仍以财务绩效作为最终目标。

因此,由利益相关者管理的企业总是试图考虑利益相关者的多元化及其之间相互冲突的利益,并公平地对这些利益进行权衡。企业使用利益相关者管理的目的可能是为了提高财务绩效、社会绩效或是道德绩效,而不管企业是如何进行衡量的。为了能够充分管理利益相关者的利益,有必要评估企业在满足这些利益相关者的需求方面所取得的绩效,这既复杂又耗时。

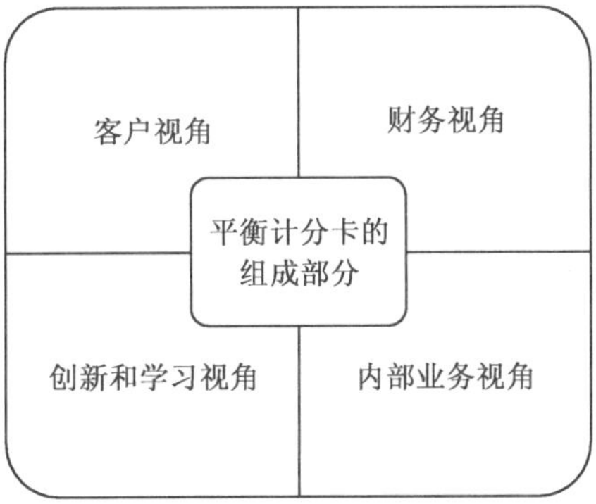

图 6.3　平衡计分卡

价值创造与绩效

我们已经注意到,关于企业应该是以股东还是以利益相关者为导向的争论有很多,但很少有证据显示企业自己如何看待这个问题,或者事实上企业目前是如何识别并管理各种利益相关者的需求与利益的。围绕股东价值技术及其实施经常展开的争论之一,涉及此类技术对企业其他利益相关者的影响。争论的一方认为,股东价值的最大化必然将企业为其他利益相关者创造的价值最大化;争论的另一方则认为,股东价值不一定是创造出来的,企业通过征用其他利益相关者创造的价值而将股东价值最大化。

争论双方均认为自己的假设是正确的，尽管这两种假设是相互排斥的：

- 依据利益相关者价值进行判断，企业为了创造更高水平的绩效而牺牲了归属于其他利益相关者的价值。
- 通过管理流程为股东创造价值会自动地为其他利益相关者创造价值。

我们在此没有必要对两者进行区分，采用 VBM 的原则就能解决这个问题。然而，股东价值的创造需要以适当和一致的方式来管理企业的流程，才能实现这一目的。这需要我们理解该绩效管理的各个方面之间的关系。我们可以构建一个由三部分组成的模型来探讨企业使命、企业为实现其使命所适用的技术以及企业报告的绩效结果之间的关系。这一模型如图 6.4 所示。

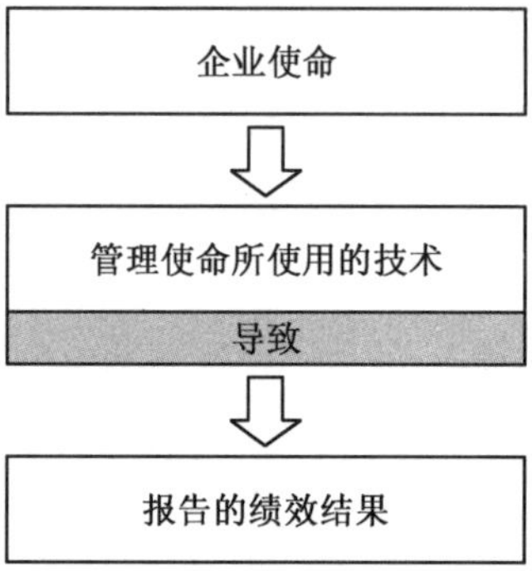

资料来源：引自 Crowther(2002)，有改动。

图 6.4 使命与绩效之间的关系

在这里我们认为，企业在考虑各种利益相关者的优先顺序时的意图以及企业未来的目标将影响企业的绩效管理体系及其实际表现。企业绩效管理体系的运作如图 6.5 所示。

因此，为股东创造价值通常被认为是企业经营者的首要任务。一般来说，如果创造了这种价值，那么价值就会增加到企业的所有人(股东)的身上，并且要么以股息的形式返还给股东，要么进行再投资以便在未来创造更多价值。传统上，是否创造了价值或者创造了多少价值，在会计术语中通过诸如每股收益或已动用资本回报率等方式进行衡量，这些方式计算创造出来的股东价值。但是提议使用 VBM 的人却指出，通过这些方式计算出来的价值并不正确。另外，这些方式只能计算创造出来的价值，而 VBM 还提供了技术手段可以评估企业管理者为了创造这种价值而使用的策略。因此，VBM 不仅可以计算什么价值被创造出来，而且还提供了管理企业并对企业决策进行评估的手段。

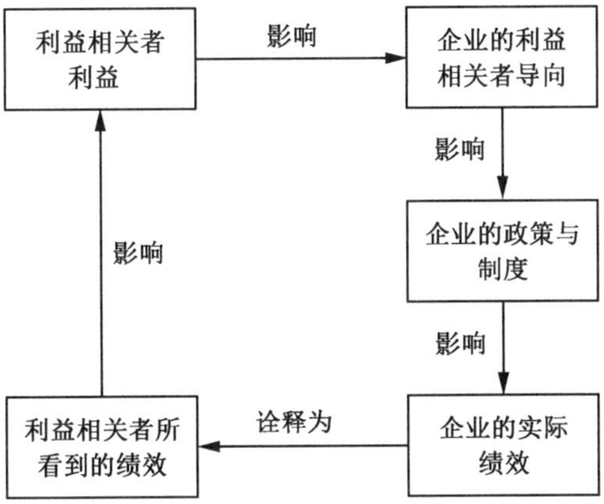

资料来源:引自 Crowther(2002),有改动。

图 6.5 企业绩效管理体系的运作

衡量价值创造的传统手段

企业管理者使用各种财务比率来了解并结算企业的绩效。如果你学过财务管理模块,就会知道财务比率根据其对企业描述的不同可以分为以下四种不同的类型:

- 盈利能力的计量;
- 效率的计量;
- 流动性的计量;
- 风险的计量。

然而,为了计算企业为股东创造的价值,我们只需要关注其中的第一项——盈利能力的计量。盈利能力(一个报告期内收入减去各种开支)比率衡量企业使用其固定资产的效率——企业使用其资产的效率越高,获得的利润就越高,因此创造的价值就越高。经营绩效对于大多数私营企业来说是最重要的,因此在提供衡量盈利能力的数据时,损益表(trading profit and loss account 或 income statement)是最重要的。

这些比率包括已动用资本回报率、总资产收益率和净资产收益率、股本回报率(普通股持有人可使用的净利润除以普通股权益)、销售回报率和资产周转率以及每股收益。解释如何使用财务比率来计算盈利能力需要确认我们认为应对这些变化负责的主要因素。这通常要求我们扩大分析范围,将重点放在管理策略上，以补救或提高效率、生产率和盈利能力。我们将在第十一章继续探讨这一点。

结 语

符合伦理的商业行为不仅对利益相关者和股东产生影响，也会对整个经济产生影响。我们相信，如果我们在商业决策过程中采取合乎道德的行动，将确保更有效地使用经济资源。

企业行为将会使经济和制度做出负责任的、正确的改善。企业行为也会影响整个社会，使全社会的人受益。

除此之外，我们还可以得出以下几点结论：

- 企业影响外部环境——其他企业以及更广泛的全球环境。
- 古典自由主义理论假设每个实体都是独立的，而盖亚理论却表明，整个生态圈形成一个完整的系统。
- 从1970年起，出现了包含企业内外部所有利益相关者的理论和法规。
- 对企业来说，企业信誉成为一个越来越重要的因素。
- 伦理重新被视为衡量企业活动的一个标准。
- 企业社会责任（CSR）作为一个主题，表明人们关注企业行为对社会和环境所产生的影响。

要点总结

- 我们所遵循的哲学不同，对伦理的理解也会随之不同。
- 企业社会责任涵盖许多问题，并取决于当时被人们认为是重要的优先事项。
- 企业信誉越来越重要。
- 是根据股东的期望还是根据利益相关者的期望对企业进行管理，人们对此有争论。
- 基于价值的管理方法利用单一衡量标准来衡量绩效，并设定目标、奖励管理人员。
- 符合伦理的商业行为不仅对利益相关者和股东产生影响，也对整个经济产生影响。

关键术语及理论定义

- 义务论伦理（deontological ethics）：认为有绝对的道德标准需要遵守。
- 伦理客观主义（ethical objectivism）：认为某些道德原则具有普遍的有效性，无论它们是否被普遍认可。
- 伦理相对主义（ethical relativism）：否认普遍真理的存在。
- 伦理（ethics）：按照道德判断、标准和规则行事的自然和结构性过程。

● 管理企业绩效的利益相关者方法(a stakeholder management approach)是基于这样一种观点,即所有利益相关者都是重要的,他们的目标都需要加以考虑。

● 目的论伦理(teleological ethics):区分正确与善。

● 基于价值的管理(VBM):是一种代表股东进行管理的技术。

理解题

1. 为什么会有不同的伦理哲学?
2. 为什么企业需要遵守伦理规范?
3. 企业使命与企业绩效之间的关系如何?
4. 请列举三种计量企业绩效的方法。
5. 与利益相关者管理方法相反的方法是什么?
6. 道德客观主义与道德相对主义之间有什么区别?

补充阅读材料

Bhattacharya, C. B. and Sen, S. 2004. 'Doing Better at Doing Good: When, Why and How Consumers Respond to Corporate Social Initiatives', *California Management Review*, 47, 1: 9–24.

Clarkson, M. B. E. 1995. 'A Stakeholder Framework for Analysing and Evaluating Corporate Social Performance', *Academy of Management Review*, 20, 1: 92–117.

Joyner, B. E. and Payne, D. 2002. 'Evolution and Implementation: A study of Values, Business Ethics and Corporate Social Responsibility', *Journal of Business Ethics*, 41: 297–311.

Kell, G. 2003. 'The Global Compact: Origins, Operations, Progress, Challenge', *Journal of Corporate Citizenship*, 11: 35–49.

Simms, A. and Boyle, D. 2010. *Eminent Corporations*. London: Constable.

参考文献

Aras, G. 2006. 'The Ethical Issues in the Finance and Financial Markets', in David Crowther and Kıymet Caliyurt (eds), *Globalization and Social Responsibility*. Cambridge: Scholars Press.

Aras, G. and Crowther, D. 2008. 'The Social Obligation of Corporations', *Journal of Knowledge Globalisation*, 1, 1: 43–59.

Carroll, A. B. 1979. 'A Three-Dimensional Conceptual Model of Corporate Social Performance; *Academy of Management Review*, 4: 497–505.

Copeland, T., Koller, T. and Murrin, J. 1996. *Valuation: Measuring and Managing the Value of Companies*. New York: John Wiley & Sons.

Crowther, D. 2002. *Creating Shareholder Value*. London: Spiro.

Friedman, M. 1962. *Capitalism and Freedom*. Chicago: University of Chicago Press.

Joyner, B. E. and D. Payne 2002. 'Evolution and Implementation: A Study of Values, Business Ethics and Corporate Social Responsibility', *Journal of Business Ethics*, 41: 297–311, 2002.

Rappaport, A. 1986. *Creating Shareholder Value*. New York: The Free Press.

Stern Stewart and Co. 1995. *The EVA Company*. New York: The Free Press.

Whetten, D. A., Rands, G. and Godfrey, P. 2002. 'What Are the Responsibilities of Business to Society?' in A. Pettigrew, H. Thomas,and R. Whittington (eds), *Handbook of Strategy and Management*. London: Sage, pp. 373–408.

第七章

利益相关者

本章学习目标：

- 识别出不同的利益相关者并能够描述他们对企业的兴趣
- 理解并解释代理利益相关者
- 概述压力团体类型
- 思考利益相关者之间的关系
- 解释环境这一利益相关者
- 讨论分析利益相关者之间的关系

导论

在第一章中，我们把社会契约当作解释企业与个体和社会关系的一种方法。现在，我们需要在其基础上进行拓展，将其用于思考利益相关者及利益相关者理论之间的关系。该理论[①]于1984年由弗里曼(Freeman)在其书中创立，是对企业社会责任产生主要影响的理论之一。

所以，我们首先需要清晰地描述什么是利益相关者。利益相关者的定义有

① 它通常被描述为一种理论，在此我们也是这么做的。但是有些人会质疑，它根本不是一种理论，仅仅是一种有用的分析工具而已。他们可能会认为，要成为一种理论，它必须经得起检验，必须要有预测的能力。在此我们抛开这一争议，本书中，我们把它当作理论来描述，仅仅因为其他人是这样做的。

多种，其中最常见的定义如下：

- 没有这些群体的支持，企业将不复存在。
- 以影响企业目标的实现或受企业目标实现影响的任意群体或个人。

从这两个定义中我们可以看出，很多人都可以成为企业的利益相关者。我们认为，最常见的利益相关者群体包括：

- 管理者
- 员工
- 顾客
- 投资者
- 股东
- 供应商

还有一些更广泛意义上的群体经常被包含在内：

- 政府
- 全社会
- 当地社区

许多人认为，只有人才可以成为利益相关者。有些人则将其范围进行延伸，认为环境也会受到企业活动的影响。企业活动的影响有多种形式，比如：

- 将自然资源的利用作为其生产过程的一部分；
- 企业自身与其他企业在同一市场中竞争的影响；
- 通过创造就业机会来丰富当地社区；
- 由于提取原材料或储存废旧产品而对景观的改变；
- 将企业内部创造的财富分配给企业所有者（通过股息）和员工（通过工资），以及该做法对个人福利的影响；
- 由于交通流量增多以及随之而来的行程时间增加而导致的污染。

因此，很多人认为企业还有另外一个利益相关者——环境。对于其中的含义，稍后我们将在本章中进行讨论。正如我们在接下来的几章中将会看到的那样，企业行为可能会对未来的可能性产生巨大影响。正因为此，我们还要增加另外一个利益相关者——未来。然而，需要说明的是，其他人一般不会把“未来”当作利益相关者。我们可以根据利益相关者与企业之间的距离来对这些利益相关者进行描述。

需要注意的是，企业目标在很早之前就已经成为讨论的对象。认为股东甘愿容忍大量的企业非营利行为，是毫无道理的，这些行为会明显降低股息，影响股票的市场表现。（Hetherington，1937：37）

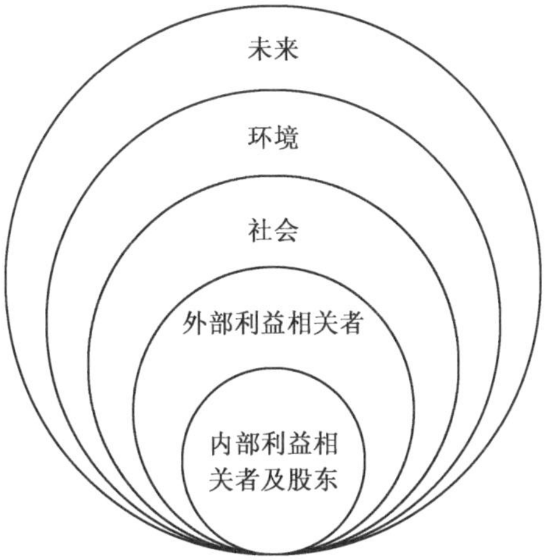

图 7.1　企业的利益相关者

每家大型企业都应被当作社会企业；也就是一个这样的实体：只要为公众或社会目的服务，它们的存在和做出的决策就是合理的。(Dahl，1972：18)

多个利益相关者

将这些利益相关者分开考虑是正常的。不过，要注意的是，每个人同时属于多个利益相关者群体。比如，某个人可能是一家企业的消费者，同时也可以是这个企业的一名员工、当地社区的一员；还有可能是一名股东，或是当地环境协会的成员，因而十分关注环境。而为了自身或孩子的利益，这个人也可能关心未来。

因此，我们可以看到，将利益相关者群体分开单独考虑、把他们的目标割裂开来，是毫无益处的。现实情况更为复杂。由于人们属于不同的利益相关者群体，他们往往要承受彼此相互冲突的压力。

利益相关者分类

利益相关者的分类主要有以下两种(见图 7.2)：

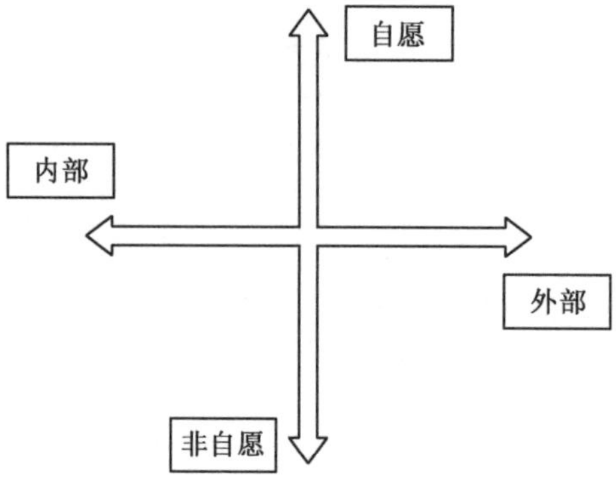

图 7.2 利益相关者维度

内部利益相关者与外部利益相关者

内部利益相关者包括企业内部的员工或管理者，而外部利益相关者则是供应商或客户，通常认为他们不是企业的组成部分。虽然这种分类不错，但在现代企业组织中，越来越难区分不同的类别，尤其当员工可能是分包商而供应商是同一群体内的另外一家企业时。

自愿利益相关者与非自愿利益相关者

自愿利益相关者可以选择是否成为企业的利益相关者，而非自愿利益相关者则不能。例如，员工可以选择辞职离开企业，因而是自愿利益相关者；而当地社会或环境却无法做出这样的选择，所以只能被视为非自愿利益相关者。

利益相关者理论

利益相关者理论的论点基于这样一种论断，即要实现利益相关者的财富最大化，就无法实现社会及其成员的财富最大化，只有统筹所有利益相关者的利益才能实现利益相关者的财富最大化。

利益相关者理论指出，企业的决策过程中必须要考虑所有利益相关者。该理论认为这一现象的出现有三个原因：

- 该行为在道德和伦理上都是正确的；
- 这样做的确对股东有利；
- 它反映了企业内实际发生的状况。

就第三点而言，库珀等人(Cooper et al.，2001)对大型公司的研究支持了该论据。他们的研究表明，多数公司在决策过程中都关注一系列的利益相关者(见表7.1)。

表7.1　利益相关者的决策参与

	相关	非常相关
利益相关者	%	%
客户	89	57
员工	89	51
股东	100	78
供应商	70	3
环境	62	5
社会	73	3

根据该理论，利益相关者管理或企业社会责任本身并不是目的，而仅仅是改善经济效益的方式。尽管阿特金森、沃特豪斯和威尔斯(Atkinson, Waterhouse and Wells，1997)对其进行了明确陈述，但该假设往往是隐晦的，而且与利益相关者理论被采用的道德原因并不一致。因此，人们认为，应该树立更广泛的企业社会绩效目标，而非通过利益相关者管理来改善经济与金融，提高绩效(Jones and Wicks，1999)。

此外，琼斯和威克斯(Jones and Wicks)还指出，某些伦理家不需要通过任何工具来辩护，因为道德行为"是，而且必须是，其自身的奖励"。沃多克和格雷夫斯(Waddock and Graves，1997)对利益相关者管理是否会提升与财务绩效相对应的企业社会绩效进行了考量，发现它们之间正相关。

利益相关者理论中最基本的一个方面是，它试图找出社会中企业可能承担一定责任的许多不同的派别。尽管做出了很多尝试，还是因未能识别各种派别而受到批评(Argenti，1993)。事实上，斯腾伯格(Sternberg，1997)认为，我们目前最常用的，弗里曼关于利益相关者的第二条定义，使得管理层采用利益相关者理论来考虑的利益相关者人数得以增加。事实上，该定义几乎涵盖了一切，而不论其存在与否。

然而，研究利益相关者的理论家们试图建立一个框架，以便认定与企业有关的利益相关者。克拉克森(Clarkson，1995)认为，如果利益相关者对企业进行了投资,并且受到该企业活动所带来的某些风险的影响,那么他们便是利益相关者。他把这些相关者分成两类:选择与企业打交道的自愿利益相关者,以及不愿与企业产生关系也无法摆脱与企业联系的非自愿利益相关者。米切尔、阿格尔和伍德(Mitchell,Agle and Wood,1997)构建了一个框架,根据权力、合法性及紧迫性来认定并评估利益相关者。如果利益相关者是强大的、合法的和紧迫的,那么其需求就应立即得到关注并且被放在首要位置。

不管使用哪种模型,某些利益相关者群体与所有的企业都相关,这一点毋庸置疑。克拉克森(1995)认为,自愿的利益相关者包括股东、投资人、员工、管理者、客户以及供应商,他们会要求增值,否则将收回股份,不再对企业投资。有人认为,非自愿利益相关者,如个人、社区、生态环境或后代,选择不与企业打交道,因此需要某种形式的保护,这有可能通过政府立法或监管来实现。由于行业性质或企业的某些特定活动,其他更特殊的利益集团可能与某些特定行业有关。

例如,公用事业行业自私有化以来一直受到监管机构的监管,因此监管机构是这些企业的利益相关者。同样,某些行业比其他行业对环境、政治或社会等因素更敏感,因此吸引了这些利益相关者群体的更多关注。

艾雅法拉火山

全球有相当多的休眠火山,偶尔爆发的火山则更多。它们对当地居民构成了巨大威胁——维苏威火山(Vesuvius)或许是一个最著名的例子。它在公元79年爆发,将庞贝城(Pompeii)及其姊妹城市赫库兰尼姆(Herculaneum)掩埋了。自此之后,维苏威火山至少爆发了50次,但如今仍有约200万人生活在该火山附近。

然而,这些火山有时会产生更巨大的影响。千真万确。2010年初,冰岛的艾雅法拉火山(Mount Eyjafjallajökull)爆发并将大量火山灰排入大气中。这种情况持续了几个星期,导致大量火山灰顺着盛行风向蔓延到欧洲大部分地区和北美部分地区。因此,人们认为飞行是不安全的,许多空域关闭了相当长的一段时间,给旅客和商业造成了很大的困扰。由于担心安全问题,空域被封锁了。这主要是鉴于1982年发生的一场事故。当时一架英国航空公司的飞机在印度尼西亚上空飞过一座火山时遭遇了引擎故障。自此以后,为防止类似事故发生,就对操作程序进行了调整。而在当时情况下,制造商并未发布有关引擎安全的任何信息。

空域监管机构一般采取的做法是,如果火山灰浓度上升到零以上,那么空域就是不安全的，必须进行封锁。2010 年 4 月这座火山的爆发造成了相当大的破坏和经济影响。因此，来自不同利益相关者(包括航空公司、企业和旅客/消费者)的压力非常大。飞机制造商被要求设定一个具体的限度，即在对飞机不造成破坏的前提下，飞机引擎最多能够吸收多少灰尘。最初，民航局与引擎制造商共同制定了新的标准，在火山灰浓度在 200—2 000 微克/立方米时，飞机可以飞行。政府和飞机制造商宣称，如果遵循正确的维护与灰尘检查程序，那么飞机在该范围内飞行就不会有安全隐患。几周后，这一限度又被进一步修改，安全值上升到 4 毫克/立方米。随后，新技术也接受了测试。

人们普遍认为，艾雅法拉火山的问题是由全球变暖造成的周边冰川的融化所引起的。这显示了环境作为企业利益相关者的作用。而对问题的回应则表现出多种利益相关者的作用，说明企业有必要对利益相关者需求做出回应。

信息需求

利益相关者管理对信息的需求非常重要。如果没有衡量企业如何对这些利益相关者履行职责，那么对各种各样的利益相关者的管理是极为困难的。因此，对于每一位利益相关者来说，有必要制定绩效衡量标准，从而可以对企业的利益相关者绩效进行考量。鉴于利益相关者的性质及其与企业的关系，做到这一点并不容易，从货币的角度来看也不太可能实现。

因此，非财务指标的意义将变得非常重要，但这些非财务指标所传达的信息往往被认为比财务信息更为主观。所以，顾客满意度的衡量标准有时是以顾客满意度调查为基础，有时则以诸如投诉或反馈的次数、市场份额、顾客维系等统计绩效指标为依据。如最近，有一些多维度绩效度量框架值得讨论，可以说它们有一定程度的利益相关者导向。

平衡计分卡(Kaplan and Norton，1992；1993；1996a；1996b)可能是最著名的多维度绩效度量框架。另外一个例子则是服务利润链(Heskett et al.，1994)，专门针对三种利益相关者，即员工、客户和股东。这个模型也是专门将前两种利益相关者当作实现卓越财务业绩的手段。

因此，他们认为，想要服务质量达到高标准，使顾客满意，让员工得到满足并受到激励是必不可少的。此外，该观点还强调，客户满意为卓越的财务绩效提供了基础。这两种模型都承认利益相关者群体的需求，因此有必要对这些群体进行绩效考量，但是最终目标仍应当是财务绩效。所以，由利益相关者所管理的企业试图考虑其利益相关者的多元化以及他们相互之间的利益冲突，并公平地平衡这些利益。

近期,英国克兰菲尔德大学(Cranfield University)的商业绩效中心制作了一套与其绩效棱柱模型(performance prism)相关的“衡量措施目录”,其中包含了每个“表现维度”的衡量标准:利益相关者满意度、战略、流程、能力、利益相关者的贡献。所认定的利益相关者包括客户、员工、投资者、监管机构、社区以及供应商。目录一共包含了200多项相关衡量措施。

由此可见,有大量的利益相关者衡量措施可以用来对企业进行评估,尽管所有这些措施并不都与某个企业相关。这再次凸显了衡量利益相关者绩效存在的各种复杂性。因为这些众多的措施所衡量出的企业利益相关者绩效有可能会互相矛盾,而这些矛盾之间要进行协调。相比之下,主张使用单一指标衡量绩效以及设定目标和奖励管理人员的VBM技术,看起来就简单多了。

监管及其影响

正如随后我们将在本书中所看到的那样,企业对其外部环境所产生的影响的披露本质上是自愿的,但这并不一定意味着这些行为始终是自愿的,也不意味着所有这些披露都是自愿的。

任何国家都有监管制度,这意味着企业必须采取某些行动来调节其外部环境影响。同样,监管制度也会禁止企业做出某些行动。这些行动和禁令都是由该国(中央和地方)政府通过监管来控制的。

例如,这些规定可能会决定企业如何进行废水废气的排放,特别是那些被认为会造成污染的排放。这些规定决定了处理废弃物的方式、排入河流的污染物排放量,还限制了可以从河流中抽取的水量。

在企业行为及其与外部环境的关系方面,每个国家的监管制度都在不断变化,且变得更加严格。[①] 期待这些变化在未来持续下去,对企业行为所产生环境影响的关注不断增加,似乎是合理的。这些规章制度往往要求对企业行为进行报告,而此类报告也涉及会计方面。

这种会计需求既是为了满足监管的要求,也是为了满足企业内部的需求。这是因为该企业的管理者,无论是在控制当前运营还是在规划未来业务活动时,都必须利用会计数据来帮助管理这方面的企业活动。因此,作为企业管理信息系统的组成部分,环境数据的增多至少在某种程度上是由社会需求所驱动

① 换句话说,近年来,这一领域的监管范围持续不断地扩大。

的。这在企业行为的规定中得到了反映。

环境影响报告

由于在未来此类活动的监管程度有望增加，所以，更具前瞻性和更积极主动的企业可能会在未来监管程度加大的前提下扩大其环境影响报告的范围，而非仅仅被动地遵守现有的规章制度。

然而，不应该认为企业环境会计和报告的地位与关注度的提高是完全由当前及未来的规章制度所迫使的。在很大程度上，此类环境影响的外部报告不是由规章制度所决定的，因为按照规定，环境影响的外部报告只需向相关监管机构报告即可。也不能认为，企业活动日益跨国化，以及随之而来的对满足不同国家需求的监管制度的需要，独自提升了环境会计的重要性。

企业选择报告其外部环境的影响，往往是出于自愿。企业这样做是因为它们期待能够从这种会计和报告中获取一些好处。我们稍后将再对此进行讨论。在此，我们应该想到的是利益相关者对企业产生的影响。可以认为，企业活动披露的增加反映了在没有任何形式的合法所有权的情况下，利益相关者的权力和影响力日益增强，也反映了企业及其管理者已经认识到了利益相关者对企业所产生的影响。

例如，当英国政府开始进行国有公用事业私有化时，人们认为有必要弥补市场机制的不足，以调节利益相关者对这些行业的需求之间的冲突。因此，引进了监管这一概念并建立了适当的监管机构，以弥补新生的准市场的竞争所存在的缺陷。

以这种方式建立的监管机构的职能之一，是控制这些私有化公用事业的收费，以确保被吹嘘为私有化好处的收益与效果能够在股东与其他利益相关者（主要是客户）之间实现共享。因此，监管机构在市场中扮演的是那只其实可见的“无形之手”的角色。其主要机制是通过定期审查定价政策来实现。然而，对于其他行业而言，监管的影响程度不尽相同，但一般来说，会随着时间的推移而逐渐增长，并且这种增长在未来还会延续下去。

环境问题与利益相关者

当然，有一些与环境有关的重要问题正对企业产生影响，也有各种各样的利益相关者参与并代表（或声称代表）环境。当然，很明显，环境无法为自身辩护,所以才会有其他群体来代表环境。这被称作代理利益相关,这一点在各种环境背景下都会十分重要。不过,应当指出的是,所有的利益相关者代理都宣称代表环境,但意见不尽相同。这就是代理所存在的一个风险,代理所代表的并不一定与其所声称的一致。对此,我们将在第十一章继续探讨。现在,让我们来看一些重要的环境问题。

水

在世界上许多地方,水正成为一个严峻的问题。在诸如加利福尼亚这样的地区,灌溉已导致严重的问题。在乌兹别克斯坦,灌溉导致咸海面积萎缩到原来湖泊面积的很小一部分。在世界各地,有许多河流因河水被过度抽取而无法流入海洋。另外,还有数百万人无法喝到安全的饮用水。各国为争夺共有的水源而发生争端。事实上,预计水资源将会成为 21 世纪冲突的一大根源。

资源枯竭

显然,地球上的资源是有限的,这是限制增长与发展的一个因素,在本书中,我们会对此因素进行详尽的探讨。然而,地球资源的枯竭是促使人们对可持续性产生兴趣的一个推动因素。尤其令人担忧的是,矿产资源如铝等的短缺。在英国,锡和铅等矿产资源早已被开采完,而建立在锡和铅等矿产资源基础之上的繁荣工业早已不复存在。当某种资源(如煤炭)被开采完,那么以该资源为基础的企业将会消失,这些行业的工作也就不复存在。这显然是人们担忧的一个原因。

石油供应日益枯竭尤其令人担忧,因为大量的经济活动只有通过石油提供能源才能实现。其实,很多人认为,中东战争[①],还有伊拉克和伊朗问题,是由石油短缺或即将短缺以及由此带来的一系列问题造成的。目前,多数人听过哈伯特峰值(Hubbert's Peak),并参与了关于是否已经达到了哈伯特峰值的讨论。当然,世界上诸如美国和北海等地区已经达到哈伯特峰值,但是对于全球来说,是否达到哈伯特峰值还不好说。尽管如此,可持续性和可持续发展的关键在于对能源的需求,而且没有足够的替代能源作为燃料来弥补石油的枯竭。因此,无论资源枯竭尤其是能源枯竭是真实的,还是杞人忧天,都是人们关注可持续性的一个重要原因。

---

① 而且很可能全球其他国家也一样,会将石油与冲突联系起来。

哈伯特峰值

1956年，为壳牌石油公司工作的地质学家金·哈伯特(King Hubbert)博士提出了关于矿物燃料等不可再生资源枯竭的理论，现今通常被称为哈伯特峰值。该理论认为，石油和天然气的产量将会达到峰值，然后随着储量的减少而迅速下降。哈伯特提出此理论是为了解释美国石油即将减产的原因，人们普遍认同他的这一观点。如今，人们普遍认为，在全球，这个峰值已经或即将出现，因此也就产生了人们当前对能源生产的关注。

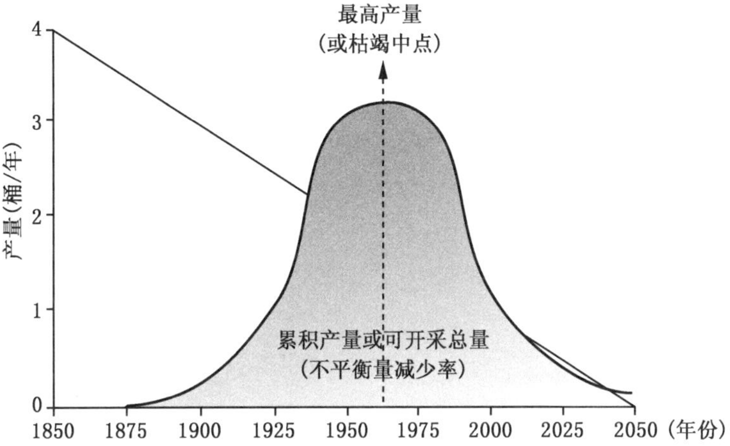

图 7.3　哈伯特峰值

竞争

随着资源变得越来越有限，关于能源利用的竞争会变得更加激烈。当然，全球化必然会扩大竞争规模，使竞争不再是地方性的，而是全球性的。对增长的渴求，无疑加剧了竞争。由于每个企业都需要更多的不可再生资源，所以竞争就会更加激烈。有些国家以两位数的增长速度出现在全球经济中，已经凸显可再生资源竞争的加剧。这些都是本书会多次提到的问题，因为它们对于关于可持续性的任何分析来说都非常重要。它们是多数人所熟悉的问题，因此也是当前引起人们对可持续性以及可持续发展的可能性及限制因素感兴趣的一些原因。

环境压力的类型

正如我们所说的，环境有许多代理利益相关者。可以认为它们有着不一样的目标，并且可以根据不同压力群体类型的目标把它们分为六个不同的压力群体，如图 7.4 所示。

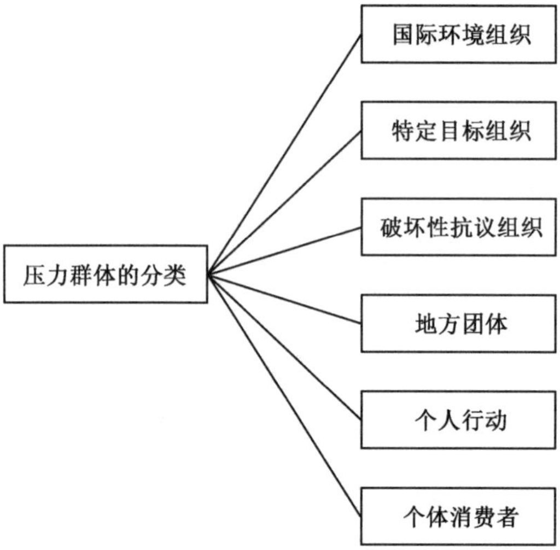

图 7.4 压力群体的类型

国际环境组织

这种分类自然包含了最大的组织以及那些通常有着良好公众形象的组织。它们之所以有良好的公众形象，一方面是因为它们有充足的资源搞宣传活动，另一方面是因为它们善于利用媒体进行最大幅度的宣传。这些企业宣称其目标是在最广泛的范围内对环境进行保护，从研究诸如法国核试验或捕鲸等问题，到处理北海石油平台等事件，再到解决诸如为当地社区设立“自行车道”等社区问题，这些组织在全球、国家、地方各个层面上开展工作。

这些组织的工作方法是针对特定的企业开展特定的宣传活动，并且有的时候为了达到特定目的、扩大影响而非法利用其资源。这些活动会使人们对它们所关切的具体问题的意见发生两极分化，并打着“环境”的感情牌来获得宣传上的成功，而无论它们的科学论证是否经得起考验。这种情况时有发生，例如布兰特史帕尔储油平台的处置。尽管如此，这些组织对某些企业的运作程序乃至绩效报告制度产生了重大影响，而其他企业却并没有受到影响。

特定目标的组织

这些组织根据各自目标不同，以国际或国家为基础而成立，但它们的显著特征是目的仅限于实现某一特定目标。因此，像世界野生动物基金会（World Wildlife Fund）这样的国际性组织关注的是全球野生动物的保护，而皇家鸟类保护学会（Royal Society for the Protection of Birds）这样的国家组织关心的则只是英国的鸟类，只有在迁徙鸟类在海外发生的事情会影响其在英国的福利时，才会将业务拓展到海外。英国还有一些关注海外问题的组织，例如通过收购来保护森林的"林地信托基金会"（Woodland Trust）。还有一些宣称是国际性组织，但实质上是地地道道的英国组织，"世界农场动物福利协会"（Compassion in World Farming）就是一个例子。尽管该组织的名字是国际性的，但它关注的农场动物福利主要是英国的，其次才是欧盟的。这些组织往往通过煽动舆论来运作，并且只有当商业组织对它们所关注的问题产生直接影响时，它们才会对商业组织施加影响。而它们所关注的问题往往是有时效的，例如一个新水库或新矿井的建造。因此这些组织对企业绩效和报告制度的影响通常是有限的。

破坏性抗议组织

使用破坏性手段以确保政治目标的实现由来已久，而且也有一些成功的记录。① 它们的破坏性行为获得成功往往会将人们对这种行为的话语从非法转为合法。近年来，恐怖主义组织及方法的使用已蔓延至环境领域。"动物解放阵线"（Animal Liberation Front）等组织实行暴力和破坏性战略，环保主义者为抵制道路建设②，实行了阻碍性策略；"收复街道"（Reclaim the Streets）运动为使媒体曝光其主张，在一定时段堵塞了伦敦的主要街道，实施了非暴力行动，这些策略明显反映出了这一点。反全球化运动在其抗议中已经广泛使用了该策略。关于环境恐怖主义的话语之一是它的非法性，这取决于人们是否认为为达目的可以不择手段。它们对合法企业的影响往往是造成所针对企业或整个社会交易成本的增加，而不是长期行为的变化。沙利昂（Chaliand，1987）认为，一个恐怖组织如果想生存下来并取得一定成果，需要有社会基础，需要获得其成员之

---

① 比如，对人头税的抗议。

② 环境抗议者的策略，参见克劳瑟和库珀（Crowther and Cooper，2001）。

外的民众支持。否定这种组织权力基础的方法之一是将组织目标纳入大众话语，从而否定其影响。企业环境影响报告便是实现该方法的方式之一，并且也许是此类抗议团体对企业行为影响甚微的原因之一。

地方团体

大量地方团体之所以存在，是因为出于对某一环境问题的关注而对企业施压。这些团体往往只对当地的某一环境问题感兴趣，并且通常只关注某一特定的地区。那些为保护某一地点而阻止修建房屋或采矿的团体，就是其中的一个例子。这样的例子还包括：要求修建环路以缓解交通压力的施压团体，以及反过来，因为害怕对环境产生影响而阻碍修建环路的施压团体。[①] 此类团体的本质特征是它们出于对某一特定目标的关注而具有暂时性的特征。一旦其目标达到，或者它们的施压取得成功或遭遇失败，它们就失去了存在的理由。届时，该团体往往会解散，尽管活跃在该团体的个人可能会因为备受鼓舞而加入或成立另外一个压力团体，从而参与到更多的环境问题中去。由于这些地方事务团体的暂时性特性，以及它们只关注当地事务的事实，它们对企业绩效报告制度的影响往往微乎其微，除非这些事务进入公众视野，使得更大的团体得以参与进来。

个人行动

许多人都关心环境问题，无论是普遍的环境问题还是具体的环境问题，但是并没有与压力团体产生瓜葛。这并不意味着这些人不会采取行动，只是他们不与他人同时行动罢了。因此，单独采取行动的个人经常是通过写信给有影响力的人、相关组织或议员来游说他们，让他们采取或取消相关行动，具体取决于要处理的事务以及所联系的机构。同样，独自行动的个人常常会忽视占主导地位的经济理性[②]，出于对特定企业对环境的影响的关注，他们在选择消费的商品或服务时会采取非价格性歧视策略。因此，有关超市到底该不该出售转基因食品的争论已经受到了一些个人抵制购买转基因食品的影响。[③] 这使得一些超市

---

① 要了解环保抗议在当地社区反对道路修建活动中所扮演的角色，参见克劳瑟和库珀（Crowther and Cooper，2001）。

② 所以他们注重自身的实用性，并选择相应的购物与消费模式，而非单纯根据价格来选择。这完全符合马歇尔（Marshall，1947）及早期经济学家的论点。

③ 关于转基因的争论便是一个很好的例子。该争论导致多家连锁超市宣布停止在自营品牌中使用转基因食品。

(如赛恩斯伯里超市)出售替代性商品以及其他超市(如索莫菲尔德超市)将转基因食品下架。

个体消费者

有些独自行动的个人是某些企业的消费者,他们的行动将会影响这些企业的行为。实际上,这是一些较大的压力团体通过试图抵制特定企业的服务而采取的一种行动。所以,例如在欧洲,个人对壳牌加油站的抵制对该公司处理布兰特史帕尔储油平台的方式产生了一定的影响。同样,出于对食品生产商所使用的相关产品的捕捞政策的关注,不时会有抵制从某些生产商手中购买食物的运动出现。比如用鱼线而不是用渔网捕捞金枪鱼,因为用网捕捞金枪鱼有可能会伤及海豚。此类活动会影响相关企业,改变它们的运营模式,进而影响其绩效报告。但这样做需要认识到权力关系的重要性。独自行动的消费者几乎没有能力去影响大型企业,要对企业产生足够的影响力以改变其政策,需要很多人同时采取同样的行动。正因如此,以此种方式获得的成功往往是有限的,并且一次只能集中解决一个问题。

然而,企业的消费者并不都是个人,许多企业的客户是其他企业(通常是庞大而有影响力的企业)。来自这些客户的压力可以为改变运营程序和报告制度提供强大的推动力。举例来说,零售企业可以决定不出售某些商品(如英国牛肉、用网而不是用鱼线捕捞的金枪鱼以及那些过度包装的产品),以此来直接影响这些产品生产商的政策。这些零售商可能会对来自个体消费者的压力做出回应,也可能会因期望获得长期的竞争优势而采取积极态度。无论出于何种原因,此类企业都有能力影响其供应商的绩效。因此,消费者权力大小不尽相同。

赛勒斯与人权

1879年,在发掘巴比伦遗址(今伊朗境内)时,发现了一个非常重要的泥罐。翻译上面的文字后发现,它是由居鲁士(Kourosh,即英国知名的赛勒斯大帝)所颁布的一部法令的副本,如今被称为居鲁士罐,存放在大英博物馆中。罐上的文字翻译如下:

我是居鲁士,世界之王,伟大的、万能的国王,巴比伦国王,苏美尔与阿卡德之王,四方之王……

接着:

我宣布,我将尊重帝国的传统、习俗和宗教信仰,只要我活着,绝不让我的任何管理者、属下践踏它们。从现在开始,只要(阿胡拉)马兹达将王国施惠与我，我将不会把统治强加于他国。每个国家都可以自由选择是否接受，如果任何国家拒绝接受，我绝不会发起战争去统治它。只要我是伊朗、巴比伦、四方之王，我绝不会让任何人压迫他人，如果有人这样做了，我将收回他或她的权力，严惩压迫者。

只要我担任君主，我绝不允许任何人强制或无偿夺取他人的动产及土地。只要我活着，我就不允许无偿的强制性劳动。今天，我宣布，每个人都可以自由选择宗教信仰。人们可以自由地在各个地区生活，只要不侵犯他人权利，就可以从事一项工作。

没有人会因其亲人的过错而受到处罚。我反对奴隶制，我的管理者们及属下们有义务在其统治领地内禁止把人当作奴隶来交易。这种传统在全世界范围内都应被消灭。

该宣言可以追溯至约 2 500 年前，被认为是第一部人权宣言。它比后来的《美国宪法》及联合国《世界人权宣言》等宣言保障了民众的更多权利，当然，保障的权利比许多民众已享有的更多。许多人没有自由选择宗教信仰的权利，无偿的强制性劳动在全球许多地区依然存在。甚至全球化（见本书第十三章）也没能允许劳动力的自由流动。因此可以说，在 2 500 年前，利益相关者享有更多的权利，社会契约的约束力也更大。

降低风险

对于所有企业而言，风险和风险管理尤为重要，而且其重要性日益增加。涉及企业决策和管理的利益相关者方法可能会识别出更多的风险，从而可以更好地对风险进行处理。风险与可持续性也是密切相关的（见本书第六章）。我们将在随后的章节里表明，缺乏对可持续性和可持续发展含义的理解意味着在企业规划和报告中将这两个概念混淆（Aras and Crowther，2008）。

这就造成了当前的混淆。我们并不认为这种混淆一定是有意而为，但我们确实认为它在一定程度上体现了企业的不诚实，只要能蒙混过关，企业何乐而不为。此外，我们认为，风险评估方法也被这种修辞所蒙蔽了，因此风险评估，尤其是环境风险评估，是存在缺陷的。为了能充分认识环境成本及收益并将其纳入投资分析过程，首先应当识别需要纳入评估过程的成本及收益属于什么类型。

一旦确定了成本的类型，就可以对成本进行量化，并将那些与弹性收益相关的难以量化的定性数据纳入进来。完成环境审计将增强对相关过程的理解，从而使该过程变得更为容易。由于环境效益不同于经济效益，在考虑环境效益时，选择恰当的时间范围是相当重要的，这可以使这些环境收益被识别并得以累积。这个时间范围可能与一个完全由财务分析需求所决定的时间范围截然不同。

一旦确认、收集和量化所有的数据后，就有可能将这些数据以财务的形式，用更一致的方式纳入风险评估中。认识到收益和成本很重要，也许值得重申的是，这些收益有很多不能被量化，而且这些收益也不那么具体和形象。这些收益包括：

- 企业或产品形象的提升——这本身就能带来销售额的增长；
- 健康与安全收益；
- 吸引投资并降低投资成本；
- 良好的社区关系——这样可以使企业的各种规划更容易、更快速地得到批准；
- 与相关监管机构关系的改善；
- 员工士气的提升，以及由此带来的生产效率的提高和人员流动的减少，从而促进了招聘和培训成本的降低；
- 整体形象的提升，以及与利益相关者关系的改善。

这些收益很多是抽象的，而且需要经过一段时间之后才能显现出来，因此需要选择合适的时间范围来评估风险及相关影响。与传统的基于财务的评估方式相比，这个时间跨度可能要长一些。显然，在这个过程中，需要考虑现金流，评估时也需要运用合适的评估方法(如现金流折现技术)。

除了风险评估及其对资本成本的影响外，这一切都不会因环境会计信息的纳入而改变。如果将环境影响的真实程度纳入计算，资本成本很有可能会有所增加。

因此，将环境会计纳入风险评估体系的步骤可以总结如下：

- 根据成本与收益确定环境影响；
- 将成本量化并将涉及较少实际利益的定性数据纳入其中；
- 使用适当的财务指标；
- 设定适当的时间范围，使环境影响得以充分显现。

结 语

利益相关者理论是企业管理方法之一，对于理解企业社会责任并将其纳入企业行为尤其重要。我们在本章中已经对此进行了多方面的讨论。与此同时，我们也引入了与此相关的一些其他方面。我们试图表明，在企业管理中，所有这些概念都是相互关联的，不能把企业社会责任与企业的其他行为割裂开来进行考虑。在本书中这一点十分明确。

关键术语及理论定义

碳足迹(carbon footprint)：是指生产一种产品或完成一项活动所消耗的二氧化碳量。

内含水(embedded water)：即制造某一产品所需要的水量。

哈伯特峰值(Hubbert's Peak)：是指达到石油产量的最大值，产量无论如何都不能再增加的点。

生命周期分析(life cycle analysis)：指的是某一活动在其整个生命周期中产生的全部影响，也被称作设备综合工程学(terotechnology)。

利益相关者(stakeholder)：是指任何对企业行为感兴趣的群体。这种兴趣可以是自愿的，也可以是非自愿的。

利益相关者理论(stakeholder theory)：是企业管理的一种方式，也是企业社会责任的核心理论之一。

理解题

1. 利益相关者理论是如何说明考虑利益相关者的必要性的?
2. 我们应当如何将利益相关者进行分类?
3. 将环境会计纳入风险评估体系有哪些步骤?
4. 什么是代理利益相关者?
5. 为什么未来也被算作利益相关者?
6. 如何对压力团体进行分类?
7. 为什么哈伯特峰值对企业意义重大?

补充阅读材料

Bhattacharya, C. B. and Sen, S. (2004); 'Doing Better at Doing Good: When, Why and How Consumers Respond to Corporate Social Initiatives', *California Management Review*, 47, 1: 9–24.

Donaldson, T. and Preston, L. E. (1995); 'The Stakeholder Theory of the Corporation: Concepts, Evidence, and Implications', *Academy of Management Review*, 20(1): 65–91.

Jensen, M. C. and Meckling, M. H. (1976); 'Theory of the Firm: Managerial Behaviour, Agency Costs and Ownership Structure', *Journal of Financial Economics*, 3, 4: 305–60.

Kell, G. (2003); 'The Global Compact: Origins, Operations, Progress, Challenge', *Journal of Corporate Citizenship*, 11: 35–49.

参考文献

Aras, G. and Crowther, D. 2008. 'Corporate Sustainability Reporting: A Study in Disingenuity?', *Journal of Business Ethics*, 87 (supp.1): 279–88.

Argenti, J. 1993. *Your Organization: What Is it for?* London: McGraw-Hill.

Atkinson, A. A., Waterhouse, J. H., and Wells, R. B. 1997. 'A Stakeholder Approach to Strategic Performance Management', *Sloan Management Review*, Spring.

Chaliand, G. 1987. *Terrorism: From Popular Struggle to Media Spectacle.* London: Saqi.

Clarkson, M. E. 1995. 'A Stakeholder Framework for Analysing and Evaluating Corporate Social Performance', *Academy of Management Review*, 20, 1: 92–117.

Cooper, S., Crowther, D., Davies, M. and Davis, E. W. 2001. *Shareholder or Stakeholder Value? The Development of Indicators for the Control and Measurement of Performance.* London: CIMA.

Crowther, D. and Cooper, S. 2001. 'Innovation through Postmodern Networks: The Case of Ecoprotestors', in O. Jones, S. Conway and F. Steward (eds), *Social Interaction and Organisational Change.* London: Imperial College Press.

Dahl, R. A. 1972. 'A Prelude to Corporate Reform', *Business and Society Review*, Spring: 17–23.

Freeman, R. Edward 1984. *Strategic Management: A Stakeholder Approach.* Boston, MA: Pitman.

Heskett, J. L., Jones, T. O., Loverman, G.W., Sasser, Jr W.E. and Schlesinger, L. A. 1994. 'Putting the Service-Profit Chain to Work', *Harvard Business Review*, March–April: 164–74.

Hetherington, J. A. C. 1973. *Corporate Social Responsibility Audit: A Management Tool for Survival.* London: The Foundation for Business Responsibilities.

Jones, T. M. and Wicks, A. C. 1999. 'Convergent Stakeholder Theory', *The Academy of Management Review*, April, 24, 2: 206–21.

Kaplan, R. S. and Norton, D. P. 1992. 'The Balanced Scorecard – Measures that Drive Performance', *Harvard Business Review*, Jan/Feb: 71–9.

Kaplan, R. S. and Norton, D. P. 1993. 'Putting the Balanced Scorecard to Work', *Harvard Business Review*, Sept/Oct: 134–47.

Kaplan, R. S. and Norton, D. P. 1996a. 'Using the Balanced Scorecard as a Strategic Management System', *Harvard Business Review*, January/February: 75–85.

Kaplan, R. S. and Norton, D. P. 1996b. *The Balanced Scorecard: Translating Strategy into Action.* Harvard: Harvard Business School Press.

Lovelock, J. 2006. *The Revenge of Gaia.* Harmondsworth: Penguin.

Marshal, A. 1947. *Principles of Economics.* London: Macmillan.

Mitchell, R. K., Agle, B. R. and Wood, D. J. 1997. 'Toward a Theory of Stakeholder Identification and Salience: Defining the Principle of Who Really Counts', *The Academy of Management Review*, October: 853–86.

Sternberg, E. 1997. 'The Defects of Stakeholder Theory', *Corporate Governance: An International Review*, 5, 1: 3–10.

Waddock, S. A. and Graves, S. B. 1997. 'Quality of Management and Quality of Stakeholder Relations', *Business and Society*, 36, 3: 250–79.

第八章

可持续性问题

本章学习目标：

- 描述可持续性以及可持续发展的意义
- 概述《布伦特兰报告》的三大支柱
- 描述社会绩效分析中所涉及的因素
- 解释企业可持续发展如何在全球环境中实现
- 讨论分析社会绩效及其存在的问题
- 对持久性的四因子模型进行评判

导 论

目前，谈论企业活动时最常提到的一个词便是“可持续性”了。事实上，有些人会认为“可持续性”一词被过度使用，并且有很多不同的含义，所以这个词本身并没有什么实际意义。然而，目前“可持续性”是企业活动领域中的一个热门词汇。事实上，人们经常提起“可持续性”一词，并将其看作企业活动的核心，但并没有试图准确定义可持续性活动究竟应该包含哪些内容。这一点可以理解。“可持续性”这一概念本身就有问题，人们对其有不同的定义。“可持续性”既可以让人联想到“可持续发展”，也可以用来表示回到工业化之前的“黄金时代”的深绿色概念。而企业通常只不过是使用“可持续性”一词表示打算把生意持续做下去的决心。

“可持续性”这一概念无处不在，而且使用得非常模糊。这意味着我们有必要重新审视这个概念，并考虑它是如何应用于企业活动的。因此，在本章中，我们将对“可持续性”的含义进行审视，并试图探讨“可持续性”的各个方面。在我们看来，可持续性包含两个方面：企业行为及其后果，以及此类企业活动所带来的利益分配。此外，我们不只是将其二者限于企业本身范围之内或更广泛的利益相关者范围之内，而是应该将其置身于最广泛的地理空间范围之内，即全球环境。

人们对于“可持续性”的概念存在一定的混淆。纯粹主义者认为可持续性意味着“稳定性”，即以不变的方式存续下去的能力。但通常人们认为“可持续性”意味着以可持续的方式发展（Marsden，2000；Hart and Milstein，2003），而“可持续性”和“可持续发展”两个术语被许多人视为同义词。本书的两位作者认为，“可持续性”的定义关注的是“稳定性”（Aras and Crowther，2008a）。从企业层面来讲，如果可以发展而不危及“稳定性”，那么发展是一件意外收获，而不是可持续性的组成部分；而且，“可持续发展”经常被误解为仅仅关注环境问题。事实上，“可持续发展”是一个更为宽泛的概念。可持续发展政策包含三个政策领域：经济、环境和社会。近年来发布的一些联合国文件，特别是 2005 年世界首脑会议成果文件，提到可持续发展的“相互依存、相互加强的支柱”是经济发展、社会发展和环境保护。

《布伦特兰报告》及其遗产

我们讨论可持续性，必须从《布伦特兰报告》（WCED，1987）谈起。人们普遍接受该报告的内容，而且该报告中所提到的可持续性定义是恰当的，是被人们广泛接受的。同样，《布伦特兰报告》是民族国家及其代理机构、大企业、联合国等超国家机构通过 WBCSD[①] 和 ICC[②] 等途径公开进行辩论的政策蓝图的一部分。《布伦特兰报告》关注现在采取的行动对于未来可用选择的影响，这一关注直接导致人们不加思索地得出这样的假设：可持续发展既是人们之所愿，也是可以实现的目标；企业只需通过延续到未来就能证明其可持续性（Aras and Crowther，2008a）。因此，重要的是要牢记布伦特兰委员会（WCED，1987：1）关

① 世界企业永续发展委员会（World Business Council for Sustainable Development，WBCSD）。

② 国际商会（International Chamber of Commerce，ICC）。

于可持续发展的定义,这是被人们最广泛接受的定义,并被当作可持续发展的标准定义:"这种发展既能满足当代人的需求,又不损害后代人满足其需求的能力。"

可持续发展的这一标准定义被后来人广泛接受。《布伦特兰报告》提议人们需要在制度上和法律上做出改变,以应对共同的全球问题。另外,越来越多的人达成共识,认为企业应该与政府携手以共同承担责任以促进社会福利,提高人们对经济交易的兴趣(Amba-Rao,1993)。

《布伦特兰报告》及可持续性

与此同时,所有企业都在关注可持续性以及这一术语的真正含义。这种可持续性不只是意味着环境可持续性。就企业的可持续性而言,在过去三十年里的管理文献中,"可持续性"一词仅仅用来表示连续性(参见 Reed and DeFillippi,1990)。这一事实进一步加剧了人们对该词汇的混淆。泽维斯洛特(Zwetsloot,2003)将企业社会责任与持续改善和创新技术相混淆。因此,所有这些影响的轨迹越来越集中在同一个问题上。

"可持续性"是目前与企业活动有关的最常用词汇之一。事实上,有人认为"可持续性"一词被过度使用,并且有很多不同的含义,所以这个词并没有什么实际意义。因此,现在是重新审视布伦特兰遗产并重新界定可持续活动的意义的时候了。我们认为可持续发展在企业行为词汇中具有非常重要的意义,它实际上已经成为一种战略性要务,尽管人们对这个词及其含义了解甚少(参见 Aras and Crowther,2008b)。我们认为,目前流行的这个术语的普遍使用使人们产生迷惑,无法真正了解可持续性的含义。这非常不幸。我们认为,可持续发展必须成为企业战略发展的一个组成部分,但在可持续发展得到支持之前,必须对可持续发展有一个全面的了解。

当然,可持续性对企业及其持续存在来说是至关重要的。可持续性对于目前的经济活动以及地球本身的持续存在同样重要,至少我们目前是这样理解的。正如我们已讨论的那样,这是一个复杂的过程。而且,这个过程不仅要承认企业在经营活动中做出的决策,还要承认所做出的分配决策。只有这样,一个企业才会被认为是可持续的。

有些人倾向于认为,企业只有承认环境和社会问题,并将这些问题纳入其战略规划才算是可持续性的。根据马芮威耶克和维赫(Marrewijk and Were,2003)的观点,企业可持续性并没有具体的定义,每个企业都需要给可持续性下自己的定义以适应其目的和目标，尽管他们似乎认为企业可持续性和企业社会责任是同义词，两者都是基于自愿的行为，而这些自愿的行为表现出了企业对环境和社会的关切。

因此，可持续性意味着社会不能过度使用一种资源，使用资源的数量不应超过该资源的再生数量。这可以根据生态系统的承载能力来定义（Hawken，1993），并用资源消耗的投入产出模型来描述。例如，造纸业有一项政策规定，砍伐一定数量的树木之后必须重新种植同等数量的树木来替代那些被砍伐的树木。这种做法的效果是保留目前的成本而不是将其外化。同样，汽车制造商有一项政策就是生产的汽车几乎是全部可回收的。将企业视为更广泛的社会和经济制度的一部分，意味着必须考虑这些影响。这样做不仅是为了评估成本和当前创造的价值，而且也是为了企业自身的未来着想。

这种对社会和环境的关切在整个社会的宏观层面上或在国家层面上都是相关的，在企业的微观层面上也同样是相关的，而我们在本书中关注的正是企业层面上的可持续性。在企业这个微观层面上，对可持续的计量将考虑企业消耗资源的速度与资源再生速度之间的关系。不可持续的经营模式要么被可持续的经营模式所取代，要么我们做好准备迎接一个资源匮乏的未来。事实上，企业往往倾向于通过提高资源利用效率来降低不可持续性。节能项目便是一个典型的例子。

《布伦特兰报告》的衍生物

《布伦特兰报告》衍生出许多概念，其中包括三重底线的概念（Aras and Crowther，2008d）。这反过来导致了一个假设，即为了确保可持续性和可持续发展，只需解决经济、社会和环境三个方面的问题即可（见图 8.1）。事实上，隐含的假设是企业一切照常，只需在常规财务报告（经济绩效）中增加关于环境绩效和社会绩效的一些信息，这就相当于三重底线报告了。所有的企业都在暗示

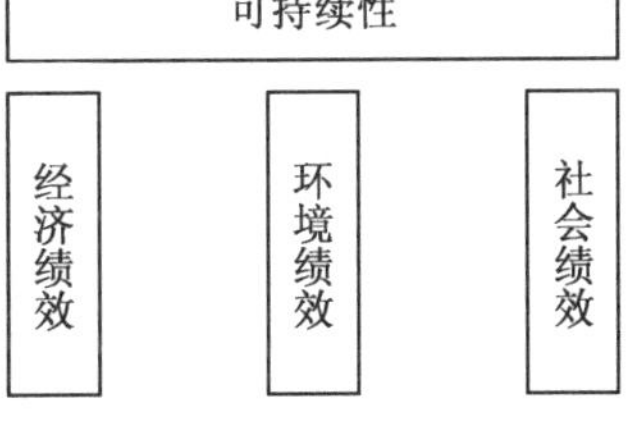

图 8.1　可持续性的三大支柱

它们已经认识到了这些问题的存在并解决了这些问题，从而确保了可持续发展。这种暗示通常不被人们所质疑，至少人们没有对其进行严格的质疑。

可持续性及资本成本

金融界达成这样一个共识，企业的资本成本与投资于该企业相关的风险有关。换句话说，投资所涉及的风险与所得到的回报之间存在直接的相关性。人们普遍认识到，企业规模越大发展得越为成熟，就越值得人们去投资，企业的资本成本因而更低。就金融理论而言，这是公认的事实，并在全球金融市场的运作中得到认可。当然，投资可持续性企业比投资不可持续性企业的风险更小。因此，大多数大企业在其报告中提及可持续性，并经常凸显其可持续性的特点。值得注意的是，采掘业在本质上无法长期持续发展，这使得可持续性成为采掘业面临的一个非常突出的问题。这一点在石油企业中表现得最为突出，英国石油公司(BP)便是一个典型的例子。英国石油公司在可持续性上大做文章，并将自己重新定位为能源公司，因为可再生能源是其业务的一个特点，尽管这只是英国石油公司经营的部分业务。[①]

所有企业都在其报告中承认可持续性的商业效益。同样，所有企业也都认识到可持续发展很重要，并在报告中凸显其可持续性。例如，对富时指数列出的 100 家公司(参见 Aras and Crowther，2007a)进行的一项调查显示：

企业网站上提及次数	企业占比(%)
可持续性	100
可持续发展	35
明确将可持续性与企业社会责任政策联系在一起	70

尽管正如我们所说，采掘业等行业是不可持续的，但从事采掘业的企业仍然在其报告中对可持续性大做文章。然而，我们如果对这些企业所作的有关可持续性的声明进行一番分析就会发现，它们提到的所谓的可持续性的含义并不明确。显然，绝大多数企业指的并不是《布伦特兰报告》中所定义的可持续性，通常情况下，它们似乎指的只不过是企业在未来将继续存在罢了。因此，现在是重新审视《布伦特兰报告》并重新界定可持续活动的意义的时候了。

一家可持续性的企业比不可持续性的企业风险要小，同样，一家能够做到

① 需要仔细审读该企业的年度报告才能发现这一点。

可持续发展的企业风险更小。许多企业都提到这个概念，并且暗示其业务经营涉及可持续发展。这样的企业因其持续增长而前途乐观，其盈利能力也预期持续增长。例如，对富时指数列出的 100 家公司进行的一项调查表明，70％的企业声称其特色为可持续性，35％的企业声称可持续发展是其特色。因此，随着盈利可能性的增加，资本成本也随之降低。我们已在本章中提到，可持续性的概念是复杂的、有问题的，而且可持续发展的概念存在的问题更大。我们认为，企业并不是在真正解决可持续性问题，只不过是制造可持续性的形象罢了。① 乔治・奥威尔在小说《一九八四》(Orwell，1970)中说过语言会腐蚀人们的思想。企业的言论也往往被用作腐蚀人们思想的手段。也就是说，企业的言论被用作阻止人们去思考理想中的企业应该是什么样子。值得注意的是，企业的言论为投资者创造了一个安全的企业形象，从而降低了企业的资本成本。

壳牌石油公司应对公众批评

布兰特史帕尔储油平台事件和尼日利亚事件发生之后，壳牌石油公司做出的回应是对内进行流程审查，对外开展宣传活动。对流程进行内部审查，说服利益相关者相信公司是承担企业社会责任的。针对公众批评其以往环境问题上的不良记录，壳牌石油公司公布了其对可持续发展的承诺。壳牌公司高管还进行公众演说，声援公司的这一承诺。壳牌公司是首批脱离全球气候联盟(Global Climate Coalition)的企业之一。壳牌公司董事长菲利普・瓦茨(Philip Watts)2003 年在休斯敦演讲时，呼吁气候变化的怀疑论者放弃观望态度并立即采取行动。壳牌公司也是世界企业永续发展委员会(the World Business Council for Sustainable Development)的创始成员之一。

壳牌公司董事长奥克斯伯格勋爵(Lord Oxburgh)2005 年在绿色和平组织(Greenpeacc)主办的年度商业讲座中表示，我们必须立即采取行动应对全球变暖，否则将面临灾难。奥克斯伯格还鼓励政府提供一个监管框架来鼓励温室气体排放的减少。奥克斯伯格表示："我们的工作是积极响应一个必须由政府决定的监管环境……考虑到时间的紧迫性，我们必须从现在开始。"壳牌对企业社会责任的承诺还包括备受推崇的"创业奇兵"计划(LiveWIRE Program)。该计划已经实施了 20 多年，鼓励年轻人在英国和世界其他地区创办自己的企业。壳牌公司表示，公司将竭力倾听利益相关者的意见："您的意见对我们很重要，我们希望尽可能倾听并回应您的意见和关切。"这其中包括为举报人建立全球

① 克劳瑟(Crowther，2002)详细探讨了企业如何在其报告中构建企业形象。

性的以互联网为基础的设施，以便于举报者举报涉嫌违反法律或“壳牌一般商业原则”(SGBP)的行为。SGBP是一个自愿的道德准则，承诺壳牌在其所有业务交易中遵守透明、诚实、守信的原则。壳牌公司要求举报者提供身份详情，但也接受匿名举报。壳牌公司还为“客户、供应商、合作伙伴、顾问和员工”提供了帮助热线。

壳牌公司的声誉宣传大部分集中在刚刚起步的可再生能源业务上。而公司的主要业务是经营碳氢化合物开采、加工和营销，可再生能源只占公司业务的很小一部分。一些评论者对壳牌公司的企业广告宣传活动大为赞扬，但一些非政府组织的批评者们则认为这种宣传活动只不过是一种“漂绿”行为罢了。批评者们认为，壳牌公司投资在可替代性能源解决方案上的资金只占其总投资资金的一小部分；壳牌公司则回应说，说出究竟有多少资本支出用在可再生能源计划上是毫无意义的。壳牌公司首席执行官范德伟(Jeroen van der Veer)承认，公司在可再生能源上的投资很少。但是他强调说，如果投资的替代型能源项目是非商业化的，或者人们负担不起，那么这种投资就是挥霍浪费。

壳牌公司后来被披露夸大其石油储量，由此经历了一段时期的动荡。2004年11月，壳牌集团宣布转向单一的资本结构，创建一家名为“荷兰皇家壳牌有限公司(Royal Dutch Shell plc)”的新母公司，主要在伦敦证券交易所和阿姆斯特丹证券交易所上市，总部设在荷兰海牙。2005年7月20日完成公司合并。

最近，大规模的俄罗斯萨哈林2号(Sakhalin Ⅱ)项目和有争议的爱尔兰科里布气田(Corrib Gas Field)开发项目出现问题，壳牌公司的形象进一步受损。壳牌公司的社会投资倡议计划——壳牌基金会，也遇到了一些问题。2007年，“地球之友”(Friends of the Earth)声称，壳牌公司的石油开采活动对当地社区和全球环境造成的损失估计高达200亿美元。

作为石油生产商，壳牌公司对环境采取的行为总是会受到公众的监督，问题也会持续地出现。一家对社会承担责任的企业，尽管可能会存在这样或那样的问题，但是绝对不会否认问题的存在。相反，它会认识到有必要对社会负责，并且试图做到透明。您可以访问壳牌公司的网站(www. shell. com)，做出您自己的判断。

重新定义可持续性

对可持续性的大多数分析(如Dyllick and Hockerts，2002)只认识到环境和社会这两个维度。只有少数学者(如Spangenberg，2004)认识到与企业行为有关的第三维度。我们认为,将对可持续性的分析限制在这几个维度上是有缺陷的。存在的一个问题就是,研究者们的主要假设是企业无法做到同时优化财务绩效和社会/环境绩效。换句话说,这种非此即彼的二分法认为,财务绩效和社会/环境绩效是互相矛盾的。因此,企业可持续性领域的大多数研究并没有认识到有必要将财务绩效看作可持续性的一个重要方面,因此也就没有将财务分析与其他形式的分析相结合。财务绩效是企业可持续性的一个重要方面,为可持续性分析增加了一个新的维度。另外,有时候被视作企业行为的第三维度实际上需要包含一个更为宽泛的"企业文化"概念。因此,我们需要识别分析可持续性的四个方面,它们是:

- 社会影响:社会在社会契约和利益相关者方面对企业产生的影响。
- 环境影响:企业行为对其地理环境产生的影响。
- 企业文化:企业与其内部利益相关者之间的关系,特别是与职工之间的关系,以及这种关系的各个方面。
- 财务:承担的风险水平所带来的适当收益。

这可以被视作可持续性的四个重要方面,具有同等的重要性。因此,我们的分析比其他的分析更为广泛、更为完整。另外,我们认为可以把这四个方面分解成一个由内部—外部焦点和短期—长期焦点组成的二维矩阵,完整地呈现企业的绩效。这一矩阵可以用图 8.2 的模型来表示。

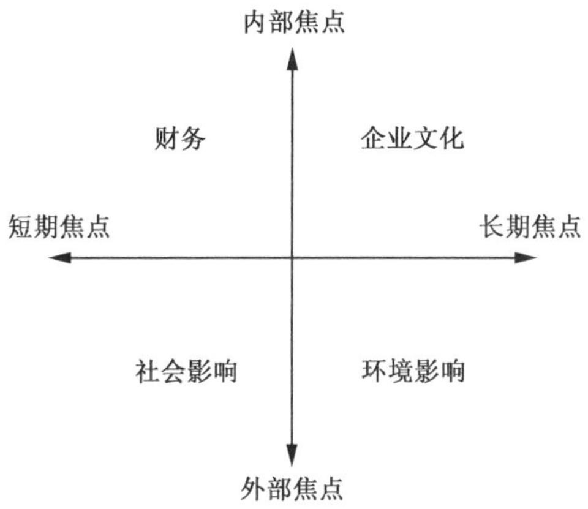

图 8.2 可持续性模型

这一模型不仅呈现了企业绩效,而且还为计量企业可持续性提供了基础。

为了实现可持续发展[①]，首先必须实现可持续性，而实现可持续性需要解决几个问题。实现可持续性重要的不是单独地将这几个问题一一解决，而是注意维持这几个问题之间的平衡。维持这种平衡是最具挑战性的，也是管理可持续性最重要的一个方面。这些问题主要可以归纳为四个，这四个问题可以准确地映射到前面所提到的可持续性评估模型：

一是维持经济活动。这是企业活动的主要存在理由，体现在模型中的财务方面。

二是保护环境。这对保留将来后代的选择来说至关重要，主要体现在环境影响方面。

三是保障社会正义。其中包括诸如消除贫穷、保障人权、促进普及性教育以及促进世界和平等活动，主要体现在社会影响方面。

四是发展精神和文化价值观，这是企业和社会价值观在个体中的统一。正是在这一点上，所有其他因素被肯定或被否定。令人遗憾的是，目前其他大多数因素被否定（参见 Davila-Gomez and Crowther，2007；Crowther and Davila-Gomez，2006a，2006b，2006c）。主要体现在企业文化方面。

通常理论家们对这几个因素的优先性进行排序，然而对于发展可持续性来说，公平地对这几个因素进行平衡才是最重要的。因此，我们认为，对于这一概念的大多数考虑过于简单化，无法真正起到作用。可以看出，对企业活动的描述不仅仅是处理组织理论中经常出现的利益相关者和股东之间的对立关系，而是比这复杂得多。

财务绩效、社会绩效以及环境绩效

实现良好企业绩效的一个观点是实行尽责管理（stewardship）。企业的管理者关注企业财务资源的管理，也应该关注环境资源的管理。但是，不同之处在于，环境资源大多分布于企业外部。因此，在这种背景下，尽责管理关系到社会资源和企业资源。就外部环境资源的管理而言，这种尽责管理的核心宗旨是确保可持续性。可持续性侧重于未来，关注的是如何确保未来资源利用的选择不受当前决策的制约。这必然意味着可再生资源的生产和利用、减少污染以及使用新的制造和分配技术等概念；也意味着将当前产生的成本视作对未来的一

---

① 许多研究者仍然假定可持续发展是可能的，并且是可取的，因此我们在此提到可持续发展。然而，对我们来说，实现可持续性本身既是一个必要前提，也是一个充分条件。

种投资。

然而，这种可持续性的活动不仅会影响未来的社会，也会在将来影响企业本身。因此，企业当前的良好环境绩效实际上是对企业自身未来的一种投资。这是通过确保企业能够在未来像现在一样从事经营和价值创造活动的供应和生产技术来实现的。但是，财务管理也关注当前企业资源的管理，以便将来的企业管理能够实现价值创造。因此，从财务视角来看，企业的内部管理和企业的外部管理都有一个共同点，那就是都关注企业的未来管理。

良好的财务绩效会导致良好的环境绩效，反之亦然。因此，环境绩效和财务绩效之间并不存在冲突（Crowther，2002），两者之间存在一个共同点。这个共同点就是企业的未来管理。[①] 可以说，社会和环境会计和报告的作用与财务会计和报告的作用之间有相同点。因此，我们不再需要关注资源分配的争论，而是需要制定真正能够反映企业活动对环境的影响的计量方法。关注企业的未来管理，首先需要制定科学的计量方法以及报告方法，这也是关注企业可持续性的前提。

同样，企业在内部创造价值之后，要将价值分配给企业的利益相关者，不管这些利益相关者是企业的股东还是其他人。然而，此处所指的价值是广义上的价值，而不仅仅指经济价值。因为，经济价值有可能是以牺牲其他形式的福利（如精神或情感福利）为代价创造出来的。[②] 企业的这种价值创造增加了整个社会的福利，虽然这种福利是针对特定社会成员的，而不是对所有的社会成员一视同仁。这导致廷克（Tinker，1988）、赫雷曼斯及其同事（Herremans and colleagues，1992）以及格雷（Gray，1992）等人就所创造价值的分配，以及价值是为某一类利益相关者创造的从而牺牲了其他利益相关者的利益等问题展开了争论。然而，不管价值怎么分配，价值创造出来就会增加整个社会的福利。同样，良好的环境绩效会导致整个社会福利的增加，尽管这往往会以情感福利和社区福利的形式而不是以量化的方式表现出来。这通常会以幸福感的方式表现出来，人们的幸福感增加就会导致积极性的增强。积极性的增强必然会导致生产力的提高，生产力的提高必然会使企业受益；积极性的增加也会使人们希望保持一个愉快的环境，从而导致环境的进一步改善、福利的进一步增加以及个人的破坏性参与的减少。

因此，福利的增加导致企业的自我延续。财务绩效和环境绩效有一个共同

---

① 财务报告的前提是公司能够持续经营下去，即持续经营原则。

② 参见 Mishan（1967）和 Ormerod（1994）。可以将其等同于古典自由主义话语中的“效用性”概念。

点，那就是它们都关注福利的增加。

绩效的所属

代理理论认为，企业的管理是代表企业的所有者进行的；换句话说，是代表企业的股东进行的。因此，只有当企业创造的价值不断地积累给企业的股东时，对创造的价值的管理才是相关的。正如拉伯特（Rapport，1986）和斯图尔特（Stewart，1991）所拥护的那样，这种企业管理观暗示着，整个社会以及企业的所有其他利益相关者也将通过这种企业绩效管理方式而受益。因此，从这个角度而言，人们的关注点集中在如何为了股东而管理企业绩效以及如何对企业绩效进行报告（Myners，1998）。

然而，这种企业观在过去几十年中受到了许多学者（例如 Tinker，1985）的广泛质疑。他们认为，最大限度地为全社会提高绩效的方式是代表所有利益相关者对企业进行管理，并确保由此创造的价值不被股东占用，而是分配给所有利益相关者。其他一些学者则认为，这种争论毫无意义。企业并不是通过关注股东或利益相关者而将价值创造最大化。企业通过关注企业的经营目标，并假设价值创造和公平分配会随之而来，从而实现价值创造的最大化。

这些观点是互相矛盾的，人们支持的观点不同，就会采用不同的视角对绩效进行评估。因此，一种思想流派认为是好的绩效，很有可能会被其他流派看作差的绩效。因此，在这种话语体系中，绩效最大化的观点是两极分化的，这导致了绩效报告的两极分化以及前面所说的辩证论的创立。在这种话语体系中，存在这样一个无人质疑的假设：一个方面的良好绩效是以牺牲另一个方面的绩效为代价的，尽管随后的分配冲突也隐含在这种话语中。事实上，金伯利及其同事们（Kimberley and colleagues，1983）曾经提到过，一些对企业未来重要的领域的绩效甚至还没有得到人们的认可，更别说被评估了。本书作者认为，绩效管理必须在未来定位成为所有利益相关者创造长期价值，而且这种价值创造必须以企业创造的价值在各种利益相关者中进行分配的方式体现出来。只有这样，才能确保企业的持续存在。

我们可以看出，在绩效评估过程中有不同需求的各方会在企业内部产生冲突。企业在这一过程中努力去完成其内部控制、战略制定以及问责功能，并制定一个能够满足这些需求的报告结构。虽然需要满足这些需求的基本信息是相同的企业信息，或者来自同一个数据源，但是信息的分析和使用方式是不同的，这也会导致企业的内部冲突。企业为了满足一种需求对计量方式进行调整,就有可能使得另外一个目的变得不那么妥当,这个时候冲突就会加剧。正因如此,企业的会计和信息系统一直处于不断发展和完善的状态,因为这两个系统旨在满足可感知的需求并进行调整以适应新的需求。因此,造成企业内部冲突的原因之一就是不同的利益相关者试图以不同的方式获取并使用信息,而这种冲突往往会对企业的凝聚力以及绩效产生不利影响。因此,绩效的评估有种宿命论的色彩,绩效的好坏有时候是由评估人的意愿决定的。

绩效评估中一个重要的概念是可持续性。因此,重要的是,所有的利益相关者不仅要确定当前的绩效,而且要能够预测当前绩效对未来产生的影响。因此,所有的绩效评估都着眼于未来。适当的计量方法可能有助于更好地预测不同绩效的可持续性以及当前绩效对未来产生的影响。这是因为解决所有利益相关者的需求有可能会揭示影响未来绩效的因素。如果采用传统的绩效评估方法,那么这些因素就可能不会被考虑到。例如,最近对于很多行业来说,原材料是否取自可再生资源这一点变得十分重要。但在以前,除了社区和环境压力团体之外,企业的其他利益相关者从未考虑过这一问题。

可持续性报告

有很多人声称(参见 Crowther,2000),环境成本的量化以及将这些成本纳入商业策略可以显著降低企业的经营成本。事实上,这是 1996 年全球环境管理倡议会议(Global Environmental Management Initiative Conference)的主要议题之一。很少有证据能证明情况确实如此。但是帕瓦和克劳斯(Pava and Krausz,1996)实证性地证明他们定义为“对社会负责任”的企业与那些对社会不负责任的企业在财务方面表现得同样好。然而,公认的是,对何谓“对社会负责任的企业”存在着不同的定义,因而对那些被认为“对社会负责任的”企业和“对社会不负责任的”企业的绩效进行评估也会得出不同的结果。同样,其他国家也正在努力为希望被视为环境从业者和审计师的会计师提供认证框架。例如,加拿大特许会计师协会(the Canadian Institute of Chartered Accountants)一直大力参与这一国家框架的创建。然而,阿佐内、曼齐尼和诺埃尔(Azzone,Manzini and Noel,1996)认为,尽管这一领域缺乏任何监管框架,但至少就报告而言,一定程度的标准化开始在国际层面出现。这正是本章的一个中心论点。

在过去的 25 年中,这种衡量社会影响和报告的技术一直在持续不断地提出。而在这段时间,这种会计形式的概念已经存在。然而,学者们只是提到企业通过其行为对其外部环境产生影响,并且应该考虑到这种影响,却没有就如何衡量这种影响提出任何实质性建议。社会会计和报告的技术实施一直在发展的同时，这种会计的哲学基础（基于透明原则和会计原则）也已经形成。因此，有些人会考虑会计师应该参与这种会计的程度，并且认为这种会计可以通过社会契约来证明是有益于整个社会的。其他人则认为可持续性是社会和环境会计的基石，并且凸显审计的功能。

如果我们仔细查阅企业的外部报告，就能看出企业开展企业社会责任活动的程度。越来越多的人意识到有必要将这种信息纳入企业的外部报告，并且事实上越来越多的企业也确实将这类信息写入其年度报告。随着越来越多的企业认识到向外部利益相关者提供此类信息的重要性，这一势头发展迅猛。然而，有人认为，企业将这些信息纳入报告并不能证明企业对环境日益关注，而是因为这样做会给企业自身带来好处，例如减税。然而，世界许多地区也明显表现出一种趋势，即企业倾向于制作单独的社会和环境报告。在这种背景下，根据企业发展情况的不同，这种报告通常被重新定义为企业社会责任报告或可持续性报告。

企业如果能实现这一点，外界的监管就变得不那么必要了，而诸如 AccountAbility 之类的机构制定的标准也遭到了人们的质疑。思想进步的企业努力做到对社会完全负责，并在这一点上取得了很大的进步。在努力过程中，这些企业逐渐了解其业务发展的重点，认识到企业社会责任涵盖很多方面，不同的企业对企业社会责任也会有不同的阐释。这些企业为了做出适当的行为并对这些适当的行为做出适当的报告而采取了重要的措施。企业为了承担企业社会责任而采取的措施使企业变得越来越成熟，而所有的企业在迈向成熟的过程中都要经历相同的阶段，尽管企业的发展速度不尽相同。成熟的企业认识到，全球化的本质是承认企业的边界是可渗透的，企业要对其价值链中其他企业的行为负责。

降低风险

风险评估方法也被这种修辞所蒙蔽了，因此风险评估，尤其是环境风险评估，是存在缺陷的。为了充分认识环境成本及收益并将其纳入投资分析过程，首先应当识别需要纳入评估过程的成本及收益属于什么类型。一旦确定了成本的类型，就可以对成本进行量化，并将那些与弹性收益相关的难以量化的定性数据纳入进来。完成环境审计将增强对相关过程的理解，从而使该过程变得更为容易。由于环境效益不同于经济效益，在考虑环境效益时，选择恰当的时间范围是相当重要的，这可以使这些环境收益被识别并得以累积。这个时间范围可能与一个完全由财务分析需求所决定的时间范围截然不同。

一旦所有数据得到确认并被收集和量化，就可以将这些数据纳入财务评估，而这种评估对风险的评估更为持续一致。识别收益和成本很重要，或许需要重申的是，其中的许多收益无法量化，是无形的、与企业形象有关的收益。许多收益不仅是无形的，而且还需要一段时间才能实现，因此需要选择合适的时间范围来评估风险及相关影响。与传统的以财务为基础的评估相比，这一时间跨度很可能会长一些。显然，需要考虑这段时间内的现金流问题，并且需要在评估中使用合适的评估方法（如现金流折现法）。除了风险评估及其对资本成本的相关影响之外，所有这些都不会因为环境会计信息的纳入而发生变化。

随着环境影响的真实程度被纳入计算，预计资本成本会随之增加。因此，将环境会计纳入风险评估体系的步骤可以用图 8.3 表示。

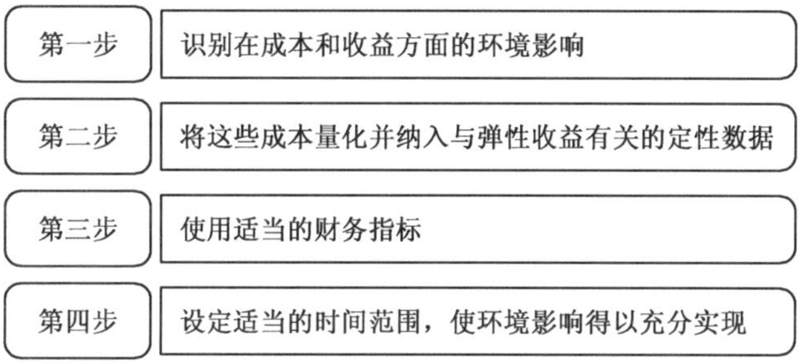

图 8.3　风险评估过程

分配问题

企业所采取的行动会对周围的环境产生广泛的影响。因此，可持续性的关键一点涉及其行为影响的分配。传统的做法是将利润算作企业内部的利润，而将其他一切都视为可以忽视的外部因素。因此，我们的讨论只需要关注企业活动产生的利润的分配。一部分利润分配给企业所有者，作为企业所有者承担风险的回报；一部分利润分配给企业管理者，作为他们创造利润的奖励；企业也会留下一部分利润用于将来提高其盈利能力。

当然，这种做法忽略了企业活动的两个方面：

- 仅仅通过将成本外部化就有可能实现利润的增长（正如会计所记录的那样）；

- 如果没有企业其他利益相关者的主动或被动合作,企业不可能实现盈利。

因此,社会会计方法就是承认企业活动产生的所有成本和收益,并将重点放在这些成本和收益的分配上,以确保所有利益相关者都能满意,这是社会会计文献中常见的"满意即可"的方法(satisficing approach)。其基本原则是,如果所有利益相关者都满意,那么他们之间就不会产生冲突,所有人都会为了互利共惠而进行合作。

因此,企业在股票市场及股东价值之外的其他方面的表现越来越受到人们的关注。费迪欧(Fetyko,1975)认为社会会计是报告企业活动的一种方法,并强调有必要识别社会相关行为,确定企业的社会绩效应对哪些人负责,并制定适当的措施和报告技巧。克莱因(Klein,1977)也对社会会计进行了探讨,认识到不同利益相关者群体对绩效的不同方面感兴趣,并对会计关注的三个领域进行了区分:投资者、社区关系和慈善。克莱因(1977)还考虑了各种需要衡量的因素,例如消费者剩余、租金、环境影响以及非货币价值。这些学者向我们暗示,衡量社会绩效很重要,但并没有给出让我们信服的理由。索罗门斯(Solomons,1974)探讨了客观衡量企业社会绩效的必要性。索罗门斯认为,客观衡量企业的社会绩效一方面有助于企业做出理性的决策,另一方面则是出于自我保护的必要。

与其他学者不同的是,索罗门斯不仅主张需要在社会绩效方面解释企业活动,而且还提出了用社会损益表解释企业活动的模式。索罗门斯的社会绩效分析模型如图 8.4 所示。

社会收益表:	£
生产过程产生的价值	×××
+不可挪用收益	×××
-对社区施加的外部成本	×××
社会净收益/损失	×××

图 8.4 社会绩效分析

然而,这种方法仍然没有认清全球环境的现实(参见 Aras and Crowther,2007a;2007b)。企业牢牢根植于全球环境,而全球环境不仅要考虑当下,还要考虑过去与未来。这就使得现在和未来的每件事物和每个人都有可能成为利益相关者。

因此，可持续性需要对影响进行分配，不管是积极的影响还是消极的影响，来减少这些影响之间的冲突，并关注当下和未来。因此，短期方法不再适合可持续性(图 8.5 代表的正是这样一种方法)。

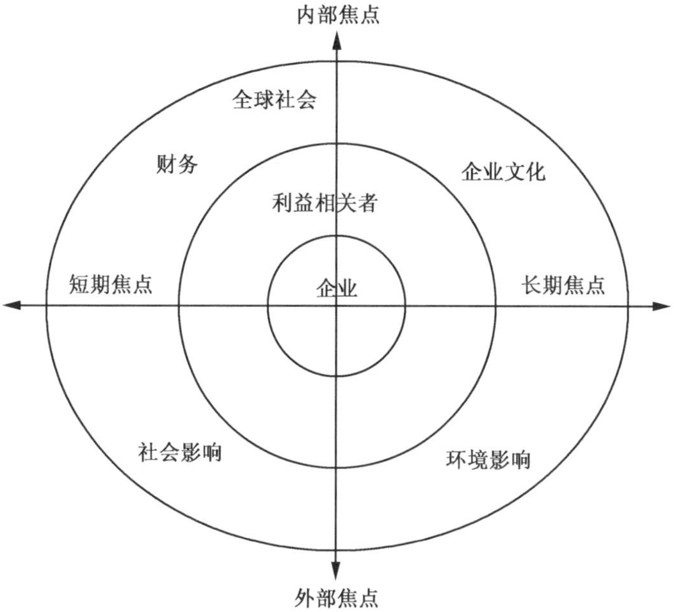

图 8.5　可持续分配模型

玛莎百货的环保 A 计划

2007 年，玛莎百货着手建立其作为商业街最具道德的零售商之一的声誉。玛莎百货通过“A 计划”项目做到了这一点。A 计划对公众做出承诺，并为实现这一目的制定了具体的目标。这是一个解决该公司可持续发展问题的五年计划，口号是“因为没有 B 计划”。这项计划涉及 100 个减碳目标的计划，其中包括公司五年内要达到碳中和的意图。A 计划的核心是气候变化、废弃物、永续原料、公平交易、健康五大领域。在 A 计划中，玛莎公司不仅承诺要处理人权和环境的问题，还承诺要制定道德的交易标准。玛莎百货对 A 计划进行了广泛的营销宣传，备受客户欢迎。

A 计划全部涉及可持续性和可持续发展的问题，其营销做得非常成功。但也遭到了一些愤世嫉俗者的批评，指责这只不过是玛莎百货公司的“漂绿”行为。例如，媒体上有关玛莎公司旧物回收的报道使得人们质疑这项计划是否现实，质疑这其中到底有多少“漂绿”和“廉价营销”的成分。然而，玛莎公司其实在这项计划中投入了大量的资金。A 计划引发人们思考什么是可持续发展、什么是碳中和；同时也引发人们思考一家企业是否能够在企业社会责任的各个方面做到同样出色，是否有必要区分其中的轻重缓急，是否必须在冲突的利益之间做一些权衡。

尽管玛莎百货大肆宣传 A 计划(“因为没有 B 计划”)，但玛莎百货在 2007 年被评为食品包装回收能力最差的英国超市。玛莎百货的食品包装只有 60%是可回收的，而阿斯达(Asda)和塞恩斯伯里超市(Sainsbury's)的食品包装回收率为 70%，当地零售商的食品包装可回收率则为 79%。然而，玛莎百货也采取了一些行动。它是这样为自己辩护的：

2007 年 4 月至 2008 年 5 月，我们节省了 12%(即 1 402 吨)的包装。在某些情况下，为了更加环保，我们还设法通过在我们的包装中添加可回收成分，同时仍保持 90%的可回收性。自 2007 年 10 月以来，我们已经将可广泛回收的食品包装量从 68%增加到 74%。另有 17%的食品包装可以在当地设施可用的情况下进行回收。

因此，玛莎百货公司凭借其行业领先的减少包装和解决可持续性的方法，在 2009 年绿色包装奖(Greener Package Awards)中荣获零售领袖奖。2009 年英国经济开始衰退，玛莎百货公司出现了经营困难，然而公司仍然坚守承诺，坚持执行 A 计划。2010 年，玛莎百货公司宣称：我们业务的每个方面都留下了碳足迹，但我们的目标是全面减少排放。我们的目标是到 2012 年在英国和爱尔兰的运营中实现碳中和。我们正在通过减少能源消耗和增加可再生电力的使用来实现这一目标，只有在迫不得已时才会采用抵消措施。(购买可再生电力来抵消所消耗的电量。——译者注)

玛莎百货公司的 A 计划营销做得非常成功。然而你也可以这么想，玛莎百货公司坚持致力于可持续发展，只是顺便做了一次成功的营销而已。承担企业社会责任从而引起公众注意并没有什么不对之处。事实上，英国政府贸易和工业部公开声称：“尽情宣传你们开展的企业社会责任活动吧。确保你们的客户、供应商和当地社区知道你们正在做些什么。履行企业社会责任可以帮助企业树立良好的公众形象。”

可分配的可持续性

在此，我们引入“可分配的可持续性”(distributable sustainability)这一术语来解释我们在本章中所提出的一个重要观点，即真正的可持续性不仅取决于行动影响未来选择的方式，还取决于这些行动所产生的影响(不管是正面影响，还是负面影响)是如何在相关利益者中间进行分配的。我们提出的一个核心原则是，企业要持续发展，不能只是利用资源为企业的所有者带来利益，而是必须认识到企业的活动会对企业的所有利益相关者产生影响。企业必须将这些影响以大家都可接受的方式在利益相关者之间进行分类，无论是现在还是未来。实际上，这是对企业活动的一种激进的重新阐释。

有必要考虑这种可持续性观点是如何操作的。我们的观点是，可持续性意味着必须提高资源的使用效率以及企业活动影响的分配的公平性。当然，要进行操作，企业活动的影响必须可以衡量，而且这些影响合起来必须是可管理的。

可持续性模型如图 8.6 所示。这个模型可用作平衡计分卡为企业内的可持续性操作提供一种评估形式。它侧重于四个方面：

- 战略
- 财务
- 分配
- 技术发展

可管理 (战略方面)	可计量 (财务方面)
公平 (分配方面)	高效 (技术发展方面)

资料来源：引自 Aras and Crowther(2009)。

图 8.6　可分配的可持续性

此外，该模型认识到这些因素之间应该形成一种平衡，这是关于可持续性的最重要的一点。我们可以从这个模型中看出，企业可以制定一个反映所处理事务轻重缓急的行动计划，为绩效评估提供基础。

关于可持续性的总结

总而言之，我们需要对可持续性进行彻底的反思，放弃《布伦特兰报告》中关于“可持续性”的定义，离开安全舒适区。因此，我们拒绝接受《布伦特兰报告》中有关“可持续性”（sustainability）和“可持续发展”（sustainable development）的论述，而倾向使用“持久性”（durability）一词来强调侧重点的变化。

持久性的基本特征可以描述如下：

- 效率关注的是如何最佳利用稀缺资源。这需要重新定义转型过程的投入，并将环境资源看作稀缺资源。
- 效率关注的是如何优化稀缺资源（即环境资源）的使用，而不是降低成本。
- 价值是通过技术和创新而不是通过收归国有来增加的。
- 产出被重新定义为包括对所有利益相关者的分配效应。

结 语

持久性或可持续性的两个关键组成部分是效率和公平性。但需要对效率重新进行定义，以优先考虑如何有效利用环境资源，而不是有效利用财政资源。公平要求满足所有利益相关者的最低要求，而不仅仅是为所有者和投资者带来收益。这些是可持续发展的先决条件。

当然，可持续性对企业及其持续存在来说是至关重要的。可持续性对于目前的经济活动以及地球本身的持续存在同样重要，至少我们目前是这样理解的。正如我们已讨论的那样，这是一个复杂的过程。这个过程不仅要承认企业在经营活动中做出的决策，还要承认所做的分配决策。只有这样，一个企业才会被认为是可持续的。

要点总结

- 《布伦特兰报告》确定了可持续发展的三大支柱，从而导致了三重底线报告的制定。
- 我们可以确定实现可持续性有四个因素。
- 对可持续绩效进行管理是一个复杂的过程，对可持续绩效的报告也是如此。
- 风险与可持续性相关，可持续绩效能够降低风险。
- 所有企业都关注可持续性，但不一定理解这个概念或其含义。

关键术语及理论定义

持久性(durability):是可持续性的强形式,解决的是效率和公平问题。

满意即可(satisficing):指的是满足各方的最低要求,确保各方足够满意而不会提出抗议。

社会绩效(social performance):在计算利益时也会考虑外部因素。

可持续发展(sustainable development):是在不损害子孙后代满足自身需求的能力的前提下满足当前需求的发展。

三重底线(the Triple Bottom Line):包括经济(金融)、环境和社会绩效。

理解题

1. 三重底线包括哪些内容?
2. 可持续性的四个因素是什么?
3. 可分配的可持续性涉及哪些因素?
4. 社会绩效分析涉及哪些因素?
5. 社会正义与可持续性有何关联?
6. 可持续性与持续存在有何区别?
7. 可持续性概念对企业有何重要意义?

补充阅读材料

Aras, G. and Crowther, D. 2010. 'Sustainability', in *The Gower Handbook of Corporate Governance and Social Responsibility.*

Aras, G. and Crowther, D. 2009. *Durable Corporation: Strategies for Sustainable Development.* Aldershot: Gower.

Hart, S. L. 1997. 'Beyond Greening: Strategies for a Sustainable World', *Harvard Business Review*, January–February: 67–76.

WCED (World Commission on Environment and Development) 1987. *Our Common Future* (The Brundtland Report). Oxford: Oxford University Press.

参考文献

Amba-Rao, S. C. 1993. 'Multinational Corporate Social Responsibility, Ethics, Interactions and Third World Governments: An Agenda for the 1990s', *Journal of Business Ethics*, 12: 553–72.

Aras, G. and Crowther, D. 2007a. 'Is the Global Economy Sustainable?' in S. Barber (ed.), *The Geopolitics of the City*. London: Forum Press, 165–94.

Aras, G. and Crowther, D. 2007b. 'Sustainable Corporate Social Responsibility and the Value Chain', in D. Crowther and M. M. Zain (eds), *New Perspectives on Corporate Social Responsibility*, 109–28.

Aras, G. and Crowther, D. 2008a. 'Corporate Sustainability Reporting: A Study in Disingenuity?' *Journal of Business Ethics*, 87 (supp 1): 279–88.

Aras, G. and Crowther, D. 2008b. 'Governance and Sustainability: An Investigation into the Relationship between Corporate Governance and Corporate Sustainability', *Management Decision*, 46, 3: 433–48.

Aras, G. and Crowther, D. 2008c. 'The Social Obligation of Corporations', *Journal of Knowledge Globalisation*, 1, 1: 43–59.

Aras, G. and Crowther, D. 2008d. 'Evaluating Sustainability: A Need for Standards', *International Journal of Social and Environmental Accounting*, 2, 1: 19–35.

Aras, G. and Crowther, D. 2009. *Durable Corporation: Strategies for Sustainable Development*. Aldershot: Gower.

Azzone, G., Manzini, R. and Noel, G. 1996. 'Evolutionary Trends in Environmental Reporting', *Business Strategy and Environment*, 5, 4: 219–30.

Beder, S. 1997. *Global Spin: The Corporate Assault on Environmentalism*. London: Green Books.

Crowther, D. 2000. *Social and Environmental Accounting*. London: Financial Times Prentice Hall.

Crowther, D. 2002. *A Social Critique of Corporate Reporting*. Aldershot: Ashgate.

Crowther, D. and Davila-Gomez, A. M. 2006a. 'Is Lying the Best Way of Telling the Truth?', *Social Responsibility Journal*, 1, 3 and 4: 128–41.

Crowther, D. and Davila-Gomez, A. M. 2006b. 'Stress in the Back Office', in *Proceedings of India – the Processing Office of the World*, Kochi, January: 27–38.

Crowther, D. and Davila-Gomez, A. M. 2006c. 'I Will if You Will: Risk, Feelings and Emotion in the Workplace', in D. Crowther and K. T. Caliyurt (eds), *Globalization and Social Responsibility*. Newcastle: Cambridge Scholars Press, pp. 163–84.

Davila Gomez, A. M. and Crowther, D. 2007. 'Psychological Violence at Work: Where Does the Human Dignity Lie?' in A. M. Davila Gomez and D. Crowther (eds), *Ethics, Psyche and Social Responsibility*. Aldershot: Ashgate, pp 15–34.

Dyllick, T. and Hockerts, K. 2002. 'Beyond the Business Case for Corporate Sustainability', *Business Strategy and the Environment*. 11: 130–41.

Fetyko, D. F. 1975. 'The Company Social Audit', *Management Accounting*, 56 (10): 645–7.

Gray, R. 1992. 'Accounting and Environmentalism: An Exploration of the Challenge of Gently Accounting for Accountability, Transparency and Sustainability', *Accounting, Organizations and Society*, 17, 5: 399–425.

Gray, R. and Bebbington, J. 2001. *Accounting for the Environment*. London: Sage.

Hart, S. L. and Milstein, M. B. 2003. 'Creating Sustainable Value', *Academy of Management Executive*, 17, 2: 56–67.

Hawken, P. 1993. *The Ecology of Commerce*. London: Weidenfeld & Nicolson.

Herremans, I. M., Akathaparn, P. and McInnes, M. 1992. 'An Investigation of Corporate Social Responsibility, Reputation and Economic Performance', *Accounting, Organizations and Society*, 18, 7/8: 587–604.

Kimberley, J., Norling, R. and Weiss, J. A. 1983. 'Pondering the Performance Puzzle: Effectiveness in Interorganizational Settings', in R. H. Hall and R. E. Quinn (eds), *Organizational Theory and Public Practice*. Beverly Hills: Sage, pp. 249–64.

Klein, T. A. 1977. *Social Costs and Benefits of Business*. Englewood Cliffs, NJ: Prentice Hall.

Marrewijk, M. van and Werre, M. 2003. 'Multiple Levels of Corporate Sustainability', *Journal of Business Ethics*, 44, 2/3: 107–19.

Marsden, C. 2000. 'The New Corporate Citizenship of Big Business: Part of the Solution to Sustainability', *Business and Society Review*, 105, 1: 9–25.

Mishan, E. J. 1967. *The Costs of Economic Growth*. Harmondsworth: Pelican.

Myners, P. 1998. Improving Performance Reporting to the Market', in A. Carey and J. Sancto (eds), *Performance Measurement in the Digital Age*. London: ICAEW, pp. 27–33.

Ormerod, P. 1994. *The Death of Economics*. London: Faber & Faber.

Pava, M. L. and Krausz, J. 1996. 'The Association between Corporate Social Responsibility and Financial Performance: The Paradox of Social Cost', *Journal of Business Ethics*, 15, 3: 321–57.

Rappaport, A. 1986. *Creating Shareholder Value*. New York: The Free Press.

Reed, R. and DeFillippi, R. J. 1990. 'Causal Ambiguity, Barriers to Imitation, and Sustainable Competitive Advantage', *Academy of Management Review*, 15, 1: 88–102.

Solomons, D. 1974. 'Corporate Social Performance: A New Dimension in Accounting Reports?, in H. Edey and B. S. Yamey (eds), *Debits, Credits, Finance and Profits*. London: Sweet & Maxwell, pp. 131–41.

Spangenberg, J. H. 2004. 'Reconciling Sustainability and Growth: Criteria, Indicators, Policies', *Sustainable Development*, 12: 74–86.

Stewart, G. B. III 1991. *The Quest for Value*. New York: HarperCollins.

Tinker, T. 1985. *Paper Prophets: A Social Critique of Accounting*. London: Holt, Rinehart & Winston.

Tinker, T. 1988. 'Panglossian Accounting Theories: The Science of Apologising in Style', *Accounting, Organizations and Society*, 13, 2: 165–89.

Zwetsloot, G. I. J. M. 2003. 'From Management Systems to Corporate Social Responsibility', *Journal of Business Ethics*, 44, 2/3: 201–07.

第九章

企业与管理行为

本章学习目标：

- 解释什么是企业理论
- 讨论交易成本理论与企业社会责任的相关性
- 讨论成本控制与企业社会责任之间的关系
- 识别并解释精神分析理论的不同方面
- 理解语言作为框架工具的重要性

导 论

我们通常是在企业社会责任的语境下理解企业行为的，认为企业就像自由的人那样行事。所以我们通常是这样讨论企业活动的。实际上，企业活动必然是以企业管理团队的决定为根据的，因此，这实际上是独自行事的个人或者是群体的一小部分所做出的行为，故我们需要花些时间来了解这些行为。

企业理论

企业理论解释了企业成立的原因以及会计作为一种工具是如何帮助企业做出理性决策的。然而，它并未能充分解释企业是如何运作的。因此，当思考会计在企业中的作用时，必须考虑到企业的成员，因为一个企业是由参与其事务的人员所组成的。参与者受企业会计制度的影响，同样地，也反过来影响会计制度。在第十一章中我们会谈到这一点。管理企业的主要人员当然是管理者。威廉姆森(Williamson ,1970)认为，这是因为在任何一个大型企业里，企业的管理权和所有权通常是分离的。这就是影响管理和制定决策的因素之一。这导致了企业内部效率问题和利益冲突的产生，也就意味着企业无法高效地运作以实现交易成本最小化和价值创造最大化。据此，威廉姆森提出了“组织失败框架”。

该框架可以简单地描述如下：

- 人无完人，管理者在追求实现企业所有者的利益时，不可能忽视自身利益的实现；
- 企业作为资源分配机制并不完善，并且随着企业规模的扩大，会产生效率低下的问题；
- 市场并不健全，它本身无法弥补企业生产活动中所产生的其他效率问题。

第一个问题涉及企业的内部成员，已经通过代理理论得到解决；另外两个问题则通过交易成本理论的介入而得到解决。

交易成本理论介绍

就企业理论而言，会计采用的完全是内部视角，未能认识到企业行为产生的影响会影响到外部；如前所述，这与在古典自由主义设想下运行的企业无关。此外，企业的会计方法以其所提供的产品或服务为基本成本单位。以此方法计算时，会计旨在获取提供产品或服务时所产生的成本，并简单测算出生产过程中所累积起来的各种成本。这些累积的成本构成了会计信息的基础，用于实现企业内部管理会计的多种目的。这些用途包括：

- 运行策划与控制；
- 决策制定；
- 绩效计量与报告；
- 管理绩效的评估和奖赏。

企业采用该会计方式，意味着企业管理成功的关键在于对成本行为的理解。因此，了解企业运营过程中的成本行为的技术已经得到了广泛地开发。同样地，许多用于计算成本分配以及这些成本如何被纳入产品成本中的技术也被开发出来，这些都是会计过程所产生的结果。所以，隐含的假设为：成本最小化是企业成功运营的关键。当然，这个假设是不正确的，价值创造最大化才是企业运营取得成功的关键。这是根据对企业转化过程的了解而得出的，如图 9.1 所示。

图 9.1 转化过程

通过对转化过程的了解，交易成本理论也被纳入该理论。该理论的出发点是企业的一切活动都是交易。无论企业的活动是在其内部产生的还是在与外部环境互动时产生的，都是如此。因此，就企业而言，内部活动与外部活动在原则上没有区别，因为它们都是交易。唯一的实质性差别在于，当交易发生在企业外部时，可以通过市场机制的运作来确定交易的价格。而当交易完全在企业内部进行时，交易定价时会缺乏市场机制。因而，我们必须通过开发会计技术来弥补这个不足，模拟市场机制的运作。这些技术将包括企业使用的转让定价系统。

除了交易价格之外，所有的交易还涉及成本，也就是参与交易本身的成本。比如包括获取原材料的成本（包含在原料的会计成本之内），或者是拟定一个帕累托最优委托代理合同的成本。从理论上讲，企业之所以存在，是因为当交易在企业内部而不是通过市场的价格机制进行时，交易成本会降低。实际上，所有企业都会有一部分交易完全在内部进行，而另外一些交易则通过市场机制进行。从理论上讲，这是因为每笔交易的成本都可以通过在企业内部将其内化或是将其在市场上外化而实现最小化。为了在转化过程中创造最大价值，需要使交易成本最小化，因此，交易成本理论将企业活动的中心转移到与转化过程相关的交易成本上来。要使交易成本最小化，应当做到以下几点：

- 通过优化所有交易的来源，将运营活动的效率最大化；
- 通过将所提供的产品或服务的成本最小化来实现企业盈利最大化；
- 将所承担的转化成本最小化，来实现企业内部价值创造的最大化。

如果一家企业了解其转化过程中相关的交易成本，那么它就能够确定交易是在企业内部进行还是通过市场来进行更有效。如果将交易纳入企业内部能够降低成本，那么交易就应该在企业内部进行。这意味着企业将垂直整合（vertical integration）作为降低交易成本的手段。降低某一交易类型交易成本的另外一种方法是确保规模经济能够削减单位交易成本，这就产生了横向整合(horizontal integration)。另一方面，企业了解交易成本后，可能会将交易外化，并通过市场进行交易；这将致使企业缩减规模并放弃某些活动，在必要时还会把交易外包出去。通过这种方式，任何一家企业的业绩都会得到优化，这意味着任何一家企业都有一个最佳规模，都有其应当从事的一套最优业务。

对任何一个国家经济状况的观察均显示，企业一直在通过整合及撤资来改变其交易来源。由此可以假设，企业的管理者能够了解交易成本并做出相应的反应。然而，组织失败框架却认为，事实并非如此，沟通失真和官僚机制会阻止其有效进行。不过，会计信息本身的应用也是企业所面临的、影响该过程的一个问题。但是，作为成本积累的方法，会计并不能衡量这些交易成本，因此也无法提供促进交易成本最小化的计量方法。因此，这揭示了使用会计信息管理企业价值创造过程所存在的问题，也是会计不能衡量决定运营绩效的关键性因素的原因。

因此，交易成本理论为企业运营提供了不同的视角。它表明，在确定交易成本上，会计辜负了企业管理者的期望。该理论认为，采用不同的会计方法将有助于企业实现最佳绩效。

交易成本理论存在的问题

交易成本理论听起来合乎逻辑，而且这些论点与那些专注于价值链的战略管理方法相符。然而，要将这一理论付诸实践还是有问题的。这些问题源于本章在前文中所提到的一些观点，源于组织失败框架，即企业不是有效的资源配置者，市场本身也无法有效运作。现在，我们再重新详细探讨这些观点。

企业作为资源配置者

按照传统，企业的资源配置决策都是以其会计系统所提供的信息为基础的。然而，我们已经确定，会计信息不能提供必要的信息以使企业根据转化过程中单笔交易的交易成本而做出资源配置相关的决策。因此，企业往往依据不完整的信息而做出这些决策。所以，我们可以理所当然地得出结论，仅仅以传统会计信息作为决策工具，无法实现企业内部资源的最佳配置。此外，我们也思考了代理理论背景下管理者的行为，管理者不一定有动机采取对企业最有利的方式分配资源。会计信息被用于激励管理者或奖励其业绩，企业管理者自身运用会计信息的方式，这些都使得企业管理者的行为变得更加复杂。鉴于此，把会计信息同决策过程分开，将两者同所有企业中都存在的权力关系割裂开来，都是不可能的。这些是我们将在后续章节中详细讨论的要点。

因此很明显，管理者的行为以及企业运用会计信息的方式都是妨碍企业作为资源配置者有效运作的因素。这些论点为组织失败框架中已经确定的问题提供了支撑。

市场缺陷

经济理论把市场作为不同个体或企业之间进行交易的手段，一方提供商品或服务，另一方则用金钱来购买。这些交易在市场中进行。由此，市场交易过程可以简单地表述如下：商品或服务的消费者确定自身有何需求，商品或服务的供应商决定提供什么，而价格则是协调某一商品或服务供求的调节机制。这里隐含的假设是：交易的任何一方都会做出理智的行为，以最大限度发挥其效用。从长远来看，价格机制的自由运作足以确定使供求达到平衡的价格。然而，这些假设仅适用于完全自由竞争，而这种竞争在现实生活中并不存在。在现实中，市场受到来自多方竞争对手不同力量、企业自身在市场中的表现、政府对市场的调控以及各种市场参与者对当前和未来的期待等多种因素的影响。因此，我们可以认为，使供求达到平衡的均衡价格实际上并不存在，或者至少在短期内不会出现。

因此，在经济学理论中，关于市场运作有这样一个基本假设：可以把均衡看作一种无法实现的自然状态，这是市场效率和调节交易价格机制遇到的基本问题。然而，企业为了寻求最大限度降低交易成本，在运营过程中所做出的决策取决于市场的稳定平衡，以便对经营活动做出必要的规划。所以，就旨在实现交易成本最小化的资源配置而言，市场也存在着问题。

因此，虽然交易成本理论似乎提供了一种方法，将企业内部的转化过程作为管理决策的基础，把交易成本最小化作为利润最大化的基础，这意味着企业内部必须对收集和利用会计信息的方式进行重新调整；然而，我们可以看到，就企业内部正在做出的决策而言，该理论的实际应用还存在一些问题。所以不幸的是，我们必须得出这样的结论：对于企业来说，除了能提供一种关注企业转化和运营过程不同方面的方式之外，该理论几乎没有什么实际应用价值。

伯纳德·麦道夫与非正常利润

2009 年 6 月 29 日，伯纳德·麦道夫(Bernard Madoff)被判处 150 年监禁，并处以 1 700 亿美元罚金。根据最初的指控，麦道夫曾交代其公司负债约 500

亿美元。而州检察官根据 2008 年 11 月 30 日麦道夫客户的账户估计，这起诈骗案的规模为 648 亿美元，成为金融史上最大的一起诈骗案。但是有趣的是，如果不计机会成本和虚假利润的税费，麦道夫的直接投资者中有半数根本没有亏损。

麦道夫投资丑闻就是所谓的庞氏骗局(Ponzi scheme)，即从新的投资中赚取红利。显然，这样的计划不能长久维持，但麦道夫却经营了近二十年，其间过着奢靡的生活，获得了“投资大师”的声誉。麦道夫于 1960 年创办了麦道夫投资证券有限责任公司，被捕前一直担任公司董事长。被他的儿子们告发后，麦道夫于 2008 年 12 月 11 日被联邦当局逮捕。2009 年 3 月 12 日，麦道夫承认了 11 项联邦罪行，并招认其犯下的有史以来最大规模的个人投资诈骗案。麦道夫于 1960 年以 5 000 美元(大约相当于 2008 年的 35 000 美元)创办了公司，从事小额股票交易，而这 5 000 美元是麦道夫做救生员和淋浴器安装工人赚来的。麦道夫的岳父索尔·阿尔伯恩(Saul Alpern)是一名会计师，把他的朋友们和亲戚们都介绍给了麦道夫。自此之后，麦道夫的生意开始有了起色。最初，该公司通过美国国家报价局(National Quotation Bureau)的粉单市场(pink sheet market)进行交易。为了与在纽约证券交易所进行交易的公司竞争，麦道夫的公司开始利用创新性计算机信息技术来宣传其报价。经过试运行，该公司帮助研发的技术演变成了纳斯达克(NASDAQ)。麦道夫证券一度成为纳斯达克最大的交易商。

1992 年，《华尔街日报》(*The Wall Street Journal*)称麦道夫是“场外第三市场交易大师，纽交所的灾星”。麦道夫向《华尔街日报》解释了他所谓的战略。他说，鉴于标准普尔 500 指数在 1982 年 11 月至 1992 年 11 月期间的平均收益率是 16.3%，自己公司的收益并不足为奇。麦道夫声称：“如果有人认为公司在 10 年的时间里与标准普尔 500 指数保持一致就算出色，我会感到很吃惊。”实际上，在 20 世纪 90 年代，大多数基金经理的收益率低于标准普尔 500 指数。《华尔街日报》指出，麦道夫利用期货和期权很好地缓解了市场涨跌对收益的影响。麦道夫说，他填补了对冲基金的成本，这很有可能会使他在选择股票和市场时机时落后于市场，从而使收益低于股票市场。2009 年 3 月，麦道夫供认，自 20 世纪 90 年代他就停止了交易，后来他那些所谓的收益全是伪造的。

竟有如此多的人任由这种状况一直持续下去，或许看似很奇怪，但事实证明，人们愿意持续接受不正常的巨额利润，尽管历史表明这样的状况是不可能长期持续下去的。

管理者动机

在思考企业报告如何影响管理问责制时，有必要考虑到管理者动机(Crowther，2002b)。因此，本节从精神分析学说出发来探讨管理者动机，以弗洛伊德(Freud)和拉康(Lacan)的视角来探讨个性化对管理需求的影响。个体化的追求促使了争夺主导地位的管理动机的产生(Crowther，2002a)。

企业管理往往被当作独立的实体。要记住，该实体实际上是由一系列有着各种需求、动机和欲望的个体所组成，这一点非常重要。因此，每个个体都渴望自身需求得到满足，自我实现便是其中的一个需求(Maslow，1954)。该需求是马斯洛需求层次的最高层次，因而也很有可能是最需要考虑的动机。其次，两个最重要的需求分别是尊重的需要(表现为自尊和来自他人对自己的尊重)，爱和归属的需要(表现为成为社区不可分割的一部分)。对于理解企业内部占主导地位的管理层的行为来说，这两个需求尤为重要。它们有助于解释为什么管理者和其他人一样，需要感受到自身很重要、有能力、对企业绩效有着举足轻重的影响。

为了更深入地了解管理行为的驱动因素，从企业中管理者个体的行为和动机的角度出发，精神分析学说提供了更为合适的理论基础。精神分析学说最初由弗洛伊德创立，后经多人修改完善。一般来说，这种理论可以被认为是关于人类情感行为的理论。为理解其对管理行为的影响，有必要对其中一些主要观点进行研究。

西格蒙德·弗洛伊德——精神分析学之父

多数人知道，精神分析学最初由弗洛伊德创立，后经多人修改完善。一般来说，可以认为精神分析学是关于人类情感行为的理论。弗洛伊德尤其关注童年经历在个人成长过程中所起到的作用，他认为，幼儿时期的经历，尤其是 1 岁时的经历，对人格的形成至关重要。这些经历产生了无意识的动机，支配着我们余生的行为方式。特别是这些早期的经历中，我们想取悦父母，却未能如愿，从而产生了自责和不安全感。因此，根据弗洛伊德的说法，我们的余生都在致力于减轻这些自责和不安全感。

根据弗洛伊德的理论，人格由三个要素组成：意识(the conscious)、前意识(the preconscious)和潜意识(the subconscious)。意识由我们当前的感知组成，前意识包含我们的记忆，而潜意识则是由受到抑制的记忆组成。尽管我们无法有意识地记住这三个要素，但它们在很大程度上支配着我们的行为。因此，我们在做出某种行为的时候并不知道自己为何会这样做。人格结构由三个方面组成，这三个方面必须保持平衡。它们分别是：本我（id），即快乐原则，它试图让我们做那些能够给我们带来最大满足感的事情；自我（ego），即现实原则，它使我们能够与世界的要求相妥协；作为良心的超我（superego）。

弗洛伊德的精神分析学说认为，一个人采取某种行动的真正动机有可能是伪装的，行为人甚至对自己的真正动机也说不清楚（Freud，1984）。因此，对于弗洛伊德来说，我们可以用潜意识来说明一个人的身份，对这个人的行为做出解释。他认为一个人的身份是建立在其过去的经验基础上的，这种经验基本上是潜意识的，而且一个人的行为在很大程度上依赖于其试图解决潜意识中的冲突和动机（Freud，1975）。此外，弗洛伊德（1976，1977）还指出，一个人身份中的大多数方面是其在幼儿时期就确定下来的。一个人儿童时期的各种经历整合到一起，便形成了这个人特定的行为方式。这种冲突一部分是基于父母的影响，它促使孩子形成了理想的自我概念，即努力成为完美的人，以得到父母的认可。当然，这个理想自我是无法实现的，但成年人的生活、成年人所做出的行为，都是受潜意识中的动机的驱动，努力去实现理想的自我，从而获得他人的尊重。精神分析学家将这种动机表述为对个性化的追求，它解释了对于持续获得安慰、获得自己的尊重以及他人尊重的需求。

对精神分析学家来说，追求个性化是我们作为个体表达自我身份的手段。它表现为我们的穿着方式，我们选择展示的标志和符号，以及我们的行为方式。有时表现为寻求与众不同之处，有时也表现为我们寻求与他人相同之处。无论是哪种方式，它对我们的购买行为都有着显著的影响。

以上这些论点自然都会对个人产生影响，并影响个人的行为。它们自然也对受此行为影响的其他人产生影响。西弗斯（Sievers，1994）指出，这是导致精神失常行为的原因。这些对个人行为的解释自然适用于所有人，弗洛伊德的这些论点意味着，我们受潜意识冲突和欲望的驱动，试图把这些冲突当作个性化需求的一部分来调和它们。此外，这些论点意味着所有人都有焦虑感和不安全感，需要通过他们的行动来减轻焦虑、增强安全感。因此，减少焦虑的动机表现为寻求自我的价值得到他人的认可，以增强自尊。购物是增强自尊的一种方式，营销人员认识到了这一点。他们利用我们的不安全感，试图建议我们购买特定的产品或服务来增强自尊。

卡尔·荣格——分析心理学

从荣格对行为的解释，我们可以深入理解行为的精神分析动机。尽管最初以弗洛伊德的理论为基础，卡尔·荣格(Carl Jung)与弗洛伊德的学说有着显著的区别。荣格专注于通过了解社会行为和提出集体无意识概念来理解个人行为(Jung，1972)。荣格认为，集体无意识决定了人们的行为方式，提供了一种具有普遍性的、人们与生俱来的行为方式。这种行为方式自古就有，从原始社会[①]的神话里和当今社会的个人行为中都可以看到。

荣格作品中提出的许多概念已成为日常用语，人们常常在使用这些概念的时候意识不到它们是荣格提出来的。荣格关于人格类型的发展和识别的作品就是其中的一个例子。在该作品中，荣格为艾森克(Eysenck)的心理测试奠定了基础，他提出的“外向”和“内向”概念都已成为日常词汇。在另外的作品中，他对集体无意识概念做出了阐述，指出集体无意识是个人潜意识中客观的记忆基础，这是人们所共有的。由此，我们可以把集体无意识比作独立于个人经历的种族记忆。“城市神话”便是集体无意识起作用的一个例子。

集体无意识所提供的一个重要动机是关于社会或社会内部群体的归属的动力。这体现在社会的某些特征上，诸如部落主义、民族国家概念以及像本地足球爱好者俱乐部、母亲联盟(the Mothers’ Union)和密封结(the Sealed Knot，一个历史重演协会。——译者注)等各种形式群体的存在。它还解释了企业中员工认同感和归属感的必要性以及家庭关系的重要性。这种归属感(对任何群体的认同)是个人认同感的重要组成部分，对个人追寻生命意义至关重要。一个人如果在群体中发挥重要的、最好是必要的作用，那么他因认同而获得的归属感自然会增强。这种对归属和被需要的需求是每个人追求生命意义的一部分，我们将在之后的章节中详细探讨。

这种对意义和归属的需求在神话时代的想象中可以体现出来(Jung，1953；1954)。其中一种表现形式促进了神话创造的产生(May，1991)，以及把自我塑造为所属群体的英雄(或救世主)(Jung，1953；Campbell，1949)。在群体情境内的极端表现中，神话创造的必要性和把自身塑造为英雄导致了“群体思维”(groupthink)(Janis，1972)和“无懈可击”(invulnerability)概念的产生。表现比较轻时，它会促使企业管理者向外界展示其自身对企业的发展至关重要，并对

---

① 参见坎贝尔(Campbell，1949；1972；1993)。

此深信不疑。这些主导我们行为的潜意识动机在我们所有人身上都有,因而也形成了个体存在和行为的基本主题之一(Mitroff,1983)。

阿尔弗雷德·阿德勒——个体心理学

阿尔弗雷德·阿德勒(Alfred Adler)在维也纳出生并长大。成年后,阿德勒先是通过学习成了一名眼科医生,之后他将注意力转向精神疾病和精神病学。分析阿德勒的作品时,我们很难不将阿德勒与弗洛伊德在关于个人自我意识背后的驱动力方面的分歧联系起来。虽然阿德勒同意弗洛伊德的观点,认为除了遗传和环境因素之外,一个人幼儿时期的经历对于其性格的形成也至关重要。但阿德勒还认为,每个人都具有个人创造力,它与先天潜能、环境因素共同帮助人们克服人生道路与个人发展中的障碍。阿德勒的个体心理学理论以这样的事实为基础:尽管人们天生具有这种自由创造力,但这种力量同遗传和环境的相互影响决定了个人生活方式的选择。由此,创造力成为个人性格的主要决定因素,通过与其他因素的相互作用,这种创造力受到了束缚。

阿德勒的心理学理论以下列原则为基础:

- 目的论。阿德勒认为,终极目标为人们的思想、感情或行为提供了充足的解释。因此,他否定因果关系和决定论。
- 攻击驱动力。阿德勒认为,这是人的自信心的主要源泉。

自卑情结是阿德勒学说中的主要概念,现已成为普遍用语,在当前的文化中占有一席之地。阿德勒认为,自卑情结是由身体器官或感官的缺陷所导致的,而为了弥补这些缺陷,人们都会采取相应的行动。例如,伟大的演说家德摩斯蒂尼有口吃,贝多芬听觉有问题,还有些艺术家(比如特纳)有视觉障碍需要克服。阿德勒认为,每个人都被迫去克服自卑感。他指出,“成为一个人意味着,意识到自身的卑微”,每个孩子的成长都是以试图克服自卑感为前提的。因此,克服自卑感的同时产生了征服自然或超越同伴的追求。这就解释了社会群体内部及不同社会群体之间所存在的冲突。然而,每个人都以不同的方式追求优越感,阿德勒称之为“生活方式”,它对个体差异做出了解释。所以,阿德勒认为,我们的生活方式同克服与生俱来的自卑感有关。

拉康的观点:自我的重新认知

自弗洛伊德精神分析学诞生以来,对该理论的批判在社会理论和马克思主义理论中都很普遍。实际上,作为理解企业行为和社会权力分配的一种方式,马克思主义和弗洛伊德理论的交叉是一个经常出现的主题。因此,比如马库斯(Marcuse,1956)认为,文明的基础不是建立在人类对自身本能的征服上,而是建立在权力的分配方式及随之产生的对劳动力的压迫上。无独有偶,哈贝马斯(Habermas,1971)认为,弗洛伊德的精神分析学说是建立在个人心甘情愿自欺欺人的基础之上的,人们把自我欺骗作为其减轻焦虑机制的一部分。而且哈贝马斯认为,企业组织也牵涉其中。鲍德里亚(Baudrillard,1993;1999)同样也对精神分析学说进行了批判。

对精神分析学说的批判中最重要的人物当属拉康(Lacan),他对弗洛伊德的理论进行了另外一种解读,该解读已渗透到流行文化中,同时也为理解作为个体的管理者在企业报告符号学发展中所担任的角色提供了基础。哈里斯(Harris,1979)在其著作中对拉康的解读进行了概括。他指出,弗洛伊德学说试图解释泛人类心理动力学过程的做法,足以用来理解并解释其过程中的相似之处,但无法解释差异。

拉康认为,自我的形成与对自我形象的迷恋有关。对他来说,外部世界仅仅是一面展示自我形象的镜子,一个人所关心的是在这面镜子中映射出来的影像。当然,这个映像必须满足他想看到最美好映像的愿望,但同时也要看起来如同现实一般。这是由每个人与生俱来的不安全感和对理想自我的追求所导致的(Lacan,1977;1991)。因此,个人所采取的行动都源于这种动机。然而,人们认为,这种动机可能并不明显,甚至个人可能自己都认识不到。所以,像弗洛伊德一样,拉康承认一个人对自己的动机有可能会认识不清。即使这样,其动机与所采取的行动息息相关,它们都是建立在对个体个性化的追求基础之上的。

拉康用索绪尔(Sussure,1966)的著作来论证语言是一种符号系统。这些语言符号指的不是物体本身,而是它们相互作用所产生的心理表征。因此,拉康认为,人类主体被嵌入语言的象征系统中,尝试完成一个几乎不可能的任务——表达自我,同时也是索绪尔“能指”(signifier)的产物。索绪尔(1966)认为符号是二元的,有两个方面,即“能指”和“所指”(signified)。“能指”是物质客体,“所指”是与其相关的心理概念。索绪尔用图示表示了符号两个方面的不可分割性,如图 9.2 所示。

所以,索绪尔对交流过程的理解是建立在心理概念是通过所发出的符号进行传递这一假设之上的。拉康(1997)对索绪尔的理论进行了重要的分析。他指出,人类完全受符号及其主观性支配,从而使得“能指”与“所指”无法分开。

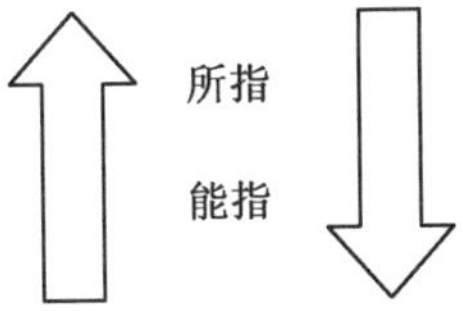

图 9.2 索绪尔的二元对立

这促使语言中对于主体的分类。因为对于拉康而言,无意识不是主体内部的领域,而是人与人之间的主体间的空间。所以,拉康提出,无意识本质上是主体之外的,是主体嵌入符号秩序中的产物。对拉康而言,无意识的结构同语言一样(Lacan,1988),按照语言固有的关系运作。所以,无意识不可能是属于个体的,而是从外部转移到个体的,它是主体意指(signification)的产物。

拉康以该论点为基础来论证对无意识欲望的理解。他认为,由于主体自身与语言是分离的,所以不断地意识到一种不在场感,作为主体的他(或她)的意识并不一直在场。拉康把这称作"失落的对象"(lost object)的"物"(thing)。他认为,这种意义上的"失落的对象"使主体产生了一种想要弥补缺失的欲望,由此产生了无意识欲望。对拉康来说,这种欲望注定无法得到满足,因为它只是幻想,没有位置可以让它来填补空缺。因此,主体总是在寻求重新找回一个不可能的地位,正是这一点促使其不断地认同符号秩序所赋予的主体地位。所以,据拉康所述,我们不断地积极融入语言的各种主体地位,试图弥补它们的缺失,重返自我呈现的完整状态。

拉康的学说很复杂,但对于精神分析学来说尤为重要。他主要关注自我和对自我形象的迷恋。拉康认为,外部世界仅仅是反映自我的一面镜子。由于镜子所反映的映像是现实,所以我们每个人都在寻求呈现现实的最理想方式,而且为了达到该目标,采取相应的行为方式。在这一点上,拉康与我们提到的其他精神分析学家的观点是一致的。他们认为,人们的不安全感与生俱来,它驱使我们寻求理想的自我。

环保改革家阿尔·戈尔

2000 年 12 月,也就是大选两个多星期后,选举结果揭晓,阿尔·戈尔(Al Gore)未能当选美国总统。阿尔·戈尔是否实际上已当选但最后总统职位却被小布什窃取,对此人们的观点存在分歧。随后发生的一些事件使得世界变得不再那么安全。

尽管如此,戈尔接受了失败的现实,离开了政治舞台,拒绝参加 2004 年的竞选。自2002年底开始，戈尔开始公开谴责布什政府及其政策。在2004年总统大选期间的一次演讲中，戈尔指责布什以“9・11”为由侵略伊拉克，背叛了国家。次年，戈尔在一次演讲中，探讨了诸多话题，其中包括他所说的“宗教狂热分子”，这些人声称对美国政治中的上帝意志尤为了解。2005年卡特里娜飓风过后，戈尔租了两架飞机，将270名群众从新奥尔良撤离，并批评了布什政府面对飓风时的反应。2006年，戈尔谴责布什政府在未经授权的情况下使用家庭窃听装置。一个月后，他对“9・11”事件后阿拉伯人在美国的遭遇提出了批评。戈尔指出，“不幸的是，有很多职权被滥用了，这是不对的……我必须要让大家知道，这并不代表我国大多数公民的愿望、期望与情感”。戈尔在其2007年出版的《对理性的攻击》(*The Assault on Reason*)中，对他提出的布什政府时期公民话语“市场背景下思维的空洞”进行了分析。他将这种现象归咎于电视的影响，并认为这会危及美国的民主。戈尔认为，相比之下，互联网可以振兴并最终“恢复代议制民主的完整性”。

戈尔荣获了多种嘉奖，其中最负盛名的奖项是2007年的诺贝尔和平奖(与政府间气候变化委员会联名获奖)、2007年的艾美奖和2005年的韦比奖。2007年，戈尔被评为《时代杂志》(*Time Magazine's*)年度人物亚军。戈尔还以推广“信息高速公路”这一术语而闻名。戈尔现今是美国气候保护联盟(Alliance for Climate Protection)、世代投资管理(Generation Investment Management)、美国电视台Current TV的联合创始人兼主席、苹果公司(Apple Inc.)董事会成员以及谷歌高级顾问；同时戈尔也是一家风险投资公司的合伙人，并领导该公司的气候变化解决方案团队。戈尔还在多所大学担任客座教授。

戈尔是一位坚定而活跃的环保活动家。但由于其位于田纳西的别墅能耗是普通美国家庭能耗的20倍，是非洲家庭一般能耗的40倍，他也因此受到了谴责。这或许也是一个难以忽视的事实。

语言与权力

斯韦尔斯和罗杰斯(Swales and Rogers，1995)认为，语言的使用在处理商务中十分重要，因为它为该企业的决策沟通提供了历史文化方面的背景框架。因此，主流派系所使用的语言成为企业行为制度的一部分，也赋予该主流派系权力，因为是它们来确定沟通议程。实际上，汉纳和威尔逊(Hanna and Wilson，1984：21)认为语言与权力关系密不可分。他们指出：“沟通几乎总是试图通过引发变化或阻止变化来控制变化。”

有人认为,信息使权力掌握在企业的主流派系手中。然而,也有人认为,虽然这使他们能够决定决策议程,但事实上他们也受到这些数据以及决定哪些决策可以被制定以及如何被实施的制度惯例的限制。威廉姆森(1970)指出,所有权和管理权的分离影响了决策的制定,导致决策过程效率低下。还有一种说法是,就所有者而言,决策的制定以主流派系的需求和愿望为基础,而不是企业的需求。蒙克斯和米诺(Monks and Minow,1991)阐述了决策领域中权力是怎样与决策执行的责任相分离的,以及这种分离对企业绩效产生的不利影响。这也可以理解为决策所有权掌握在主流派系手中而非掌握在企业全部利益相关者手中的一个例证。

德尔梅(Dermer,1988)认为,企业是由一系列持久的信念与行为组成的,而企业规则、信念和惯例的存在限制了管理者可在企业施展的控制力的范围。因此,虽然决策都是由属于主流派系的管理团队所制定的,但仍受到企业制度特性的制约。为推进决策的执行,将决策所有权从决策者手中转移到整个企业,也对决策有所制约。在这样的背景下,科瓦伦斯基和德尔斯密斯(Covalenski and Dirsmith,1986)提出,就企业成员而言,企业政治在构建现实中起着关键作用。因此,尽管决策议程由决策者决定,但实际上受企业行为本质的制约。所以,管理团队不能自由地做出决策,他们的选择实际上是有限的。他们的决策受以下因素的制约:

- 现有的信息及其被理解和呈现的方式,就这一点来说,会计信息至关重要;
- 决定决策执行方式的企业规则与惯例;
- 将决策所有权转移到企业内公共领域的需求。

会计常常被描述成商务语言(Davidson,Schindler and Weil,1974),提供企业可以被利益相关者代表的方式或向利益相关者呈现的方式所必需的技术。这种会计语言技术还提供一个所有者与管理者能够相互交流、规划未来、监控计划的执行以及报告相应的绩效的渠道。会计作为商务语言的观点得到贝克奥伊(Belkaoui,1978)的推崇。他认为,会计不仅仅是一种商务语言,实际上它本身就是一门语言,满足了语言的语法和词汇特征。基于会计是一门语言这一论点,对会计信息的解读便会出现一些问题。这是因为会计并不是任何人的母语,因而所有使用会计语言的人都会遭遇第二语言使用者所遭遇的解读问题。

人们将会计作为一门语言来使用这一事实解释了为什么解读会计数据时会出现一些难题,不过这些难题也可以用会计数据的利用方式来解释。所以,为了解会计语言在实践中的应用,我们可以对其进行语言学上的研究。语言是共享同一文化的人与人之间相互交流的方式，或者是至少使人们具有能够交流的共性。这种共性可以是社会文化的形式，也可以是企业报告中企业文化的形式。因此，会计作为通用的商务语言，不管交流过程中各方的母语是什么，都能确保交流顺畅。在交流中，会计语言不仅提供信息沟通者所了解的事物，而且还能展示其愿望、意图及目的。这些要么是沟通者有意识地带入沟通中，要么是沟通者无意识地表露出来的。因此，我们应对这些意图进行分析和解读。

语言学研究表明，可以根据语言来识别社会阶层（例如，Labov，1966；Klein，1965；Hewitt，1989），但是就个人属于哪个社会群体而言，语言对身份的定义极其狭隘。勒佩奇（Le Page，1968：194）就指出了这一点，他认为："每个人都创造了自己的语言行为系统，这样他们才能够与时不时地期望获得认同的这样或那样的社会群体相似。"

所以该观点认为，语言就像会员卡，而语言的使用和行为是用来获取会员资格的。然而，女权主义的观点则完全相反，该观点认为，语言是权力和支配地位的来源，是支配者用来排外的方式。因此，拉科夫（Lakoff，1975：136）从权力和支配地位的角度来思考语言，他指出："受到偏爱的群体，即掌握权力的群体，他们的语言和非语言行为往往会被其他群体所采用，反过来则并非如此。"

因此，会计在组织中的权力是建立在这样一种论断之上的，即会计是一种语言，对该语言的认识，对其基础规则的接受，可以用来授予或收回组织内的权力。组织内的决策是由掌握必要信息的人（或者至少是那些认为自己掌握必要信息的人）以及掌握执行决策必须要有的权力的那些人做出的。因此，芬克尔斯坦（Finkelstein，1992）提出，组织的决策选择取决于最高管理团队的权力。会计信息提供了一种机制，赋予该团队权力，或者使该团队能够掌权，因为它是专家权和参照权的来源。

会计语言的精确性以及仅作为书面形式的复杂代码的存在，表明使用会计语言表达信息时，对其解读应该不会有什么问题。然而，必须要认识到，除了会计师之间仅用会计语言进行沟通之外，我们普通人很少仅依靠会计语言进行交流。当非会计师之间进行沟通时，都会把会计语言与另外一种语言一起使用，通常这门语言是其中一方的母语。因此，组织的会计信息的交流往往一部分是通过会计语言，另一部分是通过其他语言进行的。

会计及其他衡量标准

传统上，绩效是以会计标准来衡量的，外部报告采用年度报告的机制，而内部报告则采用管理会计报告的机制。这在一定程度上是由法律要求所决定的，在另外一种程度上则是由会计信息易于量化的性质所决定的。不过，越来越多的人认为会计信息不能全面反映企业的业绩，也不一定能准确反映出绩效报告未能涵盖的那些领域。会计存在的一个问题是，它易于进行分析比较，并且往往被用于控制的目的，以追踪绩效与预算之间的对比。这样做的目的是突出问题领域，以采取矫正行动，而非突出重要领域。因此，会计信息的应用在本质上是防御性的，而非战略性的。德鲁克(Drucker，1985：36－7)也强调了它的应用。他认为，由于会计信息是用来防御的，因此它的战略性没有机会使企业获益。他指出：更多的时候，我们基本上看不到意料之外的成功，没有人会注意到它，所以也没有人会利用它……忽视意外成功的原因之一是我们现有的报告机制通常不会对其进行报告，更不用说呼吁管理层对其进行关注了。几乎每家公司……都有月度或季度报告。第一个表单会列出绩效未达到预期的领域，它列出了问题和不足。这样，在管理层会议上……每个人都关注这些有问题的领域。甚至没有人会注意表现超出预期的领域。而且如果意料之外的成功是定性而非定量的……这些意外的成功通常不会在数据上体现出来。

这说明绩效评估不只依赖于本身的角度，还依赖于衡量标准与报告机制；这还表明以会计信息而非对现状的解读为根据存在着风险。对以会计作为唯一衡量标准的日益不满促使会计之外其他衡量方法的应用，这些衡量方法包括定性方法和定量方法。因此，新的绩效评估方法的应用最近都出现在会计之外的领域，反映了企业和社会对质量和环境影响等问题的日益关注。然而，有必要将会计和其他定量与定性方法看作绩效评估机制的必要组成部分，而非单独的评估机制，人们已经注意到了这一点。

与此同时，企业的绩效报告方法已经发生了相当大的变化(Eccles，1991)，而绩效披露范围也从强调最小化发展为披露最大化。这不仅反映在企业报告的变化中，也反映在环境影响报告的出版、新闻报道的日益增多、信息的普遍公开上。随着时间的推移，可以通过追踪这些变化来揭示披露程度的变化以及披露方的变化。可以说，这反映了报告立场由所有者到利益相关者的转变。

“漂绿”

许多人对企业活动持怀疑态度。他们认为任何企业社会责任活动都不过是在“漂绿”(使活动看起来像是对社会负责的)。总体而言，这是大多数观察企业社会责任活动的人将会长期看到的一个阶段，尽管现实中每个企业或许都已经发展到较为成熟的阶段了。

当然,企业总是关注自身的流程并追求运营效率,从而降低成本。企业已经意识到其中一些可以通过企业社会责任活动表现出来,能源效率或水资源效率就是很明显的例子。因此,这类活动有着双重的要求——改善财务绩效并提升企业的社会责任形象。所以,企业迅速从第一阶段发展到这个阶段不足为奇。在这个阶段,企业尽管不一定会受社会责任感驱使,却仍会采取行动。

这类活动大多易于开展,而且对资本投资的要求也不高。当然,这些活动都会提早进行,被描述为"摘取低垂的果实"(原文为"picking the low hanging fruit",在此处引申为获取唾手可得的收益。——译者注)。需要资本投资的活动回报期较长,而且通常要更加谨慎,需要通过加强监管来鼓励这类活动。尽管我们不得不承认,大多数企业可能永远无法完成该阶段的活动,但所有的企业都已进入这个阶段。当然,尽管容易完成的目标已经实现,但成本控制仍在持续着。

结 语

本章讨论了许多问题,对管理行为的理解是一个复杂的过程,我们将会在下一章继续用代理理论来理解这个过程。本章中,我们探讨了帮助我们理解个人动机的精神分析学说,研究了交易成本理论(它有助于解释企业为什么将一些事项列为优先事项),还探讨了企业沟通中的语言应用。这些都是理解企业社会责任运作的重要问题。

要点总结

- 交易成本理论解释了企业开展活动以及把活动推向市场的最佳时机。
- 人格由三个要素组成:意识、前意识和潜意识。人格结构有三个方面:本我、自我和超我。
- 动机通常是无意识的,但与个性化的驱使有关。
- 荣格提出了集体无意识的概念和原型,两者都会影响我们的人格与行为。
- 阿德勒提出了自卑情结的概念。
- 对于拉康来说,世界是一面镜子,而且我们试图改善自己在镜子中的形象。他通过语言来关注符号、象征以及自我和他人的关系,这是构建完整人格的唯一途径。
- 语言代表权力,可以用来表示各种各样的现实。
- 很多人期待企业会为自身"漂绿",但这种期待往往是不合理的。

关键术语及理论定义

原型(archetype):是存在于我们每个人身上的一种人格类型。

集体无意识(collective unconscious):描述了一种具有普遍性并为所有个体所继承的行为方式。

"漂绿"(greenwashing):是指将其活动描述为对社会负责,而实际上对其行为并没有任何改进的做法。

个性化(individuation):是成为完整的自我个体的过程。

自卑情结(inferiority complex):是一种感觉自己身体或心理有缺陷,为克服该缺陷会采取行动来弥补缺陷的心理情结。

超我(superego):即良知。

交易成本理论(transaction cost theory):解释了企业与市场有关的行为。

理解题

1. 为何企业有时自己采取行动,有时却指使他人采取行动呢?
2. 弗洛伊德提出的五个发展阶段和消费行为特征有着怎样的联系?
3. (根据弗洛伊德的观点)个性化驱动力是如何体现在我们的行为之中的?
4. 童年的焦虑是怎样影响我们成年后的生活的?
5. 集体无意识对我们的消费模式有着怎样的影响?
6. 攻击性和自卑情结之间有什么联系?
7. 精神分析学的概念如何帮助我们理解企业社会责任?
8. 根据拉康的观点,我们怎样追寻理想自我?
9. 会计为什么会被称作商务语言?

补允阅读材料

Aoki, M., Gustoffson, B. and Williamson, O. E. (eds), 1989. 'The Firm as a Nexus of Treaties', *Journal of the Japanese and International Economies*, 3, 4: 345–66.

Crowther, D. 2002. 'Psychoanalysis and Auditing', in S. Clegg (ed.), *Paradoxical New Directions in Management and Organization Theory*. Amsterdam: J. Benjamins, pp. 227–46.

Gellner, E. 1985. *The Psychoanalytic Movement*. London: Paladin.

参考文献

Baudrillard, J. 1993. *Symbolic Exchange and Death*; trans I. H. Grant. London: Sage.

Baudrillard, J. 1999. *Fatal Strategies*; trans P. Beitchman and W. G. J. Niesluchowski. London: Pluto Press.

Belkaoui, A. 1978. 'Linguistic Relativity in Accounting', *Accounting, Organizations and Society*, 3, 2: 97–104.

Campbell, J. 1949. *The Hero with a Thousand Faces.* Princeton, NJ: Princeton University Press.

Campbell, J. 1972. *Myths to Live By.* London: Souvenir Press.

Campbell, J. 1993. *The Mythic Dimension: Selected Essays 1959–1987.* New York: HarperCollins.

Covalenski, M. A. and Dirsmith, M. W. 1986. 'The Budgetary Process of Power and Politics', *Accounting, Organizations and Society*, 11, 3: 193–214.

Crowther, D. 2002a. 'The Psychoanalysis of On-line Reporting', in L. Holmes, M. Grieco and D. Hosking (eds), *Organising in the Information Age.* Aldershot: Ashgate, pp. 130–48.

Crowther, D. 2002b. 'Psychoanalysis and Auditing' in S. Clegg (ed.), *Paradoxical New Directions in Management and Organization Theory.* Amsterdam: J. Benjamins, pp. 227–46.

Davidson, S., Schindler, J. S. and Weil, R. L. 1974. *Accounting: the Language of Business.* New York: Thomas Horton & Daughters.

Dermer, J. 1988. 'Control and Organisational Order', *Accounting, Organizations and Society*, 13, 1: 25–36.

Drucker, P. F. 1985. *Innovation and Entrepreneurship.* Oxford: Butterworth-Heinemann.

Eccles, R. G. 1991. 'The Performance Evaluation Manifesto', *Harvard Business Review*, 69, 1: 131–7.

Finkelstein, S. 1992. 'power in Top Management Teams: Dimensions, Measurements and Validation', *Academy of Management Journal*, 35 (3): 505–38.

Freud, S. 1975. *The Psychopathology of Everday Life*, trans A. Tyson. Harmondsworth: Pelican.

Freud, S. 1976. *Jokes and their Relation to the Unconscious*, trans A. Richards. Harmondsworth: Pelican.

Freud, S. 1977. *On Sexuality*, trans A. Richards. Harmondsworth: Pelican.

Freud, S. 1984. *On Metapsychology*, trans A. Richards. Harmondsworth: Penguin.

Habermas, J. 1971. *Knowledge and Human Interests*, trans J. J. Shapiro. Boston, MA: Beacon Press.

Hanna, M. S. and Wilson, G. L. 1984. *Communication in Business and Professional Settings.* New York: Random House.

Harris, M. 1979. *Cultural Materialism.* New York: Random House.

Hewitt, J. 1989. 'White Adolescent Creole Users and the Politics of Friendship', *Journal of Multicultural and Multilingual Education*, 3, 3: 340–57.

Janis, I. L. 1972. *Victims of Groupthink.* Boston, MA: Houghton Mifflin.

Jung, C. G. 1953. *Psychology and Alchemy*, trans R. F. C. Hull. London: Routledge.

Jung, C. G. 1954. *The Development of Personality*, trans R. F. C. Hull. London: Routledge.

Jung, C. G. 1972. *Four Archetypes*, trans C. F. Baynes. London: Routledge.

Klein, J. 1965. *Samples from English Cultures*. London: Routledge & Kegan Paul.

Labov, W. 1966. 'The Linguistic Stratification of "r" in New York City Department Stores', in W. Labov (ed.), *Sociolinguistic Patterns*. Philadelphia: Pennsylvania University Press.

Lacan, J. 1977. *Ecrits: A Selection*, trans A. Sheridan. London: Tavistock.

Lacan, J. 1988. *The Seminar of Jacques Lacan Book III The Psychoses 1955–56*, trans R. Grigg. London: Routledge.

Lacan, J. 1991. *The Seminars of Jacques Lacan Book I: Freud's papers on Technique 1953–1954*, trans J. Forrester. New York; W. W. Norton & Co.

Lakoff, R. 1975. *Language and Woman's Place*. Cambridge: Harper & Row.

Le Page, R. 1968. 'Problems of Description in Multilingual Communities', *Transactions of the Philological Society*, 189–212.

Marcuse, H. 1956. *Eros and Civilisation*. London: Routledge & Kegan Paul.

Maslow, A. H. 1954. *Motivation and Personality*. New York: Harper & Row.

May, R. 1991. *The Cry for Myth*. New York; W. W. Norton & Co.

Mitroff, I. I. 1983. *Stakeholders of the Organisational Mind*. San Francisco: Jossey-Bass.

Monks, R. A. G. and Minow, N. 1991. *Power and Accountability*. Glasgow: HarperCollins.

Saussure, F. de 1966. *Course in General Linguistics*, trans W. Baskin. New York: McGraw-Hill.

Sievers, B. 1994. *Work Death and Life Itself. Essays on Management and Organization*. Berlin: de Gruyter.

Swales, J. M. and Rogers, P. S. 1995. 'Discourse and the Projection of Corporate Culture: The Mission Statement', *Discourse and Society*, 6, 2: 223–42.

Williamson, O. E. 1970. *Corporate Control and Business Behavior*. Englewood Cliffs, NJ: Prentice Hall.

第十章

代理理论与治理

本章学习目标：

- 描述代理理论的基本原则
- 概述什么是信息不对称
- 解释什么是企业治理
- 对代理理论进行评判
- 解释不同的企业治理方法之间的差异

导 论

对任何企业而言，最重要的因素之一就是企业与各种利益相关者之间的关系。这对于企业的综合管理而言非常重要，而不仅仅是对其所采纳的企业社会责任方法而言非常重要。正如我们在本书的许多章节中所探讨的那样，影响企业与其利益相关者之间的关系的因素有很多。有两个因素特别决定了企业管理者与企业利益相关者之间的关系，尤其是与企业所有者和企业投资者之间的关系。这两个因素就是代理关系和治理安排，这正是本章所要探讨的主题。

代理理论与权力不对称

代理理论认为，企业的管理者仅仅是企业及其经营活动的管理者[①]，他们为了企业所有者[②]能获得最大利益而承担企业的管理责任。根据代理理论的说法，所有其他利益相关者在很大程度上都是与企业不相关的，如果他们从企业获益，也只不过是企业管理层为了服务于股东而开展的活动恰巧让他们受益而已。[③] 很多学者从不同的视角对这种仅仅将股东作为企业的预期受益者的观点提出了质疑，认为这不是企业实际运行的方式，或者认为这种观点并不符合整个社会的需求。相反，利益相关者理论认为，企业活动涉及各种各样的利益相关者，每个参与企业活动的人都应该因为参与企业活动而得到一定的回报。根据利益相关者理论的说法，如果企业是由管理层代表所有利益相关者经营的，并且企业获得的收益是以一种所有人都能接受的方式在这些利益相关者之间进行适当分配的，那么利益将会实现最大化。遗憾的是，不存在能被大家广泛接受的在所有利益相关者之间进行收益分配的机制[④]，利益相关者理论明显在这方面缺乏建议。然而，这一理论仍有一定的接受度。它基于这样一个前提：企业在努力将其他所有利益相关者的收益最大化的过程中，必然会实现股东收益最大化。从长远来看，收益最大化是通过优化企业绩效来实现的，以便能实现所有利益相关者收益最大化。[⑤] 因此，管理层的角色就是优化企业的长期绩效以实现这一目标，并因而给所有利益相关者以适当的奖励，包括给他们自己以适当的奖励，因为企业管理者也组成了企业的一个利益相关者群体。

我们可以将这两种理论看作对企业经营的两种截然相反的解释，这必然会形成不同的经营焦点，也会给企业绩效的计量和报告产生不同的影响。然而，重要的是，这两种理论有一个共同的特征，即企业的管理者们被认为是代表其他人行事的，无论是代表股东还是代表利益相关者。他们代表其他人，并不是因为他们是利他主义者，而是因为他们这样做会得到适当的奖励。因此，人们付出很多努力去制定激励这些管理者达到预期目的的奖励计划。同样，许多文献探讨了奖励计划对管理行为的影响（参见 Briers and Hirst，1990；Child，

---

① 参见 Emmanuel et al.（1985）。

② 当然，这些所有者是企业的法定所有者，即股东。

③ 参见 Cooper et al.（2001）探讨的价值管理话语。

④ 例如，与社会会计有关的话语以及计量待分配的收益的问题。

⑤ 参见 Rappaport（1986，1992）。

1974,1975;Coates et al.,1993;Fitzgerald et al.,1991),并提出了改进建议。

最简单的代理理论模型假定只有一个委托人和一个代理人(见 Crowther,2004)。这种现代主义的世界观假定,增加更多的委托人和更多的代理人在不否定任何假设的情况下会使模型变得更为复杂。在企业界,这是存在问题的,因为理论取决于各方之间的关系以及对各方达成协议的背景的共同理解。然而,如果只有一个委托人和一个代理人,这是不存在问题的。在企业界,委托人等同于企业的股东。然而,对于大型企业来说,企业的股东却是企业管理者们所不知道的一大群人,企业管理者们对他们几乎一无所知。事实上,人们并不要求或期望一个人会长期成为一家企业的股东。因此,作为委托人的股东与作为代理人的企业管理者之间可以不存在关系,因为委托人只不过是特定时间点上的股票持有者罢了,而股票也只不过是他们投资于企业的财产罢了。因此,股东并不对企业以及企业的未来进行投资;相反,他们投资的是资本增长和/或未来的股息流,而股票只不过是他们可以这么做的一种方式而已,可以被他们随意地买进或卖出。这个问题在英国尤其严重,因为在英国大部分股票实际上是由金融机构的基金经理代表投资者进行买卖的。这些基金经理获得奖励多少的依据是基金价值的增长(或其他方式)。

因此,股票是作为商品而不是商业企业的一部分所有权来进行买卖的。从另一个角度来看,正如谢乐尔和格雷文(Sherrer and Greven,2001)所解释的那样,世界市场商品总价值的近 10%是违反工人基本权利而产生的。因此,代理理论不能作为指导管理行为的机制(参见 Crowther and Ortiz-Martinez,2007)。

代理理论

我们必须认识到非常重要的一点,即人们假定企业是为其所有者的利益而存在的,并且假定这些所有者仅仅关心他们的财富最大化。另一方面,管理者是企业的决策者,人们暗中认定他们会自动地代表所有者的最大利益来行事,或者是因为他们也是企业的所有者,或者是因为他们与企业的所有者之间有着相同的利益。换句话说,人们假定管理者会做出与企业所有者同样的决定,而不管这种决定会对个人的利益产生什么样的影响。

因此,人们假定管理者会客观地评估各种可能做出的行为,并且总是做出企业所有者会喜欢的选择。因此,管理会计师关心的是提供"正确"的信息以及"正确"的决策模式,以帮助管理者做出"正确"的决定。然而,对这种方法的一个明显的批评是,它并没有认识到管理者的利益可能与企业所有者的利益不同,这可能会影响到现实世界的决策。代理理论试图通过提供一个更为真实的决策方案来解决这个问题。

因此,代理理论认识到人们不可能在做出决策时忽视自身的利益;换句话说,人们不会表现出完全无私的利他行为。这是一种相对较新的分析决策的方法,它提供了一个将决策的政治和行为方面纳入决策过程的框架。因此,这一理论是实证性的,而不是规范性的,因为它试图理解并解释实践中到底发生了什么事情,而不是去规范应该发生什么事情。这一理论认识到,企业的管理者是企业所有者的代理人,管理会计系统试图影响的正是管理者的行为。

当一方即委托人(P)雇用另一方即代理人(A)执行某项任务时,双方之间就构成了代理关系。这种关系适用于商业及其他领域的许多上下级关系。在管理会计背景下,股东与董事之间、董事与经理(包括部门经理)之间、经理与其他员工之间都存在着代理关系。在本章中,我们将集中讨论企业所有者与其管理者之间的关系,也就是企业所有者与企业管理者之间的委托代理关系。

代理理论假定委托人和代理人都是理性经济人。换句话说,他们知道自己在做什么,他们的行为具有一贯性并且是理智的。代理理论假定委托人和代理人都受自我利益的驱使,尽管他们有着不同的偏好和信仰、有着不同的信息储备。委托人和代理人都希望能够最大限度地发挥自己的"效用"(即他们赋予所获得的任何经济好处的价值或利益)。委托人和代理人也可能对风险持有不同的态度,我们稍后将回过头来探讨这一问题。代理理论关注委托人与代理人之间的有效契约的设计,契约规定激励措施、风险以及信息系统如何组合起来,既能将委托人的效用最大化,又要确保代理人的自我利益(通过其行为)。因此,代理理论提供了一种在委托人与代理人之间建立契约的方式,使代理人代表委托人实现其绩效的最优化。这一点可以用图 10.1 来表示。

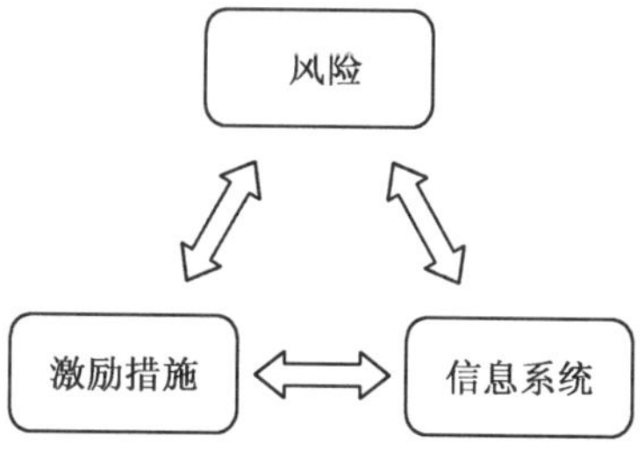

图 10.1 最优契约:平衡风险、激励措施和信息系统的选择

我们现在将集中探讨股东与管理者之间的委托代理关系,审视代理理论的关键要素。

企业的所有者向企业提供资本，我们假定，企业所有者只对企业使用其资本所产生的收益感兴趣。换言之，他们只对其投资的预期货币价值感兴趣。另一方面，管理者不仅从其财富（受雇于企业的时间段）中获得效用，而且也从其闲暇时间（不受雇于企业的时间段）中获得效用。因此，管理者从其所有的行为中获取效用，而不管这些行为是否与聘用他的企业有关。在此，我们有必要对"效用"与"货币财富"做一个区分。"效用"指的是一般意义上的福利，而不仅仅是财富。

虽然管理者从财富的增加中获得效用是事实，但必须认识到，这不并是以一种线性关系的形式，不是每一次财富的增加都会导致相同的效用的增加。管理者可以从低层次的财富增加中获得更大的效用的增加，但随着财富增加，从每个单位获得的额外效用，除了财富部分增加的，将会减少。换句话说，管理者从财富中获得的效用会受到边际收益递减的影响。

例如，每年薪酬 10 万英镑的经理从第一个 10 000 英镑的薪水中获得的效用比他从第 9 万英镑到第 10 万英镑的薪水中获得的效用更大。在较高的薪酬水平上，与雇佣相关的非财务因素，例如地位、工作压力等，具有更大的意义。

管理者的效用函数与就业收入之间的关系可以用图 10.2 表示。

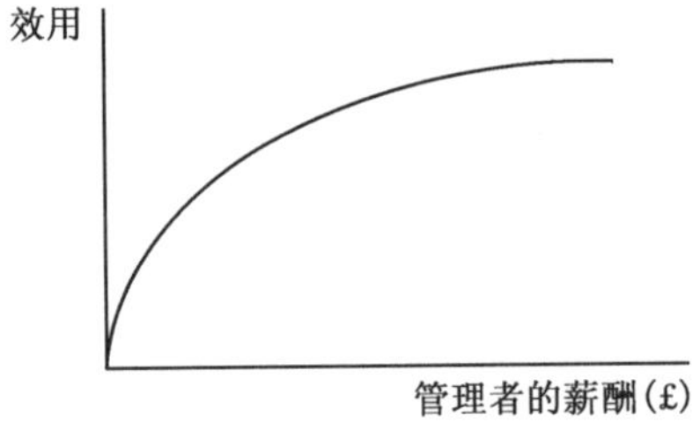

图 10.2　管理者的效用函数

另外，我们假定管理者十分看重自己的闲暇时间，这意味着他们会把负效用与努力关联在一起。管理者为了获得较高的薪酬，需要付出额外的努力，而额外付出的努力所带来的负面效用则抵消了从较高的薪酬中获得的额外效用。在这种情形下，"闲暇"一词被定义为任何增加企业所有者预期的企业价值所做出的努力的反面。"闲暇"包括管理者们对所谓的"津贴"的消费，这些津贴指的是企业提供的汽车、豪华办公室等与工作有关的福利。这种津贴的消耗将所有者的资本从被所有者视为理想的生产性投资转移到管理者自身的消费上来。

因此，总而言之，所有者向企业提供资金并聘请管理者代表他们行事。管理者将工作时间在有价值的工作与闲暇（“推卸责任”）之间进行分配，并将企业的资源在生产性投资和津贴消费之间进行分配。

对于上述情况，一种直观的解决方案就是所有者需要监控管理者的行为以减少责任的推卸以及津贴的过度消费。然而，这一点在实践中却很难做到。这种监控有难度，原因有以下几个：首先，管理者承担的任务通常被认为是相对复杂的，因此并不参与公司详细运营情况的所有者对管理者承担的任务并不是非常了解。其次，管理者的决策是在一个不确定的环境中做出的，这使得所有者很难判断管理行为在任何特定情况下是否都是适当的。最后，这一点可能也是最重要的，信息并不是在管理者和所有者之间平均分配的。这个问题被称为信息不对称（information asymmetry），并且有两个相关的因素：道德风险（moral hazard）和逆向选择（adverse selection）。

道德风险

如果所有者难以观察或推断管理者到底付出了多少努力，或者所有者这么做成本过于昂贵，那么就会产生道德风险。在这种情况下，管理者必然面临着避免按照约定的劳动合同条款进行工作的诱惑，因为所有者无法评估其中的真实情况。

管理者或许也有隐瞒真实情况的手段和动机，他们可以歪曲汇报给所有者的实际结果。一种行为的结果，会计可以用多种方式对其进行陈述，正是因为具备这种能力，会计提供了歪曲事实的手段。

逆向选择

道德风险与信息不对称的“后决策”的后果有关，逆向选择与“预决策”的情况有关。由于管理者在做决策时所掌握的信息并不被所有者掌握，所有者无法确定管理者在当时的情况下是否做出了正确的决定。此外，管理者并没有动机去披露他所掌握的信息，因为这样可以使委托人更容易在未来准确地评估其行为。这被称为信息不对称。

信息不对称的存在意味着如果所有者想获得管理者到底付出了多少努力的相关信息，要么必须依赖管理者传达给他们的信息，要么必须承担对管理者进行监管的成本。例如，对企业财务报表进行年度审计就是一个增加监管成本的例子，事实上，这种财务报表审计是为了保护那些不参与企业经营活动的人的投资而设立的。在高级管理层和部门管理层之间的代理关系中，监管成本将包括雇用总公司人员监督部门绩效的成本。解决这个问题的一种办法是让管理人员承诺为所有者的最大利益行事，但在这种情况下，所有者将产生一定的约束成本（bonding cost）来实现这种关系。即使在这种情况下，由于管理者可能与所有者有不同的信念和偏好，因此仍可能会存在"剩余损失"（residual loss）。

信息不对称的情况如图 10.3 所示。

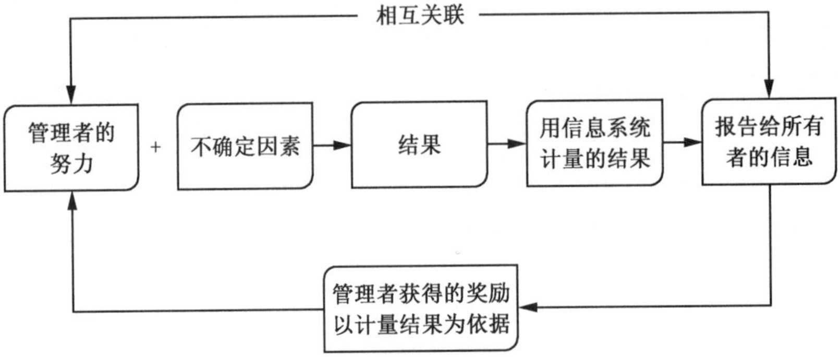

图 10.3　信息不对称

应用到实践中的代理理论关注的是如何设计聘用合同以减少责任的推卸和津贴的消耗，鼓励管理者更多地为企业所有者的利益行事而不是为管理者自己的利益行事。解决代理问题的方案通常被认为是权益之计。这是由于代理关系的激励作用和风险分担存在着矛盾。二者之间应该是相互关联的，如图 10.4 所示。

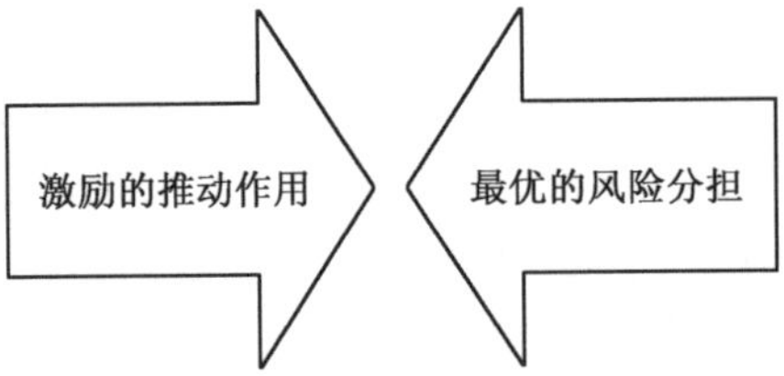

图 10.4　风险分担

一方面，最优契约应该实现最优的风险分担。由于所有者能够持有多元化的股票投资组合，通常我们认为所有者对风险是持中立态度的，并且在从两种行动路线中做出选择时不会去考虑风险。另一方面，管理者显然不能使其工作多元化，而且更有可能是厌恶风险的，因此做出的决定通常是将风险最小化。

因此，在这种情况下，最优的风险分担意味着企业的所有者应该承担最大的风险，因为管理者会因为承担风险而要求获得补偿，但所有者不会。

支付给管理者固定的薪酬可以实现这一目标，因为管理者的薪酬与影响预期结果的不确定因素并不直接关联。然而，支付给管理者固定的薪酬作为对管理者付出的努力的奖励，这样做并不能激励管理者尽其最大努力。由于管理者的努力在现实中不容易被观察到，所以只有当管理者的收入与绩效挂钩时，管理者才有动力去做出更多的贡献。这反过来使管理者面临风险，显而易见是一把"双刃剑"。管理者的收入越依赖于绩效，激励的作用就越大，但与此同时，风险分担也变得越来越退而求其次。

"最佳"解决方案是支付给那些"做事认真"的管理者固定薪酬来奖励他们做出的最佳努力。然而，这种"最佳"解决方案是不可行的，因为判断管理者是否在任何特定情况下"做事认真"是不现实的。

信用评级机构

信用评级机构是为各种金融工具及其发行人进行信用评级(涉及风险评估)的公司。在某些情况下，基础债务的服务商也会获得评级。大多数情况下，这些证券的发行人是公司、州政府和地方政府、非营利组织和非政府组织，或者是发行可在二级市场上交易的债券型证券(如债券)的国家政府。对发行人进行信用评级通常会考虑发行人的信誉(即其偿还贷款的能力)，并影响适用于发行的特定证券的利率。理论上，评级机构的作用是凭借其专业知识和研究为潜在的贷款人提供公正的信用评估，以弥补借方和贷方之间不可避免的信息不对称。

据记载，近年来，信用评级机构经常出现失误。信用评级机构经常给予一些债券非常高的评级，然而这些证券随后却违约。信用评级机构对许多次级抵押贷款证券的投资评级是导致近期经济危机的主要原因，这种错误的评估使一些公司筹集起来的资金后来被白白浪费；同时，也使得一些更值得信赖的公司丧失了原本可以用来创造就业机会的资金。债券投资者承受了巨大的损失，政府也吸收了很多损失以防止金融体系全面崩溃。近年来，信用评级机构对一些政府的主权信用进行大幅度地降级，之后又对其轻率评估做出过度补偿，从而引发了更多的金融混乱。

信用评级是对未来的一种陈述。投资级应该表明某只证券是不可能违约的。然而，违约应该是不常见的。有些评级机构由于与企业的管理层关系密切而受到公众批评。评级机构与企业管理层关系密切很可能会使其受到不适当的影响或被误导。另外，大型信用评级机构的评级变化信息也会迅速传播，因而它们向债券发行人而非投资人收取评级费。这导致人们指责这些机构受到利益冲突的困扰，这可能会妨碍它们提供准确而真实的评级。

同时，最大的信用评级机构（如穆迪和标准普尔）常常被视为市场力量的代理人，它们促使企业考虑其拟议的活动是否会影响信用评级、是否会损害员工的利益、是否会影响环境或妨碍长期的研发。评级机构降低信用评分可能会造成恶性循环，因为被评级的公司的利率不仅会上涨，而且与金融机构的其他合同可能也会受到不利的影响，从而导致费用的增加和信誉的下降。这也会发生在主权国家身上，从而引发该国的经济危机或阻碍该国的经济复苏。可悲的是，这些机构不仅出现高估证券及其贷方的情况，也会出现大幅度降级从而过度补偿的情况。因此，信用评级机构在弥补信息不对称方面的实际作用已被证明是存在问题的。

代理理论的局限性

虽然代理理论在解释企业管理行为方面具有许多优势，但我们有必要认识到它也具有一些局限性：

- 代理理论以单周期模型为基础。换句话说，它不是一个动态模型，并且可能不适用于更为现实的多周期的情况。
- 代理理论假定委托人和代理人都是理性的，都将效用最大化，而这一假设却令人质疑。
- 代理理论的分析仅限于一个委托人和一个代理人，因而分析结果可能不适用于多个委托人和多个代理人的情况。

管理者和商业道德

商业道德对任何企业来说都是相当重要的课题，人们往往指责会计信息为不道德行为提供借口。事实上，会计师和企业管理者也面临这种指责，人们指责他们只顾追求利润，而置商业道德于不顾。史密斯（Smith，1992）详细分析了使用会计信息的不道德方式。史密斯描述了企业仅仅为了提高账面利润而开发应用新会计技术的方式。这些技术被称为寻机性会计（creative accounting），并一直受到媒体关注。有志于从事企业管理工作的人都应该好好读一读史密斯的《增长会计法》（*Accounting for Growth*）这本书。

然而，其他学者一直关注并强调道德行为的价值，声称企业坚守商业道德将有助于其提高绩效。因此，麦考伊(McCoy，1985)认为道德需要成为商业行为的核心，而有效的商业管理以道德行为为基础。麦考伊声称，认识到恪守商业道德的重要性并采取相应行动，实际上会提高企业的绩效。英国各大会计机构也关注商业道德，所有机构都对此事发表立场，坚持将道德行为的要求纳入其行为准则。企业中的道德行为也对审计实践和企业的财务报告产生影响。

企业管理者应该意识到道德行为的重要性。企业管理者可能会发现企业的目标与其个人动机和目标之间有冲突。没有现成的办法来解决这些冲突，但企业管理者应该意识到，研究表明，道德行为从长远来看会提高企业的绩效，因此商业上的道德行为应该受到鼓励。

格莱珉银行

格莱珉银行(the Grameen Bank)是一家社区发展银行和一家小额信贷机构。该银行创建于孟加拉国，向无法提供抵押的农村穷人提供小额贷款。在孟加拉语中，Grameen 一词意指“乡村”。格莱珉银行的理念是穷人的技能没有得到充分利用。格莱珉银行采用群体信贷的方式，利用群体同侪的压力，确保借款人遵循信贷计划并谨慎处理金融事务，确保借款人能够最终还款，从而获得良好的信誉。该银行还接受存款，也提供其他服务，并经营几家例如针织厂、电话公司和能源公司等以发展为导向的企业。格莱珉银行信贷方案的另外一个显著特点是，从该银行借款的人大部分为女性。

格莱珉银行的起源可以追溯至 1976 年。当时，范德堡大学(Vanderbilt University)富布赖特学者、吉大港大学(University of Chittagong)教授穆罕默德・尤努斯(Muhammed Yunus)开展了一项研究，研究设计信贷投放系统的可能性，以提供针对农村贫困人口的银行服务，这就成为格莱珉项目。1983 年 10 月，格莱珉银行项目通过政府立法转变为独立银行。该组织及其创始人于 2006 年共同获得诺贝尔和平奖。

根据联合国教科文组织(UNESCO)的说法，格莱珉银行通过取消抵押要求超越了传统的银行智慧，并建立了基于相互信任、严格监督、问责制、参与和创造力的银行体系。在格莱珉银行，信贷是切入点，它是整个发展过程中的“催化剂”。

格莱珉银行将信贷看作一种可以赋予人权力的代理人，是促进贫困人口社会经济状况改善的一个因素。贫困人口被排斥于银行业之外，理由很简单，因为他们贫穷，因此无法办理银行信贷业务。

格莱珉银行创始人及其总经理穆罕默德·尤努斯教授认为，如果能够以合理的条款向穷人提供资金来源，"这些数百万的普通老百姓带着他们心中数百万的小小梦想合起来可以创造最大的发展奇迹"。尤努斯教授的这一理念源于传统银行业结构的不合理性，传统银行从来不去帮助穷人，而穷人却占了社会的绝大部分并且迫切需要信贷。

格莱珉银行现已成为孟加拉国的国家机构，向该国的农村贫困人口提供贷款。穷人现在也成了格莱珉银行的主人，他们的足额缴付股本达2亿孟加拉塔卡。1994年，格莱珉银行提供的贷款超过了孟加拉国所有其他金融机构和非政府组织贷款的总额。格莱珉银行致力于减轻贫困和赋予农村穷人权利。为了实现其战略目标，格莱珉银行从制度上发展壮大，其信贷业务迅速扩大，贷款方案更加多元化。

治理的实质

自从人类有了各种形式的组织，就出现了"治理"的概念。这个概念本身涵盖了组织对自身进行管理的方式。最近"治理"一词引起了公众的广泛关注，这可能是因为在国家层面和经济领域的企业层面都出现了治理问题。这些治理问题引起了人们的关注，人们开始重新审视治理究竟意味着什么；具体地说，就是善治究竟具有什么特征。而这正是我们现在要探讨的问题。

在考虑国家治理时，世界银行将其定义为"行使政治权力和利用体制资源管理社会问题和事务"。这是一种现在盛行的治理观点，它假定治理是一个由当权者决定的自上而下的过程，并传达给整个社会。事实上，"治理"这个概念最初就有"民主的""协商一致"的含义，这是一群人决定如何管理其事务以及相互关系的过程。但是，这种协商一致的方法是存在问题的，只能适用于非常小的群体。实际上，没有一个国家能够真正将治理设立为一个协商一致的过程。鉴于目前出现了超国家组织(supranational organization)①的趋势，那么这种可能性似乎更加遥远，而且也不一定可取。因此，自上而下的强制性的治理形式使一个社会能够接受领导并在领导者的带领下做出一些艰难的决策，如果没有领导者，这些决策是无法做出的。② 当然，这种治理形式也有可能会出现人们的

---

① 例如，欧盟。

② 例如，1969年英国废除死刑的决定不可能通过协商一致的方式做出；同样，2003年入侵伊拉克的决定也不可能通过协商一致的方式做出。

权力被剥夺并被独裁地使用的情况，虽然可能会对人们有益①，但最有可能的是有些社会成员并不希望如此。②

这种自上而下的等级式管理方式通常发生在像民族国家这样单一化的大型组织中。相反，在当地俱乐部等小型组织中，协商一致的形式往往是常态。然而，还有其他常见的治理形式。其中之一就是市场治理(参见 Williamson，1975)。自由市场是经济活动的主要意识形态。当然，我们认为，这种组织形式降低了交易成本。然而，从治理的角度来看，这种组织形式存在问题，因为没有自动调节机制，也没有协商机制。这样做的结果是，治理是根据权力关系来决定的，权力关系对于处于弱势的人(例如消费者)来说往往是强制性的。因此，有必要通过政府或世界贸易组织等超国家组织实施某种形式的监管，重新增加原本取消了的交易成本。可见，这场争论实质上是意识形态方面的争论，而不是经济方面的争论。

越来越多的企业依靠非正式的社会体制来管理彼此之间的关系，这是治理的最终形式。这种形式通常被称为网络治理(network governance)(Jones，Hesterly and Borgatti，1997)。这种治理形式，没有正式的具有法律约束力的规则；相反，这种治理形式承认社会义务。治理存在于网络中是因为不同的组织主要在经济领域内的继续相互参与。因此，这种治理形式被认为是以自身利益为前提的。当然，正如市场治理一样，权力关系是重要的。当没有明显的权力失衡扭曲治理关系时，这种治理形式是最令人满意的。

尽管在某些方面，这些不同的治理形式是可以互换的，但实际上它们适用于不同的情况。然而，无论采用哪种治理形式，最重要的是，它要被所有相关参与者视为善治。换句话说，所有利益相关者必须得到满足，才能算是善治。而要做到这一点，遵守善治的基本原则至关重要。

治理原则

每种治理体系都以八项原则为基础。这八项原则如图 10.5 所示。

---

① 古希腊人喜欢将“有益的”独裁作为管理其城邦的手段。

② 例如，很少有人会认为，斯大林在苏联获得的权力是由于中央主导的治理；同样，也很少有人会认为这种权力被有益地使用或以社会上大多数成员感到高兴的方式使用。

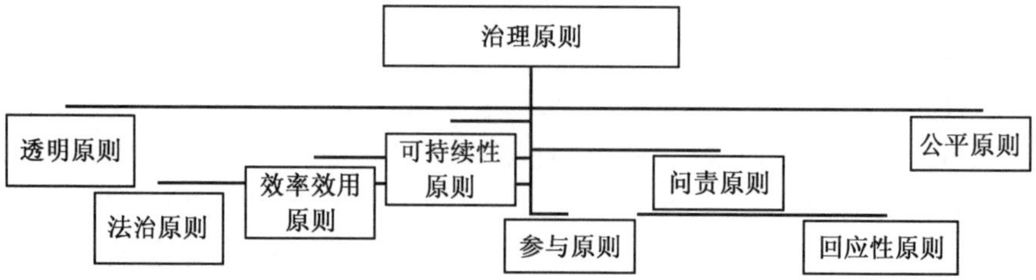

图 10.5 治理原则

透明原则(transparency)

透明原则要求那些受此类决定及其执行影响的人可以免费获取并直接使用信息。透明度对这些信息的外部使用者来说特别重要,信息的内部使用者能够掌握的背景细节和知识,信息的外部使用者却对此并不掌握。因此,所做出的决定以及决定的执行方式也是按照规则和条例进行的。透明原则可以被看作组织承担责任的一种方式,以承担其行为所造成的外部影响。同样,也是将权力更公平地分配给所有利益相关者所必须采取的步骤。

法治原则(rule of law)

这是透明原则所造成的必然结果。很明显,善治需要一个公平的运作规则框架。而且,这些规则必须得到公正地执行,而不用考虑权力关系。因此,必须保护少数群体的权利。[①] 此外,如果有了冲突,必须可以上诉至某一独立机构来解决冲突,并且这一上诉权利必须为所有利益相关者所知。[②]

参与原则(participation)

当然,如果所有的利益相关者都能参与治理那是最好的,但这不是善治的基本原则。但如果在必要时,所有人都能参与进来,参与便成了一个基本原则。当然,参与包括与此相关的结社自由和言论自由。根据组织的规模和结构,参与可以是直接的,也可以通过合法的中间机构或代表参与,例如国家政府。当然,参与会涉及每个人,至少涉及所有的成年人,既包括男性,也包括女性。

---

① 当然,这意味着对人权的保护,但是也可以被看作对环境以及环境保护的关注。

② 可以上诉至国家法院、贸易协会、欧洲人权法院等超国家法院或联合国等组织。无论上诉至什么组织,这一组织不仅要保持公正,而且也应该被视为对所有相关各方公正,以维持裁决争议的可信性。

回应性原则(responsiveness)

这是参与原则和透明原则所造成的必然结果。回应性原则意味着治理法规能够使治理机构和流程在合理的时间范围内为所有利益相关者服务。

公平原则(equity)

这一原则涉及要确保所有社会成员都认为他们与之有利益关系,并且感觉没有被排除在外。公平原则确保管理者能够考虑少数群体的看法,并确保在决策过程中管理者能够听到社会最弱势的群体所发出的声音。这就要求有机制能够确保所有利益相关者群体有机会维持或改善他们的福利。

效率效用原则(efficiency and effectiveness)

当然,效率意味着前面提到的交易成本的最小化,而效用则意味着达到预期的目的。因此,为了实现效用,流程和机构有必要产生满足组织需求的结果,同时又要充分利用组织手中所掌握的资源。当然,这也意味着要可持续地利用自然资源以及保护环境。

可持续性原则(sustainability)

当然,这需要人们具有长远的眼光,关注可持续的人类发展以及实现这种发展目标的方式。在过去的几十年里,越来越多的学者认识到组织的活动会对其外部环境产生影响。这些其他利益相关者不仅对组织活动感兴趣,而且还可以对这些活动的内容施加一定程度的影响。这种影响力是巨大的,这些利益相关者的权力和影响力足可以被看作对组织拥有准所有权。问题的关键在于对未来的关注,这种关注已经通过“可持续性”这个术语表现出来,并且这个术语在全球化和企业绩效的话语中已经变得无处不在。当然,可持续性是一个有争议的问题,正如我们在第六章中详细讨论的那样,“可持续性”这个术语有很多定义。

问责原则(accountability)

问责原则关注的是组织认识到其行为会对外部环境产生影响,因此对其行为所产生的影响承担相应的责任。因此,这一概念意味着认识到该组织是更广泛的社会网络的一部分,并对全部的社会网络承担责任,而不仅仅是对组织的所有者承担责任。除了承担责任之外,还必须认识到,这些外部利益相关者有能力影响组织采取这些行动的方式,并在决定这些行为是否合理时起到作用。如果这些行动是合理的,那么会使组织和其他利益相关者付出多大的代价。不可避免地,需要对社会上的不同利益进行某种形式的调解,以便能够在什么最符合整个社区的利益以及如何实现整个社区的利益这些方面达成社会的广泛共识。总的来说,所有组织和机构都应对那些受其决策或行动影响的人负责,这一点必须在治理机制中得到认可。这种问责适用于任何组织,无论是政府机构还是私营部门,抑或民间社会组织,它们都必须承认它们对公众和各种利益相关者负责。这样做的一个重要目的是,确保消除任何形式的腐败或至少将腐败减少到最小的程度。

为公司治理制定框架

在英国,企业治理准则可以追溯至 1992 年的《卡德伯利报告》(The Cadbury Report)。目前,所有在伦敦证券交易所上市的公司都必须遵守 2003 年生效的《公司治理综合准则》(The Combined Code on Corporate Governance)。该准则随后于 2006 年进行了修订,并于 2010 年被称为《英国公司治理准则》(UK Corporate Governance Code)。有人或许认为,公司治理的框架因而得以确立。虽然英国的公司治理准则不断修订,但是与治理不善有关的问题并没有消失。很显然,公司治理的框架尚未在英国确立,而国际框架的确立看起来更为遥远。

制定这种框架的问题之一是,究竟以持续的规则为基础还是以原则为基础的争论。

美国的方法往往以规则为基础,而欧洲的方法更多的是以原则的发展为基础,而这是一个更为缓慢的过程。一般而言,人们认为规则比原则更易于遵守,因为规则在可接受的行为和不可接受的行为之间划定了一条清晰的界限。规则还会减少管理者个人或审计师的自由裁量权。然而,在实践中,规则可能比原则更为复杂,规则也可能无法处理规则未涵盖的新型交易。而且,即使遵守了清晰的规则,人们仍然可以找到方法来规避规则制定的根本目的。如果人们受到更宽泛的原则的束缚,想要这么做就很难。

当然,世界各地有许多不同的公司治理模式。这些治理模式因为所在地所实行的资本主义制度的性质不同而不同。英美国家普遍采用自由主义模式(the liberal model),倾向于优先考虑股东的利益。欧洲大陆和日本通常采用协调模式(the coordinated model)。除了考虑股东的利益之外,还承认工人、管理者、供应商、客户以及社区的利益。两种模式都有不同的竞争优势,但方式不同。自由主义模式鼓励激进的创新和成本竞争，而协调模式则鼓励渐进式创新和质量竞争。

然而，最近美国采用的处理治理问题的方法与英国采用的方法存在明显差异。

在美国，公司由董事会管理，董事会有权选择执行官，通常称为首席执行官（CEO）。首席执行官拥有很大的权力来管理公司的日常工作，但需要获得董事会批准才能采取某些重大行动，例如，雇用直属下属、筹集资金、收购另一家公司、进行重大资本扩张或上马其他高投资的项目等。董事会的其他职责可能包括政策制定、决策制定、监督管理层的表现或对公司进行控制。董事会名义上由股东选择并对股东负责，但许多公司规定的章程使得除了大股东之外的其他人难以对董事会的构成产生影响。通常情况下，个人股东无权选择谁去做董事会候选人，而只能例行公事地通过现任董事会提名的候选人。不当激励已经渗透到发达国家的许多企业董事会，董事会成员本应该监督首席执行官的行为，但反而接受首席执行官的恩惠。经常出现的情况是，一家公司的董事会成员是其他公司的首席执行官，许多人认为这种盘根错节的关系会造成潜在的利益冲突。

另一方面，英国制定了一种灵活的公司治理的监管模式，即所谓的"不遵守就解释"的治理准则。这种准则以原则为基础，列出了一些建议，例如：

- 将首席执行官和董事会主席分离；
- 与首席执行官签订合同时设定时间限制；
- 限定非执行董事和独立董事的最低人数；
- 指定一名高级非执行董事；
- 成立薪酬、审计和提名委员会。

英国上市公司要么采用这些原则，要么在年度报告的指定部分解释它们不采用这些原则的理由。而对这些解释的监督是由股东自己进行的。这一准则的基本思想是，处理公司治理事务不应"一刀切"，最好为公司留下一些灵活性，以便公司能够做最适合自己情况的选择。这与诸如美国《萨班斯-奥克斯利法案》（The Sarbanes-Oxley Act）之类的法定制度非常不同。如果公司有充分的理由偏离合理的规则，公司应该向股东做出解释，令股东信服。这一准则从1992年开始实行，对英国企业的治理方式产生了巨大影响。最近的一项研究表明，1993年大约有10%的富时350指数公司完全符合准则的各项要求，而到了2003年，有60%以上的富时350指数公司完全符合准则的要求。如果对不符合准则要求的公司所做出的解释进行抽查，我们会发现这些公司并没有照章行事。对许多不按规则行事的做法根本没有做出解释，而且绝大多数的解释也没有说明具体情况以便证明这些做法是合理的。但总的来看，英国的制度运作良好。事实上,英国的制度往往被人们当作一个参照标准,被其他一些国家所遵循。尽管如此,这表明确定全球公司治理框架依然任重而道远。

不同国家都已制定了公司治理原则和准则,这些原则和准则在各国政府和国际组织的支持下由证券交易所、公司、机构投资者或董事会和管理协会发布。通常,法律并不强制企业遵循这些治理建议,尽管与证券交易所上市要求[①]相关的准则往往会产生强制效应。因此,例如在伦敦和多伦多证券交易所上市的公司无须遵循各自国家的治理准则的建议,但必须披露它们是否遵循了这些建议。如果没有,则应提供解释说明为何没有按准则的建议去做。此类披露给上市公司施加了很大压力,无形中迫使这些公司遵守准则。

2000 年,麦肯锡在首次对 200 多家机构投资者进行的“全球投资者意见调查”(2002 年更新)中发现,有 80%的受访者愿意为治理良好的公司支付溢价。受访者认为,治理良好的公司大多数有不在本公司担任管理职务的外部董事,这些公司对董事进行正式评估,并对投资者提出的提供有关治理问题的信息的要求做出回应。溢价的多少因市场而异,加拿大公司为 11%,监管背景最不确定的公司(如摩洛哥、埃及或俄罗斯的公司)大约为 40%。其他研究同样也将人们对公司质量的广泛认知与优异的股价表现联系起来。另一方面,研究特定的公司治理控制与公司财务绩效之间的关系的研究得出的结果非常不一致。

结 语

代理理论是从威廉姆森的组织失败框架(the organisational failure framework)发展而来的。代理理论似乎提供了一些关于如何更好地管理企业的建议,但就实际应用而言存在着一些问题。代理理论以这样一个关键假设为基础:交易的每一方为了将其效用最大化,都会理性地行事。当然,这个假设对每个人进行的效用评估都可以精确地计算出来,因此同一个人在同样的情况下总是会做出同样的决定。尽管如此,它有助于我们理解企业行为。治理及治理原则也可以帮助我们理解企业行为。制定治理准则是为了解决企业行为中出现的显而易见的问题,并设法确保企业对投资者采用统一的行为方式。

要点总结

- 财务渎职引起人们对企业社会责任的关注,导致公司治理准则的发展。

---

① 例如,前面提到的英国《公司治理综合准则》。

- 信息对称是组织管理中最重要的一点，人们使用了几种技术来解决组织管理中的信息不对称问题。
- 善治有八条原则。
- 代理理论用来解释企业管理者与企业所有者以及企业投资者之间的关系。
- 代理理论认识到人们不可能在做出决策时忽视自身的利益。

关键术语及理论定义

问责原则(accountability)：关注的是组织认识到其行为会对外部环境产生影响，因此对其行为所产生的影响承担相应的责任。

《公司治理综合准则》(The Combined Code on Corporate Governance)：规定了与董事会领导、效用、薪酬、问责以及和股东关系等方面有关的最佳做法标准。

治理(governance)：涵盖了组织对自身进行管理的方式。

信息不对称(information asymmetry)：意味着如果所有者想获得管理者到底付出了多少努力的相关信息，所有者要么必须依赖管理者传达给他们的信息，要么必须承担对管理者进行监管的成本。

道德风险(moral hazard)：如果所有者难以观察或推断管理者到底付出了多少努力，或者所有者这么做的成本过于昂贵，那么就会产生道德风险。

法治(rule of law)：意味着善治需要一个公平的运作规则框架。

《英国公司治理准则》(UK Corporate Governance Code)：该准则于2010年推出，它的前身是《公司治理综合准则》。

理解题

1. 什么是信息不对称?
2. 善治的原则是什么?
3. 信用评级机构如何帮助解决信息不对称的问题?
4. 美国采用的治理方法和英国采用的治理方法有何差异?
5. 道德风险与逆向选择有什么区别?
6. 为什么法治原则是善治的本质特征?

补充阅读材料

Aluchna, M. 2009. 'Applying Corporate Governance in Europe', in G. Aras and D. Crowther (eds), *Global Perspectives on Corporate Governance and Corporate Social Responsibility*. Farnham: Gower.

Aras, G. and Crowther, D. 2008. 'Exploring Frameworks of Corporate Governance', in G. Aras and D. Crowther (eds), *Culture and Corporate Governance*. Leicester: SRRNet, pp. 3–16.

Joyner, B. E. and Payne, D. 2002. 'Evolution and Implementation: A Study of Values, Business Ethics and Corporate Social Responsibility', *Journal of Business Ethics*, 41: 297–311.

参考文献

Briers, M. and Hirst, M. 1990. 'The Role of Budgetary Information in Performance Evaluation', *Accounting, Organizations and Society*, 15, 4: 373–98.

Child, J. 1974. 'Managerial and Organisational Factors Associated with Company Performance – Part 1', *Journal of Management Studies*, 11: 73–89.

Child, J. 1975. 'Managerial and Organisational Factors Associated with Company Performance – Part 2', *Journal of Management Studies*, 12: 1227.

Coates, J. B., Davis, E. W., Longden, S. G., Stacey, R. J. and Emmanuel, C. 1993. *Corporate Performance Evaluation in Multinationals*. London: CIMA.

Cooper, S., Crowther, D., Davies, M. and Davis, E. 2001. *Shareholder or Stakeholder Value*. London: CIMA.

Crowther, D. 2004. 'Limited Liability or Limited Responsibility', in D. Crowther and L. Rayman-Bacchus (eds), *Perspectives on Corporate Social Responsibility*. Aldershot: Ashgate, pp. 42–58.

Crowther, D. and Ortiz-Martinez, E. 2007. 'No Principals, No Principles, No Reserves: Shell and the Failure of Agency Theory', *Social Responsibility Journal*, 3, 4: 4–14.

Emmanuel, C. R., Otley, D. T. and Merchant, K. 1985. *Accounting for Management Control*. London: Chapman & Hall.

Fitzgerald, L., Johnston, R., Brignall, S., Silvestro, R. and Voss, C. 1991. *Performance Measurement in Service Businesses*. London: CIMA.

Jones, C., Hesterly, W. S. and Borgatti, S. P. 1997. 'A General Theory of Network Governance: Exchange Conditions and Social Mechanisms', *Academy of Management Review*, 22, 4: 911–45.

McCoy, C. S. 1985. *Management of Values: The Ethical Difference in Corporate Policy and Performance*. Marshfield, MA: Pitman.

Rappaport, A. 1986. *Creating Shareholder Value*. New York: The Free Press.

Rappaport, A. 1992. 'CFO's and Strategists: Forging a Common Framework', *Harvard Business Review*, May/Jun: 84–91.

Scherrer, C. and Greven, T. 2001. *Global Rules for Trade: Codes of Conduct, Social Labelling, Workers' Rights Clauses*. Münster: Verlag Westfälisches Dampfboot.

Smith, T. 1992. *Accounting for Growth*. London: Century Business.

Williamson, O. E. 1975. *Markets and Hierarchies: Analysis and Anti-trust Implications*. New York: The Free Press.

第十一章

绩效评估与绩效报告

本章学习目标：

- 从不同的方面定义绩效
- 讨论利益相关者的竞争需求
- 概述平衡计分卡的设计并讨论替代方案
- 区分财务绩效和社会绩效
- 解释三重底线报告的含义

“在我看来，资本主义制度如果得到明智的管理，也许能够提供比其他任何已知的可供选择的制度更高的效率来实现经济目标；不过就其本身来看，有许多方面是极为不可取的。我们的问题是，如何设计出一种社会组织，它能够尽可能地提高效率，但又不会与我们满意的生活方式的观念相抵触。[约翰·梅纳德·凯恩斯(John Maynard Keynes)，1926]

导 论

对于任何组织而言，组织的管理问题取决于其衡量绩效并进行评估和报告的能力。当我们思考企业社会责任时，亦是如此，尽管绩效的衡量和评估变得更加困难。因此，在本章中，我们将探讨绩效的一些方面以及所涉及的一些问题。

什么是绩效?

我们应该清楚,优良的绩效取决于考量绩效的角度,一个利益相关者群体所认为的好的绩效,对另一个群体来说却可能是不令人满意的(Child,1984)。因此,企业绩效的评估不仅取决于选择适当的绩效衡量方法,还取决于如何判定什么是优良的绩效。

绩效标准的确定取决于评估的角度,同样,绩效衡量也需要有适当的相关措施。这些措施不是绝对的,因为这样没有意义。同时这些措施应该与绩效评估所处的背景相符。因此从外部角度来看,使用不同的绩效衡量标准,可能会出现迥然不同的绩效评估结果。而使用不同的绩效衡量标准,则意味着在评估过程中对会计的运用也有可能完全不同。

利益相关者绩效的衡量甚至可能比财务绩效的衡量更成问题。企业年度报告中没有给出利益相关者绩效的客观衡量标准,所以我们选择考虑《现代管理》(*Management Today*)杂志每年公布的"英国最受尊敬企业"(Britain's Most Admired Companies)调查中所采用的主观标准。根据从"竞争对手"收集的观点,这些指标可以分为九类(见图 11.1),在此基础上还有其他指标被包含在评估总分内。这九个类别是:

- 管理质量;
- 商品和服务质量;
- 创新能力;
- 营销水平;
- 留住顶尖人才的能力;
- 社区和环境责任;
- 稳健的财务状况;
- 长期投资价值;
- 公司资产的使用。

耐 克

耐克因与越南、印度尼西亚和墨西哥等国的一些工厂签订转包合同而受到批评。据维权组织"越南劳工观察"(Vietnam Labour Watch)报道,与耐克签订合同的越南工厂早在 1996 年就违反了越南的最低工资与加班法,不过耐克声

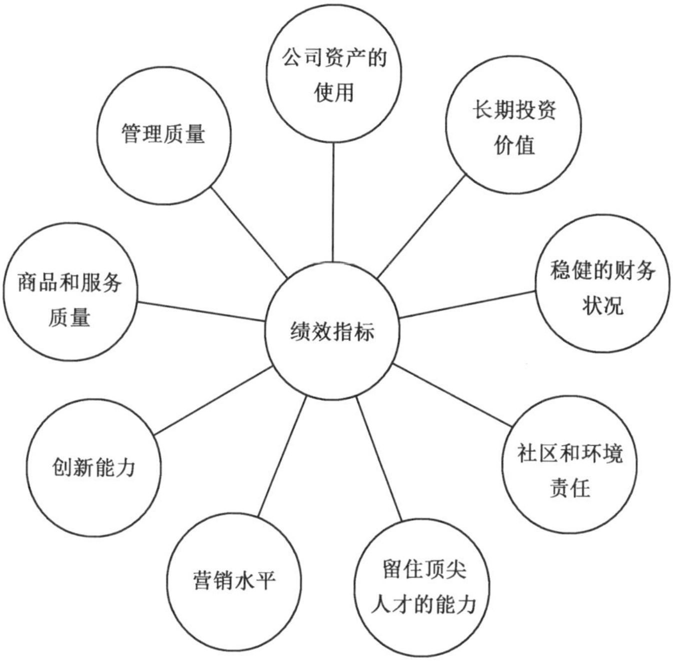

图 11.1　利益相关者绩效的客观衡量标准

称这种做法早就停止了。耐克公司对其转包公司的期望及流程监测的详细资料，可以在其网站上查到。耐克公司一直备受负面报道的困扰，其中往往涉及其海外代工厂的恶劣工作环境以及对廉价劳动力的剥削。但是，耐克公司声称，他们同样有一套自己的行为准则。

耐克的广告也受到了指责，批评称其广告在赋予美国女性权力的同时，其远东工厂的一些做法却剥夺了女性的权力。20 世纪 90 年代，耐克曾因其生产足球的代工厂在柬埔寨和巴勒斯坦雇用童工而受到指责。尽管耐克采取措施遏制或至少减少了童工的雇用，但它仍将产品的生产外包给那些在监管不力、监督不足地区运营的公司，这样很难确保不雇用童工。2001 年，英国广播公司(BBC)的一部纪录片显示，耐克在柬埔寨的一家代工厂雇用童工，工作环境恶劣。纪录片拍摄了 6 个女孩在工厂的劳动情况，她们一周要上 7 天班，常常每天要工作 16 个小时。澳大利亚第七频道新闻频道在 2008 年 7 月的一项调查中发现，在耐克最大的一家制衣工厂里，有许多强制劳动的情况发生。这家工厂位于马来西亚，澳大利亚第七频道的一名记者卧底拍摄发现，工厂的工人生活条件恶劣，存在被强制劳动的状况。被媒体曝光之后，耐克声明将采取改正措施，确保不再出现类似的虐待工人的行为。

不断发展的纺织业因其对环境产生负面影响而受到批评。耐克是大型纺织产品制造商，它的许多生产流程都对环境产生不利影响。纺织业的发展壮大对环境的影响，一方面是其加剧了水资源的短缺、气候变化、环境污染、化石燃料及原材料的消耗。除此之外，当今的电子纺织工厂耗费大量的能源，同时由于受快时尚和廉价服饰趋势的影响，也产生了一种穿完即丢的思维方式。

虽然这些综合效应可能会对环境产生负面影响，但是耐克试图通过不同的项目来抵消这些影响。据新英格兰环保组织“清洁空气-凉爽星球”(Clean Air-Cool Planet)称，在一项关于环境友好型公司的调查中，耐克在 56 家公司中跻身前三。耐克还因其 Nike Grind 环保再生技术的使用而受到“气候计数”(Climate Counts)等组织的表彰。除此之外，耐克还在 2008 年地球日发起了一项宣传活动，在广告中，史蒂夫·纳什(Steve Nash)穿着耐克的“垃圾物语”鞋(Trash Talk)，这双鞋是 2008 年 2 月用从工厂车间回收的皮革和合成皮革废料制成的。Trash Talk 鞋还采用了来自旧鞋回收项目的磨碎橡胶来制作鞋底。耐克声称，这是第一款由制造废料制成的高性能篮球鞋，但它只生产了 5 000 双供出售。

实际上，有许多公司听取公众的批评意见，承认实践并非总是理想的，从而采取措施做出改变。耐克便是其中的一个典范。因此，耐克公司比以往更受欢迎，而且有证据表明，人们并不期望大公司尽善尽美，而是希望这些大公司能够真诚地承认错误并努力改进。而知错就改则是企业社会责任的一个典型特征。

社会会计

社会会计在 20 世纪 70 年代崭露头角，当时企业在证券市场之外的其他领域的绩效以及利益相关者价值受到越来越多的关注。这首先通过对社会会计的关注表现出来。可以将社会会计看作报告企业活动的一种方法，它强调有必要识别社会相关行为，确定企业社会绩效该对谁负责以及采用适当的措施和报告技术。

因此，社会会计涵盖了企业绩效的多个方面，并认识到不同利益相关者群体对绩效的不同方面感兴趣。这些方面包括：

- 投资者的关注点；
- 对社区关系的关注；
- 对生态的关注。

当然，这些因素等同于前面讨论的三重底线(见图 11.2)。

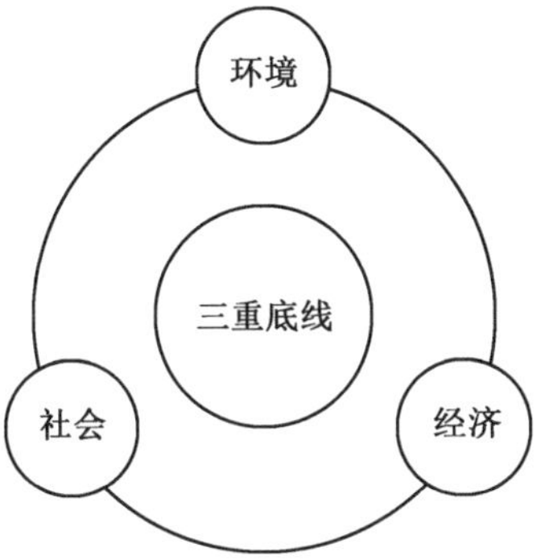

图 11.2　三重底线

按照这些方面来衡量绩效，除了传统的以利润为基础的衡量方法外，还包括下列方面：

- 消费者剩余；
- 经济租金；
- 对环境造成的影响；
- 非货币价值。

一些研究者暗示，衡量社会绩效很重要，不过他们并没有给出令人信服的理由。然而，所罗门斯(Solomons，1974)对客观衡量企业社会绩效的原因进行了研究。他表示，一方面是为了帮助做出理性决策，另一方面则是出于防御性需要。

所罗门斯提出了一个模型，它似乎提供了一种合理的方法来报告企业活动对其外部环境的影响，然而却未能就外部成本与收益的实际衡量提出任何建议。这种衡量方法更有问题，这也是任何形式的社会会计所面临的一个问题——对企业外部环境影响的衡量极其困难。

实际上，可以这样认为，这种衡量上的困难是企业之所以专注于通过会计来衡量内部活动的一个原因，这样衡量起来更容易。

绩效衡量与报告

企业绩效评估一方面与衡量有关，另一方面与绩效报告相关。如果对社会责任给予更多的重视，那么就必须认识到改变企业绩效的衡量及报告的必要性。社会会计试图从不同的角度来衡量和报告企业绩效，从而满足不同群体的不同信息需求。因此，有人认为需要有几种不同类型的会计来执行这样的功能。该论点是基于对传统会计经济基础局限性的考虑，它对该经济基础的前提提出了以下质疑：

- 经济持续增长的可取性；
- 理性经济人可以做出理性的经济决策；
- 在任何决策过程中，将利他主义排除在外；
- 不考虑财富分配方式。

这些因素备受质疑，因此需要有一个新的范式。在新的范式下，环境不再孤立于企业之外，而被视为企业的一部分。因此，就企业活动的会计而言，可持续性概念以及对主要资源利用的考虑应当受到重视。实际上，有的学者更进一步认为企业和利益相关者之间需要建立新的社会契约，并对其负责，企业还应有新的使命，认识到有些事务超越了会计的范畴。

问责与社会活动

人们普遍认为，权力是问责制的重要组成部分。那些掌握更多权力的利益相关者的责任更大。就此而言，企业可以被视为自我保护的外化机器。因此，当面临矛盾时，企业为了保护自身利益，往往会选择风险小、利益小的方式行事。还有人认为，企业的权力越来越多地集中到高管手中，而不是所有者手中，因为高管们掌握着评估风险的专业技能。这种对权力的关注产生的一个问题是，整个社会，尤其是环境，往往不是强大的利益相关者。或许正是由于这个原因，社会责任往往不是企业的特征。

然而，关于管理者和员工之间的关系以及此方面会计信息的利用，已有相关研究。该研究关注的是工会对会计信息的披露。在劳资关系谈判中，管理者与员工关系的概念化不同，会产生不同的会计信息披露结果。此类研究结果表明，增加信息披露可以减少员工的反对意见、提高的员工忠诚度，并强化预期行动的合法性。因此，该证据似乎表明，更多的信息披露实际上可以给企业以及所涉及的利益相关者带来好处。这与社会和环境会计的概念是一致的。这些概念都注重更多披露企业的活动，更强调所披露的活动以及这些活动是怎样影响外部环境的。

进行这些研究并得出这些论据的研究者，都是从问责制和相应的报告是可取的这一假设出发，但没有给出任何理由说明为什么是可取的。所以，随之而来的利益便到了各种利益相关者手中，而这些利益相关者并没有给企业本身带来任何实质的利益。实现这一目标的一种方法是通过立法，世界各国都在这方面进行了立法，结果是好坏参半。

另一种方法则是证明社会责任对企业本身的好处，这也是本书所采用的方法。这些好处可以是短期的，也可以是长期的。一般来说，它们可以是以下任何一种形式：

- 有更多的信息以供制定决策；
- 运营成本降低或收入增加；
- 产品或服务成本更加精确；
- 战略决策得到改进；
- 形象的改善；
- 市场发展机遇。

社会会计的原则

运用会计核算企业活动与外部环境的关系，以及这些活动对外部利益相关者的影响，并以此来衡量企业的活动，通常被称为环境会计。这种会计形式认识到企业活动对其外部环境的影响，因而可以，而且应该被考虑在内。这与传统的以古典自由主义为基础的会计观形成了鲜明对比。传统的会计观点认为，企业所发生的事情与企业有关，所以应当考虑。而发生在企业之外的事情，无论是否受企业的影响，都与企业无关。因此就企业而言，它们并不是合适的会计主体。反映企业行为对其外部环境影响的会计形式通常被称为社会会计，其定义如下：

将企业的经济行为对社会和环境的影响传达给社会上的特定利益集团甚至是整个社会的过程，而不仅仅承担向资本所有者特别是股东提供财务账户的传统作用。这一作用的扩展以这样一个假设为前提，即企业除了为股东赚钱之外，还对社会承担更多的责任。(Gray，Owen and Maunders，1987：ix)

还有如下定义：

自愿披露信息，包括定性和定量信息，以便企业告知或影响一系列受众。定量披露可以是财务方面的，也可以是非财务方面的。(Mathews，1993：64)

这种会计形式的一些基本特征，可以使其与传统会计区别开来。这些特征以下面三个原则为基础：

- 它试图报告企业行为对企业外部社会环境的影响；

- 它针对的是企业外部的受众，并且对企业没有合法的所有权；
- 它本质上是自发的。

就此而言，社会会计的受众和自发性与传统会计是不同的。这样产生的结果是，并非所有企业都认为有必要对其业务的这一方面进行报告，而现实中所采用的报告方法也绝不是统一的。

环境会计的原则

社会会计有这样一个子集，它关注那些涉及物理环境而不是社会环境的企业行为的报告。这被统称为环境会计。环境会计可以定义为："可以认为它涵盖了应对环境问题可能会影响到的所有会计领域，包括生态会计的新领域。"(Gray and Bebbington，2001：6)环境会计还可以被定义为："可以把环境会计定义为会计的一个分支，它涉及记录、分析并报告与某一特定经济制度有关的由环境引发的财务影响以及生态影响的活动、方法和系统。"(Schaltegger，Muller and Hinrichsen，1996：5)

正因为这种会计方式的定义因人而异，所以它在不同企业的运作方式也不尽相同。实际上，这种差异不仅可以通过企业间的对比，而且还可以通过纵向研究得以发现。环境会计是一个相对较新的现象，马修斯(Mathews，1997)认为其根源可以追溯到 20 世纪 70 年代。自那时起，人们对环境的兴趣大大增加，而环境会计的应用、意义和技术也得到了广泛的发展。环境会计的目的也确实发生了改变。有人认为，这种会计过去是用来安抚外部环境活动家的，但现在它被认为是企业内部管理的重要信息来源。还有人认为，环境会计数据的一个主要用途是用于外部消耗，而非内部决策。

然而，在此必须说明，环境会计的性质和目的存在着难题。传统会计的性质和目的也同样如此，任何措施对两种会计的适用性也是一样的。尽管如此，社会和环境会计与传统会计显然有着很大的不同，因为它们试图将企业行为对外部环境的影响涵盖在内。因此，企业虽然被认为是一个独立实体，但它只是超越企业边界、否定传统会计内部/外部二元对立体系的一部分。这种不同的关注点既把这种会计与其传统角色区分开来，又导致了不同的绩效衡量标准需求。

环境影响测量

多年来，环境会计技术一直在不断进步，在本书的剩余篇幅中，我们将详细地讨论这些技术。自环境会计概念诞生以来，用于测量和报告环境影响的技术不断发展。然而，人们只是谈论企业通过其行为影响外部环境并对此进行解释，却往往没有提出衡量此类影响的任何实质性建议。例如，有人建议将社会间接的概念同传统收入衡量方法所报告的结果相抵消，而不提出计算方法。同样，有人提出了一种完全以非财务量化为基础的环境会计模型。其他的建议有对社会披露进行分类的概念模型，其中包括将社会责任会计与会计总影响分开的模型；另外还有各种可持续性会计模型。

环境会计与报告技术实现不断发展的同时，环境会计的哲学基础也得以产生。因此，会计人员应在多大程度上参与环境会计工作，也一直是人们讨论的主题。同样，也有人认为，环境会计的合理性可以通过社会契约来证明，因为环境会计可以使整个社会受益。一些人认为可持续性是环境会计的基石，另一些人认为环境会计应该得到重视。

一些更具批判性的研究者则从劳动过程的视角来看传统会计。他们认为，传统会计是一种支持资本凌驾于劳动利益之上的机制。这些研究者往往将社会和环境会计视为一种有利于非传统会计信息使用者的机制。[①] 因而，有些人认为，有必要将环境会计纳入正规会计中，以防止这种会计的制度化。这些批评意见与环境会计的既定目标——衡量和报告企业活动对外部环境的影响相冲突。为了能够有效地做到这一点，环境会计必须被纳入主流会计中，并由执业会计师当作正常活动的一部分来运用。因此，环境会计既不能成为变革的根本工具，也不能成为通过会计将其外部性纳入企业报告的机制。[②]

从多个角度来看，环境会计都是一个热门话题。但是只有当它为会计从业者和企业的控制与报告系统所接受，而不仅仅是作为批判性的外部话语存在时，才能有助于衡量和报告企业活动的影响。换句话说，为了对企业有利，将环境会计作为为批判企业活动与行为提供基础的手段是不恰当的。只有当其益处明确并被纳入企业会计中时，这种会计才具有实用性和意义。本书的目的并不是为了表明这种会计方法提供了一种批判工具，而是为了表明它的实际用途。

因此，我们可以认为，“社会会计”和“环境会计”这两个术语具有多种含义和用途。对一些人来说，它们的含义是革命性的，而对另一些人来说，它们仅仅

---

① 换句话说，通常外部报告被认为是为专业人员以外的利益相关者制定的。

② 环境会计的学术话语在很大程度上对这一困境进行了辩论，但仍未将该困境转化到企业报告话语中。本书作者对学术论述的理解是，关于此类会计的可取之处已有普遍共识，辩论的焦点是以什么样的方式达到该结果——渐进式的或革命性的手段，哪种才是达到预期结果的首选方式。

关注如何改善企业绩效。总之，这两个术语的用途主要体现在以下方面：

- 它们可以仅指那些直接影响到公司营利底线的成本和收益，这些可被称为私人成本和收益；
- 它们还可以指影响个人、社会与环境而不由企业负责的成本和收益，这些可以被称为社会成本和收益。

本章中，我们主要关注私人成本和收益，一方面是因为希望实施社会和环境会计的企业通常都是从私人成本和收益开始的，另一方面则是由于此类会计的任何实施理由都应当对企业有益。然而，我们所考虑的大部分内容适用于社会成本与收益，而且如果对企业明显有利，我们也将会进行考虑。

由英国特许公认会计师公会（ACCA）编写的初级读本①声称，环境会计产生于三个不同的背景：

- 国民收入核算：在此背景下，核算是指一国资源的消耗，包括可再生资源的消耗和不可再生资源的消耗。
- 财务会计：在此背景下，所关注的是环境负债和物质环境成本的披露。
- 管理会计：在此背景下，所关注的是识别影响企业决策过程的成本和收益。

我们将集中讨论第三个背景，同时也会提及对其他两个背景产生的影响。

三重底线报告

关于如何对报告进行修正已有许多倡议，而在《布伦特兰报告》②基础上也衍生出了许多概念，三重底线便是其中的概念之一（Aras and Crowther，2008）。它以这样的假设为基础，即解决经济、社会和环境三个方面的问题不仅是确保可持续性而且也是实现可持续发展的必要条件。实际上，它隐含的假设是企业像往常一样，在传统的财务报告（绩效报告）中增添一些关于环境与社会绩效的信息，这相当于三重底线报告。所有的企业都暗示它们已经认识到并解决了问题，从而确保了可持续发展。这种暗示通常在未经严格质疑的情况下便被理所当然地接受了。让我们来看一下三重底线的概念——绩效的三个方面，如图11.3所示。

可持续发展政策一般包括三大政策领域：经济、环境与社会。为支持这个

---

① 《作为商业工具的环境会计导论》（*An Introduction to Environmental Accounting as A Business Tool*）是美国环境保护署1995年出版的初级读本的再版。

② 我们在第二章中提到过《布伦特兰报告（1987）》。

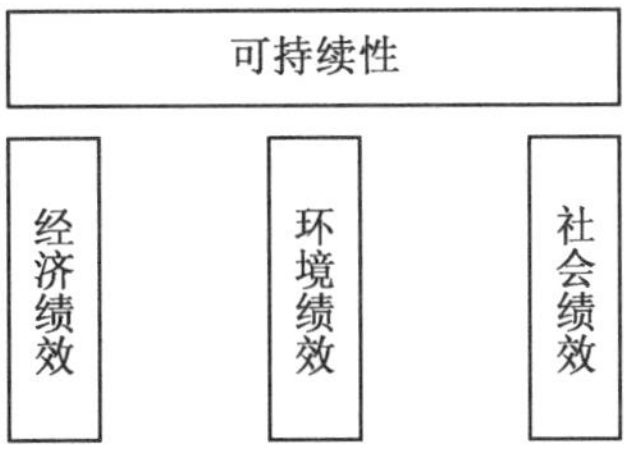

图 11.3　可持续绩效的三重底线

观点，包括《2005 年世界首脑会议成果文件》(UN，2005)在内的若干联合国文件都提到了经济发展、社会发展和环境保护等可持续发展的“相互依存、相辅相成的支柱”。

这促使一些企业采用了它们所谓的“三重底线报告”。总的来说，这只不过是在传统的财务报告的基础之上补充了一些关于社会与环境绩效的信息而已，但这些信息肯定不是《布伦特兰报告》中所提到的三个平等的支柱。

全球报告倡议组织

2000 年，全球报告倡议组织(以下简称 GRI)在与多方利益相关者进行对话之后，制定了可持续发展报告准则。该准则据称与 AA1000 系列标准密切相关，但它重点关注社会与环境会计报告过程中的某些方面，也就是报告。GRI 旨在涵盖一切经济问题，尽管这些问题当前处于不同的发展阶段。GRI 是一项旨在制定和传播自发的《可持续性发展报告指南》的倡议。这些指南供企业自愿使用，用于报告其活动、产品和服务的经济、环境和社会层面。GRI 虽然最初是由非政府组织发起的，但它已被公认为社会环境和经济报告的主要模式。它旨在提供一个框架，以使不同企业间的报告存在可比性，同时又能充分灵活地反映不同企业部门的不同影响。

GRI 旨在制定和传播全球适用的《可持续性发展报告指南》。它吸引了来自世界各地的商业、会计、投资、环境、人权、研究及劳工组织的代表积极参与。GRI 成立于 1997 年，于 2002 年独立，是联合国环境规划署(UNEP)的官方合作中心，与联合国原秘书长科菲·安南(Kofi Annan)倡导的《全球契约》(Global Compact)共同合作。该指南不断发展，2006 年 1 月新的《可持续性发展报告指南(草案)》得以制定并征求意见，它被命名为 G3。G3 也就是“第三代”《可持续性发展报告指南》，它于 2006 年 10 月在一次数千人出席的大型国际会议上发布。

G3由原则和所披露的项目(后者包括绩效指标)组成。这些原则有助于报告人确定报告内容和报告质量,并就如何设定报告边界提供指导。它们包括重要性、利益相关者包容性、可比性和时效性。所披露的项目包括问题管理以及绩效指标本身(如按来源划分的总取水量)。G3为报告框架奠定了基础。为满足特定行业的需求或国家报告的要求,还有一些其他要素,比如《行业附录》和《国家附录》。报告框架(包括G3)免费服务于公众。

之所以有"第三代",是由于GRI寻求不断地改进指南。G3是在G2(于2002年发布)的基础上构建的,而G2则由2000年发布的最初版本的指南演变而来。G3指南为可持续性绩效的报告提供了普遍指导。这意味着它适用于来自全球各地的小企业、大型跨国企业、公共部门、非政府组织以及其他类型的组织。指南所产生的方式(通过在多方利益相关者之间寻求共识的方法)使其得以广泛适用。GRI的使命是提出和不断改进报告框架,以确保任何组织均能用其框架来报告经济、环境和社会绩效。在自愿的基础上,GRI已被数百个组织广泛采用,这些组织主要是营利性企业。据称,这是许多人不断沟通的结果,这些人代表着各种各样的利益相关者,他们影响着全球各地的商业活动。

GRI和AA1000提供了一套工具,帮助组织管理、衡量和传达其社会、环境和经济的整体可持续性绩效。它们共同利用广泛的利益相关者和利益集团来提高决策的合法性并改善绩效。单独而言,它们彼此支持对方的适用——至少这两份文件的制定者是这么声称的。AA1000提供了一个严格的利益相关者参与过程,以支持可持续发展;GRI则提供了全球适用的可持续发展报告准则,强调利益相关者参与其开发。

自2009年1月以来,来自60多个国家的15 000多个组织一直使用该指南来编制它们的可持续发展报告。

绩效的不同方面

对于所有组织而言,最重要的一个因素来自其控制系统,那就是绩效衡量与评估的因素。要评估绩效,有必要先对绩效进行衡量,丘奇曼(Churchman,1967)指出,绩效的衡量涉及以下几个方面:

- 描述结果所使用的语言;
- 结果适用对象的具体要求;
- 组织之间或随着时间推移的可转移性的标准化;
- 使评估得以进行的准确性和控制力。

金伯利、诺林和韦斯(Kimberley,Norling and Weiss,1983)也指出了这一点。他们认为,传统的衡量标准无法衡量绩效的某些方面,而且肯定会导致不充分的绩效评估和误导性的绩效评估。他们指出:

传统的绩效观点往往会忽视这样一个事实,即组织在其他不怎么起眼的领域中也有所作为。它们在这些领域的绩效对未来可能性的塑造能力可能比它们按照传统标准衡量要强大得多。而且,那些仅仅根据传统标准做出判断的人,可能会把在不那么起眼的领域中的表现解读为无能。尤其是那些为多个团体的利益服务的组织,权力不向任何一方严重倾斜,较为分散,它们建立和维护各种关系的能力及背景有所不同,而且也许矛盾的压力是至关重要的,外部观察者不一定能够看到。

在一项由 Faversham House Group 发起的调查中,有五分之四的受访高管表示,新的法律是说服他们公司使用合适的技术与管理方法以节能减排的最重要的因素。有超过一半的受访者认为,受到控诉是将责任推到董事会会议议程首位的终极武器。

平衡计分卡

关于绩效评估,卡普兰和诺顿(Kaplan and Norton,1992)提出了不同的观点。他们创立了平衡计分卡方法。他们认为,组织的传统衡量系统都是基于财务功能,因此存在控制偏差,而平衡计分卡将策略和愿景放在中心位置。他们将平衡计分卡分为四个部分,每个部分同等重要,而且每个部分都有相关的目标和衡量标准。这四个部分是:

- 财务视角:股东对企业有何期待?
- 客户视角:客户对企业的看法如何?
- 内部业务视角:企业应当在哪些方面擅长?
- 创新与学习视角:企业能否持续改进并创造价值?

卡普兰和诺顿强调绩效的衡量是企业战略的组成部分:“如今,管理者们认识到了衡量方法对绩效的影响。但他们很少把衡量标准作为战略的一部分。例如,为实现绩效的突破,高管们可能会引入新的战略及创新流程,然后继续使用他们已使用了几十年的短期财务指标,如投资回报、销售增长和运营收入等。”(1993:135)他们还指出:“有效的衡量标准一定是管理过程的组成部分。”(1993:136)

他们认为,平衡计分卡是评估绩效的一种方式,它能识别出所有影响绩效的因素。当然,这个框架也包含外部视角(客户视角)。他们提出的框架见图 11.4。

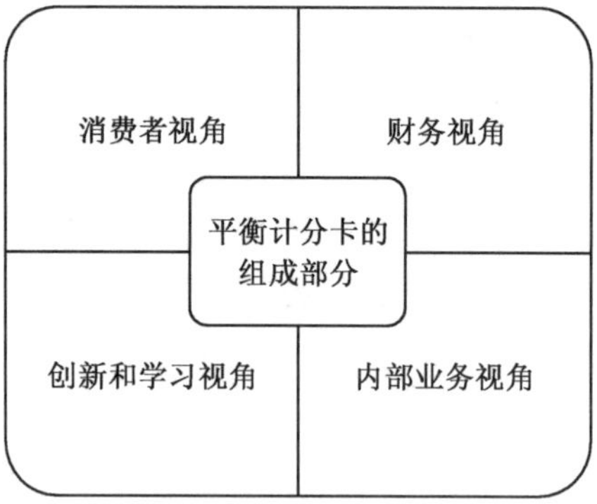

图 11.4　平衡计分卡

平衡计分卡能够使企业平衡它们的短期与长期目标,强调通过与其他目标之间的权衡来取得成效。

每一个采用该方法的企业都会制作自己的专用计分卡,以反映其“使命、战略、技术与文化”。该体系的优势在于,它衡量了实现最高层下达的战略的成功程度。任务说明、战略和绩效衡量方法之间常常会存在分歧,平衡计分卡则提供了一种机制,以避免该分歧的出现。

例如,平衡计分卡可以采用以客户为中心的使命宣言,将提到的一般目标转换为具体目标,然后制定相关的绩效指标。在该示例中,衡量体系可以寻求与客户管理信息系统对接。如果客户有一个能够获取供应商评估数据的系统,那么企业可以尝试获取这些信息,通过客户的视角来判断自己的绩效。

据称,平衡计分卡系统实际上平衡了组织的竞争需求。最初的平衡计分卡(1992)被认为能够“使管理者从四个角度来看待企业”。这些技术据说关注的是企业利益相关者的需求。因此,股东和客户是平衡计分卡中提到的两个具体的利益相关者。然而,对创新与学习以及不断改进的关注也表明,必须要将员工发展、供应商关系纳入内部业务流程视角中(如 1996 年所述)。

实际上,每个企业都应当设计并采用自己的平衡计分卡,以满足自身需求。卡普兰和诺顿(1996)明确表示,他们“不认为所有的利益相关者都有权在企业的平衡计分卡中占有一席之地。平衡计分卡的结果和绩效驱动因素应当衡量那些为组织创造竞争优势、使组织实现突破的因素”。平衡计分卡的首要目标是实现短期及长期财务成功,并且作为企业实现该目标的一种方法,它实质上是与其他更明确的以股东价值为基础的方法在进行竞争。

环境审计

在制定任何可以考虑的合理措施之前，组织首先必须了解其活动对外部环境的影响。这种了解的起点是进行环境审计。环境审计只不过是为了建立这种了解而对组织活动进行的调查与记录（Kinnersley，1994）。

事实上，ISO 14000 关注的便是环境管理系统发展背景下的环境审计。该审计主要解决以下问题：

- 遵守现有及未来可能会出现的法规的程度；
- 污染控制程序的有效性程度；
- 能源的使用程度以及提高能源效率的可能性；
- 生产过程中产生废弃物的比率以及降低必要废弃物或将其加以利用的可能性；
- 可持续资源使用程度以及开发可再生资源的可能性；
- 可再生材料的使用程度以及提高回收率的可能性；
- 产品和流程的生命周期分析；
- 资本投资的增加影响这些问题的可能性；
- 环境管理程序的存在以及实施的可能性。

环境审计需要对组织的流程有详尽的了解，因此仅靠该组织的会计师无法执行。它还将涉及组织内的其他专家和管理者，需要汇集他们的专业知识，以便对组织进行充分的了解。实际上，环境会计的特点之一是其运作在很大程度上依赖于组织内部各种技术和管理专家的合作，该审计无法由会计师独自完成。

环境审计的目的首先是了解组织活动的影响，然后才能将成本分配到每项活动中。它还应使组织的管理者能够考虑采用其他方式来开展组织业务流程等各种活动，并思考和评估以不同方式开展这些流程的费用和收益。

环境审计可能需要收集组织以前从未收集过的信息，尽管这些信息可能存在于组织的资料档案中。一次全面的环境审计是一项详尽而费时的工作，但不需要像一项操作那样完整。实际上，对流程和成本的审查应当成为任何组织活动的组成部分，这样可以使流程或控制程序能够不受环境的影响，从而更好地进行。

因此，解决这个问题的方法是扩大组织日常工作的范围，使其将对一直存在的环境影响的考虑和量化包括在内。

一旦环境审计工作完成，就有可能考虑制定合适的措施与报告机制，为内外部消耗提供必要的信息。这些措施必须以环境会计原则为基础。然而，重要的是，要认识到环境审计虽然是进行此类会计与报告的起点，但不应当被视为发展进程中的一起孤立事件。

就像财务或系统审计一样，环境审计应当经常进行，以便通过分析比较来审查进展情况，并根据迄今取得的进展和业务程序的变化来确定哪些方面需要进一步改进。

绩效的衡量

绩效的衡量对于任何绩效评估的思考都是至关重要的，它可以分为两个方面，即为何衡量以及要衡量什么。计量理论认为，衡量本质上是一个比较的过程，比较为衡量提供了目的。通过衡量，可以将以下领域的绩效构成要素进行比较：

- 时间上：通过将某时间段与另一时间段进行比较；
- 地理上：通过将一个企业、部门或国家与另一个企业、部门或国家进行比较；
- 战略上：通过将替代行动方案与预期结果进行比较。

绩效本身不是绝对的，而是相对的。它对于绩效评估至关重要，能够进行"比预期要好""比竞争对手要差"等类型的相对评估。抛开这些词汇，对绩效进行评估也并非不可能。所以，即使绩效的某些方面在本质上是定性的，但定量评估的方法对于绩效评估而言也必不可少。

因此，把衡量标准作为绩效评估的组成部分很有必要，这样为评估绩效，就需要确定应该衡量哪些方面。

所以，为了确定评估目的，必须选择合适的方法。然而，有人认为，在评估目的尚未确定之前，是无法确定合适的方法的。因此，这再次证明了绩效评估原因的确定是绩效衡量的基础，这一点必须加以考虑。从文献评价和对实际情况的考虑可以清楚地看出，进行绩效评估的原因如下：

- 为了进行管控；
- 为了制定战略；
- 为了问责。

绩效评估

绩效衡量与评估的方法有多种，虽然这些方法的成效受到了一些学者的批评，但它们的确发挥了作用。然而，只有在衡量的目的确定之后，才能根据这些绩效衡量方法在绩效衡量中的使用情况，来确定它们的成效。目的不同，需要的方法也不同，这一观点似乎是合理的。或许某些(绝非全部)方法具有普遍性，可以满足所有需求。

然而，衡量的含义来自其所使用的方法，而使用不当的方法进行衡量则会引发冲突和误解。一旦确定并满足评估需求与目的的框架制定出来，就可以思考现有方法的效率及有效性，并找出衡量体系的不足之处。然后，还可以制定并实施适用于既定目的的新的衡量方法。

很容易就可以看出，评估过程中不同群体的不同需求造成了组织内部的紧张状态，因为组织既要实现其内部控制、战略制定及问责功能，还需制定报告机制来满足这些需求。虽然满足这些需求所需的基本信息是相同的，或者至少来自相同的源数据，但它们的分析及使用方式是不同的，这可能导致组织内部的冲突。

如果采用一种方法来满足某一需求，却以越来越不适用于另一个目的为代价，那么这种冲突就会加剧。然而，企业报告的标志之一是管理者有能力管理信息的供应，以使所有利益相关者都能够对所接收的信息及组织绩效感到满意。

可持续性的概念是绩效评估的一个重要因素。因此，所有利益相关者应当能够确定，或至少预测的不仅仅是当前的绩效，还有对未来的影响。因此，绩效评估中的一切评估都应当具有未来取向。通过提出的这个框架来制定适当的对策，可能有助于更好地预测绩效水平的可持续性以及当前绩效在未来的影响。

这是因为满足所有利益相关者的需求，可能会揭开对未来绩效产生影响的因素。如果采用更传统的方法进行绩效评估，可能无法考虑这些因素。例如，来自可再生资源的原材料近年来对于许多行业变得尤为重要，但直到最近才受到除社区和环境压力群体之外的一些组织利益相关者的关注。

多维绩效管理

在多维绩效管理框架中，最著名的可能是我们之前所提到的平衡计分卡。

还有一个例子是服务利润链，它专门关注三个利益相关者——员工、客户和股东。同样，此模型将前两个利益相关者视为实现优良财务绩效的手段。所以，有人认为，如果要使服务质量达到高标准，从而使顾客满意，那么知足和积极的员工是必不可少的。此外，他们还认为，客户满意是优良财务绩效的基础。这两种模型都认可利益相关者的需求，因此认为有必要对这些群体的绩效进行衡量，但它们仍将财务绩效作为终极目标。

因此，由利益相关者进行管理的组织试图考虑其利益相关者的多样化以及利益冲突，并平衡这些利益。组织使用利益相关者进行管理的动机可能是为了提高财务、社会或道德绩效，无论这些绩效是如何衡量的。为了能够充分地管理利益相关者的利益，有必要衡量组织利益相关者的绩效，这是一项复杂而又费时的工作。

结 语

社会与环境会计在组织管理中发挥着重要作用，这些技术的应用将产生以下影响：

- 改善组织内决策的制定；
- 优化成本分配，从而改进决策制定；
- 更好地利用和分配组织内部的资源；
- 提升运营绩效；
- 在更深入地了解活动影响的基础上，优化业务流程；
- 通过降低成本或增加活动来提升盈利能力；
- 通过提高透明度和披露来增强信心，从而获得投资者和其他利益相关者更多的支持。

以上影响是建立在采用社会和环境会计的基础之上的，但就本组织的会计和报告体系而言，这些原则需要转化为行动。我们目前正致力于此。

要点总结

- 优良的绩效是多维度的。
- 优良的绩效取决于衡量该绩效的角度。
- 社会和环境会计的建立都是为了满足更加广泛的绩效解读需求。
- 环境审计是理解环境影响的必要条件。
- 三重底线报告旨在阐释可持续发展的三大支柱。
- 平衡计分卡旨在阐释绩效的各个方面。

- GRI 是一种展示可持续绩效的通用报告机制。

关键术语及理论定义

平衡计分卡(balanced scorecard):是一种绩效评估方法,它可以衡量影响绩效的全部因素。

环境会计(environmental accounting):是会计的一个分支,它所处理的是特定经济系统内由环境引发的财务及生态影响。

环境审计(environmental audit):是为了解企业对环境影响而对企业活动进行的调查与记录。

全球报告倡议组织(GRI):是一项制定及宣传自愿性《可持续性发展报告指南》的倡议。

社会会计(social accounting):涉及企业绩效的各个方面,并认识到不同利益群体感兴趣的是绩效的不同方面。

三重底线报告(Triple Bottom Line Reporting):处理的是经济、社会和环境三个方面的绩效。

理解题

1. 英国最受尊敬的企业包含哪些类别?
2. 平衡计分卡包含哪些因素?
3. 绩效衡量为什么很重要?
4. 什么是 ISO 14000? 它包含哪些因素?
5. 什么是 GRI?
6. 什么是三重底线报告?

补充阅读材料

Gray, R., Dey, C., Owen, D., Evans, R. and Zadek, S. 1997. 'Struggling with the Praxis of Social Accounting: Stakeholders, Accountability, Audits and Procedures', *Accounting, Auditing and Accountability Journal*, 10, 3: 325–64.

Perrini, F. 2006. 'The Practitioner's Perspective on Non-Financial Reporting: Strategies for Corporate Social Responsibility', *California Management Review*, 48, 2: 73–103.

Waddock, S. A. and Graves, S. B. 1997. 'The Corporate Social Performance-Financial Performance Link', *Strategic Management Journal*, 18, 4: 303–19.

参考文献

Aras, G. and Crowther, D. 2008. 'Evaluating Sustainability: A Need for Standards', *International Journal of Social and Environmental Accounting*, 2, 1: 19–35.

Child, J. 1984. *Organisation: A Guide to Problems and Practice*. London: Harper

& Row.

Churchman, C. W. 1967. 'Why Measure?', in C. W. Chuchman and P. Ratoosh (eds), *Measurement: Definition and Theoriesm* London: Wiley, pp. 83–94.

Gray, R. H. and Bebbington, K. J. 2001. *Accounting for the Environment*. London: Sage.

Gray, R., Owen, D. and Maunders, K. 1987. *Corporate Social Reporting: Accounting and Accountability*. London: Prentice Hall.

Kaplan, R. S. and Norton, D. P. 1992. 'The Balanced Scorecard – Measures that Drive Performance', *Harvard Business Review*, Jan/Feb: 71–9.

Kaplan, R. S. and Norton, D. P. 1993. 'Putting the Balanced Scorecard to Work', *Harvard Business Review*, Sept/Oct: 134–47.

Kaplan, R. S. and Norton, D. P. 1996. 'Using the Balanced Scorecard as a Strategic Management System', *Harvard Business Review*, January/February: 75–85.

Keynes, J. M. 1926. *The End of Laissez-Faire*, www.panarchy.org/keynes/laissezfaire.1926.

Kimberley, J., Norling, R. and Weiss, J. A. 1983. 'Pondering the Performance Puzzle: Effectiveness in Interorganizational Settings', in R. H. Hall, and R. E. Quinn (eds), *Organizational Theory and Public Practice*. Beverly Hills: Sage, pp. 249–64.

Kinnersley, D. 1994. *Coming Clean: The Politics of Water and the Environment*. Harmondsworth: Penguin.

Mathews, M. R. 1993. *Socially Responsible Accounting*. London: Chapman & Hall.

Mathews, M. R. 1997. 'Twenty-five Years of Social and Environmental Accounting Research: Is there a Silver Jubilee to Celebrate?' *Accounting, Auditing and Accountability Journal*, 10, 4: 481–531.

Schaltegger, S., Muller, K. and Hindrichsen, H. 1996. *Corporate Environmental Accounting*. Chichester: John Wiley & Sons.

Solomons, D. 1974. 'Corporate Social Performance: A New Dimension in Accounting Reports?', in H. Edey and B. S. Yamey (eds), *Debits, Credits, Finance and Profits*. London; Sweet & Maxwell, pp. 131–41.

第十二章

非政府组织和非营利组织的企业社会责任

本章学习目标：

- 描述非营利组织的显著特征
- 解释什么是非政府组织
- 讨论非政府组织和非营利组织所承担的独特的企业社会责任
- 区分非政府组织和非营利组织的不同类型和规模
- 解释在非政府组织与商业组织之间建立关系有何益处

导 论

非政府组织(NGO)在社会中扮演着重要的角色，填补了通过政府作为代理所承担的公民责任和通过家庭所承担的个人责任之间经常存在的空白。事实上，现代化国家的功能已发生精简，现在非政府组织承担的一些责任，例如健康、福利和教育等角色，以前是由国家承担的。但是，由于私有化的扭曲逻辑，政府已经无法再继续承担下去。为了填补这种空白，国家经常不得不依赖非政府组织，并为其提供资金。这是非政府组织作为国家代理人替国家所履行的义务。非政府组织的作用和重要性也相应得到提高；与此相对应的是，我们看到非政府组织的数量激增，这些组织的势力范围及其声称所扮演的角色也随之出现爆炸式增长。随着发达国家减少活动以应对高额债务(2008—2010 年经济衰退所形成的遗留问题)，这一数字可能会进一步增加。

在很多方面，这是由于国家职能转变所引起的，从而导致了非政府组织的数量增加，以填补国家职能发生转变而留下的空白(Kajimbwa，2006)。这种国家职能的转变让人回想起19世纪中期的情形。当时，人们期望富人能够捐赠一部分钱财给穷人，但是对哪些穷人值得帮助、哪些穷人不值得帮助做了明显的区分。而这种区分取决于受捐赠者是否接受捐赠者制定的规范。我们还可以往前回顾到中世纪。中世纪时期的慈善与宗教密不可分，但是那时每个人都有机会接受慈善，宗教组织并不对任何人作区别性对待。因此，近年来非政府组织发挥的作用越来越重要。

目前，世界上具体存在着多少非政府组织并不确定，但是至少有数百万。例如，据估计，仅在印度就有200万个非政府组织。有些非政府组织是非常大的国际组织，大约有几千个。① 有很多非政府组织是国家性的组织，还有一些是地方性的组织。有一些非政府组织非常小，而且在特定时间内并不是所有的非政府组织都处于活跃状态。然而可以肯定的是，随着为新的目的而成立新的非政府组织，非政府组织的数量还会继续增长。

非政府组织的性质

非营利组织的目标是支持或从事公共利益或私人利益的活动却不从中获取任何商业利润。在许多国家，一些非营利组织是慈善机构，但也会有很多非营利组织不是慈善机构。无论是不是慈善机构，都可将其划归为非政府组织。非政府组织是没有任何国家参与并且不代表任何国家的合法组建的组织——或者是至少没有政府的直接参与。② 在非政府组织全部或部分由政府资助的情况下，非政府组织将政府代表排除在组织成员之外，依然保持其非政府的地位。

建立一个非政府组织非常容易，几乎没有监管方面的要求，几乎不受任何

---

① 按照维基百科(Wikepedia)的数据，大约有4万个这样的国际性非政府组织，不同的分类可能会导致数量上出现不同。尽管如此，这些大型国际性非政府组织的数量在非政府组织总数中所占比例很小。

② 许多政府转变职能，不再提供公共服务，而是将非政府组织作为提供公共服务的手段，并相应地为非政府组织提供资金支持。因此，政府可能不会直接参与这些非政府组织，但是肯定也会对非政府组织实行间接的控制，因为毕竟这些非政府组织的资金主要来自政府。然而，问责还是间接的。

控制。在许多国家，建立非政府组织完全没有监管。[①] 要建立一个非政府组织，只需为其确定一个目的。而非政府组织的成立目的可以是非常广泛性的或一般性的，例如世界自然基金会（WWF）或无国界医生组织（MSF）。非政府组织成立的目的可以是非常明确具体的，例如英国的布林斯利动物救援组织（Brinsley Animal Rescue）[②]或斯里兰卡的“The Temple Trust”[③]。所有这一切都是必要的，非政府组织要有一个成立目的，并且不谋求营利。事实上，成立一个非营利组织要比关闭一个非营利组织更容易。带来的其中一个后果就是非政府组织的数量一直在增加，可以说是以指数速度增长。我们可以将此描述为一种膨胀的情况，因此创造了“非政府组织膨胀”（NGO inflation）这个术语。在许多方面，这是值得称赞的，因为人们对于以慈善为目的的组织的需求，甚至是对于以公关或游说为目的的组织的需求，几乎是无限的。然而，在其他方面，这种数量上的膨胀存在着问题，或者说会带来问题。

因此，我们首先需要考虑该行业的性质，这一点很重要。非营利组织（NFP）这一行业在全球的重要性越来越高。而且，这一行业的规模比人们想象的大得多。例如在欧洲，据估计，非营利组织占国内生产总值的 40%左右。“非营利”和“非政府”组织这一行业内部正在以更具建设性和更准确的方式定义自己。这些组织不再用“非”字来定义自己，而是提出了新的术语。

越来越多的组织，如全球治理研究中心（the Center for the Study of Global Governance），使用“民间社会组织”（civil society organisation，CSO）这个词。也可以用“公民社会组织”（citizen sector organization，CSO）一词来形容该行业，因为这一行业是由公民建立起来的，也是为公民服务的。这些术语将该行业定位为独立存在的实体，在语言上不再依赖于政府或商业部门。然而，有些人认为这些术语并不特别有用，因为大多数非政府组织实际上是由政府和企业出资的。

无国界医生组织

Médecins Sans Frontières 是法语词，翻译成英语是 Doctors without Bor-

---

① 当然也有例外。例如，土耳其对非政府组织制定了一些一般规则。如果你想成立一个非政府组织，你就必须完成所有必要的文书工作，并获得土耳其协会董事会的许可。每年在董事会会议之后，还必须提交一份关于管理和财务方面的报告。另外，土耳其还规定，每个非政府组织每年还要缴纳少量的税款，如果不纳税，会被课以少量的罚金。

② 布林斯利（Brinsley）是英格兰中部的一个小镇，布林斯利动物救援组织的目的是为该地区被遗弃的宠物提供一个庇护所。

③ “The Temple Trust”在英国运营，但是其目的是照顾斯里兰卡一个地区的孤儿。

ders，意即无国界医生组织。这是一个刻意保持其独立性的非政府组织，专门为需要帮助的人提供人道主义援助，而不管其种族、宗教或国籍如何。无国界医生组织最为人熟知的是其在战乱地区和有地方病的发展中国家所开展的项目。

无国界医生组织成立于1971年，是由一小部分法国医生在尼日利亚比夫拉战争（the Biafran War）中成立的。他们认为所有人都有权得到医疗护理，而不论其种族、宗教、信仰或政治派别如何。他们还认为人们对医疗护理的需求超越了人们对国界的尊重。在世界上大部分地区，该组织被人们所熟知的是其法语名称 Médecins Sans Frontières 或其简称 MSF。但在某些国家，特别是在美国、加拿大、澳大利亚和爱尔兰，通常使用的是 Doctors without Borders 这个英文名称。

概述无国界医生组织的原则的核心文件是其章程和"尚蒂伊原则"（the Chantilly Principles），以及后来的《拉曼恰协议》（La Mancha Agreement），该协议的第二部分"规则"涉及治理问题。无国界医生组织有五个运营中心（阿姆斯特丹、巴塞罗那、布鲁塞尔、日内瓦和巴黎），在很大程度上运营决策是由这五个中心独立做出的。关于核心问题的共同政策由国际理事会协调，19个国家办事处在国际理事会中各有代表。国际理事会设在瑞士日内瓦，国际办事处也设在日内瓦，负责协调运营中心共同的国际活动。

2007年，有超过26 000名工作人员，主要是当地工作人员，其中包括医生、护士和其他医疗专业人员、后勤专家、供水和卫生工程师以及行政人员，在60多个国家提供了医疗援助。该组织约80%的资金来自私人捐助，其余资金来自政府和企业的捐助，使无国界医生组织的年度预算达到4亿美元。该组织积极为60多个国家的居民提供预防性保健培训和医疗培训，并经常坚持在车臣和科索沃等冲突地区承担政治责任。在1994年的卢旺达种族大屠杀中，该组织呼吁进行军事干预，这是该组织在其历史上仅有的一次。为了能够保持自由发言权和行动权，无国界医生组织独立于任何政治、宗教或经济权力之外。无国界医生组织的大部分活动由私人捐款资助。

1999年诺贝尔奖委员会将和平奖颁发给无国界医生组织，表彰其成员持续致力于在严重危机中提供医疗服务，并提高国际社会对潜在人道主义灾难的认识。在此之前，无国界医生组织在1996年还获得了首尔和平奖。[①] 无国界医生组织为非政府组织树立了典范，它之所以能够担负其使命，正是因为它与任何

① 首尔和平奖成立于1990年，是为纪念韩国首尔举行的奥运会取得成功而设立的一个奖项，每两年表彰一次，有金钱奖励。它的设立反映了韩国人民希望地球保持永久和平的愿望。

政府组织都没有关联。

竞争资源

尽管非政府组织公开宣称的目的都与公共利益有关，或者至少是与创始人对公共利益的看法有关，但绝大多数非政府组织是由个人创立的，并有其创立的动机。只有一小部分非政府组织是由一群人创办的。因此，我们需要考虑个人创建非政府组织的动机，而这些动机与非政府组织公开宣称的目的不尽相同。换句话说，非政府组织通常不是出于利他的原因而创立的，其创立的背后往往隐藏着另外一个目的。

首先，我们必须清楚，非政府组织不以营利为目的，决策是根据不同的标准做出的。非政府组织的重点不在于营利，而在于提供服务，这是非正式组织存在的重要原因。此外，资源获取与资源的使用之间并无关联。换句话说，提供服务所需资金通常并不是出自接受这些服务的人。此外，对这些服务的需求往往超出了这些组织满足这些需求的能力，因此这些组织始终是在资源紧张的情况下运营的。这意味着非营利组织中存在不同的动机，同时也意味着有不同的利益相关者。我们考虑这些组织的企业社会责任时，搞清楚这个问题很重要，我们稍后将再对此进行探讨。

每个非政府组织面临的一个重要的问题就是如何获得资源以实现其目的。对于一些国际性的非政府组织（如那些应对自然灾害的国际组织）来说，对资源的需求量可能会非常大。对于其他组织而言，保持其运作所需的资源量可能相对来说不大。然而，对于每一个组织来说，所需的资源量与其规模相比都是相当可观的。此外，为了不断获得必要的资源，需要持续不断地审视其周围的环境。换句话说，在今年获得足够的资源之后，这些组织随即将关注点转移到了明年如何获取足够的资源上。这是一个周而复始的过程。国际性非政府组织通过政府资助来获取资源。除此之外，非政府组织有两个资金来源：一个来自企业，另一个来自个人。

就企业而言，企业与非政府组织有关联会给企业带来很多益处，这与企业因此所塑造的形象有关。人们对一个企业所形成的积极印象可以对企业与其利益相关者之间关系的质量产生积极影响。恰耶特（Chajet，1989）指出，一家形象良好的企业可以更容易地吸引受众（包括投资者、合作伙伴、员工和客户），从而对企业的成功产生积极的影响。同样，麦基维茨（Mackiewicz，1993）对一些调查研究做了概述。这些研究表明，在产品或服务价格相似、质量同等的情况下,90%的消费者在决定购买哪种产品或服务时会以企业的声誉作为主要参考依据。皮尔兹(Poiesz,1988)指出,如果不将企业形象作为参考,消费者并不容易做出购买何种产品的决策;而伯恩斯坦(Bernstein,1986)认为,企业形象影响消费者的态度,而消费者的态度会影响消费者的行为。声誉研究所(the Reputation Institute)表示,在美国(全球主要市场)享有良好声誉的企业在市场份额和股票价值方面的表现也明显优于其他企业(《华尔街日报》,1999)。企业需要保护自己的声誉,以确保企业的发展,甚至是长期的生存。建立并保持强大的积极声誉取决于企业与其利益相关者之间建立的牢固关系。

良好的企业声誉会给企业带来许多好处。首先,会提高企业的股东价值。强大的企业声誉会增强投资者的信心,进而促使企业股票价格上涨。[①] 其次,客户对企业产品的忠诚度会提高,客户对企业形成的正面印象会使客户更加认可企业的产品。再者,员工的士气也会大涨,工作起来更加卖力。危机发生时,良好的企业声誉可以使企业免受批评甚至责备,并且可以帮助其更容易地将自己的观点传达给愿意倾听其观点的受众[②];一家拥有良好声誉的企业能对政府在立法和监管方面的决策施加更大的影响。另外,企业A在考虑是否与企业B建立合作关系和战略联盟关系时,将会重点考察企业B是否有良好的声誉。通过与有良好声誉的企业B合作,企业A也会提高自身的声誉。企业的声誉是由企业对其性质发出的"信号"来塑造的。例如,其成员的行为或所开展的企业活动的类型。事实上,各种企业都致力于通过展现对社会责任的承诺来获得竞争优势和良好的声誉。

因此,企业的行为方式被公众讨论、报告和感知,这极大地影响了企业的声誉管理。将慈善捐赠[③]与企业的自身利益结合起来,是提高企业声誉的一种手段。企业在选择捐助对象时,不是看其是否需要资助,而是看其是否有潜力提高企业品牌的价值。在当今的全球社会中,公众对企业进行评判时,不仅要看企业所取得的成就,而且还要看企业的行为。实际上,如果企业认为企业社会责任是一项重要的商业战略,那么这对企业来说是一个机会,因为人们广泛认为品牌价值和声誉是企业最有价值的资产,而承担企业社会责任则可以增强公

---

① 舆论研究公司(ORC)从对全球几个主要市场上的4 000多名企业管理人员进行的一项调查中得出结论,企业声誉越好,股票价格越高(Morley,2002)。

② 例如,百事可乐公司曾面临过一次谣言事件。据谣传,有人在百事可乐的罐子里发现皮下注射器的注射针。百事可乐公司为此开展了一场公关运动,强调其整个生产流程是密闭的、公司的信誉是可靠的,从而消除了公众的恐慌,有效地化解了危机。

③ 慈善捐赠被认为是社会责任的一种表现,参见Crowther(2002)。

众对企业的信任并提高公众对企业品牌的忠诚度。原则上,企业社会责任可用于强化企业声誉和提高企业的盈利能力,因为通过承担企业社会责任,企业向与其利益相关的各方释放信号,企业正在履行其道德方面的义务并努力去满足公众对企业在道德方面的期望,而不只是达到常规的监管要求。我们在此并不是说,企业应该利用社会对其承担社会责任的行为的关注而借机为自己谋私利,而是说应该认识到企业社会责任必须成为企业战略规划的一部分,这是企业发展的核心,而不是可选可不选的附加项。研究表明,企业与公民社会变得更加紧密相关。企业参与公民社会的重点是慈善捐赠、企业慈善与社区参与。最近,焦点转向了"战略性慈善(strategic philanthropy)"(Smith,1994)和"善因营销(cause-related marketing)"(Varadarajan and Menon,1988)。

因此可以看出,与非政府组织缔结联盟对企业有利。然而,重要的一点是,在非政府组织数量不断增加的大环境下,同样有越来越多的非政府组织在寻找机会与数量有限的企业结盟并因此获得资助。换句话说,非政府组织之间存在着资源竞争,而随着非政府组织数量的增加,这种竞争会越来越激烈。非政府组织从个人那里获得资源同样也是如此。随着非政府组织数量的增加,这种竞争也在不断增加,不仅仅是从个人那里争取更多的财务资源,而且还要从个人那里争取更多的时间投入。这种竞争加剧带来的一个后果是,非政府组织必须花费更多的时间和精力为其活动获取资源。由此导致单位或资源获取成本增加,因此非政府组织的效率仅仅因为竞争加剧而降低。与此同时,管理费用占总支出的比例在不断上升,非政府组织难以获得更多的资源。而非政府组织管理费用增加、效率低下,会导致其运营成本增加,从而陷入恶性循环。这也意味着大型国际性非政府组织由于其国际形象更能从竞争中获益,因此与其他非政府组织进行竞争对它们来说并不困难。然而,对较小的国家性非政府组织来说,尤其是对当地性的非政府组织来说,竞争难度大,竞争带来的后果更为严重。与许多其他行业一样,在这一行中,规模会带来效益,虽然不一定是经济效益。随着非政府组织之间的竞争不断加剧,这种规模优势也在不断增加。

非政府组织的类型

我们可以根据不同标准将非政府组织分成不同类型。公共非政府组织在某种程度上与政府有关联,包括地方政府和卫生部门。公共非政府组织具有向社会成员提供服务的功能,并直接从国家政府获得资金和权力。准公共非政府组织通常也被称为半自治非政府组织(quangos),具有公共目的或民事目的,与政府没有任何直接关系。许多民事团体属于半自治非政府组织，其中包括住房协会等。这些半自治非政府组织经常直接从政府那里获得部分资助。非政府组织的主要类型如图 12.1 所示。

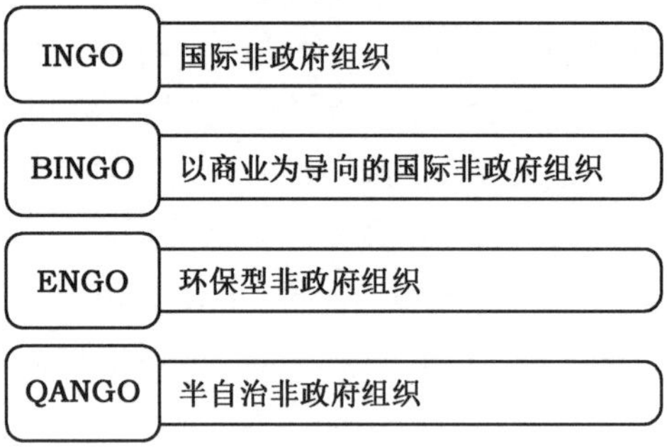

图 12.1 非政府组织的类型

也可以根据其目的将非政府组织分为运作型非政府组织（operations NGO）和倡导型非政府组织（advocacy NGO），如图 12.2 所示。当然，许多大型非政府组织两种职能都履行。

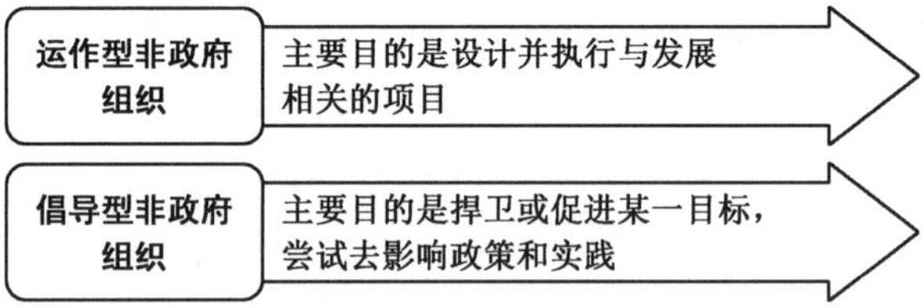

图 12.2 非政府组织的目的

另一方面，教育类非政府组织顾名思义就是执行教育功能，包括学校、继续教育学院和大学等组织。这类组织可能是公有的，也可能是私有的，各个国家的标准不尽相同。

许多非政府组织是以慈善组织的形式存在的，慈善组织执行特定功能，提供某种服务。由于慈善组织在非营利组织中数量可观，因此我们需要详细地探讨其结构。我们需要搞清楚的第一点是，慈善组织所处的法律环境。慈善组织只能在权限范围之内行事（intra vires），不能超出权限（ultra vires）。不同之处在于，非限定权限的组织[①]有权做法律或其组织章程明确禁止之外的任何事情。所有的商业组织都是非限定权限的组织，因此可以根据市场需求和环境的变化来拓展或改变其业务。相反，限定权限的组织只能开展那些获得具体授权的活动。因此，这类组织要扩展或改变其活动则困难得多。所有的慈善组织都属于限定权限组织，而这个权限范围便是其做慈善的目的。

慈善组织有许多纳税和监管方面的优势，但同时其行为也会受到限制。慈善组织不能像压力集团那样行事，至少不能公开做出这样的举动。政治被排除在其运作范围之外。慈善组织当然可以集资活动，但不能将交易作为筹集资金的手段。鉴于很多慈善组织明显参与交易，这项规定似乎令人感到意外。但是，慈善组织参与的交易是通过第三方或通过贸易子公司完成的，然后它们再将收益捐赠给慈善组织。法律做出这些限制的目的是为了确保慈善组织的获益只能归属于那些真正做慈善的组织。但是那些被公认为慈善组织的机构对这些限制的阐释却是相当随意的。当然，对违反法律规定的慈善组织的最终的制裁是剥夺其从事慈善活动的资格。

关于慈善组织需要说明的最后一点是，慈善组织广泛聘请志愿者和有薪酬雇员。这当然会降低慈善组织的运营成本，但同时也增加了另一个利益相关者群体，这个群体关注慈善组织如何运营、如何管理绩效以及如何为受益人提供服务。此外，志愿者与有薪酬雇员之间的关系有时也是冲突的根源。随着非政府组织数量的增加，竞争也越来越激烈。一切都依赖于自愿援助，而由于非政府组织数量过多，不可能找到足够的志愿者对其进行自愿援助，那么替代方案便是有偿援助，因此我们可以将竞争的后果再次视作运营效率的降低。

创建非政府组织的动机

非政府组织存在的动机非常重要，因为它与以营利为目的的组织有所不同，这对企业社会责任具有重要意义。首先应该认识到，非政府组织是在某种社会关切的促动下成立的，而非政府组织的创始人正是因为认识到了这种关切才创立的非政府组织。通常情况下，这涉及向该社会的某个部分提供服务，但非政府组织也可作为某种压力团体，推动社会在某个方面做出变革。当提供服务时，重要的是要注意，服务的提供与服务费用的支付并不关联。服务对于受

---

① 有限公司是非限定权限的组织的一个例子，它可以做任何没有被公司章程明确规定不能做的事情。因此，有限公司可以改变其运营基础和活动。慈善组织却无法做到这一点。因此，尽管其存在的目的已不存在，但仍有许多慈善组织依然继续存在着。

益人来说是免费的，而费用的成本是通过筹款来支付的。因此，非政府组织的一个动机是获取资源，以便能提供这些服务。因此，人们关注如何对稀缺和有限资源的利用和分配进行优化。人们同样也关注交易成本的最小化。这些问题与营利性组织的问题类似，但是这些问题的决定方式以及衡量效用的方式往往是不同的。

因为没有利润的驱动，所以这种向管理者提供动力并奖励他们的绩效方式并不存在，并且必须寻求替代方案。另一个必须考虑的因素是谁来决定什么是良好绩效的问题。对于一个营利组织来说，客户最终会通过选择买还是不买来决定。非政府组织没有客户，服务的受益人不会为所接受的服务支付费用（或至少不是支付全部费用）。因此，确定绩效衡量方式对这些组织来说很重要。制定标准和报告绩效也是如此。这通常是通过绩效指标的确定来完成的。通常采用各种措施，包括预算控制和现金流量、各种类型的绩效指标、非财务指标以及不可避免的一系列非数字的定性因素。

在非政府组织数量增加的大环境下，相对衡量和评估绩效的能力变得至关重要，因为这是一个有助于争取资金和自愿援助的关键性因素。然而，非政府组织的不同性质使得这个问题比传统的营利组织更为棘手，而且更具主观性。

对管理者的影响

很明显，这些组织的创始人、管理委员会和管理者面临着一些问题。第一个问题涉及如何获取和利用资源。获取资源存在很大的不确定性，这使得规划工作特别困难。因此，即使某些非政府组织参与的项目期限很长，规划时间却很短。这种不确定性降低了非政府组织运作的有效性，非政府组织数量普遍激增所带来的日益激烈的竞争环境也使这种情况加剧。

其他与管理者有关的问题包括目标的设定和绩效的衡量。当然，财务、预算和控制在这种环境下尤为重要。另一个因素与利益相关者的影响力有关。除去客户、股东和投资者之外，其他一些重要的利益相关者也会有很大的影响力。这些重要的利益相关者包括捐赠者、接受者和整个社会等。

就外部环境而言，有一些问题重要而独特。首先是市场认同问题，这对规划至关重要，虽然其重要性不一定明显。那么，正如我们前面所述的那样，服务的接受者并不支付服务所需的费用，因此也就不会对提供的服务如何做出评价。有很多不同的利益相关者都对绩效有一定的看法，并对其评估产生了影响。这种情况很复杂。

从理论上来讲，非政府组织不会相互竞争。这越来越不符合实际情况。如前所述，非政府组织在资源获取方面竞争日益激烈，但就提供服务和帮助受益人而言，非政府组织之间不得不进行竞争。通常有几个非政府组织会提供相同的服务，人们或许会认为合作而不是竞争可能是提供这些服务的有效方式。当然，备受瞩目的灾难往往会有几个大型慈善机构共同参与援助，这些慈善组织通常会协力合作并将资源集中在一起。而从当地层面上来讲，合作不如竞争更为常见。我们认为非政府组织形成的心理因素是造成这种竞争环境的重要原因——没有哪个创始人或管理者希望他们的非政府组织会以失败告终。我们还需要指出的是，虽然导致创建非政府组织的原因有很多，但非政府组织一旦成立，其主要动机就会发生变化。非政府组织成立之后，虽然其名义上的动机是提供服务，但实际上其主要动机则变成了延续其自身的存在。而且，管理者也参与到为了实现这一目标而进行的活动之中。

然而，我们刚才已经提到过，非政府组织规模越大，获得额外资源的能力就越强，因此，非政府组织对市场份额的竞争十分激烈，因为获得的市场份额越多，就越容易获得资源。另外还有一个因素。从理论上来讲，非政府组织存在的原因是为了满足特定的目的，而一旦这个目的得到满足，非政府组织便失去其存在的意义。此外，非营利组织管理者的自我意识也是一个因素，每个非营利组织都在努力延长其寿命、拓展其目的，并扩大其规模和市场份额。

可用资源的获得

其他资金来源包括借款，但只有在可以提供某种抵押品时，借款才会真正成为资本项目的一个选择。所以对于许多非政府组织来说，另一个主要资金来源是筹资。筹资可以通过寻求捐款、遗产捐赠或信托的形式来进行。对于大型非政府组织来说，通过交易筹集资金也是一种可行的方式。例如在英国，有相当数量的慈善组织委托购物中心为其代表。随着非政府组织数量的不断增加，筹资也变得竞争激烈。

会计问题

我们在讨论规划和预算时、在探讨绩效的衡量和报告时、在探讨结果评估时，已经探讨了一些会计问题。另外需要说明的重要一点是，这些组织所采用的投资期，许多项目具有长期性，但资金来源却往往是短期性的。因此，非政府组织的支出是长期性的,但其收入来源是短期性的。这就会导致问题的出现,也是造成许多非政府组织规划困难的根源。

正如我们前面所述,许多非政府组织都进行筹资活动,这本身就会导致这些组织的会计复杂化并且可能影响其运作程序。非政府组织筹集到的资金可以用于一般活动或特定目的。例如,较大的慈善组织经常呼吁进行特定的救灾行动。为特定目的筹集到的资金只能用于该目的。因此,这些组织往往同时有几项资金分别用于不同的特定目的。当这些资金的需求已经完成而钱款还存在剩余时,问题可能便会出现。很难将剩余的钱款用于其他目的。存在的另一个困难是一般管理需要资金。人们愿意为特定的目的捐钱给这些组织,但不愿意捐钱给这些组织用于其一般管理费用的支付。因此,对这些组织进行会计核算时应尽可能地增加其直接支出而不是间接支出。这些都是导致非政府组织行政效率低下、增加管理费用的原因。这些组织数量增加而造成的激烈竞争使得这个问题更为糟糕。

非政府组织的企业社会责任

就企业社会责任而言,所有这些因素都有影响。人们通常认为,一个为公共目的或慈善目的而存在的组织,必须是一个对社会负责的组织。我们在本书中对这个问题的探讨应该让你明白,情况并非完全如此。企业社会责任涉及一个组织如何开展业务并处理其与利益相关者之间的关系。可以看出,非营利组织有不同的侧重点,我们需要从企业社会责任的影响去着手。这一点,我们可以依据许多不同的标准来探讨。

首先,也许最重要的是利益相关者的问题。在此,利益相关者不是客户而是受益人或服务的使用者。另外,还有志愿者和资助者以及一般的利益相关者。一个非政府组织有不同的利益相关者,而不同的利益相关者群体对一个营利性组织拥有不同的权力。因此,与利益相关者打交道对于非政府组织来说是一项非常重要的职能,这是不可避免的。此外,冲突的根源可能会不同,为解决这一问题所采取的行动也可能不同,决策过程也不可避免地会有所不同。

用更少的资源做更多的事情(Aras and Crowther,2009),是非政府组织的一个目标。非政府组织事实上试图影响未来几代人可能做出的选择,并更公平地重新分配资源。就谋求持续存在而言,真正的非政府组织应该努力实现其存在的目的,完成其使命,而不应寻求可持续性。因此,对于非政府组织来说,可持续性也是一个同样重要的问题,但就动机和决策制定而言,可持续性的含义是不同的。非政府组织数量的激增使这种可持续性成为这些组织的难题。

问责制对于这些组织来说是一个更为重要的问题，而且应该对谁负责可能也会不同。非政府组织没有股东或客户，那么非政府组织应该对捐助者、受益人和众多的其他利益相关者负责。此外，非政府组织为了能够持续运作，它需要解决问责制的问题。对不同的利益相关者，非政府组织应该负责的内容可能也会不同。

由于各种各样的利益相关者群体都对非政府组织及其活动有相当大的兴趣，因此极为需要管理透明，所有的非政府组织都会为此而努力。又由于需要为特定的限制目的保留资金，因此使得这种情况更为加剧。另外，非政府组织试图利用其会计制度和程序，将间接费用分类为直接费用，从而最大限度地减少所产生的明显管理费用，这么做是符合非政府组织的利益的。虽然这种做法与披露原则相违背，但完全可以理解。

增加信息披露是企业报告的一个特征，企业试图通过加强问责制和提高透明度来满足利益相关者的需求。当然，信息披露也一直是非政府组织活动的一个特征，因为信息披露对于寻求额外资助以及满足多元化、强大而响亮的利益相关者群体的需求是必要的。在这一点上，我们可以认为，营利性组织正变得越来越像非营利性组织。

非政府组织的运营环境与营利性组织不同，导致出现的问题也不同。但是，企业社会责任依然对非政府组织有影响，这种影响主要与可持续性和问责制有关。非政府组织的运营环境具有以下特点：不确定的资源可用性对其长期计划产生影响；利益相关者权力大小不同以及参与程度不同；优先事项产生冲突；不同的法律环境和管理不确定的问题。这使非政府组织的环境与其他组织的环境大不相同。

绿色和平组织

绿色和平组织（Greenpeace）是一个全球性环保组织，该组织在42个国家设有分部。绿色和平组织的总部设在阿姆斯特丹。绿色和平组织宣称其宗旨是“保护地球孕育全部生物多样性的能力”。在其官方网站上，绿色和平组织将其使命定义如下：

绿色和平组织是一个独立的全球性环保组织，致力于通过以下行动改变态度和行为，保护地球环境与世界和平：

推动能源革命，解决地球面临的头号威胁：气候变化。

通过向浪费性和破坏性的捕鱼业发起挑战来保卫我们的海洋，并建立一个全球海洋保护网络。

保护世界上众多动植物及人类赖以生存的古老森林。

通过减少对有限资源的依赖并呼吁消除所有核武器，为裁军与和平而努力。

在当今的产品和制造业中放弃使用危险化学品，而是使用更安全的替代品，从而创造一个无毒的未来。

通过鼓励对社会和生态负责任的农业实践来促进可持续农业发展。

绿色和平组织通过研究、直接行动和游说工作来实现其目的。为了维持公正性和独立性，这个全球性组织不接受任何政府、企业或政治团体的资助，只依赖全球超过280万名支持者及独立基金的直接捐款。

绿色和平组织从20世纪70年代初的和平运动以及温哥华的反核抗议演变而来。1971年9月15日，刚刚成立的“不要兴风作浪”委员会(Don't Make A Wave Committee)派遣一艘名为“菲利斯·科马克”(Phyllis Cormack)的租用船只从温哥华出发，抗议美国在阿拉斯加进行的核试验，并将该船只改名为“绿色和平”。随后该委员会也更名为“绿色和平”。几年之后，绿色和平组织扩展到几个国家，并开始针对诸如商业捕鲸和有毒废物等其他环境问题进行宣传活动。20世纪70年代后期，不同的地区性绿色和平组织组成了绿色和平国际组织，在全球范围内监督地区性绿色和平组织的行动目标及运作。

绿色和平组织在20世纪80年代引起了国际社会的关注。1985年7月10日，绿色和平组织运营的一艘名为“彩虹勇士”(Rainbow Warrior)的旗舰在新西兰港口被法国特工击沉，绿色和平组织的一名活动分子也被法国特工杀死。在接下来的几年里，绿色和平组织演变成为世界上最大的环保组织之一。1991年，壳牌石油公司提出在大西洋中部将布兰特史帕尔北海储油平台击沉，绿色和平组织提出反对，从而使绿色和平组织更加声名鹊起(参见本书第二章)。

今天，绿色和平组织重点关注其网站上提到的那些全球性问题。绿色和平组织以其直接行动方式而闻名，并被形容为世界上最活跃的环保组织。绿色和平组织开展的运动将环境问题引入了公众的视野，对私营和公共部门都产生了巨大的影响，但该组织同时也引起了广泛争议。绿色和平组织的动机和方法受到了批评，其直接行为引发了针对起诉其活动分子的法律行动。

社会价值

组织建立的目的并不是仅仅为股东提供利益，这不是一个新的概念。一部分企业主承认对其他利益相关者负有责任，这在工业革命初期就表现得很明显。罗伯特・欧文（Robert Owen，1816；1991）对这样的假设表示不满，即只有行动的内部效应需要通过会计记录下来。此外，欧文还将自己的信仰付诸实践，在新拉纳克为工人提供住房。其他人做得更多。例如，英国贝伯的杰德迪亚・斯特鲁特（Jedediah Strutt）及其儿子们为工人们建造农场，以确保工人们有充足的牛奶供应，并为工人们建造住所。住所的建造标准很高，直到今日仍然适合居住。[①] 又如，Quarry Bank 纺纱厂的塞缪尔・格雷格一家为工人们提供住房和教育。事实上，索尔特进一步尝试为他的工人们提供一个完整的生态圈。[②] 因此，整个现代史[③]都有证据表明，只关注组织及其所有者的这种以自我为中心的方法并不被人们普遍接受，并不能令人满意地为人类活动提供基础。

许多组织认识到它们存在于社会中，应该至少满足社会的部分需求。试图满足不同要求的这一任务是基于它们认识到自己在社区中所处的地位及其成立的价值基础。塞尔兹尼克（Selznick，1957：136）认识到了这一点，他宣称：

> 真正被接受的价值观必须在许多层面融入组织，影响组织全体员工的观点和态度、员工活动的相对重要性、权力的分配、与外部团体的关系以及其他许多事项。因此，如果一家大企业声称希望改变其在社区中的角色，从仅仅注重盈利转向承担重大的社会责任（即使最终目标仍然是为了生存和盈利），它必须探索这种变化对各种组织活动的决策究竟会产生什么样的影响。

麦考伊（McCoy，1985：87）探讨了公司行为的道德影响，他将伦理视为商业行为的核心。麦考伊声称：

> 处理价值观需要对周围环境进行不断地监控，权衡各种行动方案，平衡和（如果可能）整合相互冲突的责任，在相互矛盾的目标中确定优先事项，以及制定界定和评估绩效的标准。除此之外，还要学习如何将这种道德反思直接而全面地纳入政策的制定、实施和评估过程中。现代社会，日新月异，价值观作为绩效和政策制定的组成部分，处理价值观的能力被视为有效管理的核心。

---

① 事实上，工业革命的推动者理查德・阿克赖特（Richard Arkwright）在德比郡克罗姆福德（Cromford，Derbyshire）给工人们建造的住房至今依然适合居住。

② 本章所引用的例证都发生在 18 世纪末至 19 世纪初的英国。这不仅是因为本书的其中一位作者是英国人，而且还因为工业革命起源于英国。

③ 前现代时期，主要形式是宗教机构向有需要的人提供援助。关键一点在于，关心社会的个人或组织一直都在做出对社会负责的行为，与监管形式无关。

企业在道德行为方面的表现以及在整个社会中被认可的地位,取决于企业与利益相关者团体的关系。这在一定程度上取决于企业文化,也在一定程度上决定了企业文化。科特和赫斯吉特(Kotter and Heskett,1992)探讨了企业文化,展示了企业文化如何能够带来良好的企业绩效,同时也展示了企业文化如何造成不好的企业绩效以及缺乏适应不断变化的环境条件的应变能力。他们认为有效的领导对成功至关重要。当然,成功就像良好的绩效一样,是一种主观建构,取决于评估者的看法。当我们对非政府组织进行评价时,成功变得更加主观,因为没有利润等衡量标准,因此需要不同的衡量标准,包括定性标准。有必要研究需要什么标准以及使用什么标准。

非政府组织回顾

显然,非政府组织需要尝试实现变革。同样清楚的是,非政府组织需要在很多领域提供运营要求。2008 年至 2010 年经济危机之后,干涉主义的意识形态被放弃,国家的作用不断缩小,这方面的需求才会增加。非政府组织显然在承担这些角色方面具有一定的优势,但也存在一些劣势,如图 12.3 所示。

结 语

虽然非政府组织运作的环境与正常的营利性组织不同(在许多方面非政府组织运作起来更为困难,受到的限制更多),但这并不妨碍有越来越多的非政府组织成立。非政府组织数量的激增使其运作环境变得更加困难、竞争压力更大,并对这些组织产生了不利的影响。尽管如此,这些问题并没有阻挡非政府组织数量的快速增长。

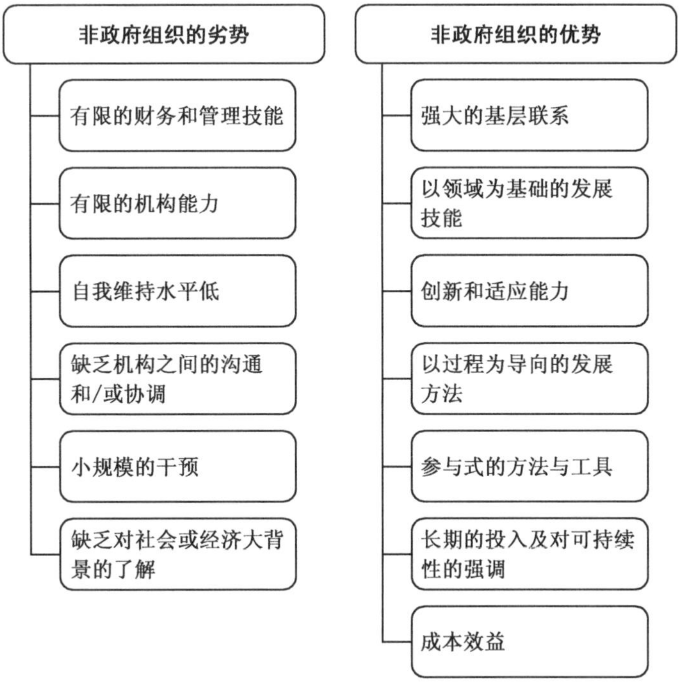

图 12.3　对非政府组织优势和劣势的评估

要点总结

非政府组织的运营环境与营利性组织不同。但是，企业社会责任依然对非政府组织产生影响，这种影响主要与可持续性和问责制有关。非政府组织的运营环境具有以下特征：

- 不确定的资源可用性及其对长期规划的影响；
- 利益相关者的权力和参与；
- 冲突的优先事项；
- 法律环境；
- 管理不确定。

关键术语及理论定义

非营利组织(not-for-profit organisation，NFP)：该组织的目标是支持或从事公共利益或私人利益的活动却不从中获取任何商业利润。在许多国家，一些非营利性组织是慈善机构，但也会有很多非营利性组织不是慈善机构。无论是不是慈善机构，都可将其划归为非政府组织。

非政府组织(non-governmental organization，NGO)：是一个在其运作过程中没有任何政府参与或代表的合法组建的组织。在非政府组织全部或部分由政府资助的情况下，非政府组织将政府代表排除在组织成员之外，依然保持其非政府的地位。

理解题

1. 什么是非限定权限？
2. 非营利性组织有哪些存在形式？
3. 世界上非政府组织的数量有多少？
4. 非营利性组织存在着什么样的企业社会责任问题？
5. 非政府组织是怎样建立起来的？
6. 非政府组织通常使用什么绩效计量方法？
7. 慈善组织与非政府组织有什么区别？

补充阅读材料

Aras, G. and Crowther, D. (eds) 2010. *NGOs and Social Responsibility*. Bingley: Emerald.

Claver, E., Llopis, J., Gasco, J. L., Molina, H. and Cocna, F. J. 1999. 'Public Administration – from Bureaucratic Culture to Citizen-Oriented Culture', *International Journal of Public Sector Management*, 12, 5: 455–64.

Davis, P. 2001. 'The Governance of Co-operatives under Competitive Conditions: Issues, Processes and Culture', *Corporate Governance*, 1, 4: 28–39.

参考文献

Aras, G. and Crowther, D. 2009. *The Durable Corporation: Strategies for Sustainable Development*. Aldershot: Gower.

Bernstein, D. 1986. *Company Image and Reality: A Critique of Corporate Communications*. Eastbourne: Holt, Rinehart & Winston.

Chajet, C. 1989. 'The Making of a New Corporate Image', *Journal of Business Strategy*, May/June: 18–20.

Crowther, D. 2002. *A Social Critique of Corporate Reporting*. Aldershot: Ashgate.

Kajimbwa, M. 2006. 'NGOs and their Role in the Global South', *International Journal of Not-for-Profit Law*, 9, 1.

Kotter, J. P. and Heskett, J. L. 1992. *Corporate Culture and Performance*. New York: The Free Press.

Mackiewicz, A. 1993. *Guide to Building a Global Image*. New York: The Economist Intelligence Unit, McGraw-Hill Inc.

McCoy, C. S. 1985. *Management of Values: The Ethical Difference in Corporate Policy and Performance*. Marshfield, MA: Pitman.

Morley, M. 2002. *How to Manage your Global Reputation*. Basingstoke: Palgrave Macmillan.

Owen, R. 1816; 1991. *A New View of Society and other Writings*. Harmondsworth, Penguin.

Poiesz, T. B. C. 1988. 'The Image Concept: Its Place in Consumer Psychology and its Potential for Other Psychological Areas'. Paper presented at the XXIVth International Congress of Psychology, Sydney, Australia.

Selznick, N. 1957. *Leadership in Administration: A Sociological Interpretation*. Evanston, IL: Row, Peterson.

Smith, C. 1994. 'The New Corporate Philanthropy', *Harvard Business Review*. May–June: 105–16.

Varadarajan, P. R. and Menon, A. 1988. 'Cause Related Marketing: A Coalignment of Marketing Strategy and Corporate Philanthropy', *Journal of Marketing*, 52 (July): 58–74.

第十三章

全球化与监管

本章学习目标：

- 描述并评价全球化的特点
- 理解并解释国际组织及其活动
- 解释涓滴理论(trickle down theory)的含义
- 讨论反全球化运动
- 讨论国际市场和组织的监管问题
- 解释什么是套利
- 解释传染的原因和影响

导 论

全球化是一个重要的概念，在过去的几十年里，它已成为商业生活的主要因素。全球化以不同的方式影响着经济、商业生活、社会和环境，几乎所有的企业都受到了全球化所带来的变化的影响。我们可以看出，这些变化与日益加剧的竞争以及迅速变化的技术和信息的传输有关，它使得企业比长期及可持续的企业更加注重利润。然而，企业是社会的重要组成部分，需要对其进行合理组织。因此，我们的社会和商业生活中都需要一些社会规范、规则和原则，以确保所作所为对社会负责。

全球化

可以将全球化定义为商品、服务和资本的自由流动。然而，这一定义并未涵盖全球化或全球化的各个方面。全球化还应该是一个世界经济、文化、技术和管理一体化的过程，因为它还涉及信息的传递、熟练员工的流动、技术的交换、财政资金的流动以及发达国家和发展中国家之间的地理套利(geographic arbitrage)。此外，全球化具有宗教、环境和社会几个层面。为了涵盖这一影响广泛的领域，全球化囊括了世界经济、环境和社会的各个方面。并且，世界各地正在发生着巨大的变化，这些变化在全球各地都很明显。每个政府都有责任保护其经济和国内市场免受这些急剧变化的影响。

那么，企业如何适应这种变化？首先，企业必须了解全球化的不同影响，全球化既能带来机遇，也能带来威胁。其次，企业要学习怎样保护自身免受不良影响，并在这种全球化趋势下重新寻找机遇。

全球化以不同的方式影响着经济、商业生活、社会及环境：

- 竞争加剧；
- 技术开发与技术转移；
- 知识/信息的转移；
- 证券投资(发达国家与新兴市场之间的资金转移)；
- 国际标准的监管及去监管化；
- 市场一体化；
- 智力资本流动；
- 金融危机—传染效应—全球危机。

这些可以用图 13.1 表示。

全球化的特点

全球化导致竞争加剧(也就是说，竞争加剧是全球化的产物)。这关系到产品和服务的成本及价格、目标市场、技术调整、企业的快速响应和生产的加速等。当企业生产成本和售价降低时，它的市场份额就会增加。市场中有太多的选择，顾客希望以更快更有效的方式获取商品和服务。此外，他们还期待能够以低价购买高品质的产品和服务。因此，企业需要对这些期望做出回应，否则企业的销售额将会下降，利润将会降低，市场份额也将减少。企业必须随时在价格、产品与服务以及客户偏好方面做好准备，因为这些都是全球化市场的

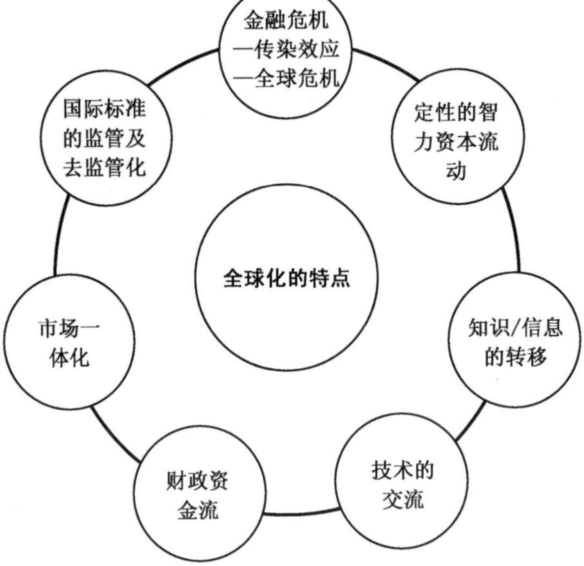

图 13.1 全球化

需求。

技术的交流

全球化最显著的表现是企业家和面向国际的公司利用新技术来开拓新的商业机遇。互联网和电子商务流程尤其使中小企业具备了潜力,以寻求扩大其在新的国际市场中的参与(Wright and Etemad,2001)。技术也是竞争以及商品和服务质量的主要工具之一。另一方面,它需要公司投入相当大的成本。由于全球化加速了技术转移和技术进步,顾客预期主导着市场,公司不得不使用最新的技术以增加销售和提高产品质量。大多数资本密集型市场的公司面临着风险,这就是为什么它们需要快速满足顾客需求、迅速适应市场期待。因此,这些公司必须有效地进行技术和研发管理。

知识/信息的转移

在当前的环境下(本书写作时),信息是最昂贵和最有价值的生产要素,信息交换能轻易地在国家之间迅速进行,并且能够不断更新。如果企业能够获取这样的知识与信息流,那么它就能在适应全球变化方面保持领先地位。这与技术在全球市场的转移过程相似。市场的快速变化同样需要知识的快速转移及有效利用，以便为全球消费生产合适的商品与服务。

证券投资(财政资金流)

全球化促进了国际证券投资的增长。此外，金融市场对国际资本流动越来越开放。因此，证券投资是发展中国家面临的一个主要问题，因为这几乎是这些新兴国家通过吸引外资来增强市场与经济流动性的唯一途径。然而重要的是，这种类型的短期投资会给金融市场带来巨大的风险。比如，某些新兴经济体可能会遇到一些影响市场形象的问题，或者投资者可能在赚取足够的利润后撤资。这些事件意味着市场流动性将会降低，金融市场指标将立即暴跌。

国际标准的监管及去监管化

全球化需要对市场与经济进行更多的监管。市场上有许多新的、复杂的金融工具和方法。由于全球化的影响，这些工具很容易在其他国家进行转移和交易。每个新的体系、工具或方法都需要新的规章制度来确定其影响范围。这些规章制度对于保护各国免受全球风险与危机的影响来说，也是必不可少的。当一个国家出现危机时，危机会通过贸易渠道或资金转移影响其他国家，我们称之为传染效应(contagion effect)。另一方面，在全球化进程中，大企业的股票在国际股票市场进行交易，这些企业在许多国家都有股东和利益相关者。国际规则和法规还为小投资者提供保护，使他们免受企业的重大丑闻和其他问题的影响。

国际标准还通过国际会计准则和国际审计准则等国际原则与规则来规范市场和经济。监管的目的是使企业报告标准化并具备可比性，而在全球化的世界中，企业的多样化意味着需要更多的规则和条例以及比以往任何时候更多的国际标准。2008 年至 2010 年的金融危机表明，这一点十分重要。

市场一体化

事实上，全球化促使多个市场与经济融合成一个市场与经济。因此，国际标准和条例的目的也是为了解除所有对这些个别市场的管制，因为传统经济能够处理新经济中较高风险的金融结构。因此，金融市场必须是广泛、深入且流动的，而目前只有美国的金融市场大到足以在世界市场上提供这种结构。全球股市预测和泛欧股市预测就是这种不断变化的经济结构的一部分。在当前的市场一体化现状中，也有许多类似的案例，这也是经济竞争加剧的产物。一体化的例子在企业合并与收购中也很突出。

定性的智力资本流动

全球化的另一个影响是通过知识和信息的转移实现人力资本的流动。造成这种影响的原因之一是，国际/跨国公司在不同的国家有子公司、合作伙伴和代理公司，这些公司需要技术娴熟、经验丰富的国际员工，并将这些员工从一个国家转移到另一个国家，以提供适当的国际商业实践。因此，这种演变过程还需要更多技术娴熟、受过良好教育、流动性更强的员工，他们能够适应不同的市场条件。

金融危机—传染效应—全球危机

金融危机主要是由全球化以及全球化的传染效应所决定的。实际上，这是一个相当真实的解释，因为金融世界已经见证了许多危机案例。一般而言，金融危机的产生源于国际基金/资本流动(证券投资)、适当的条例和标准的缺乏、金融工具的复杂性、金融市场的快速发展、信息的不对称以及信息转移。一个国家的危机可能演变成具有系统性风险效应的全球性危机，这里的系统性风险是指金融危机从一个国家蔓延到另一个国家的风险。在某些情况下，危机甚至会在似乎并不具有相同经济基础或问题的国家蔓延。以往的全球危机也表明，造成这种危机的原因是缺乏市场监管。

全球化如何影响企业社会责任

一个问题是全球化是如何影响企业社会责任的，但此问题的答案不仅与 20 世纪最后的 25 年有关，还与前几个世纪有关。据约翰·梅纳德·凯恩斯的计算，人们的生活水平在过去的 4 000 年里增长了 100%。关于社区福利，亚当·斯密有一个重要的开创性的观点，在 1776 年，他描述了促进收入增长和日益繁荣的条件。同样，经济史中有很多证据可以证明道德行为的好处，例如，新拉纳克的罗伯特·欧文，德比郡的杰德迪亚·斯特鲁特，两位英国人向我们表明关注利益相关者能够带来经济收益。近年来，弗里德曼一直在关注经济增长和社会发展的道德影响。

显然，经济增长、发展和全球化并不是新鲜事物。经济增长通常会给社区带来一些影响，这正在成为一种全球性的现象。其中最重要的一个原因是，我们没有考虑到这一进程中的道德、伦理和社会层面。一些理论家在一百多年前就指出，经济快速增长和发展的影响可能离不开社会与道德的影响。

另一个问题是，这个进程由谁负责，谁来确保人们的福祉、维护他们的繁荣？是政府、商界（商人）、消费者、股东，还是所有人的责任？政府是该系统的一部分，也是市场监管者与立法者。管理者、商人和商界都针对市场结构、消费者行为或商业条件采取行动。此外，他们还负责为股东赚取更多的利润，以长期保持股东对企业的兴趣，因此他们为自己的利益/利润承担风险。这种风险与他们在企业中必须应用的社会和道德/伦理原则并不冲突。企业维护其伦理和社会责任行为的原因有很多；然而，一些企业中有着许多不当行为和非法经营的案例，这表明在全球化的世界中，日益激烈的竞争使企业比以往更难经营。

好消息是，根据我们的预期，竞争将不再对企业行为产生任何不良影响。根据国际规范（实践）和预期，企业现在比过去二十多年更多地考虑社会伦理与环境问题。其中一个原因是，竞争的加剧并不总是意味着更多的利润；另一个原因是，消费者的期望不仅与产品成本有关，还与质量、生产工艺和环境敏感性有关。

此外，股东对企业的长期效益和利润更感兴趣。这个概念的关键词是"长期主义"（long-termism），它也代表着企业要实现可持续发展。股东希望通过企业的可持续发展获得长期利益，而不仅仅是短期利润，这不仅关系到企业的利润，还涉及企业的社会与环境绩效，也就是我们之前讨论过的三重底线。因此，管理者必须为企业制定战略计划，考虑到所有可持续的、能够为投资者带来长期收益的利益相关者期望。然而，可以认为可持续性有这样的要求：正确的价值观——公平的商品分配、公平的程序、对权力的尊重等，能够无限延续（Aras and Crowther，2009）。所以，可持续发展要求正确的价值观能够在未来持续下去。比如，如果现行实践只反映了当前的看法，但阻碍了该实践在未来的出现，那么从可持续发展的角度就应该将其否决（Dower，2004）。因此，投资者或股东的期望以及所有其他利益相关者的方法所支持的都是具有社会责任感和遵守伦理规范的企业。全球化对企业行为产生了非常显著的影响，但我们仍能看到许多问题，尤其是在发展中国家。这是当前全球化进程的一个现状，但我们可以期待在未来能够看到该进程中一些不同的方法和改进，其中一些自然与国际原则、规则和规范有关。但是需要做出的许多改进都与结束这个有缺陷的体系以及资本主义的固有问题有关。

在全球化的世界中，企业社会责任面临的挑战是参与一个旨在设定和重新设定全球商业行为标准的政治审议过程。虽然利益相关者管理处理的是需求、价值以及影响或受企业决策影响的参与者（actors）进行内化的理念，但我们认为，政治上的企业社会责任可以理解为企业在诸如人权、全球变暖或森林砍伐等环境与社会挑战方面进行的一场运动(Scherer and Palazzo,2008)。

雷曼兄弟

1844 年,23 岁的亨利·雷曼(Henry Lehman)从巴伐利亚移民到美国。他在亚拉巴马州的蒙哥马利开了一家名为 H. Lehman 的干货商店。(http://en.wikipedia.org/wiki/Lehman_brothers-cite_note-Wechsberg233-11.)1847 年,在弟弟伊曼纽尔(Emanuel)到来之后,公司更名为 H. Lehman and Bro。1850 年,当家中最小的弟弟迈尔·雷曼(Mayer Lehman)也来到蒙哥马利后,公司名称再次变更,叫作"雷曼兄弟"(Lehman Brothers)。

在 19 世纪 50 年代,棉花是美国最重要的作物之一。三兄弟利用棉花的高市值,开始时常接受客户用原棉来支付所购买的产品,最终开辟了第二项业务,即用棉花进行交易。在短短几年之内,这项业务就发展成为他们经营中最重要的部分。

1855 年亨利去世后,其余两兄弟继续专注于商品交易/经纪业务。在之后的 150 年里,这家公司不断地发展壮大。

在多数客户大规模流失、股票大幅度下跌以及资产被信用评级机构评为贬值后,2008 年 9 月 15 日,雷曼兄弟公司申请了破产保护。这是美国历史上最大的一起破产案例。第二天,在监管部门批准后,巴克莱银行(Barclays Bank)宣布收购雷曼兄弟的北美投资银行和交易部门及其纽约总部大楼。第二周,野村控股(Nomura Holdings)宣布将收购雷曼兄弟在亚太地区(包括日本、中国香港和澳大利亚)的特许经营权以及雷曼兄弟在欧洲和中东的投资银行和股票业务,该交易于 2008 年 10 月 13 日生效。雷曼兄弟的投资管理业务,包括路博迈(Neuberger Berman),于 2008 年 12 月 3 日出售给了其管理层。雷曼兄弟控股公司(Lehman Brothers Holdings Inc.)的债权人保留了该公司 49%的普通股权,该公司现被称为"路博迈集团有限责任公司"(Neuberger Berman Croup LLC),是全球第四大由员工控制的私营资产管理公司。

2010 年 3 月,由法院指定的调查员所发布的一份报告显示,雷曼高管经常在季度末使用虚假的会计花招,以使其财务状况看上去不像实际情况那样不可靠。他们采用的是回购的做法,将证券暂时从公司资产负债表中剔除出去。然而,与典型的回购协议不同,雷曼将这些交易描述为直接出售证券,并制造了"2007 年末和 2008 年公司财务状况的重大误导景象"。自安然丑闻爆发以来,这些公司似乎还没有学会从中吸取教训。

全球化、企业倒闭和企业社会责任

安然(Enron)、世界通讯(WorldCom)、奎斯特(Qwest)、帕玛拉特(Parmalat)、Sunkill、爱必妥(ImClone)以及其他企业的倒闭,使治理和企业社会责任的一些问题开始显现,这些问题已经越来越重视商业伦理的作用。这些企业的管理者和首席执行官们必须为破产负责,它们都是“企业失责”的案例。许多人认为,如果企业负责任地行事,那么其丑闻很可能会终止。这对于上次危机后的金融企业尤为适用。

企业社会责任保护企业免受一些长期损失。当企业承担社会责任时,它们会计算风险和失败的代价。首先,企业必须对股东以及全部的利益相关者负责,这意味着它对整个社会负有责任。企业倒闭对整个社会也有重要影响,特别是安然等重大丑闻,对市场和经济造成了严重影响。企业的各种利益相关者(如员工、客户、消费者、供应商等)以及股东和监管者都有责任确保优良的绩效。因此,企业社会责任不仅关系到企业自身,还关系到整个社会。所以,改变企业责任的作用只会转移人们对社会真正需要解决的问题的关注。

造成这种结果的一个原因是企业与市场之间的竞争日益加剧。经济全球化下,管理者们在行为和地位上比以往更加野心勃勃,因此我们必须关注企业和管理行为。问题是如何做一名有社会责任感的管理者,以及如何解决商业或社会中存在的这一重要问题。商业世界中,总有一些规则、原则、法规以及一些法律要求。

然而,要对社会负责,企业应该有所作为,要对所做出的决策与行为负责,而不能仅仅遵纪守法。问题在于,这对企业和管理者的行为都有影响。另一方面,有观点认为,企业作为“法人”,有着与其地位相适应的权利与义务,包括社会责任。在安然公司的案例中,管理者们了解所有的规章制度,即使已经知道企业管理层存在不负责任与不道德问题,他们也并未在方法和行为上做出改变。

我们得出的结论是,行为和企业活动并不总是可以通过法规、规则和规范来控制的。因此,在这种情况下,又出现了另一个问题,如果人们不知道自身的责任以及哪些事情是对社会负责的,如果他们不履行社会责任,那么在商业活动及市场中由谁来管控这个问题?问题在于,企业的社会责任内涵无法通过法律手段——这一管理者与社会及企业利益相关者之间唯一的社会契约来控制。

企业应当有意识地专注于生态与社会价值的创造,而不能只注重经济价值。商界所面临的挑战是如何着手满足这些期望。需要改变的不仅是企业自身,企业与环境互动的方式也需要加以改变(Cramer,2002)。

监管失灵

显而易见的一点是,2008—2010 年的金融危机与之前的危机一样,凸显了监管与治理的失败。事实上,这一直是人们关注的焦点,有些人认为监管者甚至比肇事者罪过更大,更应该受到制裁。

当然,同样地,按照洛克(Locke,1690)的传统,执行社会契约(Rousseau,1762)是政府的职能,并且政府也有职责引入监管措施以遏制权力的运用,保护弱势群体,以便市场能够更好地运营。显然,这并没有用,不是因为原则有缺陷,而是因为在"华盛顿共识"以及英国前首相戈登·布朗(Gordon Brown)的鼓励与支持下,经济现实已经发生了变化。事实上,许多人都认为,布朗的政策放松监管已到了无能的状态,并以此来鼓励银行到英国来,这是随后到来的不可避免的金融危机之所以发生的主要原因。这种状况可以被看作遇风即倒的纸牌屋。不可避免的是,这股风以美国次贷丑闻的形式吹来了!由于所有的经济体都受到了违规贷款行为以及随之而来的信任危机的影响,因此危机从一个国家蔓延到了另一个国家。

因此,仅仅指责监管机构是不对的。他们的监督者也必须为鼓励挥霍承担责任。[①] 当然,银行贷款政策和财政挥霍使得危机更加严重。银行借贷者们确信,他们自身是没有风险的,因为政府会介入,将他们从自身不负责任的行为所产生的可怕后果中拯救出来。[②] 实际上,政府机构与媒体串通一气,试图掩盖这样一个事实,即这种借贷完全是不负责任的,他们运用符号学创造出"不良债务"(toxic debt)一词,试图掩盖银行近乎疯狂地不负责任的事实。因此,这些机构使用的语言往往被用作腐蚀思想的工具(Orwell,1970);也就是说,被用作工具阻止人们思考如果银行采用其他贷款政策将会出现什么情况。

当然,在政府对贷款政策的支持下,这些银行经理们未能意识到他们放贷过多。事实上,这种规模的贷款竟然能行得通实在令人难以置信,而冰岛的银行放出去的贷款更是达到了其 GDP 的 7 倍。因此,不足为奇的是,冰岛政府无

---

① 当然,2009 年英国议会开支丑闻和公共资金的滥用(甚至有时涉嫌欺诈罪)表明,政府往往不适合扮演监督者的角色,它表现得不比金融机构的管理者更好,甚至还不如他们。

② 以英国政府在危机爆发前将诺森罗克银行(Northern Rock)国有化为例。再想想美国政府在收购陷入困境的金融机构时的惊人表现,许多证据都表明,银行一直在无风险的环境中运营。

力拯救银行的信贷危机，不得不试图将责任转嫁到其他国家的公民身上[①]，并成为三十多年来第一个需要 IMF(国际货币基金组织)援助的欧洲发达国家，不过它也不是最后一个需要援助的国家，因为其他国家也受到了危机的影响。英国政府之所以强烈抗议冰岛的行为，或许是因为英国也面临着贷款超过 GDP 两倍的风险和经济即将崩溃的风险。有趣的是，危机只对发达国家的经济发展产生了负面影响，并未影响其他地区。

然而，在思考 2008 年金融危机爆发的起因时，我们认为，问题自企业引入有限责任制的概念(英国是 19 世纪初引入的；Crowther，2000)时就开始产生了。有限责任制原则的引入是为了保护投资者(即股东)免受所投资的企业因自身行为而产生的潜在不良后果。这为吸引更多的投资者开辟了道路，从而也使商业企业规模得以扩大。这些投资者们确信，他们是安全的，因为他们不会遭受比自己所投资的数额更大的损失。因此，在风险水平较低的情况下，他们能够获得更大的收益，从而免受企业行为的一些不良后果。自那时起，已经有进一步的措施来降低企业(以及股东)与其投资有关的风险。巴克敏斯特·富勒(Buckminster Fuller，1981)清晰地描述了 20 世纪美国历届政府的行为，政府通过税收、放松监管以及拯救破产企业，将所有风险转移给了整个社会。这样的例子在多数其他政府的行为中也屡见不鲜。因此，在没有风险的情况下，企业能够越来越多地做自己想做的事情——没有责任，任何事情都成为可能，因为只要经济持续增长、企业继续盈利，就不需要有人对自身的行为负责。权利与义务之间的纽带被切断并被遗忘。因此，我们有理由认为，当前的状况是市场监管日益松懈的必然结果，正如安然公司的破产是会计和报告标准日益松懈的必然结果一样。有关银行贷款政策及其对世界经济影响的细节的展开，与安然公司事件的展开是并行的。这次损失也越来越明显，受损的不仅仅是肆意放贷的银行，还有肆意挥霍的各国政府，它们也付出了惨痛代价。因此，不仅是冰岛的银行因监管松懈出现问题而需要寻求 IMF 的救助，欧洲其他国家也被证实出现了类似的监管松懈。

在某种程度上，这是现实世界的产物，即比政府和国家更重要的是在全球环境中运营的跨国公司。其中一些跨国公司的规模确实非常庞大，比许多国家规模还要大，权力也更加强大。这种权力的行使，以及政客们希望讨好跨国公司的欲望，是此次危机爆发的重要原因之一。世界各地的政府表现得似乎都能

---

① 冰岛政府的赔偿政策仅针对本国公民，却拒绝为他国公民提供赔偿。该政策在英国并不受欢迎，许多英国人都在冰岛的银行开设了账户。不过，目前似乎已经达成了和解。

认识到这一点，并对这些企业所带来的潜在威胁做出反应，通过给予各种让步来要求这些企业重新安置各种业务。甚至连美国政府也这么做了。然而，问题在于政客们都是受这些企业资助的，因此他们必须表现得像企业员工那样，按照企业的要求行事。毋庸置疑，这些企业所关心的仅仅是自身的利益，而不是给他人带来益处。因此，美国的内政与外交政策是由跨国公司的需求所决定的。而且既然美国打头，那么其他国家必须效仿，否则将会遭受经济或物质上的损失。

自由市场体制

虽然这种个人自由的理念是作为自由主义哲学发展起来的，但可以看出，它已经被世界各地的保守派政府所采用。受哈耶克(Hayek，1944)观点的影响，英国的撒切尔政府和美国的里根政府在 20 世纪 80 年代率先采用了这一理念。该理念促进国家对社会参与的日益减少，给予个人以追求自身目标的自由，并在必要时提供一种调解机制。然而，自由主义显然还存在另一个问题，即只有当个体之间的权力大小大致等同时，权力的调解才能达到令人满意的效果。显然，所有人不可能拥有同等的权力，这也是造成社会问题的原因。自由市场体制合法化的另一个问题是弗里德曼(Friedman，1962)、芝加哥学派经济学家们以及涓滴理论的谬论(Aghion and Bolton，1997)所使出的诡计。涓滴理论谬论是基于一厢情愿的想法，而没有丝毫的根据。[①]

虽然是为了解释个人在社会中的地位以及顺应政府和社会监管的需求才发展起来的，但这种自由主义哲学同样适用于组织。事实上，自由主义认为，组织机制在社会中的出现，使得个体可以比单打独斗更加有效地追求自身利益。企业之所以存在，是因为它是一种更有效的方式，相对于单打独斗来说，能够让个体通过合作实现自身利益的最大化。这一论点为企业理论(Coase，1937)奠定了基础。该理论认为，个体的这种组合能够降低个体间的交易成本。

赌上未来

之前所提出的危机解决办法本身就是有问题的。首先，由于各国政府试图支持陷入困境的银行，现有的经济体制所依赖的自由市场体制已经被抛弃了。

① 的确，所有证据都显示，这种现象没有出现。

这再次表明，就金融市场而言，肆意挥霍是没有什么代价的。因此，对于机构而言，不负责任的代价必须由整个社会特别是由该社会将来的成员来承担。他们必须偿还政府的巨额借款，或者至少得偿还债务。因此，不负责任的代价已经自然而然地外化，影响到未来。这种公共支出与凯恩斯主义经济学是一致的，而凯恩斯主义经济学则是芝加哥学派放松监管经济理论的替代品。但实际上，凯恩斯本人主张，公共支出应当花在公共产品和基础设施上，对未来进行投资。而现在，公共支出花出去了，未来也被抵押掉了，却没有得到任何实质性的好处。

虽然公众对于责任如何分担进行过多次讨论，但这并不是很重要。尽管很明显，那些应当负责的人大多免受制裁和惩罚。同样，对于导致此次危机的体制失灵，也有很多人讨论过。然而，值得注意的是，似乎没有人认识到这场危机主要是由于全球环境和国家监管共同造成的。没有人发声呼吁要通过建立监管环境来应对这种全球环境。但可以肯定的是，要想避免未来重蹈覆辙，这个问题一定得解决。在此之前，我们拿未来赌博，没有任何好处。更重要的是，人们进行了大量的自我反省，却没有采取任何具体行动来防止未来此类事情的发生。鉴于此类危机一直是自工业化以来经济形势的一个特征[①]，而且近年来越来越频繁，我们完全有理由相信，不久的将来会有更多的危机爆发。然而，这一次，政府将不能通过投资来避免经济崩溃，因为它们将无法从 2008 年至 2010 年的危机中恢复过来。因此，我们有必要采取行动，防止此类危机再次发生。这些行动必须比目前提出的更为深刻，我们必须寻根究底，而不能治标不治本。

ISO 26000

2010 年，国际标准化组织（ISO）发布了第三代管理体系标准。该标准被称作 ISO 26000——社会责任。之前的标准，也就是质量管理标准（第一代标准，ISO 9000）和环境管理标准（第二代标准，ISO 14000）都是以戴明 PDCA 循环为基础的，ISO 26000 也一样。尽管这三代有明显的相似之处，但新一代的 ISO 管理体系标准并未把客户放到至高无上的地位，而是把关注点放到了所有的利益相关者身上。此外，新一代的标准甚至有望影响到多年来形成的全面质量管理（total quality management，TQM）概念，这三代管理标准未来预计将会整合成一套标准。这种期望似乎是正确的，正如 WBCSD（世界可持续发展工商理事

① 有些人会追溯到 16 世纪的荷兰郁金香泡沫和 17 世纪英国的南海泡沫，还有人会追溯到中世纪。然而，最突出的一点是，这些现象是不断反复出现的。

会)所宣称的,社会责任与经济增长和生态平衡一起被视为可持续发展的第三大支柱。如果我们接受这样的现实,即经济增长的缘由是质量的提升,生态平衡则是环境保护的产物,那么其实也就是认为,可持续发展是以质量、环境以及SR管理体系标准为基础的。

根据ISO官网,标准应当:

- 在尊重文化、社会、环境和法律差异以及经济发展条件的同时,协助组织履行社会责任;
- 为履行社会责任、识别利益相关者并与其打交道提供实际指导,提高社会责任的报告及相关主张的可信度;
- 强调绩效结果与改善;
- 增强和提高客户及其他利益相关者对企业的信心与满意度;
- 与现有文件、国际条约和公约以及现行的ISO标准保持一致且不冲突;
- 不旨在减少政府关于企业社会责任的权力;
- 推广社会责任领域的常用术语;
- 增强社会责任意识。

同时,如上所述,与企业社会责任相关的利益相关者范围很广,包括员工及其家庭、环境、客户、股东等。这意味着企业社会责任标准必须向那些关心质量与环境的人做出回应。因此,尊重企业社会责任也就意味着要尊重质量与环境。

将来,采用ISO 26000是融入全球化的最佳和最可靠的方式。ISO 26000将会给客户带来以下好处:

- 使客户能够有更多的机会接触到遵守企业社会责任的企业所提供的产品与服务;
- 通过改善与产品及服务供应商的关系,提高客户满意度;
- 有独特的标准化方法来证明对企业社会责任的要求。

ISO 26000给贸易带来的好处有:

- 增强客户对全球市场的依赖,从而促进全球贸易的增长;
- 采用ISO 26000标准的企业,竞争力得以提升;
- 采用ISO 26000标准的企业有了更加完善的保证,因为它们有着使客户满意的基础。

ISO 26000所带来的社会经济方面的好处如下:

- 根据国际公认的唯一标准,制定了各类标准,从而降低了成本;
- 采用ISO 26000的机构,声誉得以提高;

- 通过采用 ISO 26000，机构履行其道德责任。

对企业社会责任来说，全球化是机遇还是挑战？

这个问题没有确切的答案，主要取决于看问题的角度。显然，全球化对企业的企业责任与管理者的行为有着不同的影响。这些影响有的支持企业或管理者采取负责任的社会行为，有的则因竞争的日益加剧而破坏商业的公平以及其他的原则、规范和制度。就营业额、市值和资产规模而言，全球化造就了规模更大的企业，给中小企业形成了不完全竞争，是对中小企业的一大威胁。但全球化也可能会为企业提供更多接触客人和客户的机会，同样也会给它们带来与来自世界各地的企业合作的机会。事实上，我们不得不承认，全球化是不可避免的，我们没有其他选择。管理与治理良好的市场没什么大问题，几乎没什么威胁。但发展中国家所面临的主要问题是缺乏监管与规范，全球化对它们的影响非常大。

此外，履行企业社会责任是全球化经济和市场所面临的重要的问题之一。企业社会责任需要一些规则来确定企业与社会的关系，但这仍然是一个复杂的过程。这意味着，企业社会责任不仅仅是一个简单的过程，它还需要企业制定长期的策略来学习如何在行为上对社会负责，决策者必须在企业中执行这些原则。

当企业把目光放得长远些，将会给企业的盈利及利益相关者的收益带来积极影响。有研究显示，企业社会责任与企业财务绩效之间存在明确的关系，这是一个重要的学术研究课题。研究结果主要集中在当企业投资与社会活动相关的领域时，财务绩效的改善所带来的资源闲置问题上。还有一些研究则主张采用良好的管理方式，认为良好的管理方式来源于对社会活动的参与，能够加强与利益相关者的联系，从而提高财务绩效。要找到企业行为更好的解决方案，还需要对这个主题进行更加深入的研究。

企业的职责是通过提供适当的产品和服务来为股东服务。客户是否购买不仅与价格、质量有关，还取决于对该企业社会行为的考量。对社会负责的投资和行为给企业带来了一些机会，这些机会更引人注目，也更关心利益相关者。

特别是信息技术的发展使得企业能够在世界的任何地方与任何客户进行交易。客户希望企业能够合理地对待供应商，供应商也能够公平地对待他们的工人，即使是在那些偏远的国家。当企业有不道德的行为时，全世界的人都会知道，企业的销售以及利益相关者的利益也相应地受到影响。

因此，从这个方面来看，全球化对社会责任行为有着多方面的影响。好的行为和不好的行为都变得显而易见，企业的所有利益相关者都会意识到这一点。这对企业有着双面影响，即良好的行为会对企业产生积极影响，不道德的行为则无疑会对其产生负面影响。企业已经认识到，合理的行为是它们能够生存下来并提高商业利益从而增加利润的唯一途径。因此，社会的需求将会体现在企业的行为中。综上所述，企业会对其声誉进行投资，包括其对社会负责的声誉。加强对社会责任的认识能够改善企业管理层的形象，并使其能够用成本较低的隐性支出来换取成本高昂的显性成果。相反，利益相关者如果认为企业降低了对其社会责任的重视，则可能会使企业的声誉受损，并导致企业对高昂的显性成果投入的增加(McGuire，Sundgren and Schneeweis，1988)。我们也可以自信地说，当前，企业社会责任的影响主要是能够使处于特定情况的一些人和企业受益。因此，人们开始思考企业社会责任对发展中国家的影响(Blowfield and Frynas，2005)。

结 语

正如我们所看到的，全球化对社会和商业生活的各个方面产生了巨大的影响。因此，商业生活需要比以往有更多的监管和更多的社会责任行为。在本章中，我们论述了企业社会责任与全球化的关系，阐明了全球化后，企业失败与日益增多的丑闻以及日益减少的企业社会责任行为之间的关系。

要点总结

- 全球化有着诸多影响，有些影响是积极的，有些则不然。
- 金融不端行为引发了对企业社会责任的关注。这些不端行为包括鲁莽行为、欺诈行为和强取豪夺行为。
- 自由市场是一系列问题产生的根源之一。
- 全球化创造了一个全球化市场并加剧了经济竞争。

关键术语及理论定义

套利(arbitrage)：是指由于不同市场价格的差异而获得的利润。

传染(contagion)：是指在一个市场出现的问题将会蔓延到其他市场。

证券投资(portfolio investment)：是以回报而非发展为目的的投资，因此是暂时性的。

涓滴理论(trickle down theory)：认为财富最初是集中在富人手中的，但最终会渗透到全社会。自由市场合法化理论是没有任何基础的。

理解题

1. 全球化的主要标志是什么?
2. 全球化是如何影响企业社会责任的?
3. 全球化对企业社会责任来说是一种威胁吗?
4. 什么是传染效应?
5. 金融市场的监管存在什么问题?
6. 不负责任的管理是造成大企业丑闻的原因吗?

补充阅读材料

Doh, J. P., Rodriguez, P., Uhlenbruck, K., Collins, J. and Eden, L. 2003. 'Coping with Corruption in Foreign Markets', *Academy of Management International Review*, 17, 2: 114–27.

Prahalad, C. K. and Hammond, A. 2002. 'Serving the World's Poor, Profitably', *Harvard Business Review*, 80, 9: 48–57.

参考文献

Aghion, P. and Bolton, P. 1997. 'A Theory of Trickle-Down Growth and Development', *Journal of Economic Studies*, 64, 2: 151–72.

Aras, G. and Crowther, D. 2009. *The Durable Corporation: Strategies for Sustainable Development*. Farnham: Gower.

Blowfield, M. and Frynas, J. G. 2005. 'Setting New Agendas: Critical Perspectives on Corporate Social Responsibility in the Developing World', *International Affairs*, 8, 81 (3): 499–513.

Buckminster Fuller, R. 1981. *Critical Path*. New York: St Martin's Press.

Coase, R. H. 1937. 'The Nature of the Firm', *Economica*, 4, 16: 386–405.

Cramer, J. 2002. 'From Financial to Sustainable Profit', *Corporate Social Responsibility and Environmental Management*, 9: 99–106. Published online by Wiley.

Crowther, D. 2000. 'Corporate Reporting, Stakeholders and the Internet: Mapping the New Corporate Landscape', *Urban Studies*, 37, 10: 1837–48.

Dower, N. 2004. 'Global Economy, Justice and Sustainability', *Ethical Theory and Moral Practice*, 7: 399–415.

Friedman, M. 1962. *Capitalism and Freedom*. Chicago: University of Chicago Press.

Hayek, F. A. 1944. *The Road to Serfdom*. London: Routledge.

Locke, J. 1690. *Two Treatises of Government*. many editions.

McGuire, J. B., Sundgren, A. and Schneeweis, T. 1988. 'Corporate Social Responsibility and Firm Financial Performance', *Academy of Management*, 31, 4: 854–72.

Orwell, G. 1970. *Collected Essays, Journalism and Letters Vol 4*. Harmondsworth: Penguin.

Rousseau, J.-J. 1762. *The Social Contract.* many editions.
Scherer, A. G. and Palazzo, G. 2008. 'Globalization and Corporate Social Responsibility', in A. Crane, A. McWilliams, D. Matten, J. Moon and D. Siegel (eds), *The Oxford Handbook of Corporate Social Responsibility.* Oxford: Oxford University Press.
Wright, R. W. and Etemad, H. 2001. 'SMEs and the Global Economy', *Journal of International Management*, 7: 151–4.

第十四章

利益相关者的抗议：对企业行为的挑战

本章学习目标：

- 对客户为抗议而采取的行动类型进行描述和分类
- 根据几种分类方法对参与抗议的组织类型进行划分
- 评判互联网在赋予作为客户和公民的个人的权利方面所起到的作用
- 确定导致抗议成功的主要因素

导论

人们通常认为个人客户在购买商品和服务时，在提供这些商品和服务的大型企业的权力面前，他们几乎没有什么权利可言。通常有一种倾向认为，如果我们对这些商品或服务不满意，或者甚至对企业本身不满意，那么我们唯一的选择就是不购买这些商品和服务。因此，我们要么从另外一家企业那里购买替代品，要么凑合着应付过去。当然，这种观点对客户和作为企业的供应商之间的关系看得过于简单化，因为供应商并不愿意失去客户。总的来说，吸引一位新客户所花费的成本大约是留住一位现有客户的 6 倍。因此，企业总是会在努力吸引新客户的同时竭力留住老客户。

事实上，客户对企业产生了重大影响，特别是客户在一致行动时。因此，这种看待个人和企业之间权力关系的观点也有些简单化。在本章中，我们将探讨个人如何通过他们的行为来影响企业的。

抗议的目的

针对企业及其行为或所提供的商品和服务种类发生过各种各样的抗议活动。事实上，这些抗议活动的历史与这些企业本身存在的时间一样长。抗议活动出于各种各样的原因，根据抗议活动的目的可以将其分类如下：

价格抗议

顾客总是抱怨产品和服务价格过高，但价格过高本身并不是导致抗议活动的根本原因。相反，导致抗议活动的因素是价格突然抬得过高，对这种价格上涨的抗议由来已久。有时这种抗议活动是自发的，有时是有组织的。例如，在18世纪后半期和19世纪早期的英国，有一段时期食品价格大幅度上涨，“反《谷物法》联盟”因此成立，其成立的目的是游说废除《谷物法》，增加外国谷物的进口量，从而降低面包价格。这段时期，其他针对食品价格的抗议活动则组织性较差，经常发生骚乱。在市场上，顾客通过打砸商人的摊位抗议食品的价格。然而，有时这种骚乱是有意而为的。顾客并不打砸这些食品摊位，而是将摊位接管过来，将食物按照他们认为合理的价格出售，然后再将出售食物所得到的钱交还给摊主。

在美国，反对肉类价格上涨的抗议活动在20世纪经常发生。1946年，华盛顿发生了一次有组织的抗议活动，抵制购买定价超过每磅60美分的肉块，这次抗议活动取得了成功。卖家被迫降低所有肉块的价格，因为只有便宜的肉块才能卖得出去(Stein，1975)。这种是针对产品价格过于昂贵而进行的有组织的抵制活动。然而，也有一些抵制活动尽管刚开始时并不是有组织的，但最后也取得了成功。2000年在英国，由于汽油税的上涨，汽油价格上涨了好几次，一些人便开展了对汽油价格的抗议活动。最初，抗议活动的规模并不大。后来，引起了人们的广泛注意，就变成了有组织的封锁汽油配送站的抵制活动，足以造成英国汽油的短缺。这场全国性的抗议活动，使舆论产生了两极分化，因为并不是每个人都支持这场抗议活动，尤其是那些因汽油短缺而生活不便的人。尽管如此，抗议活动持续了几周之后，取得了成效，英国政府承诺对汽油价格进行审查，从而结束了这场抗议活动。

环境抗议

价格上涨只是从个人层面上影响到个人，并非所有的抗议活动针对的都是价格上涨。其他抗议活动是由于担心生态和环境问题而引起的。我们之前曾经讨论过,1995 年针对壳牌公司提议的布兰特史帕尔储油平台的处置方案发生过一次抗议活动。20 世纪 80 年代也发生过类似的抗议活动,那次抗议活动涉及金枪鱼的捕捞方式及其对海豚产生的影响。那次抗议活动反对的是用渔网捕鱼的方式,而不是用线钓鱼的方式,因为渔网有时会将海豚缠住,海豚由于无法游上水面呼吸而死亡。当时,人们组织了抵制使用渔网捕捞的企业的抗议活动,其中一家使用渔网捕捞的企业便是亨氏(Heinz)。当时,抗议活动并不是采取抵制企业本身的方式,而是针对出售亨氏产品的超市,并寄希望于超市向亨氏施压从而迫使其改变捕捞方式。抗议活动选择的主要连锁超市为塞恩斯伯里超市(Sainsbury's)。每周末在多家塞恩斯伯里超市外面举行群众抗议活动,抗议亨氏的捕捞方式并号召公众抵制该公司的产品。当然,这严重影响了塞恩斯伯里超市的营业额及其对外形象。塞恩斯伯里超市被迫宣称其立场是抵制渔网捕捞方式,并向涉及的主要公司施压,迫使这些公司改变捕捞方式。在这种情形下,抗议是通过间接行动奏效的。

近年来,英国的一个关注点是新道路的建设,从而引发了一种被称为生态抗议(ecoprotest)的新型抗议活动。这种抗议活动采用的是占用用于建设道路的土地的形式,并采用一切可能的和平手段来阻碍道路的修建。在德比,当地居民积极参与了反对修建道路的抗议活动,使这场抗议活动变成了一场成功的政治行动和法律行动。除了德比的这次抗议活动取得胜利之外,其他的反对修建道路的行动都以失败告终。然而,这些抗议活动提高了人们对所涉问题的认识并延迟了这些修建道路的计划或增加了计划的成本。当然,赞成修路的人与反对修路的人在数量上几乎不相上下。这个问题并不像上面提到的其他抗议活动那样是非分明。然而,这种抗议活动催生了一种新的职业——生态抗议者。生态抗议者全职参与这种抗议活动,并依赖受到不利影响的当地居民的同情援助。最近,这种抗议活动扩大到了反对转基因食品和转基因作物种植。这一抗议在整个欧盟范围内具有更广泛的号召力,欧洲各国政府也参与了有关转基因作物种植的争论。顾客的抵制成功地使一些超市撤回了对转基因食品的销售,并促使欧洲各国政府制定立法,要求生产商对所有转基因食品进行标识。2010 年,发生了几次反对出售克隆牛肉的抗议活动。因此,对于此类抗议活动来说,成败似乎取决于民意的动员程度。

生态抗议者现象

作为一种抗议形式,生态抗议者现象已在英国存在多年。这一现象表现为直接采取行动反对修路等破坏大自然的活动。尽管一次特别引人注目的抗议活动反对的是曼彻斯特机场的扩建。然而，并非所有这种性质的抗议活动都具有如此高的知名度，许多抗议活动仅仅是当地现象，只在当地的空间环境中产生效果和新闻效应。在任何一个特定时间，大约有 12—20 个这样的抗议地点存在，尽管大多数抗议场所只有生态抗议者(通过其高效的新闻传播网络)以及某个特定抗议地点的本地居民知道。

尽管生态抗议者的形象是直接行动抗议者，但媒体对他们的报道大多数是有利的。然而，生态抗议者对本国地貌的影响基本上是短暂的，并且仅限于通过提高有关问题的知名度来推迟任何拟议的开发项目。实际上，生态抗议者判断这种形式的抗议活动成功与否主要看三个因素：开发项目被延缓的时间长短、开发项目的成本是否增加(增加的安保费用和搬迁费用)以及所涉及的环境问题被公开讨论的程度。实际上，生态抗议者用长远的眼光来看待这种形式的抗议。他们认为虽然每一起抗议活动最终以失败告终，但他们的抗议终将会取得最后的胜利，人们最终会将长期的环境影响置于短期的经济效益之上。许多参与抗议活动的生态抗议者公开表达了这些观点。

生态抗议者由两种类型的人组成：一种是全职参与抗议或旅行的新世纪旅行者(the new age traveler)；另一种是兼职抗议者，他们利用业余时间参与受筹划的开发项目影响的当地社区的抗议活动。有一点或许很重要，在本章所考虑的这些情况下以及绝大多数(如果不是全部的话)的其他情况下，抗议活动是由当地社区的一名成员组织起来的。抗议活动的组织者为了建立这样一个抗议场所，必然要熟悉这种抗议形式，并与其他参与抗议的人保持联系。因此，为了让抗议场地建立得根深蒂固，抗议活动有必要由一位当地社区的同时也是抗议者并与其他抗议者保持联系的成员发起。发起人与其他人的联系必然包括与新世纪旅行者的联系，因为必须建立一个永久性的抗议场所，并且有人在那里永久居住，而永久性抗议场所的永久居民这个角色只能由新世纪旅行者来扮演。

在任何特定的抗议场所，在任何一个特定时间出现的人数都会有所不同，这些人包括永久居民、旅行者、兼职抗议者以及当地居民。因此，有可能会出现这种情况：第一次研究人员参观某个抗议营地，发现营地里只有 2 人。而第二次去的时候，发现营地里居然有 40—50 人。当地居民自然倾向于在工作以外的时间出现在营地，倾向于仅在周末和节假日在营地逗留。而与此同时，旅行者则会在营地逗留较长时间。我们常常会发现他们在一个营地停留一段时间之后，然后再动身前往另外一个抗议场所或另外一个旅行者场所。在整个抗议活动期间，很少有人会一直留在抗议营地。尽管似乎总是有一定(非常小的)数量的有奉献精神的抗议者在整个抗议活动期间一直留在营地。然而,谁在什么时间留在营地,以及在营地停留多久并没有任何正式的安排。鉴于抗议活动的短暂性,在某个特定时间营地里可能没有人守着,这一点似乎是说得过去的。

旅行者群体

生态抗议活动的后果会对当地社区产生重大的影响。另外还有一个群体也参与了生态抗议活动,这个群体就是旅行者群体(the traveler community)。旅行者与生态抗议者不同,他们有不同的目标,抗议活动对他们产生的影响也不同。旅行者的目标并没有明确表达出来,也不是商议出来的决策,而是随着时间的推移形成的无意识。有人认为,这种无意识形成的过程是旅行者所代表的自组织系统的自适应特征之一。尽管如此,接受本项研究调查的旅行者们对这些战略目标进行了明确的定义并将其公开表达出来。这些旅行者们认为他们试图实现两个不同的目标,即:

- 学习以不同的方式生活;
- 培养社区精神以及对社区成员身份的认同。

通过学习以不同的方式生活,旅行者指的是他们与自然的关系和其他人与自然的关系不同,他们以平和方式生活的能力不应该受到经济消费和财富创造等通常的社会动机的驱动。因此,他们拒绝承认主流社会将专有所有权作为资源利用基础的道德价值观。这一点尤其适用于土地的利用,他们认为土地是一种可以使用而不是拥有的共享资源(参见 Crowther and Cooper,2001;2002)。

歧视抗议

其他抗议活动反对歧视。在20世纪50年代的美国,种族歧视是合法的。在南部各州,公共汽车是隔离的,黑人不允许坐在为白人预留的座位上。1955年12月1日,罗莎·帕克斯(Rosa Parks)在公交车上因拒绝为白人让座而被捕。罗莎·帕克斯的抗议引发了美国历史上的蒙哥马利公交车抵制运动,连续9个月,黑人拒绝乘坐公交车而改乘其他交通工具。这一事件导致了美国民权运动的形成,并最终使马丁·路德·金成为美国的知名人物。民权运动中发生的一些事件在《烈血大风暴》(*Mississippi Burning*)这部电影中得到证实。

其他反对歧视的抗议活动是由并没有受到歧视直接影响的人发起的。在20世纪60年代后期的英国,举行了几次反对南非种族隔离的抗议活动。抗议活动取得了成功,并抵制了南非体育代表团到英国进行巡回比赛。另外一次抗议运动试图抵制巴克莱银行,因为巴克莱银行在南非有投资利益,但抗议活动并未取得成功。因此,我们要探讨决定抗议活动成败与否的因素是什么,这很有趣,我们稍后将在本章继续探讨这个问题。

道德抗议

其他抗议活动则涉及道德问题。例如,英国长期以来开展了一场反对将活体动物出口到欧洲的抗议活动,原因是在运输过程中动物的生存环境极为糟糕。这次抗议是以游行、守夜和示威等形式进行的。2000 年,抗议活动的规模变大了,参加抗议的人试图在港口拦截动物运输出港。大规模示威活动发生并涉及直接行动。在一次示威活动中,一名女士被一辆卡车撞死。从那之后,抗议活动一直比较低调,但并未停止。然而,这次抗议活动并没有取得成功。除了 2000 年的大规模示威活动外,几乎没有受到媒体的关注。由此看来,受到媒体的关注是有助于抗议活动取得成功的一个因素。

另一个持续时间很长的是反对亨廷登生命科学公司(Huntingdon Life Sciences)的抗议活动,该公司在药物生产过程中使用活体动物做实验。多年来,一直开展着一场呼吁关闭亨廷登生命科学公司的运动,并获得了全球性的支持。①运动采用了多种形式,包括在公司外和公司董事住所外示威。这项运动还扩大到与亨廷登生命科学公司有业务往来的公司,并迫使公司更换了与其做业务的银行,公司的一些审计人员也纷纷辞职。有人指责在抗议活动中该公司的一些高管收到了死亡威胁。持续进行的抗议活动严重影响了公司的生存能力,但并未使公司倒闭。相反,亨廷登生命科学公司将其业务转移到了美国马里兰州,那里的安保更为有效。这场运动不时得到了媒体的关注,有些报道对运动表示支持,有些报道则表示不支持。总的来说,对这场运动的负面报道侧重于人们对抗议活动的一些指责,诸如对亨廷登生命科学公司高管发出的死亡威胁,这在一定程度上降低了成功的可能性。但这场运动没有取得成功的主要原因则是对于大多数人来说,这场运动及这场运动所涉及的问题都是边缘性的。

政治抗议

普通消费者发动的规模最大的政治运动或许应该被划入反全球化运动的范畴。反全球化是一系列有关环境保护主义、第三世界债务、动物权利和反对跨国公司的抗议活动的总称。反全球化抗议活动的目标是世界贸易组织

---

① 1982 年亨廷登生命科学公司就开始受到人们的批评,但直到 1997 年,对这家公司进行的抗议活动才正式拉开帷幕。

(WTO)、国际货币基金组织(IMF)和世界银行(World Bank)召开的会议。其他国家领导人会议及企业会议也成了攻击目标，例如在魁北克召开的美洲首脑会议(the Summit of the Americas)和达沃斯世界经济论坛(the World Economic Forum in Davos)。抗议往往导致暴力，例如发生在西雅图和魁北克的暴力事件，但大多数抗议者是非暴力直接行动的支持者。全球化的反对者认为，全球化会导致对世界穷人和工人的剥削以及对环境的过度开发。他们表示，全球化更容易使富裕企业承担更少的责任。他们还声称，各个国家的个人文化正在被美国化侵蚀。一些知名的美国大品牌(如麦当劳和星巴克)尤其遭到反对。

反全球化抗议针对个人权利的削弱，扛起了反对企业和反对各国政府的两面大旗。事实上，在全球化争论中，很难将反企业与反政府区分开。这种不作区分的做法蔓延到了2003年的反对伊拉克战争的运动。2003年，世界各地发生了大规模的抗议活动，反对战争，反对美国政府，反对美国企业在全球的扩张。反全球化抗议显然是政治性的，只是间接关注作为消费者和抗议者的个人。

因此，我们可以看到，抗议活动长期以来一直是西方世界的一个特征，是各种原因造成的不满情绪的表现。一些原因影响个人的购买行为，而另一些原因则涉及更广泛的问题。有些抗议活动取得了成功，有些则没有。影响抗议活动成功可能性的因素有很多，我们需要对此进行探讨。然而，在此之前，重要的是要探讨抗议的性质，并对抗议原因(见图14.1)和抗议类型(见图14.2)进行分类。

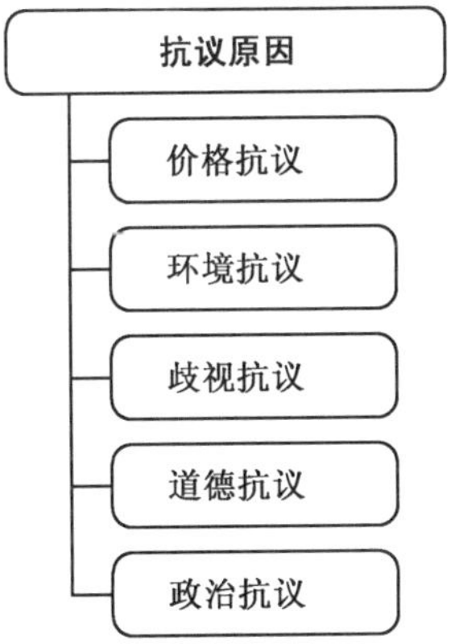

图14.1　抗议原因的分类

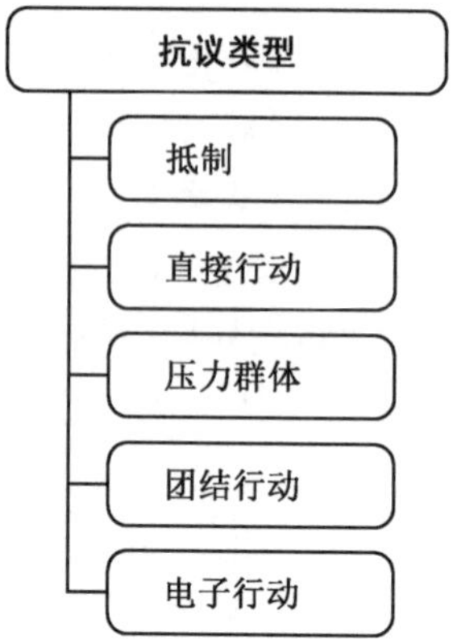

图 14.2 抗议方式的分类

抗议类型

我们很容易将抗议分为暴力和非暴力两大类，但是这种分类并无益处。因为所有的抗议活动最初都倾向于不使用暴力。因此，根据抗议活动所采取的行动的类型对抗议活动进行分类可能对我们来说更有帮助。

- 抵制(boycott)：抵制可能是部分抵制，也可能是完全抵制，而且还有可能会涉及二级公司。弗里德曼(Friedman，1999)对联合抵制做了更完整的分类。但目前这种分类法对我们来说就足够了。
- 直接行动(direct action)：直接行动可能会涉及各种行动，包括示威、纠察、信息传播、广告、阻挠(法国农民采用的策略)或销毁(如转基因作物)。
- 压力群体(pressure group)：这些经常涉及各种形式的抗议和舆论的动员。详情参见下文的压力群体行动。
- 团结行动(secondary action)：这可能涉及诸如法律活动、游说、获得媒体关注、运用关注力以及施加政治压力等行为。
- 电子行动(electronic action)：一种新的抗议形式，我们将在下文对此进行详细的探讨。

电子抗议及行动

人们越来越多地接触互联网促成了一种新的话语的形成，这种话语探讨互联网在当前以及未来对社会建设以及个体社会成员的生活会产生什么样的影响(Rushkoff,1997)。这一话语的大部分是建立在互联网和万维网将会对社会运作方式产生重大影响的期望之上(参见 Holmes and Grieco,1999)。事实上，一些国家开始考虑将互联网的使用当作一项基本人权。索布恰克(Sobchack,1996)认为，互联网技术比以前的文化形式更具解放性、参与性和互动性，而阿克斯福德(Axford,1995)则认为这将导致政治、文化和社会制度的日益全球化。

在撰写本书时，人们平等使用互联网的权利似乎由于谷歌而受到威胁。尚待时日才能看到这究竟会造成什么样的结果。后现代主义的观点表明，互联网的技术能力会导致社会结构的二元性。这将体现在社会结构的日益全球化和本土化两个方面(Eade,1997)。

大部分话语关注的是社会层面上互联网技术①对社会的影响，并且只通过效果关注互联网技术对社会中的个人所造成的影响。然而，只有在个人的层面上，这些变化才会发生。的确，互联网的使用以及通过互联网技术与其他人进行沟通而不考虑时间和地点的能力可以被认为是革命性的权力再分配(Russell,1975)。由于使用互联网沟通的人们缺乏空间邻近性，沟通有效匿名阻碍了社会正常化的监督机制(Clegg,1989)介入这种沟通，社会的纪律程序(Foucault,1977)崩溃。因此，互联网不仅提供了一个抵制情绪酝酿的空间(Robins,1995)，还提供了一个所有愿望都可以或可能实现的精神空间(Weibel,1990)。

互联网为抗拒群体提供了一个理想的生存环境：互联网的网络结构组织意味着，对于一个基于网络的群体来说不需要单独的地理存在，而互联网的性质则是只有当人们选择参加互联网社区的活动时，他们才成为该社区的一部分。因此，互联网社区是一个真正的后现代虚拟社区。互联网的信息架构意味着，对于这样一个社区来说，确立其存在相对容易(Rlicingold,1994)，因此各种各样的互联网社区比比皆是。然而，观察这些社区在学术生活和社会生活等方面存在相当长的一段时间是有意义的。然而，后现代主义的一个基本特征是不断变化的社会信息架构，这使得虚拟社区更加流行，并为确定社区身份提供了一种可能的基础设施。因此，社区的空间性和时间性在后现代环境中消失，或者至少其意义有所减弱。与此同时，这一观点已经被扩大(Barnett and Crowther,1998)到这样一个主张，即任何社区都不需要任何独立的地理上的存在，也不需

① “互联网”一词包含所有相关电子通信媒介，例如电子邮件和万维网。同样，“技术”这个词也被用来表示硬件、软件和通信机制。本书的两位作者不打算讨论这些技术，而是探讨个人如何使用这些技术。因此，本章中所使用的“互联网”“网络”和“网络空间”指的是它们的通用意义，并没有试图给每一个词附加特定或单独的含义。

要任何持续的时间上的存在，而是作为一个虚拟社区而存在，这个虚拟社区只需要时有时无的时间上的存在，而不需要任何空间上的存在。

然而，让我们特别感兴趣的是，使用互联网技术可以改变大型企业和个人之间的权力关系的方式。在这方面，这些权力关系的变化可能是深刻的，甚至是革命性的。互联网技术对合法性构成了潜在的挑战，可以使个人有能力向大型企业提出挑战，使自己的声音在网络空间话语中以同等的音量被人听见。例如，如果没有互联网，在“麦当劳诽谤案”①中对海伦·斯蒂尔（Helen Steel）与戴维·莫里斯（David Morris）的审判就不会被除了他们的亲朋好友之外的其他人注意到，而且他们抗议的声音就会像预料的那样被麦当劳有效地压制，因为所有的权力向大企业而不是向个人集中。但是，由于互联网，这种权力平衡已经向个人倾斜。事实上，在世界知名的“麦当劳诽谤案”中，权力已经发生了转移。尽管麦当劳最终在一定程度上赢得了这场官司，但是麦当劳在道德层面以及口碑方面是否获胜还是值得怀疑的。

互联网以及个人对互联网的广泛接触，使“麦当劳诽谤案”广为人知，并使被告能够与遍布世界各地的人们进行交流。此外，互联网还使空间上没有联系的人能够共同对两位被告表示支持，并将麦当劳的行为公之于众。如果没有互联网，这一点是不可能做到的。互联网的出现以及以网站形式的信息传播机制使大规模的个性化交流成为可能。也许更重要的是，互联网通过转变人们的技能来赋予人们权力（Holmes，1995）。当转移到互联网这个电子领域时，人们的技能会变得更加强大。有很多这样的网站，http://McSpotlight.org 就是其中一个比较有趣的探索互联网技术的权力再分配潜力的网站。因此，那些因为空间或时间的原因无法去现场参与争论的人现在也可以加入进来；那些可能无法公开发言的人也可以加入争论，年龄、性别和种族都不再构成不能加入的障碍。而且，在一个虚拟的环境中，每个人都是平等的，每个人的声音都有机会被人听到，没有人会被噤声。这是互联网的解放力量，它允许在社会中重新分配权力。新的电子形式为建立新的全球团结提供了机制。

“麦当劳诽谤案”的诉讼是一个备受瞩目的案例，这个例子有力地说明了互联网技术可以用来改变权力关系。此类例子还有很多。法庭宣布海伦·斯蒂尔与戴维·莫里斯败诉后，两人上诉至欧洲人权法院，捍卫了公众对跨国公司

① “麦当劳诽谤案”是英国一宗广受注目的商业诽谤官司。麦当劳从 1990 年开始起诉两名英国反麦当劳人士海伦·斯蒂尔与戴维·莫里斯对其诽谤，官司持续时间长达 15 年。虽然麦当劳最终在技术上胜诉，被判可获得 4 万美元的赔偿，但麦当劳表示已无意讨要赔偿；并且，官司期间，两名被告对麦当劳的批评受到公众的广泛关注，并获得公众的同情。——译者注

提出质疑的权利。

全球最受喜爱的航空公司

“全球最受喜爱的航空公司”是前几年英国航空公司(British Airways)提出的口号。英国航空公司以前是英国最大的航空公司,直到最近才被易捷航空公司(Easyjet)超过。英国航空公司成立于1974年,并于1987年实行私有化,当时撒切尔夫人刚刚开始推行她的私有化计划。最近,英国航空公司参与了合并和缔结联盟的谈判。像大多数航空公司一样,英国航空公司也意识到它无法独立生存。英国航空公司因为试图使其业务现代化以保持盈利状况,而一直受到劳资关系问题的困扰。这些劳资关系的问题对员工士气以及它作为值得信赖的航空公司的声誉都产生了灾难性的影响。

人们认识到,管理航空公司复杂且成本高昂,成本控制和可靠地运送乘客的物流工作对航空公司的成功运营来说同样重要。控制各种成本的方法有很多,但是人们在讨论成本控制时却没有考虑到如何处理旅客行李对股东价值的影响,而这正是本章要讨论的问题。运输乘客行李的必要物流工作由航空公司找各种人代理。乘客登机时其行李被装载到了其所乘坐的那架飞机上,在抵达时其行李被卸下,而乘客需要转机时,行李的运输程序将会变得更为复杂。用英国航空公司一名员工的话来说,“不幸的是,如果人工和机械工作混合使用的话,行李运输可能会不时出现问题”,但“根据我们的承运条款,我们不承担任何间接损失”。

显然,乘客到达目的地时没有行李是不方便的。但航空公司降低成本的要求意味着,飞机起飞时不装载乘客的行李所花费的代价要比飞机延误所花费的代价要小,即使航空公司随后要请快递公司将行李送达到乘客手中。因此,航空公司公然如此操作,且毫不悔改。航空公司考虑更多的是将成本最小化,对外却声称是因为调度限制。这种做法的不便之处是乘客为了被送往另一个地点而不得不承担这种成本,航空公司显然将这种成本外部化并转嫁到乘客身上,而在记录股东价值的会计实践中将其剔除。

然而,更令人担忧的是,处理运输途中遗失的行李所演变出来的机制。简而言之,处理乘客遗失行李的问题已不再由航空公司直接控制,而是由一系列的代理公司处理。第一家公司处理遗失行李的细节,并承担找到行李的责任;第二家公司为求助热线提供呼叫中心设施,而第三家公司则提供快递服务并在行李找到后将其最终交付给乘客。这种找回遗失行李的程序如此设置是因为要将成本最小化。但其中一个结果是,你很难确定自己是在与哪一家公司打交道，或者仅就呼叫中心而言，甚至你很难确定公司的所在位置。因此，这个程序容易出现责任认定不清的情况。一旦这根链条上的任何一个环节出现问题，各个环节就会互相推诿责任，将责任推卸到其他公司身上。由于大多数参与找回遗失行李的人不是航空公司的雇员，因此他们觉得自己无需忠于航空公司，这种想法并不奇怪。实际上，在这一链条的不同环节，客户的身份会发生变化。航空公司的客户显然是乘客，但对于涉及其中的其他公司而言，谁是客户并不确定。这些公司认识到乘客至少是重要的利益相关者，但不一定是客户，给它们结账的是航空公司。

行李错放是航空旅行时出现相对频繁的事件，并由此形成了处理这种情况的一整套程序。在很大程度上，这些程序对任何地方的任何一家航空公司来说都很常见。或许不可避免出现的情况是，同一家公司给多家航空公司做代理。因为雇用哪家公司做代理取决于机场的所在位置，而不是任何其他因素。英国航空公司采用的系统与其他航空公司略有不同，尽管所有航空公司都声称使用的是“全球计算机行李追踪系统”。其他公司将乘客行李的详细信息直接输入系统，随即将对行李的处置情况告知乘客。英国航空公司却声称：“您的行李详情已输入追踪系统。”然而，这通常是在您填写好表格并离开机场后完成的。英国航空公司声称，就如何联系乘客以便安排遗失行李的运送，他们有一套特定的程序。据英国航空公司的一位代表说：“因为业务繁忙，我们不会联系乘客。我们的快递公司会给乘客打电话，通知其行李已到达。”或者会这么说：“我们的工作人员通常不会就您的行李延误与您联系。只有当我们的快递公司拿到行李并准备运送时，快递公司才会打电话通知您，您的行李已在运送途中。”

多年来，英国航空公司一直存在行李遗失的问题，或许这是因为英国航空公司位于世界上最繁忙的机场——希思罗机场。一项调查（2010 年 6 月）显示，在过去 5 年中，每 3.8 名英国航空公司乘客中就有 1 人出现行李丢失、延误或损坏的情况。英国航空公司的行李丢失或损坏的数字比其他航空公司高出近 14%。其次是维珍航空公司（Virgin），每 8.3 名维珍乘客中就有 1 人出现行李问题。只有 27%的顾客在 24 小时内拿到丢失的行李。英国航空公司指责调查中引用的统计数字“荒谬”，并声称：“报道中提到的那些数字完全是无稽之谈。没有证据表明四分之一的英航旅客在过去的五年中遇到了行李丢失或延误的问题。”

如果我们调查一些企业的网站就会发现，这些企业试图通过在网络空间开展客户与企业的互动来表现企业的包容性。当然，这种互动是经过精心策划和控制的，目的只是为了引起公众的关注，而不需要对任何批评做出回应。确实，通过构建对话的可能性，有效地消除了批评的可能性。

因此，我们可能会看到企业利用互联网技术来重新设计它们的企业空间，并将互联网提供的虚拟环境纳入其中。与此同时，企业使用互联网技术来树立企业对客户和投资者感兴趣的形象，或者说在语言上表达一种愿意并有兴趣与客户和投资者进行对话的姿态。当然，这种对话显得过于矫揉造作，因为对话是由企业精心构建和控制的。因此，这就对技术的解放效应提出了一个质疑，我们现在就来谈论这一点。

关于互联网，有一点很明确，互联网为那些在现实生活中难以表达自己观点的人提供了一个发表观点的平台，使得他们的声音也能够被别人听到（参见Gricco，1996），并且他们与其他人有同等的发出声音的权利。互联网技术并不对不同的声音加以区分。换句话说，互联网提供了一个发出各种声音的平台。很明显，互联网使得一些人的声音，例如海伦·斯蒂尔和戴维·莫里斯的声音，能够被更多的人听到。如果没有互联网，这一点就不可能实现。然而，同样有一点很明确：互联网发出的声音与现实生活中正常谈话时所发出的声音有相同的功能。也就是说，有一些声音可以比其他声音更清晰地被人听见。当然，这取决于说话人所掌握的语言的力量以及是否有机会使用麦克风。正因如此，互联网并没有提供解放语言的手段，却实际上是强化了主导的语言霸权，因为更有权势的人发出的声音更响亮、更有说服力。

成功的目标

我们在前文探讨过的各种抗议活动，有些成功了，有些失败了。所以，我们在此需要探讨抗议活动取得成功需要什么条件。成功的抗议活动针对的是政府、壳牌等最终用户公司以及诸如亨氏等通过超市向最终用户供货的公司。同样，抗议活动还针对所有经营不善的企业。那么有可能取得成功的抗议活动到底有哪些属性呢？在某种程度上，抗议活动是否能够取得成功取决于运气和时机（虽然看似随机），但以下因素似乎是抗议获得成功的关键因素：

- 领导力：领导力给抗议活动提供方向，使其更容易取得成功。
- 民众的普遍支持：民众的意见力量越大，抗议活动就越有可能取得成功。如果民众的意见不支持这个问题，那么重要的是不要对抗议活动有太大的反对意见。例如，捕鱼对海豚造成影响这个问题可能没有太多的民众支持，但也没有人会反对。另一方面，对于铺路的问题赞同的意见和反对的意见皆有，并且同样强烈，因此反对铺路的抗议活动不太可能取得成功。对他人造成干扰的抗议活动也不太可能成功。

● 媒体关注：获得媒体关注意味着抗议活动更有可能获得成功，因为媒体倾向于喜欢可以把民众号召在一起的事情。唯一一个取得成功的反对铺路的抗议活动之所以能够取得成功，是因为当地报纸支持抗议活动，并对抗议活动做了大量的宣传。同样，正是因为互联网的使用，“麦当劳诽谤案”才成功地吸引了全球媒体的关注。

● 有针对性的行动：如果行动有针对性，则成功的几率更大。例如，渔网捕捞危及海豚生存的问题涉及亨氏之外的许多公司，但通过选择亨氏和塞恩斯伯里超市作为抗议对象，抗议活动的参加者设法充分影响这两家公司并促使其采取行动，从而敦促涉及其中的所有公司采取调整措施。如果抗议活动的针对面更广，公众的注意力和效果都会减弱，成功的可能性就会降低。

● 明确的目标：如果具有明确细致的目标，抗议活动更有可能取得成功。反全球化运动规模巨大，却没有明确的目标；相反，它是一个松散的由各种利益集团组成的联盟，没有任何特定的焦点。当这些问题联合起来形成反战抗议运动时，即使亲战情绪与反战情绪几乎可以相互抵消从而阻碍运动取得成功，反战抗议运动也会产生较大的影响。这可以与诸如具有明确目标的蒙哥马利公交车抵制运动等形成对比。

理解个人的企业责任行为

近年来，各利益相关者群体的相对权力发生了根本性的变化。特别是个人，无论是消费者还是客户，都拥有更多的权力，也更愿意使用自己手中的权力。这主要是由于信息技术以及能够与世界各地不同地方的人轻松沟通的能力。企业花了很长时间才意识到这一点，并做出相应的反应。

本章所列举的这些例子表明，个人在与向其提供商品和服务的企业打交道时，其反应不一定是被动的。个人也不一定表现出自私的动机，因为我们有充足的证据证明个人也会关心他人、关心环境。因此，要理解企业社会行为的复杂性就必须得理解个人的利他主义精神。企业明白这一点并采取相应行动，企业行为的公共关系涉及如何理解个人的这种行为并对之做出反应。

要点总结

● 顾客因各种原因参与抗议活动。有些抗议活动要么与企业本身有关，要么与企业提供的产品或服务有关，要么与企业开展的活动有关；另一些抗议活动则是为了一般性的社会或政治目的而将某个企业作为抗议的针对目标。

● 抗议活动可能是暴力的,但成功的抗议活动通常会避免暴力行为的发生并寻求民众的支持。

● 抗议活动有多种表现形式。可以分为:

◎ 抵制

◎ 直接行动

◎ 压力群体

◎ 团结行动

◎ 电子行动

● 压力群体采取的行动有:

◎ 游说:对企业和个人进行游说

◎ 寻求关注:寻求媒体的关注和支持

◎ 直接行动:有合法的直接行动,也有非法的直接行动

● 基于互联网的广泛普及,出现了一种新的抗议形式,即电子行动。这使世界各地原本孤立的个体能够团结起来共同抗议,从而增加个人的权力。

● 影响抗议是否能够取得成功的关键因素有:

◎ 领导力

◎ 民众的普遍支持

◎ 媒体关注

◎ 有针对性的行动

◎ 明确的目标

关键术语及理论定义

抵制(boycott):指的是全部或部分抵制某家企业销售的商品或服务。

直接行动(direct action):涉及以下各种行动,包括示威、纠察、信息传播、广告、阻挠或销毁。

生态抗议(ecoprotest):是一种属于直接行动的抗议形式,反对破坏大自然,反对用人造自然取代大自然。

电子行动(electronic action):是利用互联网进行的抗议行动。

压力群体(pressure groups):经常涉及各种形式的抗议和舆论的动员。

团结行动(secondary action):指的是针对第二方以影响抗议活动主要焦点的行动。

理解题

1. 企业与客户之间的关系最近几年发生了什么变化?
2. 解释客户抗议的目的。如何对其进行分类?
3. 举例说明客户抗议如何导致企业行为发生变化。

4. 决定抗议活动能否取得成功的关键因素是什么?

5. 互联网如何改变了客户抗议的性质?客户抗议的性质对个人与企业之间的关系产生了哪些影响?

6. 与其他形式的直接行动相比,抵制有哪些相对的优势?

7. 不同的压力群体有不同的目标。如何根据目标对压力群体进行有效的分类?

补充阅读材料

Friedman, M., 1999, *Consumer Boycotts.* London: Routledge.

参考文献

Axford, B. 1995. *The Global System.* Cambridge: Polity Press.

Barnett, N. J. and Crowther, D. E. A. 1998. 'Community Identity in the 21st Century: A Postmodernist Evaluation of Local Government Structure', *International Journal of Public Sector Management*, 11, 6/7: 425–39.

Clegg, S. R. 1989. *Frameworks of Power.* London: Sage.

Crowther, D. and Cooper, S. 2001. 'Innovation through Postmodern Networks: The Case of Ecoprotestors', in O. Jones, S. Conway and F. Steward (eds), *Social Interaction and Organisational Change.* London: Imperial College Press, pp. 321–48.

Crowther, D. and Cooper, S. 2002. 'Rekindling Community Spirit and Identity: The Case of Ecoprotestors', *Management Decision*, 40, 4: 343–53.

Eade, J. 1997. 'Reconstructing Places: Changing Images of Locality in Docklands and Spitalfields', in J. Eade (ed.), *Living in the Global City.* London: Routledge, pp. 127–45.

Foucault, M. 1977. *Discipline and Punish.* trans. A. Sheridan. Harmondsworth: Penguin.

Friedman, M. 1999. *Consumer Boycotts.* London: Routledge.

Grieco, M. (1996); *Worker's Dilemma: Recruitment, Reliability and Repeated Exchange.* London: Routledge.

Holmes, L. 1995. 'Skills – a Social Perspective', in A. Assiter (ed.), *Transferrable Skills in Higher Education.* London: Kogan Page.

Holmes, L. and Grieco, M. 1999. '*The Power of Transparency: The Internet, e-mail and the Malaysian Political Crisis*', paper presented to Asian Management in Crisis Conference, Association of South east Asian Studies, UNL, June 1999.

Rheingold, H. 1994. *The Virtual Community.* London: Secker & Warburg.

Robins, K. 1995. 'Cyberspace and the World we Live in', in M. Featherstone and R. Burrows (eds); *Cyberspace/Cyberbodies/Cyberpunk.* London: Sage.

Rushkoff, D. 1997. *Children of Chaos.* London: HarperCollins.

Russell, B. 1975. *Power.* London: Routledge.

Sobchack, V. 1996. 'Democratic Franchise and the Electronic Frontier', in Z. Sardar and J. R. Ravetz (eds), *Cyberfutures.* London: Pluto Press.

Stein, A. 1975. 'Post-war Consumer Boycotts', *Radical America*, 9: 156–61.

Weibel, P. 1990. 'Virtual Worlds: The Emperor's New Body', in G. Hattinger (ed.), *Electronica 1990*, vol. 2. Linz: Veritas-Verlag.

第十五章

企业社会责任与战略

本章学习目标：

- 解释管理者的角色
- 评价企业的目标
- 解释决策过程
- 描述治理体制的主要特点
- 理解风险的不同方面及其影响
- 对风险进行分类

导 论

当然，战略的制定与实施对每个企业来说都十分重要。企业社会责任在当前企业战略中的地位越来越重要，会给企业带来相应的优势。因此，在本章中，我们将结合企业的目标及其治理程序来探讨这个问题。

企业管理者的职责

现代企业的管理者履行的职责较为复杂。管理者的一个重要职责就是完成其所在企业的目标，为此，他/她必须得关注一些重要问题。然而，不同企业的管理者，甚至同一家企业不同部门的管理者，其具体工作性质也会有很大的差异。因此，市场部经理、生产部经理或超市经理的工作性质就可能会有很多的差异。不过，在需要完成的一些基本任务上，他们的工作也有相当多的相似之处。

这些任务的分类可以参考图 15.1。每个管理者都得为自己的工作和下属员工的工作制定计划，组织自己和他人，指示下属员工应当做哪些工作并给予激励，掌控形势与员工，把结果反馈到规划过程中，以便对企业的未来计划做出修改。

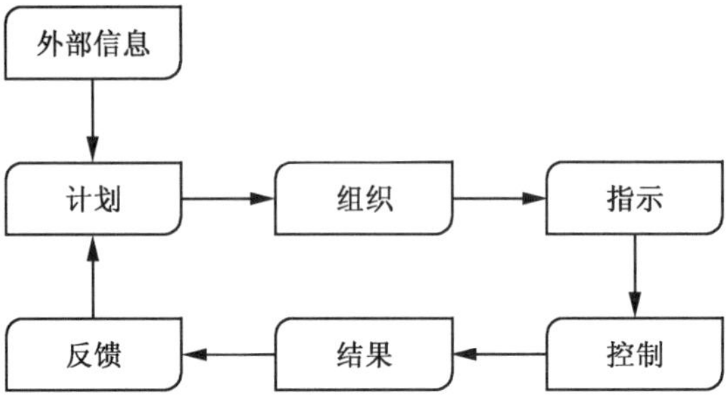

图 15.1　管理任务

所有的管理者都关心与之共事的人：与他们合作的人，被他们所监管的人，他们做汇报的对象，以及所负责区域内产品和服务的消费者们。因此，所有的管理者自然都关注其所负责的区域内的产出，因此也关注对所负责区域的输入，如原材料、要展示或销售的信息或产品。

管理者必须根据已有的信息来制定未来的企业规划。在这种情况下，管理者必须决定要采取什么样的行动才能取得最佳结果，也必须得想好有哪些替代方案以及这些决定可能会产生什么样的后果。

例如，一家餐厅的经理需要决定餐厅的营业时间并确定营业时间会给那些在非营业时间想要用餐的顾客带来什么样的影响。餐厅经理还需要决定菜单上的食材以及每样食材的订购数量；为此，餐厅经理得事先考虑如果所订购的某种食材数量不够是否会引起顾客的不满以及这会对企业的将来产生什么样的影响，如果食材订多了或者造成了浪费又会对企业的盈利产生什么样的影响。因此，餐厅经理需要考虑备用方案以及这些备用方案可能会造成的后果，并在综合考虑各种因素之后决定采取什么样的行动。

制定决策是管理者工作中至关重要的部分，他们往往需要在相互冲突的方案中进行选择。这些决策可能会造成的结果往往在很大程度上是相互矛盾的，并且这些结果又有很大的不确定性。因此，做出最好的决策常常是困难的，需要技巧，但最重要的是，要确保所做的决策是正确的。为此，管理者需要借助一些工具来帮助评估各种决策所带来的结果，这些工具能够帮助管理者做出更好的决策。

企业的目标

企业管理者不仅要关注企业的内部运营，还要关注其运营的外部环境，即客户、供应商、竞争对手以及企业所提供的产品与服务的目标市场。

这些都是企业管理者工作战略的重要组成部分，他们必须对此方面的管理非常熟悉，对决策能够给企业带来的不同影响了如指掌。因此，本章主要关注企业的外部环境以及管理者工作的战略方面。

在第一章中，我们已经讨论过企业的目标可能各不相同。每家企业都有可能在任何时候同时追求好几个目标。由于每家企业在同一时刻所处的状况不同，因此不同企业在同一时刻追求的目标也就不尽相同。然而，企业不会对在某一个时刻同时追求的几项目标一视同仁，而且企业在随后会去追求更为重要的目标。因此，人们通常把企业同时追求的不同目标看作一个等级结构，而这些目标在等级结构中的地位也会随时间的变化而发生改变。

这些与社会责任行为都不冲突，而且有越来越多的证据表明，社会责任实际上提高了实现这些目标的能力。

空头承诺：南非阿奎拉野生动物保护区

阿奎拉（Aquila）是南非的一个野生动物保护区，距离开普敦约两个小时的车程。当然，它的主要业务是为客户有偿提供狩猎服务。它声称自己与其他野生动物保护区不同："与那些豪华的野生动物保护区和旅馆不同，阿奎拉的主要功能是为那些希望能够获得知识的人提供教育体验，增强他们对与大自然母亲和谐相处重要意义的理解。"①

因此，阿奎拉声称自己不同于南非其他的野生动物保护区。它长期以来的理念是"让客人认识到野生动物保护的重要性，认识到野生动物是如何影响我们每一个人的，认识到我们每一个人都可以做些什么来保护野生动物以及环

① http://www.aquilasafari.com.

境”。阿奎拉为自己的理念感到自豪。[①] 它还以自己的社会责任计划为傲，并声称自己因其社会参与项目而获得 Imvelo 奖。进一步的调查表明，阿奎拉的社会责任似乎完全集中在为这一贫困地区创造就业机会以及保护野生动物上。这些都是值得称赞的，但它们也能给阿奎拉带来益处，阿奎拉也需要当地人在其动物保护区工作，需要野生动物以供其顾客观赏。当然，如果缺少这两项，阿奎拉也就没有办法做生意了。阿奎拉所承担的社会责任行为并不显著。把阿奎拉的这种行为描述成“漂绿”似乎有点苛刻，但阿奎拉的确是迫不得已才做了好事，而不是真正地参与到企业社会责任中去。

当然，一个对社会负责的企业，会公平负责地对待所有的利益相关者。对一个企业进行评估，不能只看其网站上的宣传材料，而是要看企业对待其利益相关者的方式。正是在这一点上，阿奎拉做得很失败。阿奎拉的失败之处不仅在于它没有以对社会负责的方式行事，还在于它没有达到任何一个有声誉的企业应该达到的最低标准。我们之所以做出这种论断，是基于我们 2009 年 9 月造访阿奎拉的个人体验。每个企业都可能会出现问题。一个负责任的企业会向公众道歉并寻求弥补的办法，履行其承诺。但阿奎拉没有这样做，阿奎拉做出道歉的目的只是为了让其批评者不再来找事。它做出的承诺也是如此，只不过是空头支票罢了。阿奎拉的表现实在是令人失望。

评判一个企业是否承担起对社会的责任，要看其对所有利益相关者所做出的行动，而不是仅仅以其巧舌如簧的承诺或精心设计的方案为依据。一个对社会负责的企业不仅要对所有利益相关者负责，它所采取的行动也应当是透明的。只有这样，企业才能持续发展。鉴于此，阿奎拉并未对社会负责，因此也不是一个值得与之进行生意来往的公司。

管理者的作用

我们都知道，企业管理者的任务因职责范围不同而存在差异。我们也清楚，管理者需要帮助企业实现目标，而且这些目标可能因企业不同而异。因此，不同的管理者的作用是不同的，为了履行职责，他们所承担的任务也不尽相同。不过，我们可以根据这些任务性质的不同，把它们分成几种不同的类型。这就是管理者的各种角色，具体分类如下(参见图 15.2)。

---

① http://www.aquilasafari.com.

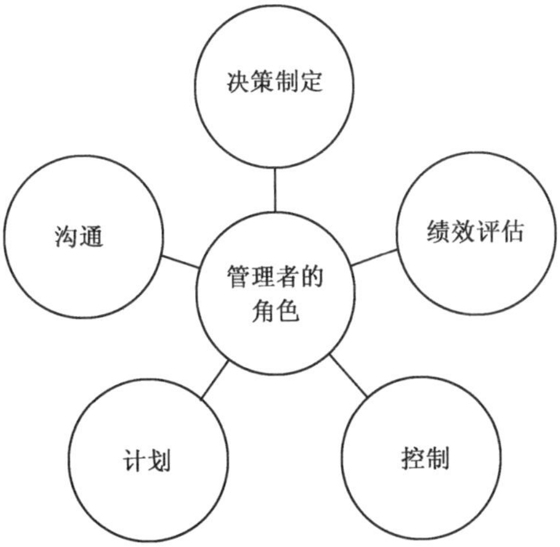

图 15.2　管理者的角色

计 划

管理者们需要做出未来的规划，以确定怎样才能最好地实现企业的目标。他们需要确定哪些是可以实现的，需要哪些投入来帮助他们完成计划。因此，为了能够评估计划并在计划执行中确定投入与产出，计划不仅是定性的，还应当是定量的。可以将所有的业务流程视为采用进行一组投入并进行各种经营活动以增加价值并将投入转化为产出。因此，任何业务的功能都可以被看作通过业务流程转化来增加价值，就像在第七章讨论的那样。如图 15.3 所示。

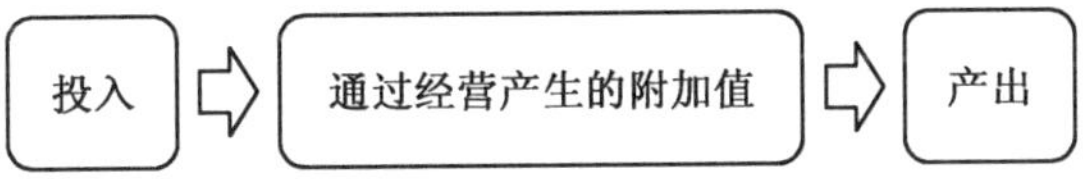

图 15.3　转化过程

制定计划时需要考虑备用方案，不仅需要考虑设定的备选目标，还得考虑实现这些目标的备用方法。制定计划时不能孤立地进行，而应当考虑到所制定的计划将会对企业内其他管理者的计划产生什么样的影响。尤其是当该计划的投入取决于另一个管理者所制定计划的产出，或者这些产出会影响另一位管理者的计划时，这一点尤为重要。

因此，如果不了解生产部经理制定的生产计划，销售部经理就无法制定销售计划；同样，如果不了解销售部经理制定的销售计划，生产部经理同样也无法制定生产计划。所以,制定计划是管理者们的重要任务,而且他们制定计划时必须互相沟通、协调一致。

控 制

控制是指确保事情按计划进行。因此,它涉及对计划以及计划执行进度的管控。如果事态不按计划进行时,就要采取行动以确保计划目标的最终实现。因此,对管理者来说,控制是一项持续性的活动,它包括对实际绩效与目标的对比、为实际绩效提供反馈;并且当业绩偏离计划时,采取行动来改变绩效。

尽管管理者能够通过外部观察和与他人沟通来实现这一目的,但这还不够,管理者可能很大程度上要依赖报告来行使控制权。因此,管理会计提供的报告在协助管理者行使控制权方面尤为重要。

决策制定

决策制定也是管理者的一项重要工作。在任何特定情况下,管理者总有几种行动方案可供选择(即使其中一个方案是什么也不做)。因此,管理者需要权衡不同的方案,以便做出最优的选择。管理者需要确定有哪些方案可供选择,收集方案有关数据并评估每种方案可能产生的后果,之后才能做出决策。决策制定的各个阶段可以参考图 15.4。从图中我们可以看到,一个完整的决策制定

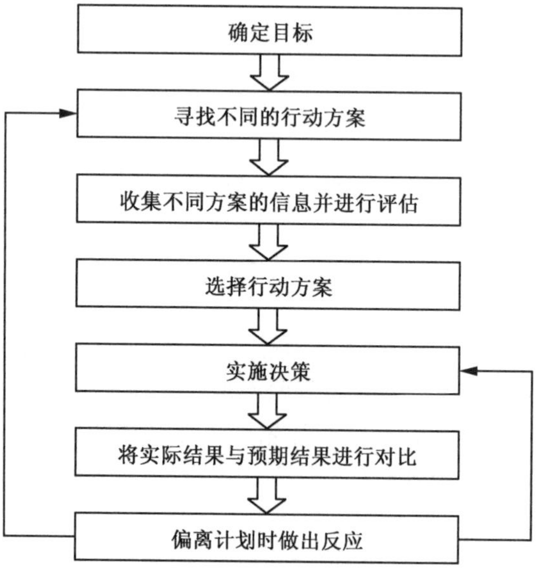

图 15.4 决策制定的过程

过程不仅包括行动方案的选择与实施，还需要将决策的结果贯穿到控制过程。

管理者需要信息才能做出决策。管理会计就是这样的一种工具，它为管理者提供有关备选方案可能产生的后果的信息，帮助管理者做出决策。

绩效评估

虽然企业的绩效评估是根据所使用的资本回报等指标来评估的，但企业也需要评估各部门以及部门管理者的绩效。管理者也需要根据计划来评估自己任务的执行情况。因此，需要一些广为接受的绩效衡量措施来评估绩效。绩效的衡量应当具有相对性，要把绩效同计划以及以往的绩效进行对比。绩效衡量标准还应当能够量化，才能做出比较。财务信息为绩效衡量提供重要的数据。只有对绩效进行评估，才能为管理者行使控制权、做出决策以及制定未来的计划提供依据。

沟 通

管理者需要与他人沟通来获取能够帮助自己履行职责的信息，同时也需要将自己的方案和决策与他人沟通。沟通涉及信息的发出者与接收者，只有当接收者按照发送者的意图来理解，信息才有价值。任何干扰接收者接收信息的干预都被称为噪声。图 15.5 展示了信息传输中阻碍信息接收的两种噪声类型。

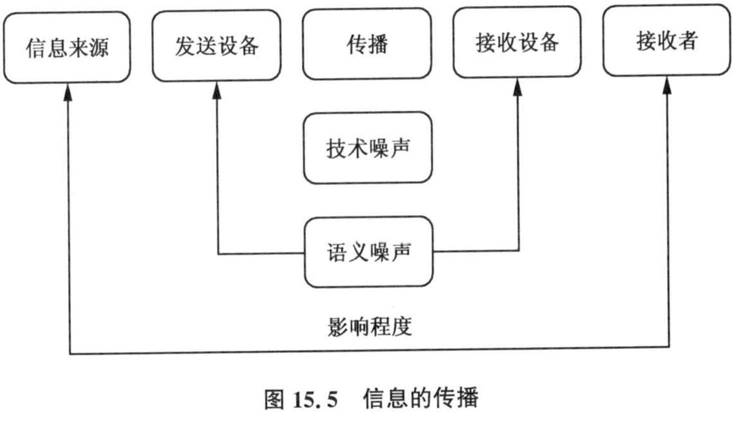

图 15.5　信息的传播

一种是技术噪声，它是与通信技术有关的噪声，比如电话、收音机中的噪声；另一种更为关键的噪声类型是语义噪声，指的是由于信息传播时不清楚或有歧义，接收者不能准确地理解信息的含义。与定性信息相比，定量信息不太容易被误解，这也是会计信息的一个重要特点。因此，管理会计的重要作用不仅体现在决策过程中，在信息传播方面也同样发挥着重要作用。

绩效衡量的重要意义

企业为了控制运营，管理者就必须要衡量企业及其各部门的绩效。因此，企业管理的一个重要特征便是需要衡量和评估企业乃至各个部门的绩效。评估每个管理者绩效的能力也同样重要。这对企业来说非常重要，对管理者自身来说也是如此，因为他们的报酬越来越多地（或至少部分）依赖于对他们绩效的评估。

管理方面的奖励越来越多地依赖于不同方面的绩效，这其中包括对企业社会责任活动的影响。这也是企业社会责任与战略规划过程越来越紧密的原因之一。

管理者与商业道德

商业道德对任何企业来说都相当重要。我们探讨过一些著名的企业失败案例，这些失败的经历引发了人们当前对企业社会责任的兴趣。当然，自由市场是滥用职权和不道德行为的一个根源，2008—2010年经济萧条提供了很多案例，从麦道夫庞氏骗局到房贷市场的不当行为（所谓的次贷危机），这些导致美国产生了严重的经济问题，随后蔓延到其他国家。

会计信息常常由于替不道德行为开脱而饱受指责。的确，这种指责也延伸到会计乃至全体企业管理者身上。人们指责他们不计后果地追求利润，不道德地行事。史密斯（Smith，1992；1996）详细地描述过会计信息是怎样被不道德地利用的。他阐明了以提高企业报告利润为目的而创造新的会计技巧的整个过程。这些技巧被称作“寻机性会计”，也已成为媒体关注的主题。史密斯的《会计增长法》是一本有趣的、针对企业未来的管理者的读物。

然而，一些学者一直在关注道德行为的价值，并声称道德行为能够为企业带来更好的绩效。因此，麦考伊（McCoy，1985）认为，企业行为应当以道德为核心，有效的企业管理应当以道德行为为基础。他指出，认识到这一点并采取相应的行动，能够改善企业绩效。英国的会计机构也关注商业道德，它们在这个问题上都有自己的立场，并将道德行为要求纳入自身的行为准则中。企业道德行为这一主题对审计实践以及企业财务报告也产生了影响。

任何在商业环境中工作的管理者都应当认识到道德行为的重要性。同样，管理者在合乎道德地行事时，都会经历不同的行动方案之间的冲突，也可能会遭遇个人动机与企业目标之间的冲突。没有现成的方法可以解决这些冲突，但是管理者应当认识到，研究表明，从长远来看，道德行为能够使企业取得更好的绩效，因此应当采取相应的行动。

企业治理

企业治理是萦绕在全球企业管理者、会计师、审计师、投资管理者和政府官员脑海里的另一个重要问题（Aras，2008），这是我们在第十章中所讨论的治理的延伸。企业的主要目标通常是全球性的（同时也是可持续性的），并以此来增强竞争能力。但最重要的问题是，企业应选择什么样的道路才能面向全球，要获取全球竞争力都需要做些什么。这个问题的答案不止一个，企业实现这一目标的途径也多种多样。

可能从 20 世纪 80 年代中期开始，企业治理就开始备受关注（Aras and Crowther，2008）。英美国家良好的企业治理准则为此提供了最初的推动力。[①]在机构投资人的推动下，发达国家和新兴市场也为本国企业建立了一套相适应的准则。经合组织（OECD）与世界银行等国际权威组织也不被动，它们制定了自己的一套标准准则与建议。该类型的自我监管是一种超越法律的选择（Van den Berghe，2001）。

在各种大公司丑闻出现之后，企业治理已经成为多数企业的核心问题。可以理解，在企业遭遇巨大的失败和丑闻之后，对投资者的保护已经成为金融市场的一个重要问题。投资者要求企业施行严格的企业治理原则，以获得更高的投资回报，降低代理成本。多数情况下，投资者愿意为企业支付更多的费用以达到良好的治理标准。同样，企业的治理报告也是投资者进行决策的一个重要工具。出于这些原因，企业不能忽视股东、潜在投资者以及其他市场参与者对于良好治理要求的压力。

另外，银行贷款风险评估规定，要求企业制定新的信用评估规则。新的国际银行资本充足率（《巴塞尔协议Ⅱ》）要求信用评估规则必须与包括企业治理规则在内的运营风险相关。2008 年的金融危机表明，这些规则是有所欠缺的，目前新的规则（《巴塞尔协议Ⅲ》）正在修订中。鉴于此，企业治理将是衡量风险的最重要的指标之一。另一个问题则与企业信誉及风险水平有关。如果企业

---

① 《卡德伯利报告》（The Cadbury Report）就是这样的一个案例。

想要得到较高的评分,那么它就得关注企业治理规则。

信用评级机构把企业治理实践和其他指标综合起来进行分析。长期以来,企业治理原则对于想要获得良好评分等级的大型上市公司来说都非常重要,但它对投资者、潜在投资者、债权人以及政府来说更加重要。出于这些因素,企业治理在政策制定者、金融机构、投资者、企业以及学者的议程中受到了高度重视。这是企业治理与实际绩效之间的关系仍待探讨的一个重要原因。许多文献研究中都对企业治理机制与绩效之间的关系展开了调查(例如,Agrawal and Knoeber,1996;Millstein and MacAvoy,2003)。

多数研究的结果是复杂的,未显示出两者有明确的关系。在这些研究结论的基础上,我们可以说企业治理关系到该企业的绩效、市场价值和信誉,因此企业应当运用企业治理原则。但最重要的一点是,企业治理是企业实现企业目标和策略的唯一方法。因此,企业应当改善其治理原则的实施策略和方法。所以,企业必须得研究自身需要什么样的企业治理政策及实践方式。

企业治理原则

由于企业治理对企业绩效有着重要的影响,所以企业必须了解什么是企业治理原则,以及采用这些原则会对战略的改进产生什么影响。在实践中,良好的企业治理有以下四个原则(见图 15.6):

- 透明原则
- 问责原则
- 责任原则
- 公平原则

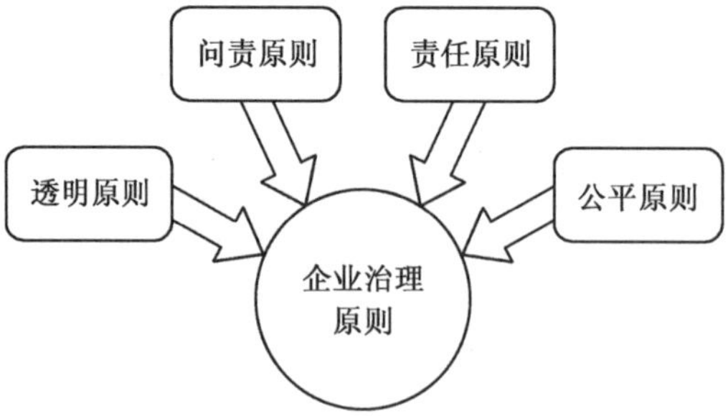

图 15.6 企业治理原则

这些原则都与企业的社会责任相关。因此,企业治理原则对企业来说非常重要,但真正的问题是企业治理到底是什么。

管理即以为股东创造和维持价值为目的来管理企业。企业治理的程序决定了企业管理各方面的作用,并试图确保各方的平衡,为提升股东利益及提高利益相关者满意度,还建立了管控机制。换句话说,企业治理关注的是企业的经济与社会目标的平衡,这其中包括资源的有效利用、使用权力时所履行的职责以及企业在其社会环境中的表现等方面。

良好的企业治理的定义与管理仍有待探讨。不过,良好的企业治理应包含以下几点:

- 创造可持续价值
- 实现公司目标的方法
- 提高股东满意度
- 有效且高效的管理
- 信誉不断提高
- 确保高效的风险管理
- 能够提供早期预警机制,防范一切风险
- 确保企业能及时响应、担负责任
- 体现各部门的作用
- 开展管控和内部审计
- 保持经济效益和社会效益的平衡
- 确保资源的有效利用
- 绩效管控
- 公平地分配责任
- 为利益相关者提供一切必要的信息
- 保持董事会独立于管理层
- 促进绩效的可持续性

可以看到,这其中有许多分歧,处理好这些问题将是一个长期的过程。然而,企业自然希望从良好的治理中获取一些实质性的利益。所以,良好的治理为企业带来了一些长远的利益,例如:

- 提高企业的市场价值
- 提高企业的等级
- 增强竞争力
- 吸引更多新的投资人、股东和股权

- 更高的信誉
- 提高金融机构的灵活借贷条件
- 降低信贷利率和资本成本
- 新的投资机会
- 吸引更优质的员工
- 开拓新市场

虽然企业治理最初主要是处理企业的产品与投资者之间的关系，但近来也越来越关注产品本身与所有利益相关者之间的关系。这是当前对问责制关注加强的一个表现。因此，治理与企业社会责任的关系日益密切，对两者的关注正在合二为一（Aras and Crowther，2010）。

盖璞有限公司

盖璞（Gap）是一家服装和配饰零售商，总部位于旧金山。1969 年 8 月 21 日，唐纳德・费歇（Donald Fisher）和多丽丝・费歇（Doris Fisher）在旧金山海洋大道（Ocean Avenue）开设了第一家盖璞专卖店。这家店里出售李维斯（Levis）和 LP 唱片。两人筹集了 63 000 美元开的这家店，一年后，盖璞的销售额就已经达到了 200 万美元。1970 年，盖璞公司在加利福尼亚州的圣何塞（San Jose）开了第二家店。除了这家店，盖璞还建立了第一个总部，仅雇用了 4 名员工。盖璞迅速地扩张，到 1972 年、1973 年时，已经有超过 25 家门店，扩张到了加利福尼亚州以外的地区，并凭借着新泽西的店打入了东部沿海市场。1974 年，盖璞开始在店内销售自营品牌。目前，盖璞在全球有 3 500 家门店，员工约为 140 000 人。

盖璞曾被指控侵犯人权。2003 年，盖璞及其他 21 家公司被卷入塞班（Saipan）血汗工厂工人们提起的集体诉讼。这些指控包括工人被要求无偿加班、工作环境不安全以及强制堕胎政策。2006 年 5 月，约旦供应商 Western 公司的成年工人及童工被发现每周工作高达 109 个小时，且已经有 6 个月没有领过工资。一些员工声称遭到管理者强奸。然而，多数指控都是针对沃尔玛（该公司几乎无视这些指控），而盖璞立即展开调查并进行补救。2007 年 10 月 28 日，英国广播公司（BBC）的影像显示，盖璞的印度工厂内使用童工。盖璞否认知晓此事，并否认违反政策使用童工。涉及的一件衣服（一件罩衫）从英国的商店里下架并被销毁。盖璞还承诺将调查其违反道德政策的行为。

目前，他们发出了如下声明（www. thegap. co. uk）：

与多数服装销售公司一样，我们没有自己的服装厂。但我们为制衣环境负责。我们承诺为员工、商店乃至我们供应链的合作伙伴提供安全公平的工作环境。

从以往的亲身经历中，我们体会到努力改善员工的工作环境将有助于公司的经营。在安全和健康的环境中工作，且工作时长合理，员工的生活质量会更高，而且他们往往比那些在恶劣条件下工作的工人们效率更高，生产出的产品质量也更高。

他们还声称：

在盖璞，社会责任对于我们自身的定位以及如何经营至关重要。对我们而言，对社会负责就意味着我们将自身的价值观和道德观融入我们所做的事情中：从怎样经营公司，到怎样对待员工，再到我们怎样影响所生活和工作的社区。盖璞有限公司是一家全球领先的专业零售商，旗下的 Gap（盖璞）、Banana Republic（香蕉共和国）、Old Navy（老海军）、Piperlime（皮珀莱姆）、Athleta（阿仕利塔）等品牌提供男士、女士、儿童以及婴儿服装、配饰和个人护理产品。

盖璞积极参与"企业责任与工人权利联合倡议"，并由"社会责任国际"（SAI）和"维泰"（Verite）独立评估。盖璞鼓励其供应商获得 SA8000 认证。该公司还检查其代工厂是否符合其内部标准。这些标准包括要求供应商不得雇用 14 周岁以下的员工、工资必须清晰且准时按照合同发放、工厂不允许对员工进行体罚或其他惩罚。2010 年，盖璞连续第四年被道德村协会（Ethisphere Institute）评为 2010 年"全球最具商业道德企业"之一。该机构表示：

盖璞有限公司倡导良好的道德环境使其在行内大放异彩，该公司清楚地认识到，以最高标准的企业行为开展业务，不再是仅仅鼓吹其商业信誉及开出空头支票，而是将商业信誉与绩效和盈利挂钩。

盖璞为企业在面对批评时应该如何采取行动方面树立了一个很好的典范。这说明，社会责任不是追求完美，而是寻求改善——对于企业或个人来说都是如此。

风险管理、治理及企业社会责任

风险管理已经成为企业管理的重要组成部分，企业社会责任在风险管理中也发挥着重要作用，因为充分了解企业社会责任及其影响能够降低风险。根据应对风险的态度，可以将人们分为三种类型，如图 15.7 所示。

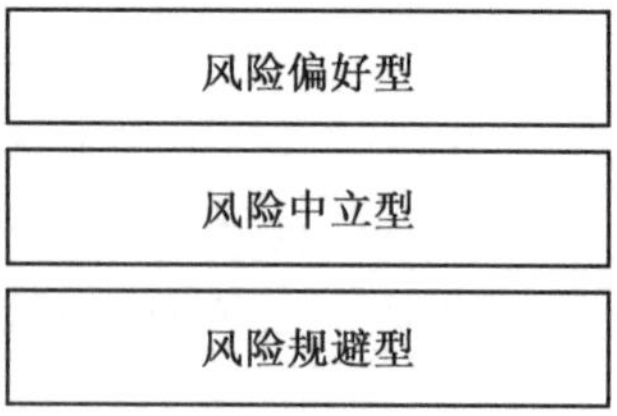

图 15.7　对待风险的态度

风险偏好型

风险偏好型的人把正面结果看得比负面结果重要得多。当某种决策将会同时产生盈利或亏损的可能性时，风险偏好型的人会因有盈利的可能性而选择继续。

风险规避型

风险规避型的人把负面结果看得比正面结果更重要。在同样的情况下，他们会因为可能亏损而选择退出。

风险中立型

风险中立型的人会将两种结果看得都很重要。在此种状况下，不太关注是否应当继续。

不同的人对待风险的态度不同，这影响到他们的决策以及怎样评估可能出现的结果。然而，研究表明，对于重要的商业决策，如资本支出评估，管理者在决策时倾向于规避风险。因此，他们倾向于选择那些期望价值更低但风险更小的方案。

企业的管理者对企业所有者（即股东）负责，其中有一项责任是作为企业的管理者维护企业的价值以及在未来生存的能力。该职责将导致管理者倾向于做出风险较小的决策，因为这些决策是他们代表企业所有者而非自己本身所做出的。

在处理风险时，需要考虑以下三个步骤：

- 风险评估
- 风险分析
- 风险管理

可以把以上这三项内容当作应对风险的三个不同的步骤。每个步骤的含义如下：

风险评估

这涉及对可能发生的风险以及我们所关注的特定状况下可能发生的风险的识别。一旦识别这些风险，就可以制定战略来应对风险，并对风险可能产生的影响进行分析。

风险分析

风险分析是通过风险评估对风险产生的影响进行统计并量化。该技术以风险的概率为基础，量化任何特定风险的影响并考虑概率分布。

风险管理

这涉及识别可能发生的以及我们所关注的状况下可能出现的特定风险。一旦确定了风险，就可以制定战略来应对风险，并分析其可能产生的风险。

应对风险的步骤可以用图 15.8 来表示。应对风险的策略则可参考图 15.9。

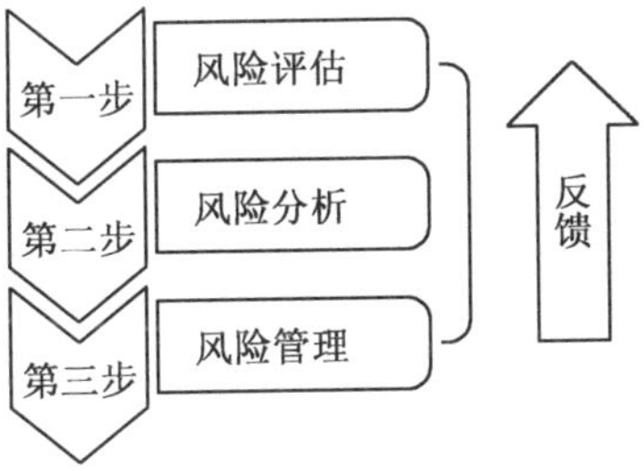

图 15.8　风险的应对

风险规避：指的是从开始就不参与某种局面。例如，一个在不稳定的国家进行的建筑项目可能会被认为风险太大，以至于企业从一开始就不投标。

风险抑制：采取措施降低评估中发生的某些不利事件的概率。例如，在形势不稳定国家签订的建筑合同中，可能会牵涉与该国的公司建立合作关系。

风险保护：采取措施限制风险。例如，通过建立安全程序，以防止建筑工程受到破坏。

风险管理：制定应急计划以应对合同期内可能发生及无法预见的状况。

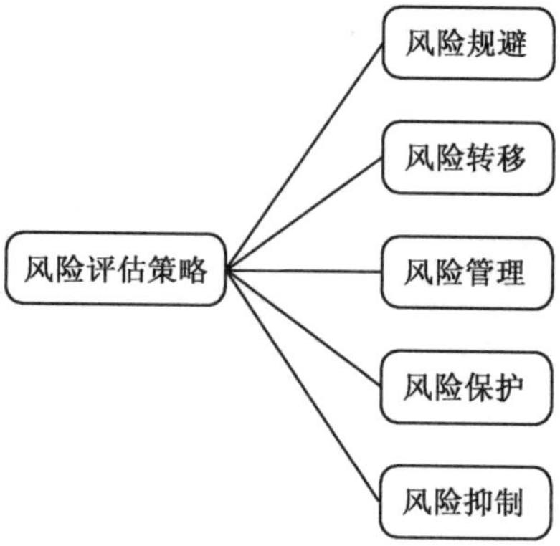

图 15.9 应对风险的策略

风险转移:将风险转移至第三方也是控制风险的一种策略。这些做法包括投保或分包,并以此来转移风险。

在制定战略的各种案例中,选择合适的战略取决于对风险的真实评估以及通过分析而对潜在影响的量化。所以,我们现在就来讨论风险分析。

当某个时间存在诸多可能的结果时,那么这些所有可能的结果出现的概率之和一定等于 1;也就是说,其中有一个结果肯定会出现。然而,确定好每种结果的概率能够使我们构建出概率的分布,以显示可能结果的范围及各自的概率。这种分布对分析可能很重要,因为仅仅选择概率最大的结果可能反映不出相关的风险水平。

例如,两个项目的最佳盈利能力可能是相同的(见图 15.10),但从概率分布来看,它们的风险却大不相同,其中一个项目有出现亏损的风险(项目 B)。因此,如果没有风险分布,那么企业对选择哪个项目并不关心。但了解了风险分

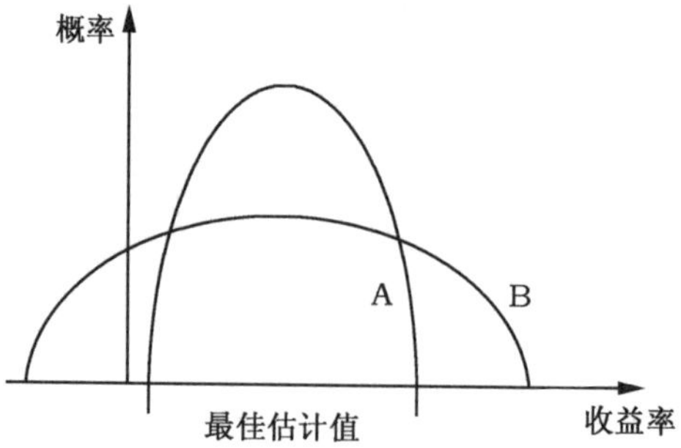

图 15.10 风险概率分布

布之后，企业就能看出项目 A 更可取，如果两个项目的预期收益相似的话。风险分析可以用来量化每个项目的预期回报，但风险与回报之间相对关系的评估则离不开管理层的判断及个体对风险的态度。

风险的类型

在风险方面，企业面临着各种各样的压力。这些压力代表着不同方面的风险。为了解各种风险是如何影响企业及其可持续性方面的作为的，可以将企业所面临的风险进行分类，见图 15. 11。

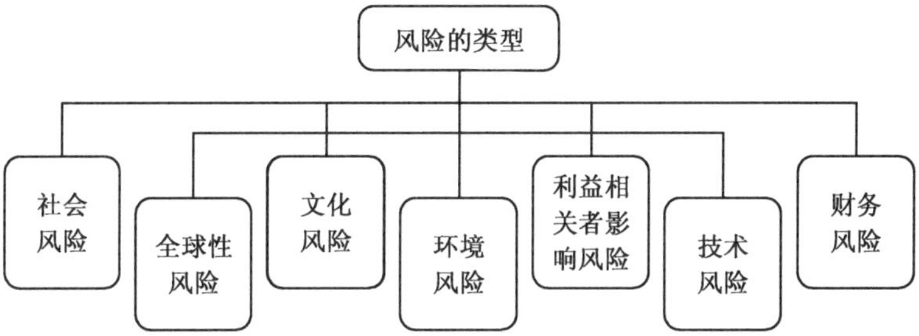

图 15. 11　风险的类型

全球性风险

随着全球的一体化（我们在上一章中提到的全球化的一个方面），全球竞争的风险自然也有所增加。因此，风险的性质更加严重，规模也变得更大。

环境风险

企业对其环境产生影响，不仅影响物理环境（从地球物理学来讲），还能通过污染、噪音和交通阻塞等来影响当地的环境。

社会风险

当然，企业是社会的一个组成部分，要对社会做出反应，这些反应既有积极的，也有消极的。这种相互作用自然会产生风险。

文化风险

已经有很多关于企业与员工关系的文章[1],通常都是负面的。企业与员工的关系便是一个风险源,尤其是当关系破裂并发生诉讼或劳工行动时,这种关系尤为重要。

财务风险

所有的企业活动都涉及财务问题。事实上,企业的性质要求其能够承受财务风险并承担后果。在理想的情况下,这将产生与所承担的风险水平相称的经济回报[2],但有时小额回报会带来较高的风险。[3]

利益相关者影响风险

随着信息技术的日益普及,各利益相关者群体的权力和影响力也日益扩大,这反过来又增加了企业的风险水平,因为各利益相关者更容易对企业施加影响。因此,需要花费更多的精力来应对各利益相关者群体可能带来的风险。

技术风险

所有的企业都得发展,包括对产品或服务的开发以及配送机制的发展。由于这一点对于可持续性来说非常重要,我们稍后将再对此进行讨论。在此,我们必须认识到发展会带来相应的风险。

长期与短期影响

企业活动的影响往往需要在长期才能显现出来,所有的决策都同时受长期及短期风险的影响。这一点尤其重要,因为有些长期风险在刚做出决定并采取行动时并不明显。例如,在 20 世纪 60 年代,当人们认为石棉有益于商业发展时,并不知道使用石棉可能产生的后果。

因此,有些风险我们当前仍无法识别出来——这就是不确定性。所以必须认识到,除了已知的风险外,可能有些其他的风险会随着时间的推移而逐渐显现。

---

① 参见 Davila Gomez and Crowther(2007)。

② 这无疑是财务管理的基础。

③ 参考巴林银行(Barings Bank)专注于短期财务收益而产生的财务后果。

风险、企业社会责任与战略

风险的识别与管理是当前管理者面临的一个重要课题,他们投入了大量的时间和精力来制定风险管理计划。然而,需要注意的一个重要问题是,企业治理与企业所面临的风险水平之间的关系。良好的治理将会减少企业的风险。投资者和潜在投资者都清楚地认识到了这一点。因此,如果一家企业拥有良好的治理程序,那么其资本成本就会降低。

显然,企业治理远不止投资者关系,它还包含与利益相关者(包括环境)的关系。这对企业的长期生存至关重要,因而也是可持续性的关键要素。有证据显示,有些企业明白这一点,但这些企业只是少数。所以,可以说良好的企业治理将解决这一问题,但并非所有的企业都能认识到这一点。同样可以说,企业治理与企业社会责任的差异正逐渐消失。两者都越来越关注企业的战略管理及风险管理。

也可以这样说,对社会责任、可持续性和企业治理之间的关系了解更全面的企业将能够更彻底地解决这些问题。由此可见,更全面地了解内部的相互关系将有助于更好地治理企业,从而改善经济效益。但这并非治理变得如此重要的真正原因。真正的原因是,投资者认识到良好的治理能够带来更好的财务绩效。这种关系是直接的,证据充分。有充足的证据表明,投资者越来越愿意为拥有良好治理程序的企业支付溢价。这是因为他们认识到,这将使可持续性绩效得以改善,而且随着时间的推移,将反映在将来的股息流中。换句话说,对投资者来说,投资一家治理良好的企业更有利可图,而且在短期和长期内都能获得收益。

结 语

当前,企业社会责任通常被认为是企业战略的组成部分,并被纳入战略规划过程。这对企业来说有诸多好处。治理也是这个过程的组成部分。由于人们越来越清楚地认识到这将降低风险并能够促进企业绩效的改善,所以这些措施已逐渐纳入企业的战略规划过程。不过,这一领域仍在发展中。

要点总结

- 管理者的作用多种多样,包括决策制定以及与他人交流互动。

- 企业的许多目标与盈利同等重要，哪个目标占优势取决于企业及其环境的变化。
- 决策分为多个步骤。
- 任何治理体系都有四个相同的原则，用来解决一系列问题。
- 风险有多个方面，它们对企业产生重要的影响。
- 可以将风险进行分类，为应对风险提供前提。

关键术语及理论定义

沟通(communication)：涉及信息的发送者与接收者，只有当接收者理解发送者的意图时，信息才有价值。

企业治理(corporate governance)：对企业绩效有着重要的影响，它以企业治理的四个原则为基础。

风险(risk)：是可以评估并制定计划来应对的。风险的应对有三个步骤。

风险管理(risk management)：已经成为企业管理的重要部分，企业社会责任也在其中发挥着重要作用。

理解题

1. 企业治理的原则有哪些？
2. 企业的目标是什么？哪个目标是最重要的？
3. 管理者的职责是什么？
4. 决策过程可以分为几个步骤？分别是什么？
5. 如何对应对风险的态度进行分类？
6. 稳定性和可持续性的区别是什么？
7. 沟通过程中存在哪些噪音？
8. 可以识别的风险类型有多少？分别是什么？

补充阅读材料

Burke, L. and Longsdon, J. M. 1996. 'How Corporate Social Responsibility Pays off', *Long Range Planning*, 29, 4: 495–502.

Fombrun, C. and Shanley, M. 1990. 'What's in a Name? Reputation Building and Corporate Strategy', *Academy of Management Journal*, 33, 2: 233–58.

Sethi, S. P. 2002. 'Standards for Corporate Conduct in the International Arena: Challenges and Opportunities for Multinational Corporations', *Business and Society Review*, 107, 1: 20–40.

参考文献

Agrawal, A. and Knoeber, C. R. 1996. 'Firm Performance and Mechanisms to Control Agency Problems between Managers and Shareholders', *Journal of Financial and Quantitative Analysis*, 31, 3: 377–98.

Aras, G. 2008. 'Corporate Governance and the Agency Problem in Financial Markets', in D. Crowther and N. Capaldi (eds), *Ashgate Research Companion to Corporate Social Responsibility*. Aldershot: Ashgate, pp. 87–96.

Aras, G. and Crowther, D. 2008. 'Exploring Frameworks of Corporate Governance', in G. Aras and D. Crowther (eds), *Culture and Corporate Governance*. Leicester SRRNet, pp 3–16.

Aras, G. and Crowther, D. 2010. 'Corporate Social Responsibility: A Broader View of Corporate Governance', in G. Aras and D. Crowther (eds), *Gower Handbook of Corporate Governance and Corporate Social Responsibility*. Aldershot: Gower, pp. 265–80.

McCoy, C. S. 1985. *Management of Values: The Ethical Difference in Corporate Policy and Performance*. Marshfield, MA: Pitman.

Millstein, I. M. and MacAvoy, P. W. 2003. 'The Active Board of Directors and Performance of the Large Publicly Traded Corporation', *Columbia Law Review*, 8, 5: 1283–1322.

Smith, T. 1992; 1996. *Accounting for Growth*. London: Century Business.

Van den Berghe, L. 2001. 'Beyond Corporate Governance', *European Business Forum*, Issue 5, Spring.

第十六章

企业社会责任与领导力

本章学习目标：

- 描述优秀领导应该具备的品质
- 对比不同的领导风格
- 将领导风格与企业文化相关联
- 描述并对比不同的动机理论
- 将分析企业权力的各种技巧进行对比
- 将企业社会责任活动与战略规划流程相关联
- 描述反馈循环及其与奖励制度之间的关系

“行为对错的标准究竟是什么，这个问题虽然争议不断，却始终没有取得多少实质性的进展，就目前的人类知识构成来看，没有什么比这种情形更加出乎意料了，也没有什么比这种情形更加能够表明，我们对一些最重要问题的思考至今仍然是非常落后的。”[约翰·斯图尔特·穆勒：《功利主义》(*Utilitarianism*)，1863]

导 论

实践经验表明，如果一个企业要对社会负责，那么它需要该企业高层管理人员做出承诺。当然，所有企业都有领导者，这不是我们所关注的，我们关注的是领导过程。有效的变革管理需要领导层来激励并推动这一过程，了解这一领导过程将有助于你成为更有效的变革管理者。

探讨领导力的关键是权力概念，这一点我们在前一章中已经强调过。此外，罗林森(Rowlinson，1997)认为权力是理解企业的关键。因此，我们将在本章中用大部分篇幅来探讨企业中的权力。

"领导力"的概念

当我们思考一名优秀领导应该具备的特征时，通常会将优秀领导所应具备的素质列出一份清单，比如：

- 正直
- 判断力
- 活力
- 幽默
- 公平
- 进取心
- 远见卓识
- 奉献精神
- 理智客观
- 决断力
- 抱负

当然，我们也可以列出一系列优秀领导不应该具有的一些特征。例如：

- 固执
- 自负
- 以自我为中心
- 无情
- 不公正
- 偏见

对何谓受欢迎的领导者、何谓不受欢迎的领导者下定义是有问题的，因为世上并不存在完美的领导者。而且，这种定义排除了你我被视为领导者的可能性，因此也被排除了被视为企业管理者的可能性。

根据定义，一个企业的管理者承担着领导者的角色，或许每位管理者都会声称能够以某种形式施展领导才能。这种观点不一定能得到管理者下属的认可。我们因此需要将领导者的角色与领导力的施展区分开来。领导力不仅意味着将任务分配给下属并对他们的工作表现负责，这只是行政性的职责；我们更应该关注的是，这些行政性的职责是如何被执行的，并从中找出领导能力所应该具备的特征。只有从这一点上，我们才能判断是否只有那些担任行政职责的人才能行使领导权，还是任何人都有可能成为一名高效的领导者。

领导能力本身更关注一个人如何对他人施展影响，使其执行各种任务，因而更关注沟通动机。因此，领导能力不仅关注手头上的任务，还关注领导者与参与任务的其他人之间的关系。赫塞和布兰查德(Hersy and Blanchard，1977)使用这两种关系的概念来模拟领导风格，如图 16.1 所示。

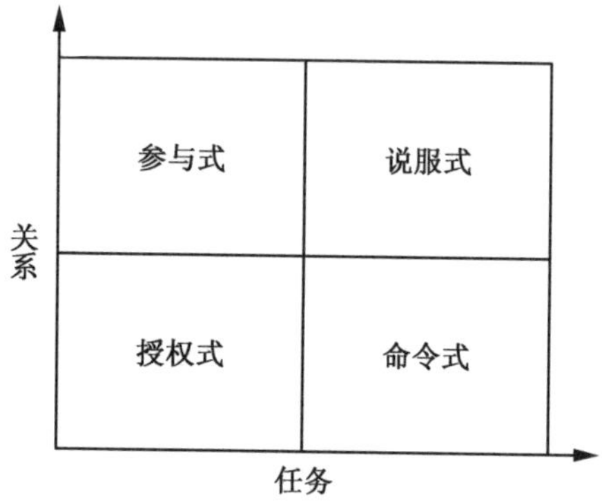

图 16.1　领导风格

赫塞和布兰查德认为，那些最关心手头任务执行情况的人会试图通过将任务分配给下属来完成任务——命令；那些关注自己与下属关系的人会设法说服下属去完成手头上的任务——说服；那些更关心人际关系而不是任务被立即执行的人将设法让他们的下属参与决策和计划过程——参与；那些既不关注任务的完成也不关注自己与下属之间的关系的人将让下属决定何时执行任务以及如何执行任务——授权。

这可能使得授权任务的领导显得似乎对任务漠不关心，但实际上，授权——让下属来决定何时以及如何执行任务是对下属最高形式的信任。因为在这种情况下，管理者对任务执行的好坏负责的同时，却将控制权下放给了下属。赫塞和布兰查德认为，随着管理者对他们所承担的角色(见图 16.2)日渐熟稔，更加熟悉要求的任务以及所共事的同事，他们会改变其领导风格，从命令式风格转变为说服式风格和参与式风格，最后转变为授权式风格。对他们而言，充分信任下属并将任务授权给下属是终极的领导方式。

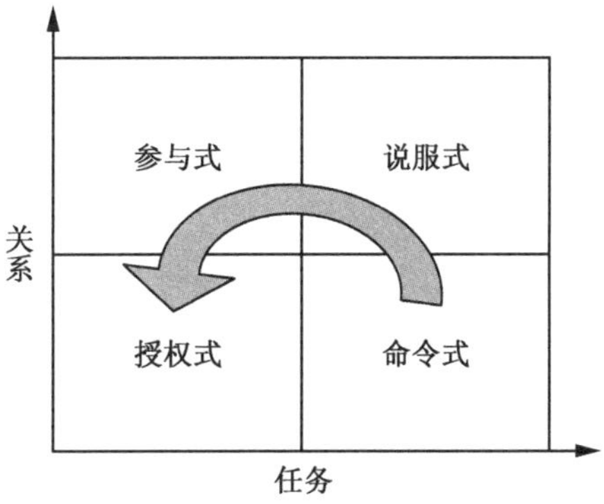

图 16.2　成熟的领导风格

领导风格

这些观点表明，领导者的素质不是固定的，而是取决于领导者本人及其个性。这反过来表明，在研究领导能力时对优秀领导者应该具备哪些素质进行界定是徒劳的。优秀的领导能力取决于领导者和被领导者之间的互动，但这取决于更多因素，同时也要视具体情况而定。一家刚刚成立的初创企业的领导风格可能需要与一家历史悠久但经历困难时期的企业的领导风格大不相同。而这反过来又可能与被兼并后企业重组所需的领导风格截然不同。因此，对领导风格的要求取决于所涉及的环境及人员。

我们可以将领导风格分为三种不同的类型：

- 专权型(authoritarian)
- 放任型(laissez-faire)
- 民主型(democratic)

我们可以将这几种风格与赫塞和布兰查德(1977)所识别出的风格联系起来，将专权型风格与命令式风格进行类比，将放任型风格与授权型风格进行类比，将民主型风格与说服式风格和参与式风格进行类比。然而，我们不能说其中一种风格就必然比其他风格更好。这取决于所涉人员及企业所处的情形。因此，我们可以断定，判断领导能力的好坏取决于三个变量。这三个变量分别是：

- 领导者的个性

- 追随者的个性
- 当时的情形

组织文化与领导风格

当然，我们还需要考虑其他因素。我们在上一章中考虑了其中一个因素，即组织文化。不同的领导风格会在不同的组织文化中更好地发挥效用，所以让我们首先来探讨一下组织文化与领导风格之间的关系。

要厘清两者之间的关系，我们需要先弄清楚组织的结构。我们可以根据组织的结构对组织进行不同的分类。爱兹安尼(Etzioni and Etzioni，1964)将组织文化分为三类：

● 强制性组织(coercive)：组织的结构是等级制，成员的行动之所以能够保持高度的一致，是因为不符合规范的行为会受到制裁。强制性组织最典型的例子便是军队。

● 功利性组织(utilitarian)：组织的结构以完成需要完成的任务为核心。因此，如果一个组织将其分为会计、生产和营销等部门，通常这个组织是一个功利性组织。

● 规范性组织(normative)：组织文化的重点是组织的所有成员都认同的共同愿景。

对于规范性组织来说，组织的结构类型在很大程度上是无关紧要的，因为最重要的是大家所认同的共同愿景。许多新的网络公司的文化都属于这种类型。汉迪(Handy，1983)提出了一种不同类型的分类，他将组织分为四类：

● 等级制组织(hierarchical)：组织及组织成员按责任大小自上而下地进行等级划分。

● 职能型组织(functional)：根据要执行的职能对组织的结构进行划分。这类似于爱兹安尼所确定的功利性组织。

● 矩阵式组织(matrix)：在这种组织中，等级制与部门职能之间相互交叉，以满足特定任务的需求。因此，一个人可能会有两组职责，这取决于其专业领域(如会计或信息技术)的职能职责和任务职责(如需要一个多学科团队的新项目的实施)。

● 个体性组织(individual)(服从)：人们主要单独工作，只是为了管理起来方便，才加入了组织。例如，卫生中心的医生或律师事务所的律师。

迈尔斯和斯诺(Miles and Snow，1978)则提出了第三种分类方法。他们根据组织对待变化和发展的方法将组织分为以下几种类型：

- 防御者(defender)
- 探索者(prospector)
- 分析者(analyser)
- 反应者(reactor)

安然公司的员工评价政策

安然公司(Enron)因其治理政策、会计政策以及欺诈行为等多种原因而闻名。安然公司对员工的政策以及员工每年经历一次的评价却不太为人所知。在鼎盛时期，安然不断招聘毕业生，尤其是商学院的毕业生。这些毕业生热衷于为这样一家快速发展的公司工作——薪酬很高，而且在这样一家成功的公司工作晋升的机会也很大。所以毕业后去安然公司工作是一件很具有诱惑力的事情。

安然拥有一套期待其所有员工都遵守的核心价值观。为了便于人们记住，它们被简称为 RICE——尊重(respect)，诚信(integrity)，沟通(communication)和卓越(excellence)。这套核心价值观在安然公司内部广泛传播。同样广泛传播的是同行评价委员会(the Peer Review Committee，PRC)，负责监督所有员工都必须接受的半年一次的评价。当然，所有公司都会对员工进行评价，但通常是每年一次，而不是每年两次。在许多方面，安然的评价体系与许多其他公司的评价系统相比，可以被认为是非常进步的。

安然实行的是 360 度全方位无死角的评价体系。这意味着在对一个员工的工作表现进行评价时，这名员工的上司和下属以及同级别的同事都会对该员工的工作表现进行评价。每个员工可以选择 5 个人对其工作表现进行评价。很明显，大家可以商量好互相替对方打高分，从而操纵这种评价体系。为了解决这个问题，安然公司还规定，任何一个人都可以在没有收到邀请的情况下对另外一个人进行评价。同样，很明显这也是一次打击报复、清算旧账的机会。收到反馈意见后，同行评价委员会会对每个员工进行打分，分值为 1(最好)至 5(最差)分。每个分数都有固定的人数名额，而且有 15%的员工，无论其工作表现如何，都会被打为 5 分。而这 15%的员工不得不另谋出路。这意味着他们会被调离现在的岗位，不得不在几周内找到下一份工作，无论这份工作是在安然公司内部还是在其他地方。因此，每 6 个月就会有 15%的人被安然公司开除。

该评价体系的理论依据是它激励人们努力成为优秀的员工。实际上，它使每个员工都感到紧张和不安，这意味着员工们经常会把相当一部分时间花在维持他们的良好记录上，并与盟友商量互评高分，以便得到较高的评价。15%的裁员同时也意味着解雇的员工不一定工作表现差，只不过是需要解雇这么一批人罢了。这样的体系可能会促使人们尽量在公司里不要惹人注意，但并不激励人们在工作中做出出色的业绩。此外，这一体系缺乏透明度，这意味着它在对待员工问题上并没有尽到它的社会责任。

激 励

我们可以看到，领导能力在很大程度上涉及如何与人打交道以便优化所取得的成果。实际上，所有管理行动都涉及与人打交道。麦格雷戈(McGregor，1960:54)曾说过："每个管理决策都会造成一定的行为后果。成功的管理取决于预测并控制人类行为的能力。"

麦格雷戈提出了X理论和Y理论，并将人们分为两类人。X理论的主要观点是：人们厌恶工作，只有在强制下才迫不得已去工作。而Y理论的主要观点则是：人们都认真负责，做事积极主动。就组织而言，通常组织的管理是基于这样一个假设：Y理论适用于经理和高级专业人员，他们工作积极、值得信赖、效率高；而X理论适用于另外一些员工，他们需要被管理、强制或惩罚。我们刚才讨论过的优秀领导品质却向我们表明，麦格雷戈所提出的这两种理论是有问题的。我们认为，优秀领导者的一个好品质就是知道如何去激励别人。有各种各样的激励理论各种各样，而激励人们努力工作的因素也各不相同。

激励理论

由弗鲁姆(Vroom)和劳勒(Lawler)提出的期望激励理论表明，人们的激励来自其内心的盘算。人们会盘算执行一项任务的难度以及成功完成这项任务会获得什么样的奖励。这种互相作用决定了激励的程度。因此，人们会尝试去做一项艰巨的任务，如果完成这项任务会带来丰厚回报的话。这一理论给人们的一个启示就是，即使成功完成同一项任务会给人们带来同样的奖励，不同的人受激励的程度也不同。这取决于人们对这一任务难度的认知以及他们对所提供的奖励的重视程度。这表明向人们发放绩效奖金这种做法存在问题。

赫茨伯格(Herzberg，1966)提出了一种不同的激励理论，它被称为双因素理论(the two factor theory)。对于赫茨伯格来说，就激励而言，有两种因素会对人产生不同的影响，这两种因素是：

● 保健因素(hygiene factors):这些因素并不激励人们,但是如果缺少了这些因素,就会使人们丧失动力。赫茨伯格认为,金钱超过某一最低标准,就会变成保健因素,对人们并不能产生激励效果。

● 激励因素(motivators):这些因素如果存在,就会激励人们,但是如果这些因素缺乏的话,也不会使人们丧失动力。

激励因素关注的是工作丰富化,人们得到的认可和赞美以及工作生活的社会方面。霍桑实验(the Hawthorne Studies)提供了一个例子,能够很好地说明保健因素和激励因素之间的差异。最初,埃尔顿·梅奥(Elton Mayo)及其团队认为,灯光和所要求的工作速度等因素是激励因素,但进一步的调查和偶然发现表明,这些因素并没有激励人们,但这些因素正在被人研究(而且有人对其感兴趣)的这一事实却为人们提供了动力。

另一种激励理论被称为公平激励理论(the equity theory of motivation)。这一理论认为,激励是一个比较过程,人们会将自己被期望所做的事情以及取得成功所得到的回报与他们认为他人被期望所做的事情及其所得到的回报进行比较。此外,这种比较不一定是一种真实的比较,因为人们倾向于认为别人不必努力工作就能获得同样的回报或者付出同样的努力却能得到更多的回报。

因此,重要的是,在对可以激励人们的因素做出假设的时候要谨慎。显而易见的因素不一定是激励因素,激励因素可能是完全不同的因素。同样重要的是,我们要记住激励因素可能会因人而异。激励你的因素不一定会激励别人;成功激励他人的优秀领导者需要了解他们试图激励的人,以便了解什么样的因素会为个人提供必要的激励。

激励与行为

对20世纪60年代和70年代的动机的研究表明,各种各样的事情都可能会有助于管理者锻炼其领导才能。首先,威廉姆森(Williamson,1964)证明,人们受欲望的驱使要竭力实现两套目标——组织目标和个人目标。这意味着领导者应该关注这两套目标的协调性。罗恩和利文斯通(Ronen and Livingstone,1975)发现,参与制定决策和设定目标可以提高参与者的积极性。这得到了洛克尼斯(Rockness,1977)研究的支持,他发现人们倾向于为自己设定更高的目标,并且越是难以实现的目标就越能够激励人们。

然而,既然人们设定的目标实现起来存在困难,那么不可避免就会存在着有一部分人无法实现其目标的风险。这就给组织规划的目的带来了难题,因为并非所有计划都是可实现的。另一个问题,特别是在当前会存在这个问题,是许多组织对失败持否定态度,并会对失败者进行惩罚,这种惩罚通常是将其解雇。这可能会使人们不再努力去取得高水平的工作业绩,并使人们制定宽松的目标从而在目标实现起来困难时能留有一定的余地,正如希夫和勒温(Schiff and Lewin,1970)所谈及的那样。同样,彼得斯和沃特曼(Peters and Waterman,1982)发现,优秀的企业对失败持容忍态度,它们鼓励员工大胆去尝试并承担由此所带来的风险。

权力的定义

权力是影响组织结果的能力。(Mintzberg,1983:85)

权力是使 A 能够修改 B 的态度或行为的力量。(Handy,1983:76)

权力在组织生活中无处不在,这一点是不可否认的。这使我们有必要了解权力的本质。巴哈拉赫和巴拉兹(Bachrach and Baratz,197:533)声称:"当然,当 A 参与制定影响 B 的决策时,权力得到了行使。当 A 致力于创造或强化社会和政治价值观以及将政治过程的范围仅限于公众考虑的那些相对 A 来说无害的问题的制度实践时,权力也在得到行使。"

我们认识到,这些定义中存在着权力或者更确切地说是权力的行使。这些定义中也存在一个隐含的假设,即权力是可观察的并因此是可测量的。有人认为权力是一个组织政治体系的固有组成部分,但是卢克斯(Lukes,1974)认为,这种关于权力的定义无法作为分析手段,因为它无法解释权力暗地里的运作方式,无法解释权力如何被用来维护某一群体的利益而损害其他群体的利益。

尽管对权力理论持有这种保留态度,但权力理论在组织理论领域仍然很受欢迎。实际上,它的弱点也是它的优点,它可以表明权力游戏的结果。从这个意义上说,它可以使人洞悉权力策略,这是弗伦奇和雷文(French and Raven,1959)在个人层面阐明的一个观点。他们认为在一方对另一方行使权力时,权力是可以观察到的。他们得出的结论是,个人可以拥有权力,个人权力来源于以下几个基础:奖赏权力、强制权力、法定权力、参照权力和专家权力。事实证明,在过去四十年的组织研究话语中,这些权力基础非常持久。实际上,更多的工具性文本已经使用这些术语来建议"如何获得权力"。

这种关于权力的主导观点认为,权力是一种占有,即一个部门拥有权力或一个部门失去权力。因此,我们可以断言,无论是在个人层面还是在集体层面,权力都是一种商品。这是权力文献里战略权变所共有的一种情绪,它认为一个部门在一个组织中的相对权力可以通过等式来计算。战略权变视角间接地与组织资源问题联系起来。

权力来源

无论我们是否赞同上述的权力定义，我们都对权力是什么有个一知半解。因此，我们在权力被行使的时候认识到了权力正在被行使。然而，重要的是，要明白为什么人们能够在组织中对他人行使权力。为此，我们需要考虑权力来源于何处（见图 16.3）。

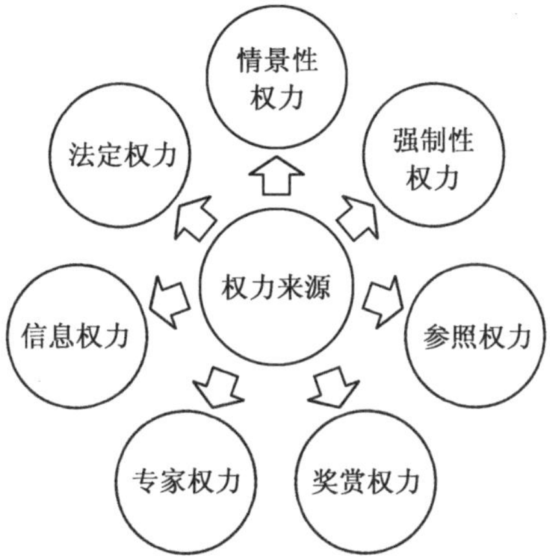

图 16.3　权力的来源

我们认为权力有各种来源，以下是最常见的几种权力来源：

● 法定权力。如果人们相信一位领导者有权力给他们下达命令而他们同时有遵守命令的义务，那么这位领导者便拥有法定权力。在大多数组织中，这种法定权力来自一个人在组织中的地位，从而被赋予了相应的权威。

● 奖赏权力。如果一个人能够给予或拒绝给予他人奖励（如给予或不给予绩效奖金），这就赋予那个给予别人奖励的人高于其他人的权力。在阶层式组织里，比你地位高的所有人员都有给予你奖励的能力。

● 强制性权力。如果下属认为领导者有权力实施不受欢迎的惩罚，那么这种权力就是强制性权力。在组织中，这些惩罚可以是社交方面的（如失去友谊或支持）、行政方面的（如分配工作的方式）或财务方面的（如失去加班机会、扣发绩效奖金或失去晋升机会）。在大多数情况下，奖赏权力和强制性权力是同一枚硬币的两面。

● 参照权力。是否拥有这种权力取决于领导者的个性和魅力。如果人们认为这位领导者具有理想的特征因而值得尊重，是别人学习的参照榜样，那么这位领导者便拥有这种参照权力。

● 专家权力。如果领导者拥有与手头工作相关的专业知识或技能，那么他便拥有这种专家权力。一个人是否拥有专家权力，与其在组织中的角色无关，也不取决于其所承担的领导职务。

● 信息权力。信息权力与专家权力相似，一个人拥有信息权力并不取决于其是否拥有特殊技能，而是取决于其是否拥有获取某个特殊知识库的能力。

● 情景性权力。顾名思义，这种权力来自某一特定情景的需要。这种权力通常在紧急情况下较为常见，例如某个人因为形势需要临时担当起了领导者的角色。

显然，所有这些权力并非每个人都可以获得，并且这些权力也并非任何时候都可以被任何人获得。例如，情景性权力只有在适当的情景下才可以获得。同样，我们只有在特定场景下，才能获得适宜于特定任务的专家权力和信息权力。

在某个时候，大多数人会使用所有的这些权力，并且在某一特定情况下会经常使用不止一种权力。我们可以看出，其中的许多权力是互相联系的。另外值得我们注意的是，这些权力的来源在很大程度上取决于人们的看法。在很大程度上，如果别人相信我们比他们更有权力的话，那我们就比他们更有权力，这一点是不言自明的。

控制系统

在一个组织内部，行使权力必然就要行使控制权。人们已经识别出了在组织内使用的三种不同类型的控制系统(Ouchi，1979)，它们是：

● 行为控制。行为控制涉及观察人们如何开展工作。如果能够很好地理解因果关系，那么行为控制效果就会最好。

● 产出控制。这种控制形式涉及收集和分析有关工作努力的结果的信息。组织中使用的最常见的产出控制形式源于其会计系统。预算系统用于衡量组织内的绩效，但预算系统完全根据产出来衡量，而不考虑投入。实际上，这种控制形式的优点是它只需要收集有关产出的信息，但这本身就是一个问题，因为努力和结果之间不一定存在必然的因果关系。

● 派系控制。派系控制之所以存在，是因为它能够在组织内部形成一种团结力量，培养对组织及其目标的忠诚。因此，派系控制在我们之前讨论过的规范性组织里很强。派系控制以共同的文化为基础，但其极端形式可以被视为压制性的，也可以被视为一种社会控制形式。

星巴克公司

星巴克是世界上最大的咖啡连锁店，在50个国家拥有超过17 000家商店。星巴克最初成立于西雅图，当时只是当地的一家咖啡豆烘焙商和零售商，但该公司迅速扩张。在20世纪90年代，星巴克平均每个工作日开设一家新店，这一节奏一直延续到21世纪。美国和加拿大以外的第一家星巴克店在20世纪90年代中期开业，海外商店现在几乎占星巴克商店总数的三分之一。星巴克计划2009年在美国境外开设900家新店，但自2008年以来星巴克宣布已在美国境内关闭900家门店。

长期以来，星巴克在公平贸易政策、劳资关系、环境影响、政治观点和反竞争实践等问题上遭到人们的抗议。然而，星巴克却辩称：

我们的承诺是做一些对彼此和地球有益的事情。从我们采购咖啡豆的方式，到将我们对环境的影响最小化，再到参与当地社区的建设与服务，都体现了我们的这种承诺。我们一直在坚持自己的原则和主张，也一直在践行我们的标准。正因为您的支持，您也成为我们“星巴克共爱地球项目”(Starbucks™ Shared Planet™)的一分子。

鉴于人们对星巴克环境和人权政策的担忧，星巴克在2001年底宣布，它将花高价从承担环境和社会责任的咖啡豆种植场购买咖啡豆。星巴克公司希望通过这一举措“给全球咖啡市场带来积极的变化并最终产生完全可持续的咖啡生产供应链”。这种新的采购理念是由星巴克与国家环保组织“保护国际基金会”(Conversational International)下属的“商业环境领导力中心”(the Centre of Environmental Leadership in Business)共同发起的，并将进行为期两年的试点。其目标不是取代现有的供应商关系，而是争取获得当前供应商的支持。星巴克获得了公平贸易认证(Fair Trade Certification)，并声称它们采购咖啡豆的价格超过了市场价格。星巴克声称，2004年它采购优质咖啡豆的平均价格是每磅1.42美元(即每公斤2.64美元)，而在2003—2004年优质咖啡豆的市场价只有每磅0.50至0.60美元。在英国和爱尔兰销售的所有浓缩咖啡100%通过了公平贸易认证。这也就意味着所有卡布奇诺咖啡和拿铁咖啡都是100%用通过公平贸易认证的浓缩咖啡制作的。

2008年，卡特里娜飓风灾害发生三年之后，星巴克在新奥尔良宣布了一项志愿者计划。星巴克员工将参与各种灾区重建项目，包括房屋建造、树木种植以及城市花园建设等。一位志愿者协调员表示："我以前从未见过任何一家公司进行这么大规模的社区建设项目，我的意思是，就纯粹的数字而言。"2004年，联合国儿童基金会和星巴克推出SparkHope项目，菲律宾的星巴克店铺为某一社区的幼儿保育和教育项目提供资金捐助。每家星巴克商店都开辟出一块区域，设一个捐款箱，张贴领养儿童社区的图片以及介绍联合国儿童基金会的这一计划的文字信息。

然而，星巴克也被英国地方当局指控在没有获得规划许可的情况下，将多家零售店铺改造成咖啡店。星巴克则争辩说："现行的规划法，并没有将咖啡店进行官方的分类。"因此，星巴克遇到了一种困境，即不同的地方当局对这一指导性法案有不同的阐释。有些咖啡店在A1许可下运营，有些咖啡店混合使用A1/A3许可，还有一些咖啡店则使用A3许可。

2008年5月，星巴克的一家分店在布莱顿完工，尽管其许可申请遭到了当地规划部门的拒绝，莱顿和霍夫市议会声称，街上已经有太多咖啡店，但星巴克对这一决议进行申诉，辩称这只是一家销售袋装咖啡、马克杯和三明治的零售商店，并获得了6个月的规划延期，不过市议会要求星巴克遵守零售店的规划条例，在2009年2月20日之前将所有桌椅拆除。赫特福德的星巴克在未获得规划许可的情况下开业一年多，并于2009年4月赢得了上诉。其他许多星巴克商店也在未获得规划许可的情况下开业。

星巴克还将其部分税前利润捐赠给了公司的慈善事业，以兑现其承担社会责任的承诺。星巴克于1997年创建了星巴克基金会(Starbucks Foundation)，并通过该基金会对社会进行慈善捐助。星巴克基金会在其经营所在的社区以及咖啡采购国开展了直接捐赠计划。

我们通过对星巴克的个案研究得出以下结论：大型的成功企业都有可能会遭到社会的质疑，它们会有一些好的做法，也会有一些不好的做法。企业承担社会责任，就意味着企业努力去改善自身的行为。

战略规划

战略规划关注的是企业的未来以及企业如何最好地满足市场需求。这需要对企业所处的市场进行分析，以便确定市场(即潜在客户)的需求以及为满足其需求所愿意支付的价格。然后，企业再分析自身的生产能力及供应能力(以及能够提供什么样的价格）。这决定了企业应该如何组织其活动以提供这些商品和服务。

战略规划关注的不是当前，而是未来，尤其关注的是当前需求模式会产生什么样的变化，以及如何确保企业有能力去适应市场需求的变化。因此，战略规划关注企业如何确保自身发生变革以便能反映变化的市场条件，从而确保企业能有美好的未来。这一模式可以用图 16.4 来表示。

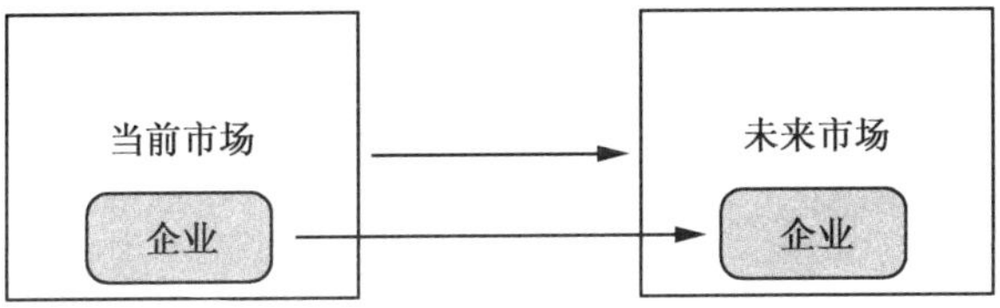

图 16.4　战略规划和市场开发

企业如果不进行战略规划，就有可能意识不到市场所发生的变化，无法在其经营模式变革中反映出这种市场的变化。结果，企业会发现自己已经跟不上市场的需求发展（如图 16.5 所示），从而彻底破产。

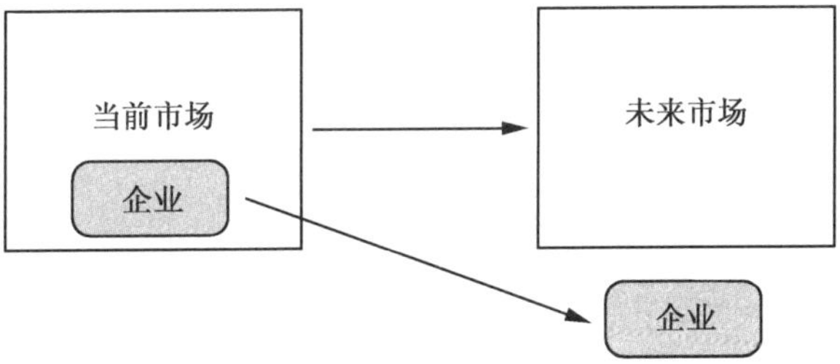

图 16.5　没有战略规划的市场开发

因此，战略规划涉及未来的企业发展方向。当然，这种规划必须确保企业有能力实现在规划阶段所确定的方向和目标。因此，战略计划必须为企业确定一套目标以及确保实现这些目标所需的步骤；换言之，即实施计划。在战略规划初期，大多数企业管理者首先要设想一下企业的未来前景，我们可以将之称为企业的“战略愿景”。企业的“战略愿景”通常以企业使命宣言的形式在整个企业内部宣布，该使命宣言以非常宽泛的语言阐释了企业的宗旨。

战略规划过程可以用图 16.6 来表示。

实施计划包含以下几个方面：

经营计划：确保企业有资源（人力、资本投资、营运投资）和能力实现计划目

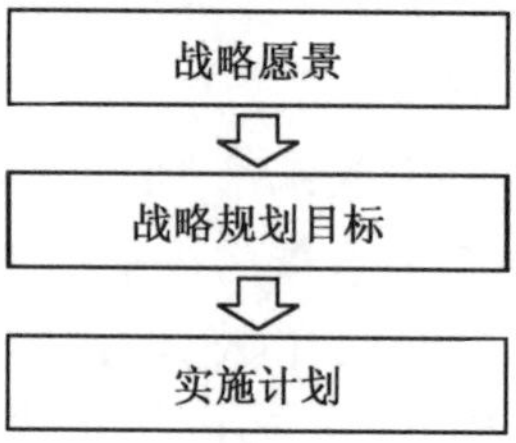

图 16.6　战略规划过程

标。这些能力包括：

- 技术能力
- 能力规划
- 进行所需成本核算的能力

营销计划：确保企业能够：

- 生产所需产量并保证充足的库存
- 对产品进行正确的定价

财务计划：确保企业有财务资源：

- 管理经营
- 进行必要的资金投资

战略计划如图 16.7 所示。

图 16.7　战略计划的组成部分

企业规划

战略计划概要地描绘了企业的未来目标，阐述了企业所面临的各种选择以及企业实现计划的能力。一旦企业规划确定了企业的未来发展方向，就需要制定更加明确可量化的计划，即企业规划。企业规划为企业及其各个部门提供详细的计划，以便组织企业未来的活动并在整个企业内部传达这个规划，企业的短期规划或短期预算也得以形成。

企业规划过程如图 16.8 所示。

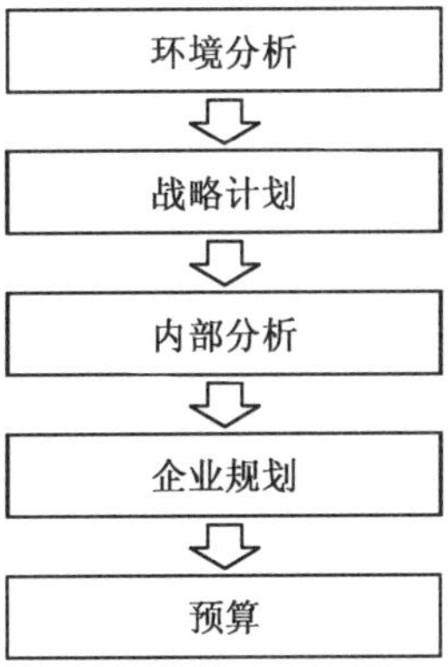

图 16.8　企业规划过程的步骤

企业通过环境分析审视企业运营的外部环境，从而制定企业战略计划。企业通过审视其内部环境，将企业战略规划转化为等待实施的企业计划。该分析包括差距分析(GAP analysis)。差距分析将告知企业管理者企业完成计划的能力以及在资源方面是否还存在差距。因此，差距分析能够使企业管理者确定实施计划所需的资源，并将其纳入运营预算和资本投资预算。

我们可以看出，企业管理者需要参与企业规划过程的所有阶段，会计技术在规划过程的各个层面和各个阶段都起着重要的作用。因此，管理会计对于企业及其管理者而言，在操作层面和战略层面上都很重要。

规划型战略和应急战略

虽然企业通过此规划过程制定其战略，但通常情况是该战略并不一定产生预期的影响。在遵循这一战略的同时，企业管理者将继续每天做出决策。这些决策将不可避免地影响企业的战略方向，并可能使战略在企业业务运营中的表现方式发生变化。这被称为应急策略，可用图 16.9 表示。

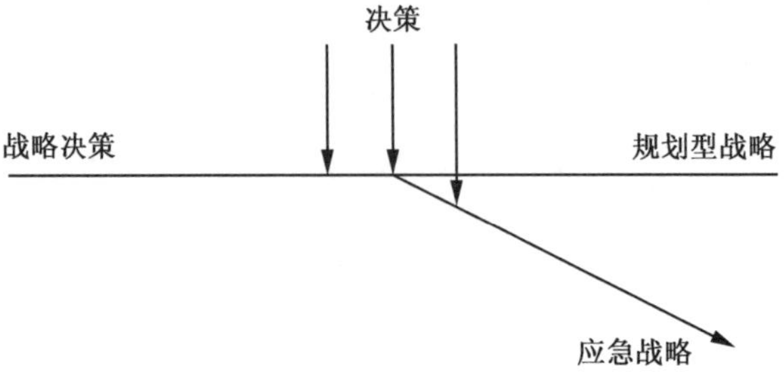

图 16.9 规划型战略和应急战略

反 馈

战略规划的一个重要部分是确保企业的组织结构方式能够帮助其实现计划,并确保企业的控制系统向管理者提供适当的反馈。这种反馈是必要的,因其能确保管理者用计划来衡量绩效并在必要时采取纠正措施。因此,企业的结构取决于企业的规划,企业的控制系统取决于其结构(见图 16.10),而控制系统则会提供一个反馈环(见图 16.11)。

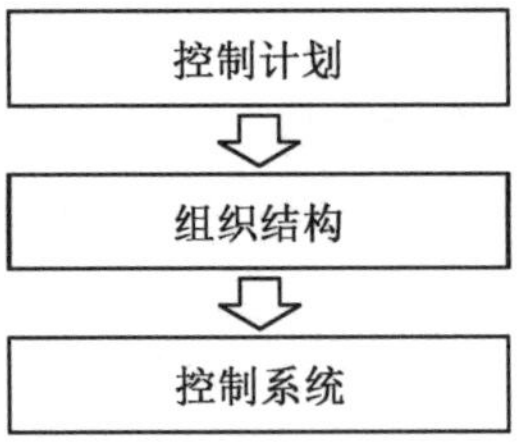

图 16.10 计划与控制系统

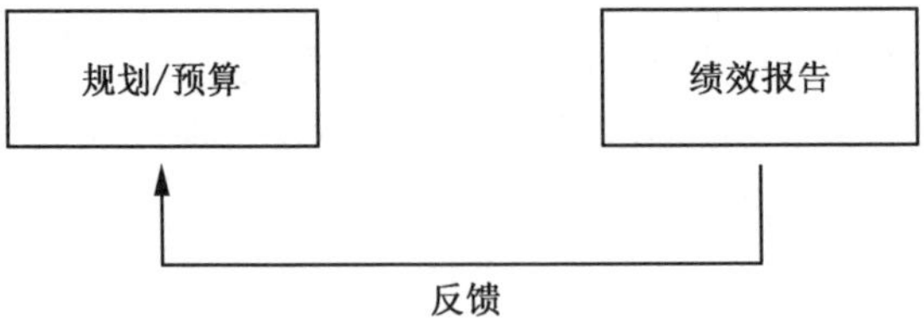

图 16.11 反馈环

因此,组织设计取决于企业的规划,会计信息用于通过控制系统向管理者提供反馈,以衡量绩效。

反馈是必要的,这可以使企业管理者了解企业目前的绩效与计划绩效之间的差距,从而了解需要采取哪些纠正措施来纠正与计划之间的偏差。因此,企业管理者需要了解别人对其负责的那部分业务的绩效进行反馈。来自会计控制系统的会计信息(以当前绩效报告的形式呈现出来)是反馈的重要部分。这种反馈需要经常、定期、及时地提供,以便在采取行动之后能尽快收到反馈。这一点非常重要,以确保反馈能够准确地与实际做出的决策相关联,并确保可以快速采取纠正措施。采取行动很长一段时间之后才得到的详细反馈对企业的运营没有多大价值。

埃默里和托斯鲁德(Emery and Thorsrud,1963)提出,一项工作为了维护员工的利益需要满足六项标准。这六项标准是:

- 除了耐力之外,在其他方面要求合理,同时具有一定的多样化;
- 允许工作者边工作边学习;
- 给予工作者一定程度的决策权并为其决策负责;
- 提高工作者对其承担任务的尊重;
- 与外部生活建立一种有意义的关系;
- 使人对未来产生某种憧憬,这种憧憬并不只是体现在晋升方面,因为并不是每个人都有晋升机会。

因此,企业的管理者需要考虑企业员工的需求,这必须反映在企业的控制系统中。具体而言,这需要反映在目标的设定、成就的认可以及绩效的奖惩结构上。

设定目标

为管理者设定的目标需要具有可实现性,但研究表明,难以实现的目标和对管理者来说有难度的目标比相对容易实现的目标更具有激励作用。另一方面,难以实现的目标可能会被人们认为是不合理的,从而也会使人们失去动力。目标是在预算过程中设定的,研究还表明,人们倾向于为自己设定的目标要比他人为自己设定的目标更具有难度,这一点很重要,这表明管理层参与预算过程的必要性。

成就认可

对成就的认可不仅会对被认可的人有激励作用,对于了解所给予认可的其他人也会有强大的激励作用。正是出于这个原因,企业倾向于引入成就认可制度,例如,颁发奖状、荣誉证书,颁发"月度管理者奖"和"最佳绩效奖"。

绩效奖励

管理者的奖励结构需要与其绩效相关联,这样每一位管理者获得的奖励可以与其绩效直接挂钩。然而,衡量管理者绩效的时候,需要做到可以将个人的管理绩效直接转化为企业绩效。奖励体系通常以发放奖金的形式运作,奖金的多少可以与个别管理者达到或超过其目标绩效相挂钩或与整个企业的绩效相挂钩。第一种方法将个人绩效最大化,第二种方法将企业绩效最大化并着重强调每个人都在为企业的绩效做贡献。这两种奖励方法都有其优点,正因如此,管理者的奖励办法往往与两者都有关联,其奖金额的一部分与管理者的个人绩效相关联,一部分与企业的整体绩效相关联。

企业的运营控制系统需要认识到与绩效考核标准设定方面的问题,绩效考核的标准必须切合实际,并允许定期进行修正。系统还需要认识到商业环境可能会发生变化,经济和竞争环境也会发生变化,从而使现有的绩效考核标准不再适合。因此,控制系统需要灵活并鼓励被考核者做出最大的绩效,而不是仅仅达到考核标准。这一点在现代商业环境中尤其重要,现代商业环境重视的是质量和服务水平,而不仅仅是控制会计系统中所确定的成本。

结 语

我们在本章中介绍了很多关于领导力的内容,但领导力是一个复杂的问题,对于理解企业组织中企业社会责任的运作至关重要。有许多领导理论具有一定的应用性和相关性。

要点总结

- 领导力本身更关心一个人如何影响他人执行各种任务,因此更关注沟通和动机。
- 优秀领导能力取决于领导者和被领导者之间的互动,但也取决于当时的具体情况。
- 有各种不同的动机理论,这些理论提出了各种激励人们的不同动机。
- 权力有各种不同的定义,并有各种不同的权力来源。
- 战略规划过程有各个阶段,战略通常具有紧急性。
- 反馈是必须的,以确保管理者能够采取必要的纠正措施。
- 控制系统对于目标的设定、成就的认可以及绩效的奖励机制的结构是必须的。

关键术语及理论定义

应急战略(emergent strategy):实际上是在与计划发生偏差时所采取的策略。

反馈(feedback):为了确保管理者能够根据计划衡量绩效,并在必要时采取纠正措施。

领导力(leadership):不仅关注目前正在进行的任务,还关注领导者与任务的其他参与者之间的关系。

权力(power):是影响组织成败的能力。

战略规划(strategic planning):关注的是企业的未来以及企业如何能够最好地满足市场需求。

理解题

1. 领导风格有哪些?
2. 反馈有什么重要性?
3. 权力有哪些来源?
4. 什么是紧急战略?
5. 战略计划的四个组成部分是什么?
6. 衡量工作满意度的标准是什么?
7. 什么是双因素激励理论? 它与公平理论有何不同?
8. 行为控制与派系控制有什么区别? 有没有第三种控制方式?

补充阅读材料

Michael, B. and Gross, R. 2004. 'Running Business Like a Government in the New Economy: Lessons for Organizational Design and Corporate Governance', *Corporate Governance*, 4, 3: 32–46.

Paine, L. S. 1994. 'Managing for Organizational Integrity', *Harvard Business Review*, 72, 2: 106–17.

Petrick, J., Scherer, R., Brodzinski, J., Quinn, J. and Ainina, M. F. 1999. 'Global Leadership Skills and Reputational Capital: Intangible Resources for Sustainable Competitive Advantage', *The Academy of Management Executive*, 13, 1: 58–69.

参考文献

Bachrach, P. and Baratz, M. 1974. 'Decisions and Non-decisions: An Analytical Framework', *American Political Science Review*, 57: 532–42.

Emery, F. E. and Thorsrud, E. 1963. *Form and Content in Industrial Democracy*. London: Tavistock.

Etzioni, A. and Etzioni, E. 1964. *Social Change: Sources Patterns and Sequences.*

London: Basic Books.
French, J. and Raven, B. 1959. 'The Bases of Social Power', in D. Cartwright (ed.), *Studies in Social Power.* Ann Arbour, MI: Institute of Social Power.
Handy, C. 1983. *Understanding Organizations.* Harmondsworth: Penguin.
Hersey, P. and Blanchard, K. 1977. *Management of Organizational Behaviour: Utilising Human Resources.* Englewood Cliffs, NJ: Prentice Hall.
Herzberg, F. 1966. *Work and the Nature of Man.* London: Staples Press.
Lukes, S. 1974. *Power, a Radical View.* London: Macmillan.
McGregor, D. 1960. *The Human Side of Enterprise.* London: McGraw-Hill.
Miles, R. E. and Snow, C. C. 1978. *Organisational Strategy, Structure and Process.* New York: McGraw-Hill.
Mintzberg, H. 1983. *Power In and Around Organizations.* Englewood Cliffs, NJ: Prentice Hall.
Ouchi, W. G. 1979. 'A Conceptual Framework for the Design of Organisational Control Mechanisms', *Management Science*, 25, 9: 833–48.
Peters, T. and Waterman, R. 1982. *In Search of Excellence.* New York: Harper & Row.
Rockness, H. O. 1977. 'Expectancy Theory in a Budgetary Setting: An Experimental Examination', *The Accounting Review*, 52: 893–903.
Ronen, J. and Livingstone, J. L. 1975. 'An Expectancy Theory Approach to the Motivational Impact of Budgets', *The Accounting Review*, 50: 671–85.
Rowlinson, M. 1997. *Organisations and Institutions: Perspectives in Economics and Sociology.* London: Macmillan.
Schiff, M. and Lewin, A. Y. 1970. 'The Impact of People on Budgets', *The Accounting Review*, 45: 259–68.
Vroom, V. H. 1964. *Work and Motivation.* New York: John Wiley.
Williamson, O. E. 1964. *The Economics of Discretionary Behaviour.* London: Prentice Hall.

术语解释

问责(accountability):企业的行为以多种方式影响外部环境,问责则意味着企业要对这些行为所产生的影响承担责任。

代理问题(the agency problem):信息不对称意味着投资者得不到完整的信息。

套利(arbitrage):由于不同市场之间的价格差异而获得的利润。

原型(archetype):存在于我们每个人身上的一种人格类型。

平衡计分卡(balanced scorecard):一种评估绩效的方法,衡量影响绩效的所有因素。

抵制(boycott):全部或部分抵制一家企业出售的商品或服务。

《布伦特兰报告》(Brundtland Report):1987 年,世界环境与发展委员会(WCED)发表了《我们的共同未来》报告,该报告通常被称为《布伦特兰报告》。

碳足迹(carbon footprint):生产一种产品或完成一项活动所消耗的二氧化碳量。

古典自由主义理论(classical liberal theory):该理论认为,个人是理性的,并追逐自身的利益,从而使每个人都能受益。

集体无意识(collective unconscious):描述了一种具有普遍性并为所有个体所继承的行为方式。

《企业治理综合准则》(The Combined Code on Corporate Governance):于 2003 年生效,规定了与董事会领导、效用、薪酬、问责以及与股东关系等方面有关的最佳做法标准。

沟通(communication):涉及信息的发送者及接收者,并且为了使信息具有价值,接收者需要理解信息发送者的意图。

社群主义(communitarianism):认为应该将公共利益置于社会生活的核心。

传染(contagion):一个市场存在的问题会蔓延到其他市场。

企业治理(corporate governance):对企业绩效有重要的影响,并以四项企业治理原则为基础。

义务论伦理学(deontological ethics):认为有绝对的道德标准需要遵守。

直接行动(direct action):行动类型包括示威、纠察、信息传播、广告、阻挠或销毁。

持久性(durability):可持续性的一种强形式,解决效率和公平问题。

生态抗议(ecoprotest):是直接行动的一种抗议形式,反对破坏大自然,用人造环境来替代大自然。

电子行动(electronic action):一种利用互联网的抗议行动。

内含水(embedded water):生产一种产品所需要的水量。

应急战略(emergent strategy):当偏离计划时所采取的应急战略。

环境会计(environmental accounting):会计的一个分支,处理特定经济系统内由环境引起的财务影响和生态影响。

环境审计(environmental audit):为了解企业对环境的影响而对企业的活动进行调查和记录。

伦理客观主义(ethical objectivism):认为某些道德原则具有普遍的有效性,无论它们是否得到人们的普遍认可。

伦理相对主义(ethical relativism):否认有某些普遍的真理。

伦理(ethics):按照道德判断、标准及规则行事的自然和结构性过程。

反馈(feedback):为了确保管理者能够按照计划衡量绩效,并在必要时采取纠正措施。

盖亚理论(Gaia theory):该理论认为,整个生态圈及生态圈中的所有生物互相依赖于生态圈的各个方面,并形成一个完整的系统。

《全球契约》(The Global Compact):旨在鼓励全球企业采用有关可持续行为和对社会负责任行为的政策,并使用共同框架对其进行报告。

全球报告倡议组织(Global Reporting Initiative,GRI):是一项制定并传播自愿性的《可持续发展报告指南》的倡议。

地球村(global village):麦克卢汉对现代环境的定义。在地球村中,物理战争已经被经济战争所取代。

全球变暖(global warming):人类活动引起的气候变化。

治理(governance):概括了组织对自身进行管理的方式。

温室气体(greenhouse gas):通常被认为是二氧化碳,但实际上是指能够导致气候变化的多种气体。

“漂绿”(greenwashing):宣称其行为对社会负责任,但在实践中却并不对自己的行为进行改正。

哈伯特峰值(Hubbert's Peak):是指达到最大产油量、产量无论如何不能再继续增加的点。

个性化(individuation):成为完整的自我个体的过程。

自卑情结(inferiority complex):感觉自己身体器官或心理存在缺陷,导致个人产生自卑情结并试图通过自身的行为弥补缺陷。

信息不对称(information asymmetry):企业所有者想获得管理者工作相关的信息,他们要么只能依赖管理者向他们汇报的信息,要么必须承担对管理者进行监管0的成本。

领导力(leadership):不仅关注当前的任务,而且还关注领导者和参与任务的其他人之间的关系。

合法性理论(legitimacy theory):基于社会契约的企业社会责任的关键理论之一。

生命周期分析(life cycle analysis):某一项活动在其整个生命周期所产生的所有影响。

道德风险(moral hazard):当企业所有者观察或推断管理者所付出的努力有困难或者要付出高昂的成本时,就会产生道德风险。

非营利性组织(not-for-profit organisation,NFP):非营利性组织的目的是支持或从事与公共利益或私人利益有关的活动,而不创造任何商业或金钱利益。在许多国家,有些非营利性组织是慈善机构,但也有很多非营利性组织并不是慈善机构。

非政府组织(non-governmental organization,NGO):非政府组织是没有任何政府参与或代表的情况下运营的合法组建的组织。尽管有些非政府组织全部或部分由政府资助,但由于这些组织不允许政府代表加入组织,依然能保持其非政府的地位。

组织失败框架(organisation failure framework):解释了为什么规模会导致企业出现各种问题。

政治经济学理论(political economy theory):是企业社会责任的核心理论之一,以亚当·斯密和约翰·斯图亚特·穆勒的学说为其理论基础。

证券投资(portfolio investment):以回报而非发展为目的的投资,因而是暂时性的。

权力(power):影响组织成败的能力。

压力群体(pressure groups):参与各种形式的抗议活动并进行舆论动员的

群体。

资源枯竭(resource depeletion):这一术语用来描述各种自然资源日益稀缺。由于资源枯竭,获取资源越来越难,资源也更加昂贵。

风险管理(risk management):已经成为企业管理的一个重要方面,企业社会责任(CSR)在其中发挥着重要作用。

风险(risk):可以对风险进行评估,从而提前采取应对措施。风险的应对有三个步骤。

满意即可(satisficing):指满足各方的最低要求,确保各方满意而不会采取抗议行动。

团结行动(secondary action):针对第二方的行动,来影响抗议活动的主要焦点。

社会会计(social accounting):涉及企业绩效的各个方面,并认识到不同利益相关方群体对绩效的不同方面感兴趣。

社会契约理论(social contract theory):公民之间为了将社会的协作而制定的一项契约,并将该契约作为社会法律和政治权力的基础。

社会绩效(social performance):在计算效益时也会考虑外部因素。

空间外部化(spatial externalisation):在当前阶段将成本转移到其他实体的方式。

利益相关者(stakeholder):是指任何对企业行为感兴趣的群体。可以分为自愿的利益相关者和非自愿的利益相关者。

利益相关者管理方法(stakeholder management approach):其基础理念是,所有利益相关者都很重要,并且需要对其目标进行考虑。

利益相关者理论(stakeholder theory):是企业管理的一种方式,也是企业社会责任的核心理论之一。

战略规划(strategic planning):关注企业的未来以及企业如何能够最好地满足市场需求。

超我(superego):人类精神结构的三个组成部分之一,起到说教的作用,充当人格结构中的良心。

可持续性(sustainability):指当前行为对未来选择产生的影响。

可持续发展(sustainable development):满足当前需求同时又不损害后代满足其需求的能力的发展。

目的论伦理学(teleological ethics):将正确与善区分开来。

时间外部化(temporal externalisation):描述成本从当前时间段转移到另

一个时间段的方式。

交易成本理论(transaction cost theory):解释企业与市场有关的行为。

透明度(transparency):意味着企业在其报告中会通报企业行为所产生的外部影响,并据实通报相关事实。

涓滴理论(trickle down theory):认为财富最初会集中在富人手上,但最终会渗透到全社会。涓滴理论是将自由市场合法化的理论,但没有任何理论依据。

三重底线(triple bottom line):是一种报告形式,它承认企业绩效所产生的社会影响、环境影响和经济(财务)影响。

《英国公司治理准则》(UK Corporate Governance Code):对2010年推出的《企业治理综合准则》(Combined Code)的重新命名。

功利主义(utilitarianism):一种将"善"定义为利益最大化的哲学。

基于价值的管理(VBM):是一种代表股东进行管理的技术。